U0115459

敦煌三本六祖壇經校釋

黃連忠　編撰

臺灣萬卷樓圖書股份有限公司　印行

敦煌三本六祖壇經校釋

【目錄】

楊曾文教授序

一九〇〇年敦煌藏經洞被偶爾發現。此後雖大量珍貴寫本、文物被外國「探險家」劫掠流失，使中華民族蒙羞，然而埋藏在地下九百多年的從六朝至北宋的卷帙浩繁的手寫文書、佛典和珍貴書畫等的重見天日，以新的形式向世界展示了中華民族傳統文化的悠久和豐富多采。此後以研究敦煌佛典、各類文書、壁畫和美術等為內容的敦煌學的興起，促進了國際學術界對中國古代歷史、宗教、文化的研究，一百多年來取得多方面的重大成就。

在敦煌學研究領域，由於眾所周知的國際環境和中國社會歷史原因，長期以來中國專門學者較少並且成績有限，然而也有一些學者取得受到國際敦煌學界重視的成果。新中國成立以來，特別在實行改革開放以後，學者隊伍日益壯大，與臺灣、香港地區的學者攜手不斷開闊研究領域，取得了日新月異的巨大成績，受到國際學術界的承認和讚賞。在這其中，對佛教文獻特別是早期禪宗文獻的研究所取得成績尤為可觀。

中國對敦煌佛教文獻的研究，可追溯到二十世紀二〇年代，最早做出卓越成績的是著名學者胡適（一八九一—一九六二）。他從收藏在英國、法國的敦煌遺書中發現禪宗南宗創始人慧能弟子神會（六八四—七五八）的多種語錄殘卷，回國整理後發表《神會和尚遺集》，晚年又對新發現的神會語錄進行校勘和研究。他也是北宗史書《楞伽師資記》敦煌本的發現者之一。胡適對敦煌禪籍的研究幾乎是與日本學者同步進行的。日本學者對敦煌文獻，特別在對三階教、禪宗文獻和疑偽經典的研究和整理中取得顯著成績，受到國際學術界的高度評價。

日本學者在對禪宗文獻的研究中，以對北宗為主的早期禪宗文獻、記載南宗開創者慧能（六三八—七一三）生平和語錄的《六祖壇經》的研究和整理做出的成績最大。矢吹慶輝（一八七九—一九三九）最早從英國倫敦大英博物館，查尋到敦煌寫本

《六祖壇經》（斯五四七五），校勘後一九二八年將它收載在《大正新脩大藏經》第四十八卷之中。此後，鈴木大拙（一八七〇—一九六六）和公田連太郎又參考宋代惠昕改編本《六祖壇經》對敦煌本《六祖壇經》作了校勘，成為最流行的單行本《壇經》本之一。二十世紀四〇年代上海出版的《普慧藏》收載了鈴木、公田校本《六祖壇經》。一九八三年北京中華書局出版的郭朋先生的《壇經校釋》，所依據的敦煌本《壇經》就是《普慧藏》所收錄的鈴木、公田校本。

由於敦煌本《壇經》和北宗文獻的發現和研究，推動了對《壇經》和禪宗歷史的研究，取得了前所未有的成績，極大地充實和豐富了中國佛教史、文化史的內容。

然而學術研究既無國境也無止境，隨著有價值的資料的新發現和研究觀點、方法的改進，必然推動已有研究的深入，將研究基點推向新的高度。

在國內外學者對敦煌本《六祖壇經》的發現表示讚歎的同時，也感到原抄本錯訛太多，以至有許多語句難以連貫讀通，發出此為天下「孤本」又是「劣本」的感歎。然而早在一九五〇年北京大學向達教授在《西征小記》一文中就報導他在一九四三年到敦煌訪查古寫經過程中曾從任子宜收藏的寫本中看到過另一種《六祖壇經》的寫本，引起世人極大的興趣。實際上向達教授當時曾將此本手抄保存，也給別人看過，乃至有轉抄本流傳。星轉斗移，人事變遷，長期以來人們對任子宜收藏本《壇經》的下落不得而知。直到一九八六年周紹良先生（一九一七—二〇〇五）在參觀敦煌縣博物館時才重新發現任子宜本《壇經》，並在此後請鄧文寬先生特地前往拍攝照片帶回研究。

筆者在一九八五年下半年曾專程到日本考察日本學者對禪宗文獻的研究和整理，回來後寫了《日本學者對中國禪宗文獻的研究和整理》，發表在一九八七年《世界宗教研究》第一期，後被臺灣《當代》雜誌以《禪宗文獻研究在日本》的題目刊載在一九八八年第二十六期「禪宗專輯」之中。其中對包括敦煌本在內的各種《壇經》的研究及整理情況作了概要介紹。

從一九八六年下半年開始，筆者以任子宜曾收藏的敦煌本《壇經》（現稱任子宜本或敦博本、敦煌新本）為底本，參考惠昕本及其他資料，校寫出《敦煌新本六祖壇經》，書後附有長篇論文介紹筆者對《六祖壇經》的研究成果，一九九三年由上海古籍出版社出版。這是敦煌新本首次以校勘本形式面世。二〇〇一年筆者又重校，由宗教文化出版社出版《新版敦煌新本六祖壇經》。

此後相繼有多種敦煌新本《壇經》的校本及注釋本出世：臺灣潘重規據向達手抄敦煌新本所校勘的《敦煌壇經新書》、鄧文寬《大梵寺佛音——敦煌莫高窟〈壇經〉讀本》及《六祖壇經——敦煌〈壇經〉讀本》、周紹良《敦煌寫本〈壇經〉原本》、鄧文寬與榮新江合校《南宗頓教最上大乘壇經一卷》（收入《敦博本禪籍錄校》）等等。

這裡特別應當提到的是在臺灣的朋友林光明先生和蔡坤昌、林怡馨二位年輕學者合作據筆者校勘本用英文翻譯的《六祖壇經及其英譯》已在二〇〇四年由嘉豐出版社出版，是繼美國陳榮捷、楊波爾斯基之後第三個英譯敦煌本《壇經》。

這些校本《壇經》的相繼問世，反映了學術界對敦煌本《壇經》的重視和研究的深入，至於各校本存在差異和分歧，筆者認為是正常的，不妨礙並行流通以供讀者參考。

二〇〇五年十二月上旬，在北京學習的佛光山寺覺多法師告訴我，臺灣年輕學者黃連忠博士最近完成對敦煌新本《壇經》的校釋，希望我為此書寫序。我因為早在一九九五年赴臺灣出席關於天臺宗的學術會議時已經認識黃連忠博士，二〇〇二年還收到他寄來的《禪宗公案體相用思想之研究》專著，二〇〇三年底在香港出席由佛教三德弘法中心主辦的「佛教與當代社會學術研討會」期間也曾與他見面交談，所以表示同意為他寫序，但要在看到他的校勘之後。十二月三十日，我應邀到臺灣高雄佛光山寺參加「禪宗與人間佛教學術研討會」，黃連忠博士特地前來與我見面，將他的定稿本《敦博本六祖壇經校釋》贈我，希望我為之寫序。在會議期間，我只是粗略地看了一下，回來後又有所側重地翻閱一遍，感到別有新意，認為出版後對學術界和讀者是有參考價值的，便打開電腦撰寫此序。

從此書自序可知，黃連忠博士是在吸收筆者及其他作者對敦煌本《壇經》的研究和校勘成果的基礎上，對敦煌本《壇經》作了進一步的考察、校勘和研究，並且還逐句進行解釋，然後才編寫出此書的。可以看出，他為此是花費了很多時間，付出很大精力的。

全書主要結構為：一、「原文圖版」，按照日本鈴木大拙校本將《壇經》全文分為五十七段（稱之為折）的做法，將敦博本（敦煌新本）、敦煌本《壇經》照片對照分段刊載；二、「錄文」，是將照片抄寫文字改為通用字，並對將校勘的字用方框括出；三、「校正」，是用通用字將校勘後的本段《壇經》語句刊載，並加上標點，後面附上校註和註釋；四、「解釋」，是用現代語對《壇經》原文所作的翻譯；五、「討論」，是結合本段內容所提出的思考問題，供利用此書教學者或讀者參考。

通檢本書，可以看出校勘十分精細，不僅句句作考辨，而且字字有交待。

（一）將敦煌新、舊兩種寫本的照片並列刊載和錄文，可以方便讀者和研究者對比考察，以利進一步校勘或研究。

（二）校正文字是吸收國內外學者已有成果作出的，並且後面詳加校註和註釋，為閱讀和研究《六祖壇經》提供便利和選擇空間。

（三）對《壇經》逐句作解釋，應當說是個難度極大的工作，並且所解釋的文字又很難得到學者的認同，然而對於一般讀者或初學佛法的人來說，畢竟可以幫助他們讀通原文，為深入理解《壇經》思想打下基礎。從這個意義上說，本書這種嘗試是值得肯定的。

（四）至於在「討論」中對第一小節提出一些問題，這可以啟發一般的讀者或學生思考一些問題，引發興趣，也可以看作是本書的一種嘗試吧。

黃連忠博士精於電腦的使用技術，能夠自己排版。在「附錄一」中將周紹良先生《敦煌寫本〈壇經〉原本》書前載錄的敦煌市博物館〇七七號的《六祖壇經》照片全面複製載錄，並在正文每行下標上序列號碼，以便檢視。在「附錄二」中將每行每頁的字數作了統計，最後統計全書連標題等在內共一一六一七字。在「附錄三」中將敦煌新、舊兩種寫本的俗寫體字與通用字全部影印列出，然後標之通用字；「附錄四」對敦煌兩本的代用字用表列出，加以說明。這兩部分，對於人們瞭解和研究敦煌寫本常用俗寫體文字是有參考意義的。最後「附錄五」，按照鈴木大拙當年對敦煌本《壇經》的分段，將全文分為五十七段（稱之為折）載錄，每段又按內容分為若干自然段，加上現代標點，以便人們閱讀使用。

總之，黃連忠博士對敦博本（敦煌新本）的校勘和注釋是有自己特色的，也是成功的。希望此書正式出版以後，將使更多的人瞭解記載六祖慧能行履和語錄的早期《壇經》，並且希望有更多學者進一步校勘和研究《壇經》，將中國禪宗文化的研究不斷推向深入，做出更多更好的成績。

筆者也想以此序作為對年輕學者黃連忠博士的勉勵。

二〇〇六年一月十日於北京華威西里自宅

（原《敦博本六祖壇經校釋》贈序）

自序一

六祖惠能❶大師（六三八—七一三）是中國佛教史中禪宗史上最重要的歷史核心人物，也是整部中國文化史上一位具有時代意義與關鍵地位的佛門高僧。同時，代表惠能思想的《六祖壇經》（以下簡稱《壇經》），更是一部影響中國禪學及中國文化極為深遠的劃時代巨著，它可以說是印度佛學與中國文化中最為精妙思想的融合。因此，凡是探討中國禪學史的流變或是禪宗的相關問題，也必然是以此部經典為研究中心而輻射開展，可見其殊勝的研究價值。❷再者，惠能大師的禪學思想、生平傳奇、境界風姿與對後世的影響，都是歷來受人稱頌、研究及津津樂道的對象。❸

自從一九〇〇年六月二十二日（一說一八九九年）敦煌莫高窟藏經洞（今編號為莫高窟第十七窟）重現於世以來，經過各國的掠奪典藏與後續學者的研究，「敦煌學」就隨著珍貴文獻的發現與相關研究而成為一代顯學。一九一六年秋天日本學者矢吹慶輝（一八七九—一九三九）遠赴英國倫敦調查大英博物館收藏的敦煌佛教文獻。一九二二年矢吹慶輝第二次赴倫敦拍攝敦煌寫本的照片，因此獲得照片六千餘枚，形成後來《大正新脩大藏經》古逸經典的基本素材。後來一九二八年矢吹慶輝將敦煌本《壇經》（原編號「斯三七七」，現編號為「斯五四七五」）校寫收編到出版的《大正藏》第四十八卷內，刊行了敦煌本《壇經》的錄文。矢吹慶輝又於一九三〇年將圖版發表於《鳴沙餘韻》，國際佛學界從此展開一連串對《六祖壇經》的相關研究，同時也陸續發現新的《壇經》版本，如惠昕本、真福寺本等。因此，近八十年來的《壇經》研究，就是環繞著敦煌寫本為中心，開展一系列對版本、惠能思想、敦煌禪籍……等相關問題之研究，可謂成果豐碩。在敦博本《壇經》正式

❶惠能：又作慧能，「惠」與「慧」兩字在唐代互相通用。本文依敦博本與敦煌本《壇經》原文書寫方式，一律採用「惠能」。

❷請參閱王熙元：〈六祖壇經在中國文化史上的價值〉，收錄在《佛光山國際禪學會議實錄》，高雄：佛光出版社，一九九〇年三月初版，頁六九。

❸見拙著：〈從宗寶本六祖壇經論六祖惠能的生活實踐哲學〉，《菩提樹》雜誌第四八二、四八三期，一九九三年一月、二月出版，頁二六。

公布以前，相關於《壇經》的研究已有六十年的歷史，其中多是國際上知名的學者，如宇井伯壽、關口真大、田中良昭、柳田聖山、胡適、呂澂、印順、郭朋、潘師重規、周紹良與楊曾文等人。

此外，又以近年來大陸佛教學者公開了任子宜在一九三五年所發現的敦博本《壇經》（任子宜本），更是引起學界高度的注視，也激泛起新的一波研究《壇經》的高潮。因此，本書校釋的學術動機，即是基於任子宜發現的敦博本《壇經》為目前最早最完整的《壇經》寫本，由此為研究的基本素材，進而將敦博本與敦煌本《壇經》兩本互校，又參校其他版本與校本，期能校訂出比較完美的《壇經》版本。至於敦博本《壇經》與各版本之間禪學思想的演變與差異，限於篇幅與主題的設定，筆者將以其他專著另行發表，讀者或可參看其他學者的著作。

在研究的限制與範圍上，筆者主要採用了五個重要的版本或校本，其一是敦博本《壇經》的書影，❹其二是向達先生手抄任子宜本的影本，其三是潘師重規的《敦煌壇經新書》，其四是楊曾文教授的《新版敦煌新本六祖壇經》，其五是鄧文寬、榮新江的《敦博本禪籍錄校》。從這五個本子出發，然後大量地參酌其他的版本與校本，綜採諸說，抉擇精義，以為校訂註釋之輔證。

敦博本的出現於世是一項劃時代的重大發現，那是敦煌名士任子宜在一九三五年發現與收藏的一個《壇經》寫本，後來輾轉被敦煌縣博物館珍藏，文書編號為〇七七號之四。❺抄本的前後，記有任子宜寫的發現此抄本的時間與地點：「（經前）此經（敦博本六祖壇經）余於民國二四年四月八日得之於千佛山之上寺。任子宜誌。（經後）民國廿四年四月八日獲此經

---

❹敦博本的書影，筆者係以周紹良編著之《敦煌寫本〈壇經〉原本》中的照相圖版為主要的研究素材，此書也是目前所能看到敦博本《壇經》最為清晰的影本。

❺敦煌市博物館藏〇七七號禪籍，共有五種文獻，其中敦博本《六祖壇經》為編號第四種，其他分別為：《菩提達摩南宗定是非論》、《南陽和上頓教解脫禪門直了見性壇語》、《南宗定邪正五更轉》與《注般若波羅蜜多心經》等。

於敦煌千佛山之上寺。任子宜敬誌。」❻任子宜發現的《壇經》寫本，到了一九四三年向達先生奉北京大學之命，參加中央研究院西北史地考察團到敦煌考察，在任子宜先生家獲見此本，首先發現了這部禪籍的學術價值。在翌年九月完稿的《西征小記》一文中，向達先生對此本做了簡單的描述和考證。❼到了一九八五年鄧文寬先生在榮恩奇先生的協助下，將原本攝影後攜回研究。到了一九八六年周紹良先生在參觀敦煌縣博物館時又意外地發現，後來編入中國社會科學院世界宗教研究所編輯之《中國佛教叢書．禪宗編》，並且由楊曾文教授重新校寫為《敦煌新本六祖壇經》，於一九九三年十月正式出版，蒙楊老師厚愛，得其寄贈乙冊給筆者。❽此外，潘師重規先生也以敦煌本《壇經》與「向達手鈔敦煌市博物館藏任子宜本」兩本互校為底本，重新以毛筆字校寫手抄成《敦煌壇經新書》，由佛陀教育基金會印贈發行，筆者於一九九五年就讀博士班時蒙其題字手贈是書。❾

此外，由於任子宜本《壇經》與以前日本學者所發現的敦煌本《壇經》是不同的兩個寫本，為了方便區別，學界已界定任子宜本為《敦煌新本六祖壇經》、《敦煌新書六祖壇經》或敦博本《壇經》，本文為了統一說法，以下一律稱為敦博本《壇經》。

再者，敦博本與敦煌本《壇經》兩者之間，可謂大同而小異，不僅在題目、編排的形式，以至於內容部分幾乎是完全一樣的，甚至於在某些明顯錯誤的字句也是一樣，此點可以說明兩者是抄自同一原本的《壇經》。❿

❻見楊曾文校寫：《新版敦煌新本六祖壇經》，北京：宗教文化出版社，二〇〇二年六月第二次印刷，頁一九八。

❼有關一九四三年向達先生發現敦博本《壇經》的這段文字，見於鄧文寬、榮新江：《敦博本禪籍錄校》，江蘇：江蘇古籍出版社，一九九九年十月第二次印刷，前言頁一二。

❽楊曾文教授曾於二〇〇一年五月重新校訂出版了《新版敦煌新本六祖壇經》，由北京宗教文化出版社出版，二〇〇一年五月第一版。

❾《敦煌壇經新書》係潘師重規大作，由佛陀教育基金會印贈，一九九四年十二月發行。筆者曾就讀於台灣師大國文研究所博士班，適逢潘師開講「敦煌學」課程，以《敦煌壇經新書》為上課教材，筆者有幸忝列聽修，啟發益深，並蒙其題字手贈是書，如今潘師已仙逝，筆者感念先師遺風，惠我良多。

❿敦博本與敦煌本《壇經》兩者之間詳細的比較，詳見楊曾文教授所述，見楊曾文校寫：《新版敦煌新本六祖壇經》，頁二二三至二二七。

有關於敦煌本與敦博本之前的「敦煌原本」，又可稱為「敦煌祖本」。然此「祖本」是否就是惠能弟子法海所記，然後傳給道際、悟真的寫本呢？這就有待進一步的研究與未來新出土或新發現的相關文獻了。

至於敦博本《壇經》的成立，可以從其組成的內容結構中初步了解。換句話說，也就是從《壇經》的結構看《壇經》內容的形成。因此，從整體結構來看，可以分成三大部分：

第一，是惠能在大梵寺登壇說法，授無相戒的部分。這個部分是全書的主體，約佔全文一半左右。內容是以惠能對僧俗徒眾的公開說法、傳禪、授戒等活動之實錄。

第二，是惠能生平的大要與簡歷。此部分約佔全書百分之十。主要以簡述其出家因緣，以及悟道前後的過程等等。

第三，是惠能與其弟子之間的開示本心與點撥指教的實錄，以及惠能圓寂前後的付囑與相關的紀錄。此部分約佔全書的百分之四十，也是《壇經》在語錄體法語的精采紀錄。

以上三項，印順法師以為「大梵寺說法」與「臨終付囑」的兩部分，應該分別處理，值得參考。⓫

除此之外，與敦煌本、敦博本同源的西夏文《壇經》，也是值得吾人留意，這也是代表敦煌流傳的寫本。因為，在一九三〇年《國立北平圖書館館刊》四－三期的西夏文專號上，發表了羅福成的《六祖大師法寶壇經殘本釋文》，其中殘本五頁譯為漢文。此後，日本的川上天山據此進一步研究，發現此西夏文《壇經》與敦煌本《壇經》完全一致。⓬

其次，《壇經》寫本的抄寫年代，學者們看法也莫衷一是，例如呂澂以為是五代時寫的，⓭郭朋在《壇經校釋》一書中

⓫印順法師說：「古人心目中的《壇經》，是以大梵寺說法部分為主體的。所以現存的《壇經》，應分別為二部分：一、（原始的）《壇經》——「壇經主體」，是大梵寺開法的記錄。二、「壇經附錄」，是六祖平時與弟子的問答，臨終付囑，以及臨終及身後的情形。二者的性質不同，集錄也有先後的差別。在《壇經》的研究上，這是應該分別處理的。」見印順法師著：《中國禪宗史》，台北：正聞出版社，一九九八年六月五版，頁二四五。

⓬見楊曾文校寫：《新版敦煌新本六祖壇經》，頁二三四。另，可參閱史金波：〈西夏文《六祖壇經》殘頁譯釋〉，北京：《世界宗教研究》，一九九三年九月一日出版，頁九〇至九九。

⓭見呂澂：《中國佛學源流略講》，北京：中華書局，一九九一年九月印刷，頁二二二。

說是唐代寫成的，⓮日本學者宇井伯壽則以為是唐末宋初之間完成的。⓯都有相當的參考依據，仍待進一步釐清與考證。

前文提及，敦煌名士任子宜在一九三五年四月八日得之於千佛山的敦博本《壇經》重現天下以來，一開始並未受到太大的重視，只有流轉於大陸內地敦煌縣博物館，以及周紹良、向達、呂澂與鄧文寬等諸先生之過目。在此之間，日本學者柳田聖山曾經系統地介紹了六十年來國際佛學界對敦煌禪籍研究的發展情況與成果，其中以「敦煌本《六祖壇經》的諸問題」為主題，以敦煌本為中心，介紹了《壇經》研究的情況，但是並未提到敦博本《壇經》。直到一九八六年周紹良先生的再度發現，然後列入「敦煌縣博物館藏敦煌遺書目錄」中（《敦煌吐魯番文獻研究論集》(三)，北京大學出版社），正式向國際公布。接著，在一九八七年的日本《中外日報》二三七〇六號，由楊曾文教授撰、麥谷邦夫譯之〈敦博本《壇經》的學術價值〉一文，受到日本學者進一步的重視。直到一九八七年十月在北京召開的「中日第二次佛教學術會議」上，《壇經》版本仍然是一個熱門的話題。敦煌縣博物館收藏的一個敦煌寫本《壇經》的新抄本，引起了與會者的極大興趣。⓰之後，在佛光山舉辦的一九八九年「國際禪學會議」中，主題為「六祖壇經之宗教與文化探討」，楊曾文教授正式發表〈敦博本壇經及其學術價值〉一文，引起了國內外學者的高度關注與後續討論。

至於敦博本的學術價值，楊曾文教授曾在發表專文中說明了三點，以為敦博本優於敦煌本《壇經》的價值：「既然二本如此相同，那麼敦博本《壇經》還具有什麼特殊的價值呢？一、敦博本抄漏字句較少。……二、敦博本抄寫工整，字體清晰秀麗，而敦煌本抄寫雜亂，錯訛字句很多。如果以敦博本為底本，校之以敦煌本和惠昕本，便可校勘出現存最古本《六祖壇經》的善本。……三、敦博本的發現，使人重新考慮同種《壇經》流傳範圍和流行時間。」⓱

⓮見郭朋：《壇經校釋》，台北：文津出版社，一九八七年八月初版，頁一四。

⓯見宇井伯壽：《第二禪宗史研究》，日本：岩波書店，昭和十年七月出版，頁六七。

⓰此段話見於洪修平：《禪宗思想的形成與發展》，高雄：佛光出版社，一九九一年十月初版，頁二九五。

⓱見楊曾文校寫：《新版敦煌新本六祖壇經》，頁二二五至二三五。

除了以上三點之外，筆者以為敦博本《壇經》尚有兩點學術價值：

第一，敦博本的發現，打破了敦煌本《壇經》是天下唯一孤本的局面，為《壇經》與惠能思想的研究，注入新的素材及後續研究的推動力。

第二，敦博本的抄寫書手頗有文人字的手跡，此點對於敦煌變文寫本書手的考述與唐代寫經生及其書法藝術的相關問題，具有啟發後續研究的意義。⑱

此外，前文提及潘師重規在校寫《壇經》時，提出了幾項獨特的見解，其中包括了敦煌文字俗寫約定而俗成的意義，⑲並且重新肯定《龍龕手鑑》的學術價值等，也是十分值得重視與參考。⑳

在楊曾文教授校寫的《新版敦煌新本六祖壇經》與鄧文寬、榮新江的《敦博本禪籍錄校》兩本大作中，已經將敦博本《壇經》的發現與版本介紹，作出了十分清楚的說明，但為了讓讀者對敦博本《壇經》有更為清楚的認識，筆者試擬一個「敦博本六祖壇經學術規格表」：

⑱關於此點，請參閱顧吉辰：〈唐代敦煌文獻寫本書手考述〉，《敦煌學輯刊》，一九九三年第一期，總第二三期，一九九三年元月出版，頁二五至三二。另，可參閱王元軍：〈從敦煌唐佛經寫本談有關唐代寫經生及其書法藝術的幾個問題〉，《敦煌研究》，一九九五年第一期（總第四三期），一九九五年二月一五日出版，頁一五六至一六四。

⑲關於此點，潘師重規提出其看法：「由於敦煌寫本的文字，與後世的書寫習慣頗異，歷來都認為是抄寫的訛誤。……宋代人即視寫本文字為鄙俚繁雜。直至現代，學者仍多持此種見解，輕視寫本。……因此許多研究敦煌學的學者，對著滿目謬誤的惡本，抱著鄙視淺劣鈔手的心理，遇到讀不通處，便以為是鈔手誤鈔，更常常自以為是，擅自竄改。於是臆說繁興，造成了讀敦煌寫本的一大障礙。我經過長期涉獵敦煌寫本之後，啟發了我一個客觀深入的看法。……新造之字，如得大眾認可，獲大眾使用，這亦是約定俗成。約定俗成的文字，便不容任何人把他抹殺。……我們把這種錯覺掃除後，再仔細觀察這個倫敦所藏的壇經寫本，便應該承認它是一個很質樸，很接近原本的早期鈔本。」見潘師重規：《敦煌壇經新書》，頁七至一五。

⑳潘師重規重新肯定《龍龕手鑑》的學術價值，其主要的說明是：「龍龕手鑑為佛徒據佛藏寫本編成之字書。古代寫本已蛻變為版刻書籍，似已失去編集時之作用；然千載之後，敦煌寫本數萬卷復現於天壤間，讀者擿埴冥途，暗中摸索，求一導夫先路者不可得；而龍龕手鑑炳然一燈，閃耀千古。照明發伏，得不謂為學林之大幸耶？……是則謂龍龕手鑑即敦煌寫本專造之字書可也。清儒不見敦煌遺書，未明真相，橫加詆譭，遂使龍龕手鑑之功效，鬱千載而不彰。今幸得窺其奧蘊，使後之學者取敦煌寫本以證手鑑而手鑑明；取手鑑以證敦煌寫本而寫本明，行均編集之功於是為不唐捐矣！」見潘師重規：《龍龕手鑑新編》，台北：石門圖書公司，一九八〇年十月初版，頁一七至一八。

敦博本六祖壇經學術規格表

項目名稱	內容
(1)經題全稱	南宗頓教最上大乘摩訶般若波羅蜜經六祖惠能大師於韶州大梵寺施法壇經
(2)經題簡稱	敦博本六祖壇經、敦博本壇經、敦煌新本六祖壇經、任子宜本六祖壇經
(3)卷數	一卷
(4)講述者	禪宗六祖惠能
(5)集記	惠能弟子法海
(6)成書年代	約於晚唐五代年間
(7)發現年代	一九三五年四月八日（民國二十四年）
(8)發現地點	敦煌千佛山之上寺
(9)發現人物	任子宜
(10)原本現藏	敦煌市博物館
(11)文書篇號	〇七七禪籍之四
(12)版本裝訂	梵夾式蝴蝶裝冊子本
(13)版本頁數	原小葉六行為一頁共八十四頁（〇七七禪籍第九〇頁開始至一七三頁）
(14)整理頁數	將二頁併為一葉共四二葉（〇七七禪籍五種共九十三葉）
(15)版本長寬	紙高三十二點二公分、紙寬二十三點四公分
(16)版本行數	共四九三行（經題與末記除外）
(17)版本字數	共一萬一千六百七十三字（含經題、末經題與原附錄文字）

在許多敦博本《壇經》研究校訂的著作中，影響本書校訂形成最大者，當推以下三位先生的大作，首先是楊曾文教授於一九九四年七月來台參加中華佛學研究所主辦之「佛教與中國文化國際學術會議」，藍吉富老師帶著筆者與楊老師到台北天母聚餐，當時楊老師指點筆者許多研究禪學的方法，並對筆者當時的碩士論文提出誨正的意見，並允諾回北京後會寄贈一本《敦煌新本六祖壇經》給筆者，其實當時筆者已先向藍老師借閱是書而影印一本存覽，到了九月間即收到楊老師的贈書，對於當時甫於碩士畢業的一個後生晚輩而言，楊老師悉心指教與贈書，至今感念於懷！也正是因為這個因緣，讓筆者接觸到敦博本《壇經》，細細拜閱之後，竟然發現許多與通行的宗寶本《壇經》有很大的不同，也開始對後人改編的宗寶本《壇經》生起了許多懷疑，發現宗寶本的預言讖語及小說傳奇的敘述，可能已經失去了「原汁原味」，那也就不是原來《壇經》的原貌，甚至許多惠能對禪法教授的字句之間，都有值得商榷之處。楊曾文教授就曾經指出敦博本的學術價值中「如果以敦博本為底本，校之以敦煌本和惠昕本，便可校勘出現存最古本《六祖壇經》的善本」的這段話，給了筆者很大的啟發，這本書的形成與學術研究路向，就是順著這個學術的理路與基礎而成。然而，從敦煌本到敦博本的發現，正是提供了另一個早期的版本，這對六祖惠能與《壇經》的研究而言，是一件重要的事，楊曾文教授的大作，正是對敦博本《壇經》的學術價值做了極為中肯的介紹，佛教學界應該重視這個版本而取代近世流通的宗寶本，可惜的是敦煌本《壇經》曾經被批評為「惡本」，特別是針對敦煌本中大量的錯訛字莫不鄙視，關於此點，正好筆者的恩師潘重規先生提出了他獨特的看法，也解決了敦煌寫本《壇經》文字校訂問題的學術爭議。

影響筆者形成這本書的第二本重要著作，正是潘師重規的《敦煌壇經新書》，這本書由佛陀教育基金會於一九九四年十二月出版發行，筆者於一九九五年至二〇〇〇年在台灣師範大學國文研究所就讀，正好選修了潘師重規的「敦煌學研究」課程，在一九九五年十月得到潘老師手贈其書，在當時的課程中，潘老師以當時九十歲的高齡親赴台灣師大授課，筆者在台下聽講，受益良多，也感到能在潘老師晚年聽聞一代敦煌學大師的講席，心中實在覺得萬分榮幸。潘老師在授課中引出其書中的某些看法，特別提到「約定俗成」的語言文字使用觀念，並且針對敦煌俗寫文字的研究提出了「字形無定、偏旁無定、繁簡無定、行草無定、通假無定與標點無定」等條例，又針對個別文字加以解說，其長者諄諄再三教誨晚學的風範，猶在筆者心中迴盪不已！由此殊勝的因緣，當年學期結束時，筆者於一九九六年六月即以四萬餘字的〈敦煌寫本《六祖壇經》文字校訂的比較研究初探〉論文作為期末報告，也就是十年前已經針對敦煌寫本《六祖壇經》做過初步的探討，但是自認校訂得不夠成熟，所以並未正式發表，此後又寫作了多篇敦博本《壇經》禪學思想的論文，也是敝帚自珍，藏之書篋之內。

直到四年前，筆者準備開設一門「六祖壇經與現代生活」的課程，方才覺得在大學殿堂及未來對佛學課程的教授需求，應該採用敦博本為講授《六祖壇經》的教材，可是各家校訂又有頗多的差異，再加上現代人閱讀古文的能力已然大為降低，此時又拜讀到鄧文寬、榮新江的《敦博本禪籍錄校》，心中讚賞肯定，這是影響本書形成的第三本著作，於是心中有了一個念頭，那就是何不以學術的體例，將兩本敦煌寫本《壇經》從圖版對照、錄文、校正文字、校訂說明、註釋、解釋翻譯與學術問題討論等七項探討主題一網打盡，用跨頁的方式完整地呈現給現代及將來的讀者閱讀。鄧文寬、榮新江的這本大作，內容十分精贍，將敦博本〇七七號禪籍中的五部著作，統一格式做了錄校，一筆一字的精校謄寫，又以敦煌學研究文字的基礎，輔以「河西方音」聲韻學的考據，為敦煌寫本《壇經》的校訂做出了貢獻，其成果也令人敬佩。除此之外，在二〇〇三年十二月由於楊曾文老師的厚愛，推薦筆者參加香港三德弘法中心主辦的「佛教與當代社會佛學研討會」發表論文，筆者正好與方廣錩教授同寢室，方教授也給了筆者肯要的指教與點撥，這本書的書名，也是方教授的建議，筆者欣然接納，也感恩於方教授的指點。

近四年來，筆者遭逢人生的一些逆境，幾遇不測，所幸平日信仰觀世音菩薩，早將一切身心性命交付龍天，生命無可存惜，唯心中念念不忘此書未能付梓而引以為憾，如今四年時光已過，草稿初成，回首前塵，恍如夢幻。近四年來的研究工作，除了遍覽相關典籍之外，尤以前文述及的三本著作為圭臬，再參考鈴木大拙、郭朋與印順法師等多人著作，才一下手，便覺得甚難甚難，難在於校訂工作本為學術的基礎工夫，可是往往校訂工作也是最困難最艱辛的學術工作，難怪歷來都是學養深厚的學者從事的研究，後世若有不明學術行情的人，以為校訂工作不是學術研究或不達學術研究的水準，那是井蛙觀天、蜀犬吠日的認知了。過去四年來，筆者有如墮入無底深淵，尤其是前兩年，每每感歎才學識見之不足，幾欲停筆，不僅一再改動體例，也不斷一字一句的斟酌推敲，有時數日盤旋在一個字或一句話上，遲遲不能決定，再參考諸家校本，又發現莫衷一是，於是筆者除了參酌各家說法之外，有時恃憑個人對佛學的了解，大膽地裁定某些論證而校改，心中惶惶於因果的業報與龍天的觀視，但又想到能夠為廣大的讀者提供一個版本的校訂與解釋翻譯，心中還是覺得很歡喜的。所以，筆者以兩年時間寫成初稿，一年左右的時間又改版加寫了許多材料，又花了整整一年以上的時間處理附錄及四度親自校訂本書的文字，期能做到盡善盡美的要求，也耗盡筆者半生的心血。同時，本書的寫定及相關研究，全部都在電腦中完成，也希望對日後佛學研究數位化的方向貢獻棉薄之力。

對於前文述及的三本重要著作，筆者心中無限感恩，在研究的過程中，當然也對各家校訂文字有許多不同的意見，可是學術研究本來就是不斷進步的旅程，前人種樹，後人乘涼，所以筆者不願指摘批評前人的過失，而增益誇大自己的長處或心得，也因此在本書中許多不同於各校本的意見，就不再詳列指陳了。相對的，筆者經過一字一句的研究，確有一些心得或看法，那就留待來日撰寫專文發表了。其中，可以先舉出一些例子，即是敦煌本與敦博本《壇經》兩者的差異中，敦煌本相對於敦博本漏抄了四段七十八字：

第一段是見於本書第二十頁：

敦煌本漏抄了「**見和尚即云是秀作五祖見偈言不堪自是我迷**」十九字。

第二段是見於本書第四十頁：

敦煌本漏抄了「愚人智人佛性本亦無差別只緣迷悟迷即為」十八字。

第三段是見於本書第一百六十頁：

敦煌本漏抄了「不是六祖曰何以不是志誠曰」十二字。

第四段是見於本書第一百六十六頁：

敦煌本漏抄了「來至漕溪山禮拜問大師言弟子常誦妙法華經七年心迷不知正法之處」二十九字。

這本書的完成，為了因應二十一世紀的數位時代，全書未用電腦新造一字，期能盡得惠能禪法之要旨，同時筆者不敢自誇說「集諸家校本之長而無諸家之短」，但秉持一念初心，誠懇與耐煩，不求有功，但求無過。這四年來對母親與內人包容筆者因工作關係奔波在外而深感歉疚，也對母親與內人的鼓勵與支持銘感在心。除此之外，恩師王開府教授的關切與提點，依空法師的指正與點撥，都令筆者心存感恩。四年來，筆者獨自一人親自校訂、註釋、翻譯每一字每一句，甚至包括所有的電腦排版、美編剪輯與封面設計，其間並無任何助理學生或朋友能夠代勞，筆者親自完成這本書的所有流程與工作，心境有如千峰頂上孤冷寒澈茅屋中的老僧一般，一邊懺悔宿世業障，一邊精勤努力不懈於相關的研究，倏忽四年，恍如一夢。這本書的完成，也是希望能紀念於二〇〇三年四月二十四日往生的潘師重規先生，盼潘老師於西天之際，能對愚徒繼承師志，聊堪慰藉。同時，對於慈悲寬厚的楊曾文教授慨然贈序，筆者內心無限感恩。再者，海內外學者方家或是明眼大德，企盼能對拙作不吝指正，是幸！

黃連忠寫於二〇〇六年四月二日

（原《敦博本六祖壇經校釋》舊序）

附件圖片：

(一)潘師重規簽名手贈《敦煌壇經新書》與筆者（一九九五年十月五日）

連忠仁弟
存閱　潘重規
八四年十月五日

(二)楊曾文教授與筆者合影於香港三德弘法中心主辦之「佛教與當代社會學術研討會」（二〇〇三年十二月六日）

(三)楊曾文教授與筆者合影於佛光山主辦之「禪宗與人間佛教學術研討會」（二〇〇六年一月一日）

自序二（二〇一六年初稿序）

二〇一〇年一月二十八日，旅順博物館召開記者會，正式宣布旅博本《六祖壇經》於二〇〇九年十二月重新被發現於該博物館內，並於網路上公布了五頁相片影本，海內外佛教界與學者專家們皆感到震驚，後來楊曾文教授當面告知筆者此項訊息，學術界亦持續關注後續的發展。在後續的佛教學術研討會中，亦有多位學者及法師關注旅博本的發現並發表了相關的論文，或在敦煌本《六祖壇經》的討論中，加入了新的素材與分析。不僅如此，在二〇一一年十月底的第二屆黃梅禪宗論壇的會議期間，方廣錩教授亦為筆者分析了敦煌三本之間的異同優劣，給予筆者重大的啟發與指導，也勉勵我在完成《敦博本六祖壇經校釋》之後，應該繼續加入旅博本的素材，進而從事敦煌三本《六祖壇經》對勘比較的研究。筆者在該屆會議期間，同時得到兩位學術界前輩的鼓勵與點撥，甚感榮幸，亦發願勉力完成《敦煌三本六祖壇經校釋》的研究工作。時光飛逝，經過將近五年的時間，筆者終於在《敦博本六祖壇經校釋》的基礎之上，重新安排版面，調整研究進程與增加比對的項目，原先欲加入《六祖壇經》「四本比較」的內容，就是將明版藏經本之宗寶本、明代泰倉本、惠昕本系列之日本真福寺本與敦煌三本集校本等四本，做一對比，但考慮所佔篇幅過多，故捨棄之。

回溯在二〇一〇年十二月南京大學洪修平教授的高足白光博士（時為博士生），其主要研究敦煌諸本《六祖壇經》，開始與筆者密切連絡，並轉達方廣錩教授的關懷，後來白光在二〇一一年六月告知已購得郭富純、王振芬整理之《旅順博物館藏敦煌本六祖壇經》，由上海古籍出版社於二〇一一年四月出版的訊息。後來，筆者委託台灣萬卷樓出版公司代購，亦於二〇一一年八月五日於台灣收到這本書，開始做初步的整理。

經過研究與整理，筆者發現旅博本《壇經》在禪宗史文獻研究方面，提供了新的素材與課題，同時也把《壇經》研究推向了另一個高峰，誠如方廣錩先生在《旅順博物館藏敦煌本六祖壇經》一書的前文中，論定旅博本再發現對《壇經》研究的重要意義：「將來出現新的敦煌本《壇經》的機率，已經微乎其微了。如果上述結論可以成立，則這一次旅博本的再發現與正式公開，將是敦煌本《壇經》研究史上具有劃時代意義的大事，也是禪宗研究史、中國佛教研究史上的一件大事。」❶筆者同意方教授的看法，同時以為旅博本《壇經》全本的再度發現，將給當代對敦煌三個全本《壇經》的研究，開啟總結性探究的開端，並將產生重大的影響，進一步呈現目前二十一世紀初期，階段性探討敦煌三本《六祖壇經》學術任務的完成。❷

筆者於旅博本《壇經》首先處理文獻的考察與標定，不僅依其彩色圖片標誌行數，並且依行錄文與計算精確的字數，同時開始與另兩項全本之敦博本與斯坦因本做互校，本文先行公布初步錄校的成果與探討旅博本《壇經》的學術價值。

有關於旅博本《壇經》的「再發現」，大連市文化廣播影視局局長王星航於該書〈前言〉中說：「由於歷史上的種

---

❶見郭富純、王振芬整理：《旅順博物館藏敦煌本六祖壇經》，上海：上海古籍出版社，二〇一一年四月，方廣錩〈前言〉，頁四。

❷筆者長年來關注並研究諸本《壇經》，特別又以敦煌系列的版本為研究核心，亦曾於二〇〇六年完成拙作《敦博本六祖壇經校釋》一書，時逢旅博本《壇經》重新問世，筆者統整敦煌三本《壇經》，做一全面性的探討。參見拙作黃連忠：《敦博本六祖壇經校釋》，台北：萬卷樓圖書股份有限公司，二〇〇六年五月初版。另外有關於筆者對各種敦煌寫本《壇經》的研究，可以參閱拙作黃連忠：〈敦煌寫本六祖壇經的發現與文字校訂方法芻議〉，《法鼓佛學學報》第一期，二〇〇七年十二月，頁七一至一〇二。

種原因，該本一直被誤傳為佚失，多年來備受海內外關注，成為眾多學者和禪宗愛好者遍求而不得的珍本。」❸筆者與諸多專門研究《壇經》的專家學者們，對於《壇經》的各版本中，除了旅博本「再發現」以外，就是未見日本真福寺本《壇經》傳世。❹後來，筆者在二〇一五年八月三十一日，收到學術界前輩寄給筆者的真福寺本《壇經》影本，筆者就得以對照及比對惠昕本系列與敦煌本系列《壇經》的異同。然而以學術的價值觀察，敦煌系列的《壇經》的學術意義是遠遠超過後世傳抄或刊行的版本。因此，旅博本「再發現」則是填補了重要的空缺，讓現存敦煌三本《壇經》得以互校，而求取最大的真實，就這一點意義而言，旅博本的出現，實具有深刻的時代意義。

此外，旅順博物館館長郭富純介紹大谷光瑞的收藏品時說：「眾所周知，旅順博物館藏西域文物中的大谷收集品部分是一九一六年由大谷光瑞本人帶到旅順的，是分散世界各地的大谷收集品三個主體中最重要、最有價值的。」❺筆者以為這是這一項文獻的起始因緣，經過戰亂與變遷，終究發現其仍存放於旅順博物館，也是令人欣慰的一件事。

至於在一九一六年以後，至二〇〇九年底之前，旅博本《壇經》為何會被視為「亡佚」的原因，方廣錩以為主要是旅博本未受重視的緣由：「旅博本雖然發現得最早，但因發現者大谷探險隊屬於日本淨土真宗，對禪宗不甚重視，未能認識到旅博本《壇經》的價值。除了拍攝首尾三張照片保存為資料外，對該《壇經》未作研究。其後時過世移，

❸見郭富純、王振芬整理：《旅順博物館藏敦煌本六祖壇經》，上海：上海古籍出版社，二〇一一年四月，王星航〈前言〉，頁一。

❹見石井修道：〈伊藤隆壽氏發見の真福寺文庫所藏の『六祖壇經』の紹介——惠昕本『六祖壇經』の祖本との關連〉，《駒澤大學佛教學部論集第十號》，一九七九年十一月，頁七四至二一一。

❺見郭富純、王振芬整理：《旅順博物館藏敦煌本六祖壇經》，上海：上海古籍出版社，二〇一一年四月，郭富純〈旅順博物館藏西域文物的研究與展望〉，頁五。

該《壇經》從旅順博物館所藏其他敦煌遺書中游離出來，另行收藏於古籍庫房，乃至人們以為它已經亡佚。」❻方廣錩則是說明了重新發現的背景因素：「旅順博物館方面傳來一個石破天驚的消息：二〇〇九年，長期被認為已經亡佚的旅博本《壇經》，在沉寂於庫房幾十年之後，再次被發現。後來得知，這些年來，旅順博物館特別注重基礎建設，為此對館藏文物進行了大規模的摸底普查。由於這一契機，旅順博物館王振芬同志從古籍庫房發現了這件珍貴資料。」❼可惜的是，此書中並未見錄確切的發現時間，這一點對於現代數位化精確的時代特徵而言，確實是一件稍嫌遺憾的事情，或許日後可見更為詳細的補述。同時，旅順博物館副館長王振芬在〈旅順博物館藏敦煌本六祖壇經的再發現及其學術價值〉一文中，提及並分析旅博本誤以為「亡佚」的原因與經過是：「一九五一年的這一次清點，首次把它們從原圖書類資料中分離出來。旅博本《壇經》屬於縫繢裝，外觀很像一般的書冊本善本書籍，與常見的卷軸裝敦煌遺書全然不同。所以，當時未能識別提出。加上清點整理圖書和清點整理敦煌遺書的是兩組不同的人員。雖然敦煌遺書清點人員發現有缺失，並登記造冊；但圖書資料清點人員並不知道這本外觀書冊裝的東西就是敦煌遺書，便把它登記在圖書帳中。」❽

筆者亦認為裝幀形式是旅博本《壇經》過去被錯誤歸類的主因，因此對於古物的整理與重新探討，往往也是溫故而知新，但是更重要的是資訊的透明公開與開放，特別是經由數位化的處理與網路的公開，才能真正達到資源共享、廣泛利用與普及研究的功能與目標。

❻見郭富純、王振芬整理：《旅順博物館藏敦煌本六祖壇經》，上海：上海古籍出版社，二〇一一年四月，方廣錩〈前言〉，頁二。

❼見郭富純、王振芬整理：《旅順博物館藏敦煌本六祖壇經》，上海：上海古籍出版社，二〇一一年四月，方廣錩〈前言〉，頁三。

❽見郭富純、王振芬整理：《旅順博物館藏敦煌本六祖壇經》，上海：上海古籍出版社，二〇一一年四月，王振芬〈旅順博物館藏敦煌本六祖壇經的再發現及其學術價值〉，頁一二。

經過筆者親自點算並標誌旅博本《壇經》的行數、頁數與字數，結論是該經的經題三行，正文內容為五九〇行，並加末記四行，總共為五九七行，此為《旅順博物館藏敦煌本六祖壇經》一書所未記錄的重要整理。同時，筆者經過一字一句的校勘與錄文，實得全文共一一七二四字，相較於敦博本《壇經》的全文共一一六七三字，多了五十一字。同時，旅博本《壇經》又相較於斯坦因本的英博本《壇經》的全文共一一五四〇字，多了一百八十四字。其中，顯示了旅博本《壇經》文字最多，內容也相較完整。

因為書寫形式與每行字數的不同，旅博本《壇經》每行平均在二至二八字之間，相較於敦博本四至三十一字之間，與斯坦因本的英博本三至二八字之間，三個寫本之間有著明顯的行數與文字差距。旅博本全文共計五九七行，英博本全文共計五五二行，敦博本因每行字數較多，全文僅共計四九八行。在行文的行數觀察，旅博本行數亦是最多。至於文獻的形式裝幀方面，敦煌三本全本冊子首尾完整《壇經》，皆為梵夾式蝴蝶裝冊子本，[9]或如方廣錩所謂的縫繢裝。此外，敦煌三本書寫優劣互見，一般而言，斯坦因本是「抄寫草率，字體拙劣」，敦博本是「抄寫謹嚴，字體優美」，至於旅博本《壇經》則是「抄寫一般，字體尚佳」。敦博本與旅博本的烏絲線較為明顯，但斯坦因本則是未見烏絲線，而且抄寫較為草率，錯訛漏字最多。筆者試以現有的相關資料，擬出一個「敦煌三本六祖壇經學術規格比較表」，讓讀者對三種敦煌寫本的全本，不僅有更進一步清楚明白的認識，同時也能看出旅博本異於其他兩本的特質：

---

[9] 向達在一九四三年見到任子宜本（即敦博本），曾於一九四四年九月向達完稿之〈西征小記〉一文中，提到「梵夾式蝶裝本一冊」，另在總跋文中說：「原為梵夾本，作蝴蝶裝。」。可參見鄧文寬、榮新江：《敦博本禪籍錄校》文中說明，江蘇：江蘇古籍出版社，一九九九年十月第二次印刷，前言，頁一二至一四。

敦煌三本六祖壇經學術規格比較表

(1)	寫本簡稱	英博本	敦博本	旅博本
(2)	經題全稱	南宗頓教最上大乘摩訶般若波羅蜜經六祖惠能大師於韶州大梵寺施法壇經	南宗頓教最上大乘摩訶波若波羅蜜經六祖惠能大師於韶州大梵寺施法壇經	南宗頓教最上大乘摩訶般若波羅蜜經六祖惠能大師於韶州大梵寺施法壇經
(3)	方廣錩稱	斯坦因本	敦博本	旅博本
(4)	其他簡稱	敦斯本、英倫 S.5475 號、斯坦因本、斯本、敦煌本	敦煌新本、任子宜本、甘藏本、敦博 077 號卷子	大谷光瑞本、旅圖本
(5)	寫本卷數	一卷	一卷	一卷
(6)	開示講者	禪宗六祖惠能	禪宗六祖惠能	禪宗六祖惠能
(7)	集記人物	惠能弟子法海	惠能弟子法海	惠能弟子法海
(8)	文獻裝幀	全本冊子首尾完整梵夾式蝴蝶裝冊子本（方廣錩稱縫繢裝）	全本冊子首尾完整梵夾式蝴蝶裝冊子本（方廣錩稱縫繢裝）	全本冊子首尾完整梵夾式蝴蝶裝冊子本（方廣錩稱縫繢裝）
(9)	著錄編號	斯 5475	敦博 077-4	(1)原為旅博8類395號。 (2)現為旅博 519 號。
(10)	原本現藏	英國國家圖書館（原藏大英博物館）	敦煌市博物館	旅順博物館
(11)	發現年代	日本學者矢吹慶輝在 1916 年與 1922 年赴英時所發現，或說 1923 年發現，錄文公布於 1928 年、1930 年公布照片。	(1)發現於1935年（農曆）4月8日。 (2) 1983 年周紹良先生發現它被敦煌縣博物館所收藏。	(1)發現於1911年至1912年間，公布於1920年。 (2) 2009 年 12 月再發現而公布。

⑿	發現人物	斯坦因、矢吹慶輝	任子宜	(1)1916年日本橘瑞超、大谷光瑞 (2) 2009 年旅順博物館王振芬
⒀	發現地點	大英博物館（原莫高窟 17 號藏經洞）	敦煌千佛山之上寺	(1)1911年敦煌地區 (2) 2009 旅順博物館
⒁	寫本長寬	紙高約 27 公分、紙寬約 22 公分。	紙高 32.2 公分、紙寬 23.4 公分。	全本寬約 14.3cm、縱約 27.4cm、厚約 1.15cm。所用紙張皆厚實堅挺，每張紙縱約 27.1-27.8cm，寬約 28.6-29.2cm。
⒂	首次著錄	1928 年矢吹慶輝校寫收編到出版的《大正藏》第 48 卷內。	1944 年 9 月向達完稿之《西征小記》，後見於榮恩奇整理之〈敦煌縣博物館藏敦煌遺書目錄〉。	1926 年葉恭綽撰《旅順關東廳博物館所存敦煌出土之佛教經典》。
⒃	影本發行	1930 日本矢吹慶輝編入於《鳴沙餘韻》。	(1)任繼愈主編《中國佛教叢書‧禪宗編》。 (2)周紹良編著《敦煌寫本壇經原本》。 (3)李申、方廣錩《敦煌壇經合校簡注》。 (4)甘肅人民出版社《甘肅藏敦煌文獻》。	郭富純、王振芬整理《旅順博物館藏敦煌本六祖壇經》，上海古籍出版社，2011 年 4 月。
⒄	首次錄校	1934 年日本鈴木大拙、公田連太郎首度發表錄校。	楊曾文於 1993 年首次發表錄校。	(1) 1995 年潘重規首次利用該照片進行錄校。 (2)旅順博物館於 2011 年 4 月公布錄校成果。

(18)	寫本頁數	原小葉5-8行為1葉共89葉。	原小葉6行為1葉共84葉。	共計27張紙，每4至7張紙為一迭，共計5迭，疊迭穿綫縫製成冊。每張紙對折，形成兩個半葉。除封皮、封底外，封二為空白頁，經文與尾題等共105半葉，合計108半葉，54對折。
(19)	整理頁數	將2葉併為1頁共45頁。	將2葉併為1頁共42頁。	將2葉併為1頁共42頁。
(20)	寫本行數	共549行，另經題3行，全文共計552行。	正文共計493行，經題2行，末記3行，共計498行。	正文共計590行，另計經題3行，末記4行，全文共597行。
(21)	每行字數	平均每行在三至二十八字之間。	平均每行在四至三十一字之間。	平均每行在二至二十八字之間。
(22)	寫本字數	全文共一一五四〇字。（11540）	全文共一一六七三字。（11673）	全文共一一七二四字。（11724）
(23)	接抄經典	無	前後接續抄有《菩提達摩南宗定是非論》等其他四種文獻。	接續抄《大辯邪正經》（北本《壇經》末尾也接抄《大辯邪正經》）。
(24)	書寫優劣	抄寫草率，字體拙劣。	抄寫謹嚴，字體優美。	抄寫一般，字體尚佳。
(25)	烏絲格線	未見烏絲線。	較為明顯。	較為明顯。
(26)	特殊形式	無	原文在「神會」一詞前三度使用了書信中「挪抬」（挪空一字）的敬稱用法，亦使用在對「六祖」、「大師」的尊稱手法上，可見「惠能大師」與「神會」是等同地位對待的。	(1)通卷有硃筆標點的重要形式。 (2)可能為英博本抄錄底本。 (3)錄有題記，對於成書年代而言，價值非凡。

筆者經過初步的整理與研究，發現旅博本《壇經》的學術價值，主要有六點，綜合而言，筆者以為敦博本整體性仍是優於旅博本《壇經》，但亦不能否認旅博本《壇經》的特殊價值。[10]筆者在此僅針對獨特性，提出以下六點：

第一，旅博本通卷有硃筆標點的重要價值。關於此點，王振芬與方廣錩皆特別點出其價值性與意義：「旅博本通卷有硃筆分段符號及斷句，儘管站在今天的立場上，它的分段符號及斷句頗有可商榷處，但無論如何，這些符號與斷句告訴我們古代的部分敦煌僧人怎樣為文獻標注各種符號並對這些符號進行修訂、怎樣理解與閱讀《壇經》，具有無可替代的研究價值。」[11]筆者亦採取同樣的看法，然而筆者也質疑這個硃筆標點的年代，究竟是當時抄錄不久之後就形成的硃筆斷句，還是近代人所為，可能要再進一步深入考察，未可遽下定論。

第二，旅博本可能為斯坦因本的抄錄底本，可考察兩本的關連。方廣錩判定旅博本是斯坦因本的底本，他說：「對照斯坦因本與旅博本，現在完全可以肯定，旅博本是斯坦因本的直接底本。也就是說，當年斯坦因本就是依據我們今天所看到的旅博本抄出的。所以，凡斯坦因本與旅博本不同的文字，除斯本有意訂正外，均應以旅博本為準。從而為

---

[10] 如方廣錩以為：「在目前已經發現的五號敦煌本《壇經》中，旅博本研究價值最高。」見郭富純、王振芬整理：《旅順博物館藏敦煌本六祖壇經》，上海：上海古籍出版社，二〇一一年四月，方廣錩〈前言〉，頁三。

[11] 見郭富純、王振芬整理：《旅順博物館藏敦煌本六祖壇經》，上海：上海古籍出版社，二〇一一年四月，方廣錩〈前言〉，頁三。另外，王振芬說：「旅博本是五個敦煌本《壇經》中唯一帶有硃筆分段記號及硃筆斷句的文本。古代的禪宗僧人、敦煌僧人到底怎樣理解或誦讀《壇經》的，旅博本的分段與斷句為我們提供了寶貴的鑰匙。這是其他任何一個本子所不具備的。」見王振芬〈旅順博物館藏敦煌本六祖壇經的再發現及其學術價值〉，頁一五。

敦煌本《壇經》的錄校研究提供新的材料、新的思路。」[12]關於此點，筆者實際深入考察，原則上是同意方先生的意見，但是也提出另一項問題，就是敦博本與旅博本之間，到底存在何種關係，目前筆者對此問題的回應，尚未有明確的定論，但傾向於敦博本是旅博本外的另一份精抄本，或者兩者之間並無關涉，因目前資料尚未得以佐證，故存而不論。

第三，旅博本錄有題記，對於成書年代而言，價值非凡。關於此點，王振芬說：「旅博本題記有明確年款，為我們研究《壇經》在敦煌地區的流傳，提供了寶貴的資料。顯德五年，相當於公元九五八年。但如許多研究者已經指出的，己未年應為顯德六年，即公元九五九年。題記被刮去這一事實本身，也為我們研究敦煌本《壇經》的性質、流傳提供重要線索。其餘四個敦煌本《壇經》均無題記。」[13]雖說如此，但筆者也要提出另一項看法，因為此題記的著錄位置，實際上是在旅博本《壇經》後續抄的《大辯邪正經》之末，是否就等同於旅博本成書的年代，仍值得深入地考察。另外，在題記旁被刮去抄寫者的姓名，這就牽涉到旅博本的傳承世系問題，方廣錩以為或許與以《壇經》傳宗的儀軌有一定的關係：「比如，旅博本是唯一具有抄寫題記的敦煌本《壇經》。遺憾的是，其題記唯存抄寫年款，抄寫者的姓名被有意刮去。其原因何在？我們知道，敦煌本《壇經》屬神會系傳本，這種把姓名刮去的現象，與神會系「以《壇經》傳宗」的儀軌是否有一定的關係？」[14]筆者以為「儀軌」或許是流於形式，但是背後含藏的意義，仍值得研究。

[12]見郭富純、王振芬整理：《旅順博物館藏敦煌本六祖壇經》，上海：上海古籍出版社，二〇一一年四月，方廣錩〈前言〉，頁三。

[13]見郭富純、王振芬整理：《旅順博物館藏敦煌本六祖壇經》，上海：上海古籍出版社，二〇一一年四月，王振芬〈旅順博物館藏敦煌本六祖壇經的再發現及其學術價值〉，頁一四。

[14]見郭富純、王振芬整理：《旅順博物館藏敦煌本六祖壇經》，上海：上海古籍出版社，二〇一一年四月，方廣錩〈前言〉，頁四。

第四，旅博本重現於世，可以藉此對勘其他兩本全本敦煌本《壇經》。王振芬說：「旅博本的面世，可以將敦煌本《壇經》的錄校整理及其研究，將早期禪宗研究，向前大大推進一步。綜合而言，旅博本《壇經》可以說是現存敦煌《壇經》寫本中錯訛最少、文獻校勘價值和學術研究價值最大的。」⓯關於此點，筆者贊成敦煌本《壇經》的錄校應加入旅博本，並重新衡定三本的學術價值與意義。至於旅博本是否為「文獻校勘價值和學術研究價值最大的」，筆者在此保留彈性空見的意見。如旅博本：「何名無念？無念法者，見一切法，不著一切法，遍一切處，不著一切處。」敦博本則在此處脫落「不著一切法」這一句，若從上下行文與對仗關係來看，這也說明敦博本確有文字上的脫漏情形。不可諱言的，旅博本《壇經》是現存五項敦煌本《壇經》之中，文字缺漏最少，以及錯誤相對較少的重要文本。

第五，旅博本重現於世，可以深入比較三本的傳承世系與形成背景。如筆者於二〇〇六年發現有關於壇經作者問題，往往也是相關討論的核心主題之一，在一九六九年曾經引發了相關的討論，在錢穆的〈略述有關六祖壇經之真偽問題〉一文中，提出了反駁胡適認為的「六祖壇經乃出神會自由捏造」的意見，⓰關於此點雖然是胡適所引起的爭論，但是胡適在其「大膽假設」中未能「小心求證」，而且心存預設地設定神會是《壇經》的作者，在其〈荷澤大師神會

⓯見郭富純、王振芬整理：《旅順博物館藏敦煌本六祖壇經》，上海：上海古籍出版社，二〇一一年四月，王振芬〈旅順博物館藏敦煌本六祖壇經的再發現及其學術價值〉，頁一五。

⓰見錢穆：〈略述有關六祖壇經之真偽問題〉，收錄在張曼濤主編之《現代佛教學術叢刊》第一冊《六祖壇經研究論集》，一九七六年十月初版，頁二〇五至二一三。在這本書中，也收錄了相關討論的文章，如錢穆與印順的〈神會與壇經〉、楊鴻飛的〈「壇經之真偽問題」讀後〉與〈「再論壇經問題」讀後〉等重要的討論。

傳〉一文中指出神會是「南宗的急先鋒，北宗的毀滅者，新禪學的建立者，《壇經》的作者」的看法。⓱印順法師曾對胡適提出神會是《壇經》作者的問題，表示「對胡適禪宗史中那個重要問題——燉煌本《壇經》是神會或神會一派所作的論斷，作一番徹底的糾正」的強烈意見，⓲可是若以神會一系與《壇經》的關係考察，筆者以為敦博本《壇經》的出現，提供了一個十分重要的線索，胡適提出神會是《壇經》的作者，或是神會法系弟子編著《壇經》的學術論斷，確實值得注意。可是胡適只看到斯坦因本《壇經》，他並未看到敦博本與旅博本《壇經》，因為在敦博本中提到神會的地方有三處使用敬稱書寫，分別是第四十四折（鈴木大拙所析）的原文在「神會」一詞前竟然三度使用了應用文書信中「挪抬」（挪空一字）的敬稱用法，這個用法也用在對「六祖」、「大師」等尊稱書寫上，可見在抄手或原文本中「惠能大師」與「神會」是等同地位對待的。在第四十五折中，神會排在「十弟子」的最後，或許是因為年資最淺，也可能是作者的關係，但是在此使用了明顯的「挪抬」的敬稱用法。到了第四十八折更為明顯，書及「神會」時竟使用了「平抬」（另起一行）的敬稱用法，同時耐人尋味地說了一句：「神會小僧，卻得善不善等，毀譽不動。餘者不得，數年山中，更修何道？」這是敦博本《壇經》中惠能「唯一」明確的對弟子的稱讚，所以令人不禁懷疑敦博本《壇經》的作者，是否與神會本人或神會一系有密切的關係。然而，這個「挪抬」或「平抬」的敬稱用法，並未見於斯坦因本與旅博本，⓳

⓱見胡適：《胡適文存》第四集第二卷，台北：遠流出版社，一九八六年第二版，頁二八八。

⓲見印順：〈神會與壇經〉，收錄在張曼濤主編之《現代佛教學術叢刊》第一冊《六祖壇經研究論集》，一九七六年十月初版，頁一一一。

⓳如王振芬說：「從文字準確性講，應該說，諸本各有優劣。抄寫最規整的敦博本，錯誤也不少。敦博本面世以後，不少研究者為其規整的外觀所迷惑，整理時一切以敦博本文字為依據，已經造成一些消極後果。」見郭富純、王振芬整理：《旅順博物館藏敦煌本六祖壇經》，上海：上海古籍出版社，二〇一一年四月，王振芬〈旅順博物館藏敦煌本六祖壇經的再發現及其學術價值〉，頁一五。

因此筆者懷疑敦博本仍然是早於旅博本，但目前亦無證據顯示兩者先後的關係。筆者以為敦博本與旅博本的優劣，並非三言兩語或單憑幾項顯而易見的因素就能論斷，筆者曾詢問已涉獵旅博本的部份學者，亦有支持敦博本優於旅博本的看法。

第六，旅博本重現於世，開啟了敦煌本《壇經》研究的新紀元與新課題。方廣錩以為旅博本的再發現為敦煌本《壇經》的研究提出一系列新的研究課題：「旅博本的再發現，除了可以促進我們進一步作好敦煌本《壇經》的錄校，加強對敦煌本《壇經》的研究，進而研究禪宗神會系的思想、流布與活動、惠能的禪法思想與後代禪宗的發展變化、《壇經》的早期形態及流傳等問題外，還對敦煌本《壇經》的研究提出一系列新的課題。」[20]關於此點，筆者完全贊同，除了可以總結前人研究成果之外，也因為注入新穎的素材，就賦予了新的研究方向，後續的發展，值得吾人密切關注。

經過筆者粗淺的研究，得到以下三項初步的結論：

第一，旅博本的重現於世，對於現存五種敦煌寫本《壇經》而言，實際上是開啟了重新檢視《壇經》諸本優劣與文獻考察的新頁，在原有的敦煌兩本全本的研究成果之上，應該更進一步地深入探究旅博本《壇經》的文獻版本、文字校訂與相關研究，進而可以深入探討其禪學思想的精義。

第二，從今日的數位時代思考敦煌寫本的學術規格，可能須要更為精確的規格體例，以為國際學術流通的溝通平台，可以讓後代的讀者藉由資訊的流通，迅速地掌握五種敦煌寫本《壇經》的相關資訊。並且經由科技的輔助與數位化網路的分享與交流，發展出更為有效與更精確的研究方法。不僅如此，對於當代科技的進步與新穎的技術，或可還

[20]見郭富純、王振芬整理：《旅順博物館藏敦煌本六祖壇經》，上海：上海古籍出版社，二〇一一年四月，方廣錩〈前言〉，頁四。

原乃至更為深入精細的研究敦煌寫本《壇經》的相關問題，充分體現當代數位科技研究的優勢。

第三，旅博本的重現於世，研究的重點應該跳離原有諸本的局限，但可以此為中心，更加深入與擴大對敦煌禪籍的研究基礎工程，不斷發掘其文獻與思想的深刻內容，深化與普及歷史文化的底蘊，將學術精神貫澈到日常生活之中，真正地體現禪宗或惠能「一切法無住」的禪悟精義，將研究與生活結合，推向一個新的水平與高峰。

本書相關的研究，前前後後斷斷續續經過十餘年的時光。在這十餘年的歲月中，正好也是筆者奔波於台灣與大陸之間，參加研討會最為頻密的時期，也是撰寫佛學論文最為緊湊的階段。從二〇〇六年至二〇一六年間，總共撰寫了約七十篇的論文。在此同時，又承接了服務學校與佛教界許多付託的任務，在台灣所謂「教學、研究與服務」的要求下，能夠堅持地完成本書的修訂，實在也是盡了全力了。

近十年來，筆者有幸親近了淨慧長老，以及佛教界的大德法師，他們都給予筆者莫大的鼓勵與支持。特別是廣東省佛教協會的明生大和尚，長期地指導與協助筆者的研究工作，讓筆者有更多學習與成長的機會。在佛教學者方面，除了方立天先生對筆者指導之外，更多的是長期以來如父親般的老師楊曾文先生，二十餘年來，給予筆者深切的提點與教誨，更是讓筆者感銘在心，慚愧未能精進。近十年來，黃夏年先生提攜筆者最多，他如父兄師長般指導筆者，又如朋友至交般照顧筆者，在情感道義與學術研究等各方面，都給筆者溫暖的關懷與深切的指導，筆者深心感恩。

近十年來，筆者有幸追隨前輩學者們，參訪禪宗祖師道場，師友相逢，情義相交，論學深思，實乃千載難遇之善緣。如今拙著補訂重刊，略紀勝事，粗疏難免，尚祈海內外前輩學者們與大善知識，不吝賜教，是所至禱！

黃連忠寫於二〇一六年十一月十四日台灣桃園

自序三（二〇二一年定稿序）

敦煌三本六祖壇經中的惠能核心禪觀芻議

筆者於就學高中時期的一九八一年，初讀宗寶本《六祖壇經》至今，正好滿四十年了。在一九八八年十月，筆者開始撰寫第一篇佛學論文。到了一九九二年四月，撰寫第十九篇論文時，發表了〈從宗寶本《六祖壇經》論六祖惠能的生活實踐哲學〉一文。在一九九五年九月開始，筆者就學於台灣師範大學國文所博士班期間，選聽了潘師重規「敦煌學研討」課程，在一九九六年六月也完成了〈敦煌寫本《六祖壇經》文字校訂的比較研究初探——以潘師重規《敦煌壇經新書》為中心的探討〉的學期報告。因此，從一九九五年至今二〇二一年，已有二十六年的光陰。二〇〇六年五月在台灣萬卷樓圖書公司正式出版了《敦博本六祖壇經校釋》一書，轉眼又過了十五年春秋。今年二〇二一年九月，本書準備正式出版，完成筆者半生心血的學習階段，將微薄的研究成果公諸於世，亦祈海內外專家學者不吝指教。

三十年來，筆者對於《六祖壇經》的各項粗淺研究，從論證《六祖壇經》的禪學思想開始，廣泛地協助編集相關研究的書目，並曾於二〇一四年十一月，在廣東人民出版社正式出版了《六祖慧能與壇經研究目錄集成》一書。除此之外，筆者近年也蒐集各種不同譜系的版本探討，在今年二〇二一年底或明年二〇二二年，筆者協助編撰的《六祖壇經歷代版本集成》，將於廣東人民出版社正式出版，內容除了羅列了三十七種三大系統《六祖壇經》的版本，筆者也親自校訂了敦煌三本、惠昕五本與從契嵩至宗寶七本《六祖壇經》的三大系統之校訂本，合訂成四十個版本。

為何會協助編輯《六祖壇經歷代版本集成》?主要的因緣是柳田聖山在一九七六年於日本京都中文出版社,出版《六祖壇經諸本集成》一書,該書錄有十一項版本。如今四十五年過去了,海峽兩岸與國際佛學界發現或公布許多新的《六祖壇經》版本,兩岸的佛教學界應該將最新的研究成果與版本狀況公開發行,期待能為《六祖壇經》推進一個新的研究進程與高度。在柳田聖山出版《六祖壇經諸本集成》書中,錄有日本金山天寧寺本中的一頁,段落有所誤植,我已經將其更正重貼完稿。希望在今年底或明年初,將全部四十項版本出版前的樣稿,一一再細校,直至完美無瑕疵為止,最後付梓印出。

在此之外,筆者更留意從禪宗初祖菩提達摩到六祖惠能之間禪法的遞變,以及從禪宗史觀的宏觀角度探究惠能禪法的特質,筆者始終覺得惠能禪法的核心要領是中國禪宗發展的關鍵,但其禪法核心要領為何,卻是文字言語之外的「教外別傳」中,最為神秘的部分。簡單的說,跳出中國禪宗史與禪學思想發展的框架,如何正確了知並掌握惠能禪法實踐的核心要領,一直是筆者關注的重點。同時,敦煌三本《六祖壇經》的內容中,筆者發現許多與南傳佛教禪法互證的深刻內涵,從而改變了筆者從中國禪學思想格套中的視野,思考另一種可能性,就是惠能的禪法即是繼承於達摩以來的禪觀,然而達摩禪觀正是延續佛陀禪觀的根本精神與要領。

在敦煌三本《六祖壇經》第三十四則中載:「(韋)使君問(惠能):『法可否?如是西國第一師達摩祖師宗旨?』(惠能)大師言:『是!』」筆者留意這段話其中的深意,就是當時韋使君請益或質疑惠能的禪法,是否真是承襲於禪宗初祖達摩的禪法?因為這不僅是惠能是否得到達摩禪法正宗的嫡傳,也將說明禪法一脈相承以來禪法心印的特質。

然而,達摩禪法的特質為何?道宣法師的《續高僧傳》中的達摩傳記,載錄了目前可見最早的達摩禪法,其中有「壁觀」二字,一般以為是達摩禪法的核心要領,同時《續高僧傳》中的達摩「二入四行」論,一直被視為是達摩的禪學思想,後在北宋契嵩成書於北宋仁宗嘉祐七年的《傳法正宗記》卷五中,已對「二入四行」是否為達摩禪法精髓提出質疑:

「壁觀四行，為達摩之道，是乎？非耶？」契嵩以為「四行之說，豈達摩道之極耶」，明確指出四行之說，不是達摩的「道之極」的核心宗旨。契嵩並且質疑「若壁觀者，豈傳佛心印之謂耶」的「壁觀」禪法，並不是達摩「傳佛心印」的極致禪法。契嵩的質疑有其深義，亦是代表古代法師對達摩祖師禪法的反省。時至近代，學界針對達摩的壁觀禪法展開不少的討論。如從敦煌文獻中探求更多的材料，李尚全在〈戒行合一：從敦煌禪籍透露出的達摩禪的真實內涵〉一文中，曾整理出「日本佛教學者借助敦煌文獻研究菩提達摩的成果」圖表，詳細說明日本學者對於敦煌禪籍的出版與研究。在近代研究中，有突顯《楞伽經》的重要性，以為是達摩禪法的教典依據，甚至北宗宗徒有以《楞伽經》為達摩一宗傳承的記載，編撰成《楞伽師資記》傳世。有關於達摩禪法是否以《楞伽經》為依據，仍是值得深入討論的主題，但近代學者多作此說，筆者對於奉持《楞伽經》為達摩禪法的依據此一說法，表示保留的態度，因為禪宗以「教外別傳」立宗，若是禪宗仍然依據某部佛教經典而傳法，那就等同於教門各派的立場，禪宗亦將失去最重要的特色。筆者以為，《楞伽經》的義理思想與達摩的「壁觀」與「二入四行」思想之間，並未有明顯的關聯，亦無明顯證據說「達摩、慧可、僧璨三位祖師的禪法以《楞伽經》為修行理論」。

另有學者指出，從初祖達摩到四祖道信之間，有一個「傳燈」的系統，如趙世金、馬振穎在〈菩提達摩付授四卷本《楞伽經》考〉一文中說：「達摩付授四卷本《楞伽經》於慧可，慧可傳之於僧粲，僧粲又傳之於道信，祖祖相傳，形成一個傳燈系統。」從達摩以後，禪宗有「傳燈」之說的《景德傳燈錄》，所謂的「傳燈」是指心燈法脈相傳之意，這是禪宗「以心傳心」以「心燈」為喻，並非以佛教有形的經典相傳，這是對禪宗極大的誤解。

達摩的「壁觀」禪法究竟為何？「壁觀」禪法能否代表達摩禪法的核心呢？關於此點，呂澂在〈談談有關初期禪宗思想的幾個問題〉一文中以為「用壁觀兩字就可以顯示達磨禪法的特點」，又說「但對壁觀，從來就未見有很好的解釋」，並且以為「一般當它是譬喻的用語」，而且以為宗密的解釋並不正確，同時認為「壁觀就應該是以壁為所觀」。呂澂進而認為「南方禪法正是以頭陀行為準備，又是以修習地遍處定為其第一課而來教人的」，並且以為「達磨的壁觀很可能和這樣的方法有關」。筆者綜考史籍，達摩確實是以「頭陀行」為修持風格，頭陀行被視為是原始佛教傳承至上座部佛教的出家僧人苦行的一種，亦稱十二頭陀行。達摩為南天竺人，靠近斯里蘭卡南傳佛教的核心，若以頭陀行而言，確實接近於南傳上座部的傳統禪觀修行系統。呂澂以為達摩的「壁觀」應是指修習「地遍處定」。「地遍處定」是南傳佛教修習「十遍處」中的一種，這是修習禪定的一種禪觀法門。然而，筆者以為這只是禪定的修習，並不能代表達摩殊勝禪觀的核心禪法，達摩的「壁觀」法門，是否可能存在更為卓越的修持法門呢？同時，若達摩的「壁觀」法門確實為達摩禪法的最高心法，必然也是由初祖達摩傳承給二祖慧可、三祖僧璨、四祖道信、五祖弘忍，乃至六祖惠能的核心禪觀法門，如此才能說是一脈相承的禪宗心法，亦才能說明達摩實際正是中國禪宗的初祖。

筆者對於這項問題的探索，另有一項大膽的推證。禪宗的法脈傳承，不論是西天二十八祖還是中國禪宗六祖的建立，都是源自於釋迦牟尼佛的三昧禪觀，亦可以說是佛陀心印或是佛陀的核心禪觀。這是以佛陀真實的證悟實相為基礎所發展並傳播的法門，不同於經論與教理的文字傳播路線，完全是以佛陀真實的體證為中心，以實際的證悟為佛心印的傳承。因此，佛陀的證悟乃是在佛陀證悟以前，即有的以印度原始宗教禪定學為基礎，在佛陀於菩提樹下透過某種禪觀法門，而得以大澈大悟為佛陀特有的禪觀或禪悟法門。所以，從南傳佛教修習禪定與禪觀的修持系統而言，有止定的奢摩他（梵語 Śamatha）與觀慧的毘婆舍那（梵語 vipaśyanā）之兩大要項為核心要領，其中又以修習安止的奢摩他為初入門的根本路徑。

觀慧的毘婆舍那是佛陀特有的禪觀法門，此點不同於外道修習禪定的法門，更是佛陀得以證悟的重要憑藉，可以視為佛陀在原始佛教禪觀法門的代表。其中，梵語 vipaśyanā 譯為毘婆舍那，清代學者錢大昕所撰的《十駕齋養新錄》卷五中提出了「古無輕唇音」之說，得到近代大部分聲韻學研究者的肯定。其中的「vi」字節，音譯為「毘」，現代普通話為「pi」，古代當讀為「bi」字音，更有可能類於古代讀為仄聲。「pa」字節音譯為「婆」，然而現代普通話「婆」字音「pa」，在古代讀為「ba」字音。因此，達摩「壁觀」的「壁」字，是否為「梵語 vipaśyanā」（毘婆舍那）的「毘」字，音近通轉而被轉用？至於「觀」字，正好是 vipaśyanā 毘婆舍那的禪觀之「觀」。因此，筆者大膽推論以為所謂的「壁觀」，實則為「毘（婆舍那）（禪）觀」之簡省稱呼，亦即「壁觀」是為佛陀親傳的 vipaśyanā 毘婆舍那的禪觀。

在修習禪定的止（Śamatha 奢摩他）觀（vipaśyanā 毘婆舍那），亦即是「定」與「慧」的關係與範疇。筆者以為，修行者若有禪定的能量與心力，以及穩定清淨的「增上心」，即是安止於定，即應同時發起毘婆舍那的觀照，開發心靈解脫的智慧，觀照身心的實相。在觀照的當下，就會將五蘊身心各法分離，南傳佛教稱為「名（精神）色（物質）分離」，看見諸法的獨特性與差異性，進而證得「名色識別智」即達到「見清淨」的境界。這種感受，就類似看見自己的身體在業識的瀑流之中，看清楚了每一個小水滴的真實相貌，看清楚了水的特性，看清楚了流動與萬法之間牽引與執著的根源，並且完全地析解出來，照見名（精神）色（物質）皆是空幻，亦是五蘊（色受想行識）皆空之意。由奢摩他的禪定安止力與毘婆舍那的觀慧力，長久精勤修習，即能析解出身心五蘊的實相，悟見五蘊皆空與究竟無我的諸法實相，如此便得初步的解脫乃至究竟的解脫。因此，筆者推論達摩的「壁觀」禪法，仍是以奢摩他與毘婆舍那的禪法為主，並且以毘婆舍那的觀慧修持為核心要領。因此，筆者以為達摩秉承了佛陀親傳的止觀等持並進的觀慧法門，由於傳授給二祖慧可，乃至下傳至六祖，這亦可說明六祖惠能在《六祖壇經》特別提到「定慧等」的觀念，因此這正是達摩襲自佛陀親授的禪宗心法。

筆者以為「定慧等持」本來就是達摩禪法的核心要領，從達摩到惠能一脈相承，即在修習奢摩他禪定的當下，同時修習毘婆舍那的觀慧，即是在敦博本《六祖壇經》中說的：「我此法門，以定慧為本。第一勿迷，言慧定別，定慧體一不二。即定是慧體，即慧是定用。即慧之時定在慧，即定之時慧在定。善知識！此義即是定慧等。」筆者以為，修習禪定法門（奢摩他）的當下，亦同時發起禪觀法門（毘婆舍那）的觀照，這項修習要領，實則為達摩禪法的核心要領，亦是從初祖達摩到六祖惠能之間，一脈相承的禪宗心法。方瑾以為「（定慧等學）這是禪宗修學的基本路徑，也是大乘佛道通途」，也就是說，真正的達摩禪法，或者說是禪宗的修持核心要領，必然是要回歸到「定慧等學」（定慧等）的基礎來，這也是佛陀禪法的核心要領。換句話說，從釋迦牟尼佛到禪宗西天二十八祖的達摩，再從東土禪宗初祖達摩到六祖惠能之間的禪法核心要領，血脈相傳，無二無別，從來都沒有改變過，即是以定慧的止觀修習為主，進而證入諸法實相而開悟。若以南傳佛教的角度觀察，歷代禪宗祖師所謂的「開悟」，必是真實的證入初果乃至四果（須陀洹果、斯陀含果、阿那含果、阿羅漢果），對應大乘佛教的初地乃至十地菩薩境界。

筆者以為惠能傳授的「定慧等」禪法，實則為達摩禪法的核心要領與教學主軸。因此，筆者以為達摩的「壁觀」禪法，表面上是以「壁觀」為名，實則是實證佛陀或阿羅漢境界的達摩祖師，親自指導弟子禪修，弟子修習的主要內容即是禪定與觀慧。一方面弟子透過精勤的修持，另一方面具備解脫證量的善知識之師父予以適切的指導，這正是禪宗傳承真正的精神與意義。在《六祖壇經》中的「定慧等」的禪觀，筆者以為即是達摩禪法的核心禪觀，從初祖達摩到六祖惠能之間心法一脈相承，如此便能充分說明菩提達摩為中國禪宗的初祖，即無可疑了。

在敦博本《六祖壇經》中說：「善知識！菩提般若之智，世人本自有之，即緣心迷，不能自悟，須求大善知識示道見性。……善知識！我此法門，以定慧為本。第一勿迷，言慧定別，定慧體一不二。即定是慧體，即慧是定用。即慧之時定在慧，即定之時慧在定。善知識！此義即是定慧等。」禪宗初祖達摩祖師便是真實悟道之大善知識，因此達摩禪觀法門是其真實體驗的親自傳授，這是著重於「教學方法」的特質，而非文字義理的禪學思想，因為眾生各有根機因緣，不是灌輸一套佛法理論給眾生，眾生依此即能成佛。反之，禪宗特重教學方法，透過定慧止觀的實修，善知識親自指導，才能悟道成佛。如此便能理解達摩的核心禪觀並非是一套僵化的佛學理論，而是以心傳心的禪法教授。

近代學者頗多質疑達摩「壁觀」禪法，何以未能傳續到後世？筆者以為從達摩到惠能核心禪觀從未有任何的變遷，主要的推論有可能當時對「壁觀」的誤解，以為達摩禪法是「面壁參禪」，實則是達摩「壁觀」的「壁」字，可能在古代與毘婆舍那禪觀的「毘」字同音，「壁觀」，實則為「毘婆舍那禪觀」的簡省稱呼，亦即「壁觀」是為佛陀親傳的毘婆舍那之禪觀。

此外，研究達摩的禪觀思想，筆者以為可以從六能惠能開示的《六祖壇經》中找到線索，禪宗初祖達摩祖師是真參實悟的大善知識，因此達摩禪觀法門也是其真實體驗的親自傳授，並且重視師徒之間的教學要領與方法。達摩禪觀法門透過定慧止觀的實修，善知識親自指導，才能保障禪法的純粹性與完整性。從初祖達摩到六祖惠能的禪法，在核心禪觀上並無本質上的變遷，但為了適應眾生的根機與因緣，六代祖師成功地將佛陀親傳的禪觀法門，轉換成大乘佛教的禪觀體系，這也是佛教中國化的進程中，在整部佛教歷史上最為成功的典範。（本文部分內容摘錄自筆者拙作〈菩提達摩壁觀禪法考究及至六祖惠能核心禪觀之變遷〉論文）

因此，筆者在校讀敦煌三本《六祖壇經》中，忽然明白禪宗初祖摩訶迦葉，說是拈花微笑公案的傳承，實則他是佛陀入滅後的教團領袖，完全領受佛陀的禪法。因此，禪宗並非是教外的別傳，而是佛陀心法的直傳，禪宗真正的禪法，以毘婆舍那禪觀為主。佛陀應世二千五百年來，達摩來到中國一千五百年來，佛陀禪法的真正核心要領，就是六祖惠能說的定慧法門，以修習奢摩他為主的禪定，同時同步發起毘婆舍那的禪觀，即能覺悟而證初果乃至四果，如此而已。筆者以為別把禪法想得太難或太複雜，愈是簡單的要領，愈是重要的關鍵。然而，沒有經過長久的修持練習，沒有熱情投入一生的情懷，沒有企求解脫而追求真理的忠誠懇切之心，那是無法在修習禪法中感受細膩而深遠光明的深刻內涵。

或許是宿世的因緣，讓筆者能夠在近三十年間，不斷探索與研究《六祖壇經》，特別是筆者在二〇一八年二月一日正式於服務的大學退休，至今已三年半了。在此期間，筆者在台灣桃園的圓光佛學研究所講授禪宗的課程。在兼課的過程裡，也全程在家一人獨力照顧八十餘歲年邁多病的老母親，同時也有更多的時間從事禪宗的研究與學習禪坐的行持。

二〇一九年初至今，新冠肺炎席捲全球，人類正面對一波又一波的疫情，生命在一呼一吸之間顯得脆弱與無常。在閉門深居的近兩年來，筆者又重新多次反復親自校勘敦煌三本《六祖壇經》，一字一句，細細斟酌，溫故而知新，試著從研讀中體會惠能禪法行持的要領。同時，我亦得到就讀中國古典文獻學研究所郭明儀同學的協助，在近一年多來，她一邊跟隨我研究佛教文獻學、佛學思想與敦煌寫本，一邊學習禪法與勤誦古梵音大悲咒之餘，也付出大量的時間與心力，協助我校訂敦煌三本《六祖壇經》，筆者也因為有了好的幫手，而能盡早地完成這項繁雜的學術研究工作，一併誠摯地感謝她。

今年適逢六祖惠能圓寂一三〇八年，筆者已盡半生心血完成此書，也是完成了筆者多年來的宿願，且願此書能與更多的朋友分享拙見與結善法緣。本書預定先在台灣地區正式出版發行，將來因緣成熟，亦希望在廣東省佛教協會的支持下，在廣州或大陸內地其他城市出版。兩岸佛教禪宗血脈相連，祈願中華佛教乃至世界佛教，都能在六祖惠能禪法的引領下，歡喜融和，再現盛世輝煌。

本書雖然前後經過十五年以上的時間，不斷更新訂正與修改補充，但其中錯謬之處，恐怕亦是所在必多，尚祈海內外方家不吝賜正，是幸！

黃連忠寫於二〇二一年九月九日（農曆八月初三惠能圓寂日）

凡例與校釋說明

一、本書校釋以敦煌市博物館「文書編號〇七七號」禪籍之四的《南宗頓教最上大乘摩訶般若波羅蜜經六祖惠能大師於韶州大梵寺施法壇經一卷》，略稱為「敦博本」為底本，主要參校本為現藏於英國國家圖書館之館藏編號「斯五四七五」之《六祖壇經》，略稱為「英博本」，以及於二〇〇九年十二月重新發現於旅順博物館之館藏舊編號五一九和登記號一五五一九之《六祖壇經》，略稱為「旅博本」。以上三個全本的敦煌寫本《六祖壇經》為互校本，筆者以為敦博本整體而言較為優質，故選為校正之底本，英博本與旅博本則為主要參校本。至於其他參校之版本與校訂本之略稱統一整理如下：

(1)敦博本　敦煌市博物館「文書編號〇七七號」禪籍之四之《六祖壇經》

(2)英博本　英國國家圖書館之館藏編號「斯五四七五」之《六祖壇經》

(3)旅博本　旅順博物館舊編號五一九和登記號一五五一九之《六祖壇經》

(4)國圖本　中國國家圖書館藏岡字四八號敦煌殘本卷子《六祖壇經》（BD.04548 號）

(5)國有本　中國國家圖書館藏有字七九號敦煌卷子殘頁《六祖壇經》（BD.08958 號）

(6)向達抄本　向達手抄敦煌市博物館藏任子宜本

(7)潘校本　潘重規《敦煌壇經新書》手寫校本

(8)真福本　日本名古屋真福寺本（北野山真福寺寶生院本）

(9)興聖本　日本京都市堀川興聖寺舊藏本

(10)天寧本　日本京都市福知山市金山天寧寺本

(11)大乘本　日本石川縣大乘寺本

(12)寬永本　日本寬永年間刊本

(13)契嵩本　北宋仁宗至和三年(1056)契嵩改編本（以《曹溪原本》為主之版本）

(14)高麗傳本　元延祐三年(1316)在高麗出版之高麗傳本

(15)宗寶本　元世祖至元二十八年(1291)宗寶編訂之《六祖大師法寶壇經》

(16)鈴木校本　鈴木貞太郎、公田連太郎校訂之《敦煌出土六祖壇經》

(17)閻校本　閻波爾斯基 Philip B. yampolshy 之《敦煌寫本六祖壇經譯注》

(18)石井校本　石井修道校著之《惠昕本〈六祖壇經〉之研究——定本的試作及其與敦煌本的對照》

(19)郭校本　郭朋校著之《壇經校釋》

(20)金校本　金知見校著之《校注「敦煌六祖壇經」》

(21)田中校本　田中良昭校著之《敦煌本六祖壇經諸本之研究——特別介紹新出之北京本》

(22)杜校本　凱瑟琳．杜莎莉 Catherine Toulsaly 之《六祖壇經》

(23)西夏本　史金波發表之〈西夏文《六祖壇經》殘頁譯釋〉，刊載於《世界宗教研究》一九九三年第三期

(24)印順校本　印順法師校著之《精校燉煌本壇經》

(25)楊校本　楊曾文校寫之《敦煌新本六祖壇經》與《新版敦煌新本六祖壇經》

(26)周校本　周紹良編著之《敦煌寫本〈壇經〉原本》

(27)錄校本　鄧文寬、榮新江編著之《敦博本禪籍錄校》

(28)鄧校本　鄧文寬校注之《大梵寺佛音——敦煌莫高窟〈壇經〉讀本》

(29)李校本　李申合校．方廣錩簡注之《敦煌壇經合校簡注》

(30)王校本　王孺童之《〈壇經〉諸本集成》

二、本書校釋以「敦博本」為底本，但在行文解釋時，為方便讀者在各分折閱讀了解，「敦博本」與「底本」的指稱時有交錯互用情形，都是同一項版本。另，「敦煌三本」，係指「敦博本」、「英博本」與「旅博本」三項全本的代稱；「惠昕五本」係為「真福本」、「興聖本」、「天寧本」、「大乘本」與「寬永本」等惠昕諸本之統稱；「惠昕等三本」係指「惠昕本」、「契嵩本」（曹溪原本）與「宗寶本」（《大正藏》本為主）三版本的合稱。

三、本書校釋敦博本《六祖壇經》之章節分段，係依據日本學者鈴木貞太郎、公田連太郎校訂之《敦煌出土六祖壇經》中五十七折的分段標準，以符契國際佛學研究的討論平台。

四、本書校釋體例共有七項：

其一，揭示敦博本、英博本與旅博本三本之《六祖壇經》「原文圖版」，並且上下欄對照，以茲察考。

其二，初步校訂為「錄文」，依原文釐定為現行通用電腦字體，其中若有文字須校訂或討論時，則以□符號框選之，若有原圖刪除號時亦作雙刪除線（‖）標示。

其三，將原文圖版中的文字校訂釐正後為「校正」，即將訛誤情形考據訂正為現行通用電腦字體，其中須校訂解釋說明時，以兩種序號註明，分別在下頁說明文字問題或詞義解釋。

其四，對於底本或參校本中文字校正須說明時為「校訂」，闡釋校正的文字應依據何種原則改正。

其五，對於專有名詞或特殊字義解釋為「註釋」，除了一般的名詞解釋外，也針對特殊字義深入闡發。

其六，將校正妥當之經文，加以白話語體的翻譯為「解釋」，其中為了使經文更容易通曉明白，因此略加解說與釋疑，以期符合現代人閱讀的接受程度。

其七，為了方便教師與廣大閱讀者深入探討《六祖壇經》的思想內容，本書在每一分折經文校釋的最後，提出一些思考問題為「討論」，以期達到「學思並重」的教學與研究目標。

以上七項體例，以分折的經文陳列在跨頁上，主要是方便讀者閱讀或是教師講解參考與師生之間課堂討論之用。

五、本書校訂文字訛誤部份，歸納為「訛」、「脫」、「衍」、「倒」與「移」五種：

訛：是指敦煌三本《六祖壇經》抄錄時明顯抄寫的錯誤，有時甚至是整句、幾句或整段抄寫錯誤。

脫：是指抄錄脫漏了一字或幾個字，有時甚至是脫漏了整句、幾句或整段的文字。

衍：是指抄錄時妄添或誤添了一些字句。

倒：是指抄錄時前後文字或文句位置的互換。

移：是指抄錄時文字的位移或錯位，有時甚至是整句、整段或整頁誤移到其他地方。

本書之校訂用語歸納有「當」、「應」、「依」、「暫」與「補」五類：

當：依相關考證或其他版本，在合理情況下或依上下文義內容校正之校訂用字。

應：依上下文的行文內容推斷，或是依近代翻譯與書寫習慣之校訂用字。

依：指依據底本或底本的前後文，或是其他版本可資參考者，或是依據現代「約定俗成」書寫習慣之校訂用字。

暫：因資料或證據不夠明確周全，或是無法判斷何者為正確的字詞時，使用之校訂用字。

補：依其他版本，或依其他校訂本，或依前後文義，或依其他古籍文獻，校正底本脫字時之校訂用字。

六、本書校訂原則有六：

一者，若底本或其他版本中有明顯錯誤的字句，第一次校正時註解說明並校訂，以下逕改，不出校記。

二者，凡底本敦博本不誤，其他《六祖壇經》版本誤者，不出校記，但特殊情況仍加以說明。

三者，凡底本敦博本不誤，其他現代校訂本誤者，不出校記，但特殊情況仍加以說明。

四者，本書校勘註釋，僅限於底本文字的衍倒脫訛，至於原作者（惠能），或編著者（法海），或近代校對者，對於文字表達，或見解觀念上的不同意見，不出校記糾駁。

五者，對於「古今字」或「異體字」或「代用字」的處理，依照現代通行書寫字體的相關整理原則，本書統一處理，可參閱本書附錄三之「敦煌三本六祖壇經俗寫字與通用字對照表」與附錄四之「敦煌三本六祖壇經代用字對照表」。

六者，各種《六祖壇經》版本或現代校本皆無之文字，筆者依前後文義及相關內容，為使文義解讀不致發生錯謬，在審慎斟酌下，提出增補某些文字之建議。

七、本書註釋，以簡註方式說明某些專有名詞或特殊字詞，前後文因脈絡意義不同時，註釋或有重複情形。

八、本書解釋即是翻譯，但與傳統直述翻譯原則略有不同。本書解釋翻譯為力求流暢明白，方便現代讀者閱讀，依據「信」、「通」、「雅」、「宜」四項原則：

信，以真實呈現惠能的思想原貌與《六祖壇經》內容主旨為根本原則，避免過度的誇張說明與虛浮的解釋。

通，在翻譯解釋時力求文義通暢而明白易曉，前後思想貫通而無障礙。

雅，釋譯文詞力求優美典雅而正確。

宜，以最適合當代讀者閱讀之語體文為解釋翻譯的標準，在必要字句上因原典過於簡略時，不得不加上一些文字詞句，以期達到合乎事理與合時適宜的解釋原則。

敦煌市博物館藏〇七七號禪籍之四（敦博本）
英國國家圖書館藏斯五四七五號（英博本）
旅順博物館藏五一九號（旅博本）

南宗頓教最上大乘摩訶般若波羅蜜經六祖惠能大師於韶州大梵寺施法壇經一卷

兼授無相戒

弘法弟子法海集記

黃連忠校釋

	敦博本	英博本	旅博本
【原文圖版——經題】			
【錄文】	南宗頓教最上大乘摩訶波若波羅蜜經六祖惠能大師於韶 州大梵寺施法壇經一卷兼受無相 戒弘法弟子法海集記	南宗頓教最上大乘摩訶般若波羅蜜經 六祖惠能大師於韶州大梵寺施法壇經一卷 兼受無相 戒弘法弟子法海集記	南宗頓教最上大乘摩訶般若波羅蜜經 六祖惠能大師於韶州大梵寺施法壇經一卷兼受無相 戒弘法弟子法海集記

【校正】

南宗❶頓教❷最上大乘❸摩訶般①若波羅蜜經❹六祖惠❺能大師❻於韶州大梵寺❼施法壇經❽一卷

兼授無相戒②❾

弘法弟子法海❿集記

【校訂】

①般：敦博本作「波」，英博本與旅博本皆作「般」，「波若」為梵語 prajñā 的音譯，唐以後經典多用「般若」，唐以前如《南齊書・顧歡傳論》：「道家之教，執一虛無，得性亡情，凝神勿擾；今則波若無照，萬法皆空，豈有道之可名，寧餘一之可得？」又，唐・李嶠《上應天神龍皇帝冊文》：「自非冥符幽贊，睿感潛通，何以承波若之護持，享高明之福助。」故「波」與「般」相通，依近代翻譯與書寫習慣之例，應作「般」。

②兼授無相戒：受，敦博本、英博本與旅博本皆作「受」，應寫作「授」，作「傳授」解，下不出校。在「兼授無相」下「戒弘法弟子」之「戒」應上屬，《壇經》中有「無相戒」內容，參見潘校本、石井校本與閻校本，錄校本頁二一七至二一八有詳細說明。關於經題離斷的問題，諸校本看法並不一致，如周紹良以為其間空格為省去重複，且以為有正副經題。筆者採用潘師重規的看法，見《敦煌壇經新書》頁四七。

【註釋】

❶南宗：又稱「南禪」，禪宗五祖下傳「南能北秀」，惠能弘化南方，故稱為「南宗」。印順在《中國禪宗史》頁八五中曾說明「南宗」的意義。

❷頓教：可以使人快速迅捷地悟入佛法之法門，相對於循序漸進的漸修教法，兩者合稱為「頓漸法門」，在《壇經》中南宗惠能主張「頓悟教門」，北宗神秀主張「漸修法門」，又稱「南頓北漸」。

❸最上大乘：中晚唐圭峰宗密曾以「最上乘禪」說明達摩至惠能所傳之禪法，為其五種禪法判攝中最高之佛法。

❹摩訶般若波羅蜜經：梵名 Pañcaviṃśati-sāhasrikā-prajñāpāramitā，又稱摩訶般若經、新大品經、大品般若經、大品經，目前收錄於大正藏第八冊。

❺惠能的「惠」，敦博本、英博本與旅博本皆作「惠」，唐人習寫「慧」作「惠」，兩字互通，宋代以後《壇經》諸本，皆改「惠」為「慧」字，如英博本的「智惠」，後世皆改為「智慧」，但「惠能」為法名，應尊重唐代寫例，仍應作「惠能」為宜。

❻六祖惠能大師：又作慧能（六三八—七一三），中國禪宗第六祖。

❼韶州：治今廣東省韶關市。大梵寺：始建於唐高宗顯慶五年（六六〇），位於今韶關市區興隆街，筆者曾於二〇〇六年十一月親訪舊址。

❽壇經：中國佛教高僧講授典籍中唯一被尊稱為「經」之典籍。佛教舉行法會的處所，通稱為「壇」。或作「檀」，旃檀之林，佛寺尊稱。

❾無相戒：惠能強調「無相」的禪宗心法，涵攝一切有相的「戒、定、慧」，進而說明「於相而離相」的不執著。所謂的「無相」，即是「離相」，無相戒是指離開對一切境界相貌執著的戒法。

❿法海：惠能十大弟子之一，生卒年不詳。

【解釋】

六祖惠能在韶州大梵寺講解南宗頓悟禪至高無上的大乘教法與《摩訶般若波羅蜜經》而成立傳授禪法的經典，共一卷，同時傳授無相戒的禪法。這部經是由弘揚禪法的惠能弟子法海禪師集成惠能說法開示的紀錄。

【討論】

一、研究《六祖壇經》的學術價值與現代意義。

二、研讀《六祖壇經》的基本要領與次第方法。

三、《六祖壇經》諸本成立的背景與內容的異同。

四、研讀《六祖壇經》的參考書目、參考工具書與國內外禪宗研究網站導覽。

	敦博本	英博本	旅博本
【原文圖版——第一折】	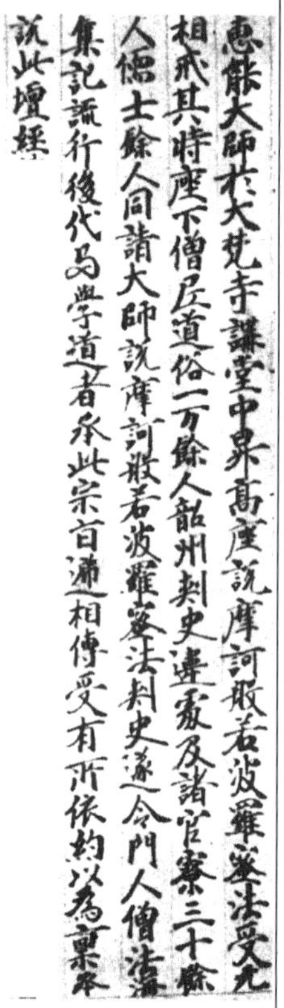	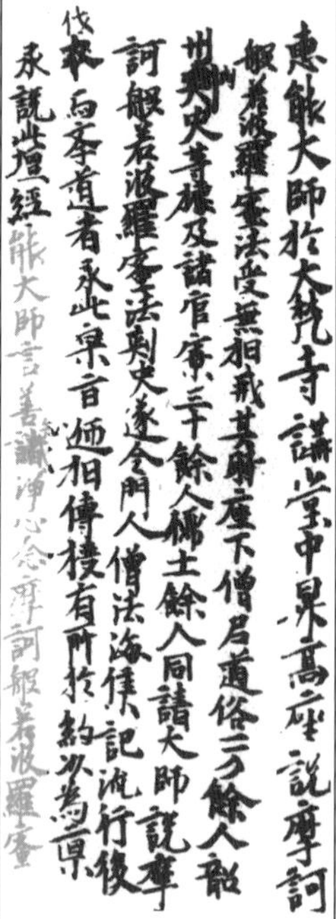	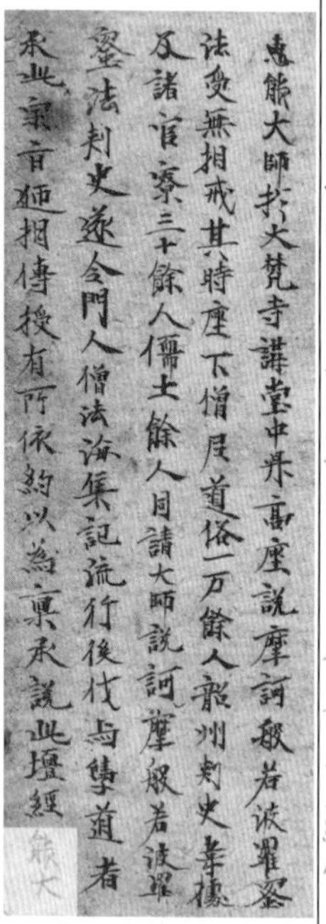
【錄文】	惠能大師於大梵寺講堂中昇高座說摩訶般若波羅蜜法受無相戒其時座下僧尼道俗一萬餘人韶州刺史違處及諸官寮三十餘人儒士餘人同請大師說摩訶般若波羅蜜法刺史遂令門人僧法海集記流行後代與學道者承此宗旨遞相傳受有所依約以為稟承說此壇經	惠能大師於大梵寺講堂中昇高座說摩訶般若波羅蜜法受無相戒其時座下僧尼道俗一萬餘人韶州刺史等據及諸官寮三十餘人儒土餘人同請大師說摩訶般若波羅蜜法刺史遂令門人僧法海集記流行後代與學道者承此宗旨遞相傳授有所於約以為稟承說此壇經	惠能大師於大梵寺講堂中昇高座說摩訶般若波羅蜜法受無相戒其時座下僧尼道俗一萬餘人韶州刺史韋據及諸官寮三十餘人儒土餘人同請大師說摩訶般若波羅蜜法刺史遂令門人僧法海集記流行後代與學道者承此宗旨遞相傳授有所依約以為稟承說此壇經

【校正】

惠能大師於大梵寺講堂中，昇高座，說摩訶般若波羅蜜法❶，授無相戒。其時座下僧尼、道俗一萬餘人，韶州刺史韋據①及諸官僚②三十餘人，儒士三十③餘人，同請大師說摩訶④般若波羅蜜法。刺史遂令門人僧法海集記，流行後代⑤，與學道者承此宗旨❷，遞相傳授，有所依約，以為稟承❸，說此《壇經》。

【校訂】

①韋據：敦博本作「違處」，英博本作「等據」，旅博本作「韋據」，大乘本、天寧本、興聖本與寬永本皆作「韋璩」，楊校本依惠昕諸本之據改，但敦博本末有「韋據」二字，當依此。參閱錄校本與石井校本。另，韋據此人的真實性與相關年代問題，印順法師在《中國禪宗史》中有詳細的說明與推論，參見其書頁二一八至二一九。

②官僚：敦煌三本（敦博本、旅博本、英博本）皆作「官寮」，「寮」與「僚」字相通，依約定俗成例改為「僚」。

③儒士三十：敦博本作「儒士」，英博本與旅博本皆作「儒土」，文義不順，疑有脫文，依真福本、興聖本與寬永本校補為「儒士三十」。

④摩訶：旅博本作「訶摩」，側有換文符號，當為「摩訶」。

⑤流行後代：敦博本作「流行後代」，英博本與旅博本皆作「流行後杙」，「杙」為「代」之異體字，依現代寫例，當作「流行後代」。

【註釋】

❶摩訶般若波羅蜜法：摩訶，梵語 **mahā**。音譯又作摩賀、莫訶、摩醯。意譯為「大」，多指超越世俗的大、多、妙、勝的意思，摩訶一詞在佛經中多是指「無上」或「妙勝一切」的涵義。般若，梵語 **prajñā**。音譯又作般羅若、波若。意譯是「智慧」與「明了」的意思，主要是指解脫生死的「妙智慧」，此為宇宙萬法的實相。波羅蜜，梵語 **pāramitā**。音譯作波羅蜜多、波囉弭多，意譯是「到彼岸」與「事究竟」的意思，在此主要指「究竟解脫到彼岸的法門」。

❷宗旨：指禪宗的「宗門要旨」，亦即禪宗一門的根本心法與傳承要旨。

❸稟承：指禪宗的「稟受傳承」，是指禪宗心法的傳付為傳宗根本，而非壇經的紙本為傳宗依據。

【解釋】

惠能大師在大梵寺的講堂中，高昇登上法座，演說無上妙智慧的究竟解脫法門，傳授無相戒的禪宗心法，當時法座下面有出家男女僧眾、修道者與世俗民眾一萬多人，韶州刺史韋據與各行政官員三十多人，儒家學者三十多人，共同禮請惠能大師演說無上妙智慧的解脫法門。刺史韋據於是請惠能弟子法海禪師集成紀錄，讓後世得以流通，與學禪修行者承受這項法門，接續不斷的依法相互傳授，有所依據憑約，以此為傳付禪宗心法的根本法門，講演解說這部《壇經》。

【討論】

一、惠能其人其事與相關文獻的紀錄有那些？

二、《六祖壇經》成立的背景為何？

三、《六祖壇經》是何人記錄與記錄之目的為何？

四、惠能的「惠」，是「惠」還是「慧」？

【原文圖版——第二折二之一】

【錄文】

敦博本	英博本	旅博本
 □□□能大師言善知識淨心念摩訶般若波羅蜜法大師不語自淨心神良久乃言善知識淨聽惠能慈父本官范楊左降遷流嶺南新州百姓惠能幼少父亦早亡老母孤遺移來南海艱辛貧乏於市賣柴忽有一客賣柴遂領惠能至於官店客將柴去惠能得錢卻向門前忽見一客讀金剛經惠能一聞心明便悟	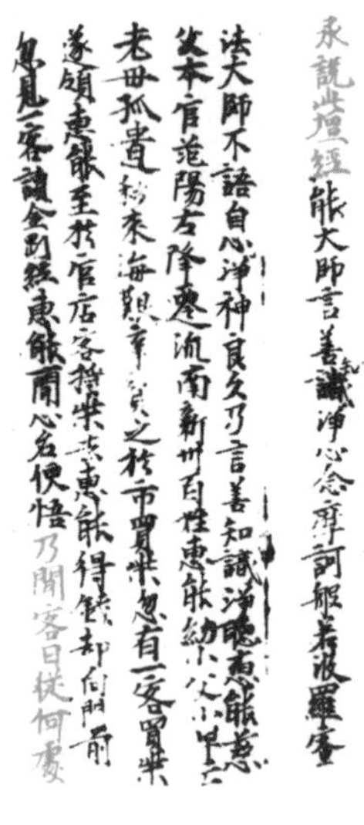 □□□□□能大師言善知識淨心念摩訶般若波羅蜜法大師不語自淨心神良久乃言善知識淨聽惠能慈父本官范陽左降遷流南新州百姓惠能幼小父小早亡老母孤遺移來海艱辛貧乏於市買柴忽有一客買柴遂領惠能至於官店客將柴去惠能得錢卻向門前忽見一客讀金剛經惠能一聞心名便悟	□□□□□□□□□□□□□□□□□□□□能大大師言善知識淨心念摩訶般若波羅大師不語自淨心神良久乃言善知識淨聽惠能慈父本官范陽左降遷流南新州百姓惠能幼小父少早亡老母孤遺移來南海艱辛貧乏於市賣柴忽有一客買柴遂領惠能至於官店客將柴去惠能得錢卻向門前忽見一客讀金剛經惠能一聞心明便悟

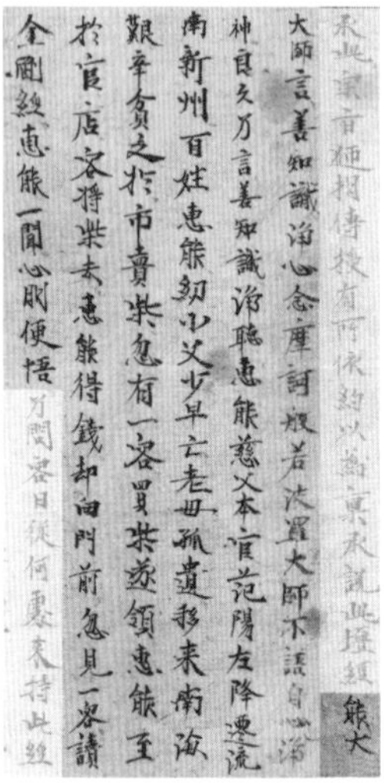

【校正】

能大師①言：「善知識❶！淨心❷念摩訶般若波羅蜜法。」大師不語，自淨心神，良久乃言：「善知識靜②聽❸：惠能慈父，本官③范陽④，左降遷流嶺⑤南，作新州百姓⑥。惠能幼小，父亦早亡⑦。老母孤遺，移來南海❹。艱辛貧乏，於市賣柴。忽有一客買⑧柴，遂領惠能至於官店，客將柴去。惠能得錢，卻向門前，忽見一客讀《金剛經》。惠能一聞，心明便悟❺。」

【校訂】

①能大師：敦博本與英博本皆作「能大師」，旅博本衍「大」字。

②靜：敦煌三本皆作「淨」，在敦煌寫本中，「靜」與「淨」兩字通用，此處應作「靜」解，參閱楊校本。

③本官：敦煌三本皆作「本官」，鈴木校本據惠昕本改作「本貫」，周校本、楊校本與錄校本從之，以為「先祖籍貫」之意。但郭校本與潘校本以為當作「本官」，以其符合上下文義，見郭校本頁五。

④陽：敦博本作「楊」，應作「陽」，范陽治今約河北保定一帶。

⑤嶺：敦博本在「嶺」字旁有刪除符號，但依大乘本、天寧本、興聖本與寬永本則不應刪除。英博本與旅博本皆無「嶺」字。

⑥作新州百姓：敦煌三本皆缺「作」字，據真福本、興聖本與寬永本補。參閱潘校本、楊校本。又，新州約治今廣東省新興縣。

⑦幼小，父亦早亡：敦博本作「幻少，父亦早亡」，英博本作「幼小，父小早亡」，旅博本作「幼小，父少早亡」，當作「幼小，父亦早亡」。

⑧買：英博本與旅博本皆作「買」，底本敦博本作「賣」，應作「買」。

【註釋】

❶善知識：梵語為kalyāṇamitra，音譯作迦里也曩蜜怛羅，敬稱具有道德學問的人，佛教以能夠引領眾生學佛修行的導師或菩薩，尊稱為善知識，此處有恭維稱許聽眾之意，也是對聽眾的禮貌代稱。因此，善知識可以視為「善良的朋友」，或者是「能指引吾人走向正道的好朋友」，因此高貴如菩薩或一般的學佛朋友，皆可以稱為善知識。

❷淨心：佛教的「淨」有「清淨自在」與「超越世間善惡」的雙重涵義。淨心，即是清淨自心而超越世俗的分別染濁。

❸靜聽：如佛經中的「諦聽」，以真誠與真實的心境聽講。

❹南海：南海在林有能〈中國禪宗六祖慧能研究表微〉一文中指出有六種以上說法，但筆者親訪國恩寺時，住持如禪法師確定為惠能從當地夏盧村一條小河移來南面的龍山。

❺悟：悟有兩重，世間法的明白事理與出世間法的悟入實相，在此不能確定惠能當時所悟為何。

【解釋】

惠能大師說：「各位學佛的朋友們，請以清淨自在與超越世間善惡的心深念無上妙智慧解脫法門。」大師寧靜沉默，自己清淨超越世間的心思與精神的意識，時間過了很久才說：「各位聽眾請寧靜聽講：惠能的先父，本來在范陽做官，後來被貶到嶺南，成為廣東新州的百姓。我幼小的時候，父親也很早就過世。年老的母親孤苦遺落，搬到南海來住。生活艱苦而且貧窮，在市街上販賣薪柴。忽然有一天，有一位旅行的商人要買柴，於是引領我到旅館，旅客將柴拿去。我得到賣柴的錢，走到門前，忽然聽見有人讀誦《金剛經》，我一聽聞，內心明白即有所領悟。」

【討論】

一、何謂「善知識」？何謂「淨心」？何謂「摩訶般若波羅蜜」？

二、惠能的身世背景對他領悟禪法的奧妙是否有關係？

三、為何惠能聽聞到《金剛經》，當下就能夠「心明便悟」，他又「悟」到什麼？

【原文圖版——第二折二之二】

【錄文】

敦博本	英博本	旅博本
乃問客曰從何處來持此經典客答曰我於新州黃梅縣東馮 墓山禮拜五祖弘忍和尚見今在彼門人有千餘眾我於彼聽見 大師勸道俗但持金剛經一卷即得見性直了成佛惠能聞說宿 葉有緣便即辭親往黃梅馮墓山禮拜五祖弘忍和尚	□□□□□□□□□□□□□□□□乃聞客曰從何處 來持此經典客答曰我於蘄州黃梅懸東馮墓山禮 拜五祖弘忍和尚見今在彼門人有千餘眾我於彼聽見大師 勸道俗但特金剛經一卷即得見性直了成佛惠能聞說宿 葉有緣便即辭親往黃梅馮墓山禮拜五祖弘忍和 尚	□□□□□□□□□□□乃問客曰從何處來持此經 曲客答曰我於蘄州黃梅縣東馮墓山禮拜五祖 弘忍和尚見今在彼門人有千餘眾我於彼聽見 大師勸道俗但持金剛經一卷即得見性直了成佛惠 能聞說宿葉有緣便即辭親往黃梅馮墓山禮拜 五祖弘忍和尚

【校正】

乃問客曰：「從何處來，持此經典？」客答曰：「我於蘄州①黃梅縣②東馮茂山③，禮拜五祖弘忍和尚，現④今在彼，門人有千餘眾。我於彼聽見大師勸道俗，但持《金剛經》❶一卷，即得見性❷，直了成佛。」惠能聞說，宿業⑤❸有緣，便即辭親，往黃梅馮茂山禮拜五祖弘忍和尚。

【校訂】

①蘄州：敦博本作「新州」，英博本與旅博本皆作「蘄州」，當作「蘄州」，蘄州約治今湖北蘄春縣西北。據《蘄州志》記載，「蘄州」此一地名已有一四〇〇年的歷史。從北周開始到清朝初年，蘄州一直成為州、路、府、縣級行政區的行政中心，其管轄和部分管轄過黃梅、蘄春、廣濟、蘄水、羅田五縣。

②縣：英博本作「懸」，敦博本與旅博本皆作「縣」，古今字同「縣」，當作「縣」。

③馮茂山：敦煌三本皆作「馮墓山」，據郭校本以為應是「馮茂山」，在黃梅縣東北境，為五祖駐錫之地，又稱為「五祖山」、「東山」。參閱郭校本頁七。下不出校。

④現：敦煌三本皆作「見」，「見」同「現」，據現代語法改。

⑤業：敦煌三本皆作「葉」，當作「業」，作「業力」或「因緣」解。

【註釋】

❶持《金剛經》：佛教對修持的看法同時有四層涵義：一、信仰讀誦，二、義解思維，三、實踐修行，四、證入實相。因此，持誦《金剛經》並非只有口頭讀誦的層面而已，必須深心信解，如法修持。

❷見性：悟見人人本具的佛性，佛性本源清淨，不生不滅。

❸宿業：梵語 pūrva-karma。是指眾生於過去生所造的善惡業因，因此又稱為「宿作業」。惠能在此所指的是「宿世因緣」，就是多生累世的學佛因緣。

【解釋】

就問旅客說：「您是從哪裏來，為何持誦這部經典？」旅客回答說：「我在蘄州黃梅縣東邊的馮茂山，禮拜禪宗五祖弘忍和尚，現今他在那裏弘法，門下修持的徒眾有一千多人。我在那裏聽到弘忍大師勸導修行者與世俗大眾，說只要誦持修行《金剛經》一卷，就能悟見自己的佛性，直截了當的成就佛道。」我（惠能）聽到這樣的說法，覺得是宿世善業有此因緣，於是就拜別了母親，前往黃梅縣東邊的馮茂山禮拜五祖弘忍和尚。

【討論】

一、在日常生活中持誦《金剛經》與見性成佛的關係為何？
二、惠能辭別母親時的心情，當會如何？
三、何謂「見性」？
四、《金剛經》對惠能與後世禪宗的影響為何？

【原文圖版——第三折二之一】

敦博本	英博本	旅博本
□□□□□□□□□□□□□□□□□(弘忍和尚)問惠能曰汝何 方人來此山禮拜吾汝今向吾邊復求何物惠能答曰弟子是 嶺南人新州百姓今故遠來禮拜和尚不求餘物唯求佛法作大 師遂責惠能曰汝是嶺南人又是獦獠若未為堪作佛法	□□□□□□□□□□□□□□□□□弘忍和 尚問惠能曰汝何方人來此山禮拜吾汝今向吾邊復 求何物惠能答曰弟子是領南人新州百姓今故遠來 禮拜和尚不求餘物唯求佛法作大師遂責惠能曰汝 是領南人又是獦獠若為堪作佛	□□弘忍和尚問能惠曰汝何方人來此山禮拜吾汝今 向吾邊復求何物惠能答曰弟子是嶺南人新 州百姓今故遠來禮拜和尚不求餘物唯求佛法作 大師遂責能曰汝是嶺南人又是獦獠若為堪作佛

【錄文】

【校正】

弘忍和尚①問惠能曰：「汝何方人？來此山禮拜吾，汝今向吾邊，復求何物？」惠能答曰：「弟子是嶺南人，新州百姓，今故遠來禮拜和尚，不求餘物，唯求作佛②❶。」大師遂責惠能曰：「汝是嶺南人，又是獦獠③，若為④堪作佛⑤？」

【校訂】

①弘忍和尚：敦博本偏側有四個小字，並加上重複的符號，故知前段末與此段初皆有「弘忍和尚」四字。

②作佛：據惠昕五本與石井光雄藏《神會語錄》皆作「作佛」，敦煌三本皆作「佛法作」，當改為「作佛」。參閱錄校本、郭校本與潘校本。

③獦獠：據潘師重規考證，獦為獵的俗寫字，今依潘說釋「獦」為「獵」。何謂「獦獠」？學術界曾引起討論，如丁福保《六祖壇經箋注》說：「獦者，短喙犬。獠，西南夷。」郭朋《壇經校釋》說：「當是對以攜犬行獵為生的南方少數民族的侮稱。」潘師重規在〈敦煌寫本六祖壇經中的「獦獠」〉一文說：「敦煌六祖壇經寫本的『獦』字，亦應當是『獵』的俗寫字。獠是蠻夷之人，居山傍水，多以漁獵為生。」（載《中國文化》一九九四年第九期）。後來蒙默發表〈壇經中獦獠一詞讀法——與潘重規先生商榷〉，文中以為「獦獠」當為「仡佬」的異寫，不當讀為「獵獠」：「《壇經》之『獦獠』，當亦為『仡佬』之異寫。……《壇經》中之『獦獠』不當讀為『獵獠』，而當讀為『仡佬』，此『獦』字只借其音葛而已。」（載《中國文化》一九九五年第十一期）張新民綜合潘、蒙說法，發表〈敦煌寫本《壇經》「獦獠」辭義新解〉一文，以為：「『獦獠』仍當讀為『獵獠』，殆指『獵頭獠人』，而非『打獵獠人』。」（載《貴州大學學報（社會科學版）》，一九九七年第三期，頁八十四。）

④若為：底本的「為」字旁邊有刪除符號「：」，再添「未」字，成為「若未」，英博本與旅博本皆作「若為」，當改「若未」為「若為」，參閱錄校本。相關刪除符號，下不出校。

⑤堪作佛：英博本、旅博本與惠昕五本皆無「堪作佛法」之「法」字，此為敦博本之衍字，當刪去「法」字。

【註釋】

❶唯求作佛：惠能在此表示不求世間任何名聲與利益，只希望能夠成就佛果，覺悟一切。

【解釋】

弘忍和尚問惠能說：「你是哪裏人？來到這裏作禮朝拜我，你現在到我這裏，又想求得什麼東西呢？」惠能回答說：「弟子是五嶺以南廣東一帶的人，家住新州的老百姓，現在因為想要學佛的緣故，所以遠道來此禮拜和尚，不想求得其他的事情，只希望能夠成就佛果。」弘忍大師於是責備惠能說：「你是五嶺以南的人，又是南方的蠻夷，如何可以成佛呢？」

【討論】

一、惠能的「唯求作佛」，顯露出惠能何種的生命取向與人生目標？

二、惠能是南蠻人嗎？

三、弘忍是否用反諷或譏刺的口吻，詰問惠能如何成佛？其目的為何？

	敦博本	英博本	旅博本
【原文圖版——第三折二之二】	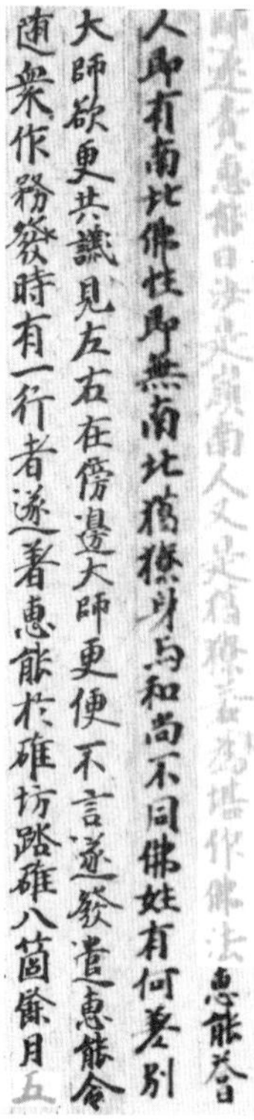	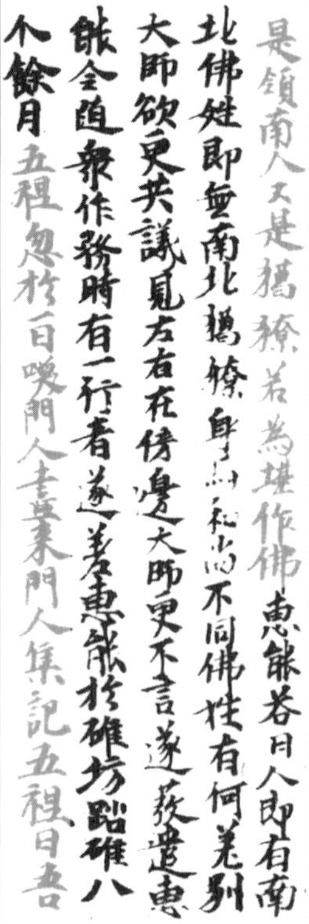	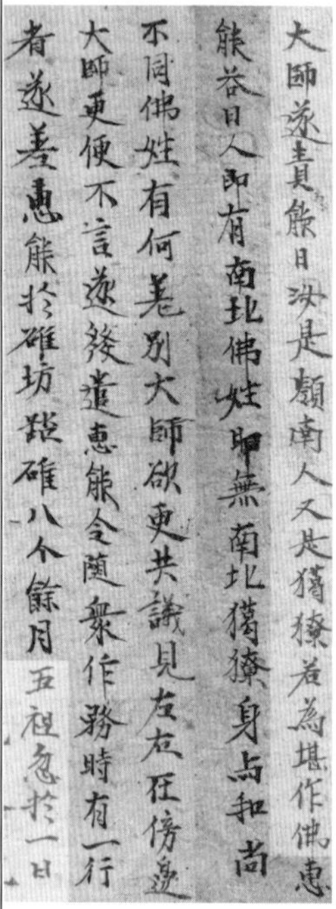
【錄文】	□□□□□□□□□□□□□□□□□□□□□惠能答曰 人即有南北佛性即無南北獦獠身與和尚不同佛姓有何差別 大師欲更共議見左右在傍邊大師更便不言遂發遣惠能令 隨眾作務犛時有一行者遂著惠能於碓坊踏碓八箇餘月	□□□□□□□□□□□□□惠能答曰人即有南 北佛姓即無南北獦獠身與和尚不同佛姓有何差別 大師欲更共議見左右在傍邊大師更不言遂發遣惠 能令隨眾作務時有一行者遂差惠能於碓坊踏碓八 个餘月	□□□□□□□□□□□□□□□□□□□□惠 能答曰人即有南北佛姓即無南北獦獠身與和尚 不同佛姓有何差別大師欲更共議見左右在傍邊 大師更便不言遂發遣惠能令隨眾作務時有一行 者遂差惠能於碓坊踏碓八个餘月

【校正】

惠能答曰：「人即有南北，佛性①❶即無南北；獦獠身與和尚不同，佛性有何差別？」大師欲更共語②，見左右在旁③邊，大師便不言④，遂發遣惠能令隨眾作務⑤。時有一行者❷，遂差⑥惠能於碓坊❸踏碓八個⑦餘月。

【校訂】

①性：敦博本作「性」，英博本與旅博本皆作「姓」，敦煌遺書中俗寫「姓」與「性」常不分，在此當作「性」。下不出校。

②語：敦煌三本皆作「議」，據錄校本以為唐五代河西方音「議」與「語」同音，可互借，同音通用，惠昕五本改為「語」，今依錄校本改「議」為「語」。另可參閱郭校本。

③旁：敦煌三本皆作「傍」，「傍」通「旁」，今依現代使用例改「傍」為「旁」。

④便不言：敦博本與旅博本皆作「更便不言」，英博本作「更不言」，依文義應為「便不言」，「便」為副詞，作「即」或「就」解。

⑤作務：敦博本在「作務」下有「發」字，但其旁邊有刪除符號，應為錯別字，故刪去「發」字。

⑥差：英博本與旅博本皆作「差」字，敦博本作「著」字，同義異文，據旅博本改「著」為「差」字。

⑦個：敦博本作「箇」，英博本與旅博本皆作「个」字，同為「個」的異體字，今依現代使用例改「箇」為「個」字。下不出校。

【註釋】

❶佛性：梵語 **buddha-dhātu** 或 **buddha-gotra**，眾生本具的覺性，如來不生不滅的體性，眾生成佛的可能性，成佛的種子與基本因素。《大般涅槃經》卷七說：「一切眾生皆有佛性。」

❷行者：禪宗寺院中，指尚未落髮出家而進住於寺內幫忙雜務、服侍修行僧眾與承擔各種勞役工作的人。

❸碓坊：「碓」為舂米的工具，「坊」為較小規模的工作場所。碓坊即是以舂米為主要工作的場所。

【解釋】

惠能回答說：「一般人就有南方人與北方人的差異，但是眾生都具備成佛的本性，就沒有南方與北方的分別；我這南方卑賤的蠻夷身體，與大師您的身體是不相同的，可是我的佛性與您的佛性有什麼差別呢？」弘忍大師希望還能與惠能多說些話，可是旁邊左右還有其他徒眾，大師就不再多說，於是派遣命令惠能跟隨大眾工作服務。當時有一位尚未出家而在佛寺幫忙的人，就派遣惠能在舂米為主要工作的場所中，踏踩舂米工作八個多月。

【討論】

一、惠能對「佛性」的認知為何？

二、弘忍聽了惠能的回答，為何想說卻又止語不說呢？

三、惠能為何會進入碓坊工作呢？弘忍的目的為何？

【原文圖版——第四折】

	敦博本	英博本	旅博本
【錄文】	□□□□□□□□□□□□□□□□□□□□□□□□五祖忽於一日喚門人盡來門人集記五祖曰吾向汝說世人生死事大汝等門人終日供養只求福田不求出離生死苦海汝等自性迷福門何可求汝汝總且歸房自看有智事者自取本性般若之知各作一偈呈吾吾看汝偈若悟大意者付汝衣法稟為六代火急作	□□五祖忽於一日喚門人盡來門人集記五祖曰吾向與說世人生死事大汝等門人終日供養只求福田不求出離生死苦海汝等自姓迷福門何可救汝汝總且歸房自看有知惠者白取本姓般若知之各作一偈呈吾吾看汝偈若吾大意者付汝衣法稟為六代火急急	□□□□□□□□□□□□□□五祖忽於一日喚門人盡來門人集記五祖曰吾向汝說世人生死事大汝等門人終日供養只求福田不求出離死苦海汝等自姓迷福門何可救汝汝總且歸房自看有知惠者自取本姓般若之知各作一偈呈吾吾看汝偈若悟大意者付汝衣法稟為六代火急急

【校正】

五祖忽於一日喚門人盡來，門人集訖①。五祖曰：「吾向汝說，世人生死事大。汝等門人，終日供養，只求福田❶，不求出離生死苦海。汝等自性❷迷，福門何可救②汝？汝等③且歸房自看，有智慧④者，自取本性般若❸之智⑤，各作一偈呈吾。吾看汝偈，若悟大意者，付汝衣法，稟為六代。火急作⑥！」

【校訂】

①訖：敦煌三本皆作「記」，石井校本、郭校本、錄校本均改作「訖」，形近致訛，當改為「訖」。

②救：英博本、旅博本與惠昕五本皆作「救」，敦博本誤作「求」，依文義應作「救」，形近致訛，當改為「救」。

③汝等：惠昕五本皆作「汝等」，敦煌三本皆作「汝總」，當改「汝總」為「汝等」。

④智慧：敦博本作「智事」，英博本與旅博本皆作「知惠」，西夏本作「智慧」，當改「智事」為「智慧」。

⑤之智：英博本作「知之」，敦博本與旅博本皆作「之知」，「知」為「智」之古字，今依現代寫例改為「之智」。

⑥火急作：英博本與旅博本皆作「火急急」，敦博本作「火急作」，應為「火急作」。

【註釋】

❶福田：梵語 puṇya-kṣetra，是以田地為譬喻，指世間法中能夠生起功德福報的心田，意謂世間福報。

❷自性：梵語 svabhāva，本指萬物自體的體性，佛教以為萬法皆無自性，意即沒有永遠不變的本性。但弘忍或後世禪宗所說的自性，是指「法自性」，意即「法性」或「佛性」，是眾生不生不滅成佛的本性。

❸般若：梵語 prajñā，意譯為「妙智慧」，此為洞悉觀照宇宙實相而產生的特殊智慧，也是成佛的根本。

【解釋】

五祖弘忍大師忽然有一天呼喚門下所有徒眾都來報到，門下徒眾集合完畢。五祖說：「我向你們說，世間一般人生死的事情是一件大事。你們這些徒眾，每天都知道供養三寶佛法僧，只是想求得世間的福報利益，不想追求跳出與捨離生死的輪迴苦海。你們清淨不生不滅的本性已經被迷惑，福報的法門哪裏可以拯救你們呢？你們全部回到寮房自己觀照察看，如果是具備智慧的人，自己擇取從本性般若的妙智慧中，各自作一首詩偈呈給我看。我來看你們的詩偈，若是已經開悟佛法大道意旨的人，我將傳付給你達摩的袈裟與禪悟的心法，你將稟受為禪宗第六代的祖師。火速緊急地去作自己的詩偈吧！」

【討論】

一、何謂「生死事大」？

二、得到「福田」與開啟「本性般若之智」，哪一項對吾人有實質的幫助？理由為何？

三、「悟大意」與「稟為六代」之間是否有必然的關係？弘忍在強調什麼？

【原文圖版——第五折】

敦博本	英博本	旅博本

【錄文】

敦博本：

□□□□門人得處分卻來各至自房遞相謂言我等不須
呈心用意作偈將呈和尚神秀上座是故教受師秀上座得
法後自可依止請不用作諸人識心盡不敢呈偈大師堂前
有三間房廊於此廊下供養欲畫楞伽變並畫五祖大師傳
授於法流行後代為記畫人唐玲看檗了明日下手

英博本：

□□門人得處分卻來各至白房遞相謂言我等不須呈
心用意作偈將呈和尚神秀上座是教授師秀上座
得法後自可於止請不用作諸人息心盡不敢呈偈時
大師堂前有三間房廊於此廊下供養欲畫楞伽變並
畫五祖大師傳授衣法流行後代為記畫人盧玲看壁
了明日下手

旅博本：

門人得處分卻來各至自房遞相謂言我等不
須呈心用意作偈將呈和尚神秀上座是教授師
秀上座得法後自可依止請不用作諸人息心盡不
敢呈偈時大師堂前有三間房廊於此廊下供
養欲畫楞伽變並畫五祖大師傳授衣法流行
後代為記畫人盧玲看壁了明日下手

【校正】

門人得處分❶，卻來各至自房，遞相謂言：「我等不須澄心①用意作偈，將呈和尚。神秀❷上座❸是②教授③師❹，秀上座得法後，自可依止，偈④不用作！」諸人息心⑤，盡不敢呈偈。時⑥大師堂前有三間房廊，於此廊下供養❺，欲畫楞伽變❻，並畫五祖大師傳授衣⑦法流行後代為記。畫人盧珍⑧看壁⑨了，明日下手❼。

【校訂】

①澄心：敦煌三本皆作「呈心」，與聖本與寬永本皆作「澄心」，「呈」與「澄」通用，當改為「澄心」。

②是：敦博本作「是故」，英博本、旅博本皆作「是」，「故」為衍字，刪去。

③教授：英博本與旅博本皆作「教授」，敦博本作「教受」，「受」為「授」的古字，當改「受」為「授」字。

④偈：敦煌三本皆作「請」字，鈴木校本與郭校本改為「偈」字，當作「偈」字，即為「偈不用作」。

⑤息心：英博本、旅博本與惠昕五本皆作「息心」，敦博本作「識心」，當改「識心」為「息心」，參閱錄校本。

⑥時：英博本與旅博本皆於「大」字上有「時」字，敦博本脫，當補「時」字。

⑦衣：英博本、旅博本皆作「衣」，敦博本作「於」，「衣」、「於」於唐河西方音同音通用，此處當作「衣」。

⑧盧珍：敦博本作「唐玲」，英博本作「盧玲」，旅博本作「盧玲」，惠昕五本皆作「盧珍」，當作「盧珍」。

⑨壁：敦博本作「檗」，原義為「半生半熟的飯」，當改為「壁」。

【註釋】

❶處分：吩咐處理。

❷神秀：即北宗神秀（六〇五—七〇六），禪宗五祖弘忍大師的首座弟子，也是六祖惠能的師兄，神秀博學多聞，精進修持，曾受武則天與唐中宗的禮遇，備極榮寵，神龍二年二月圓寂於洛陽天宮寺，世壽一〇二，敕號為「大通禪師」。

❸上座：梵語 sthavira，又稱首座，長老，上臘等，指出家受戒的法臘年紀高，又居於極上位的僧尼。

❹教授師：又作阿闍梨，梵語 ācārya，主要是教授受戒的戒子或新進的僧侶戒律威儀、禪定、佛學與法事的老師。

❺供養：佛教經常以明燈、飲食、香花等物品資養佛、法、僧三寶，在此有奉祀及擺設供品處所的意義。

❻楞伽變：「變」是「變相」，是指依據佛經記載，描繪莊嚴淨土或恐怖地獄等圖畫，以宣傳教義。楞伽變亦即以《楞伽經》中的故事為主題所繪製配合傳播佛法的各種圖畫。

❼下手：動手處理。

【解釋】

門人徒眾得到弘忍大師的命令，退回到各自的寮房，互相告訴對方：「我們不須要澄靜心神用功存心去作詩偈，拿來呈給和尚。神秀長老是教授我們的老師，神秀長老得到心法之後，自然可以依靠學習，詩偈就不用去作了！」大家都止息作偈得到祖位的心願，都不敢呈獻詩偈給五祖弘忍。當時弘忍大師堂前有三間房廊，在此廊下準備供養，希望能夠繪畫《楞伽經》中故事的變相圖，並且畫製五祖大師傳授達摩袈裟與禪宗心法流行到後代的紀錄。畫家盧珍已經觀察牆壁，準備明天開始動工。

【討論】

一、《六祖壇經》中神秀角色的設定是否為南宗禪主觀立場的偏見？

二、弘忍的徒眾為何不作偈語，他們心裡在想些什麼？

【原文圖版——第六折二之一】

【錄文】

敦博本	英博本	旅博本
□□□□□□□□□□□□□□□□□□□上座神 秀思惟諸人不呈心偈緣我為教授師我若不呈心偈 五祖如何得見我心中見解深淺我將心偈上五祖呈意即 善求法覓祖不善卻同凡心奪其聖位若不呈心修不得 法良久思惟甚難甚難	□□□□□上座神秀思惟諸人不呈心偈緣我為教授 師我若不呈心偈五祖如何得見我心中見解深淺我 將心偈上五祖呈意即善求法覓祖不善卻同凡 心奪其聖位若不呈心修不得法良久思惟甚難甚難 甚難甚難	□□□□□□□□□□□□□□□上座神秀 思惟諸人不呈心偈緣我為教授師我若不呈心偈 五祖如何得見我心中見解深淺我將心偈上五禍 呈意即善求法覓祖不善卻同凡心奪其聖位 若不呈心修不得法良久思惟甚難甚難甚難甚難

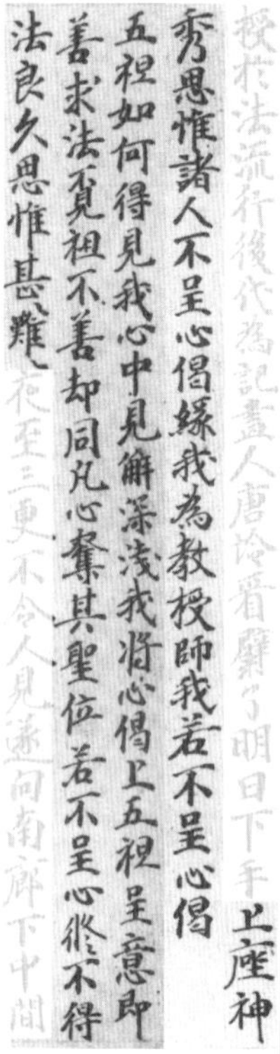

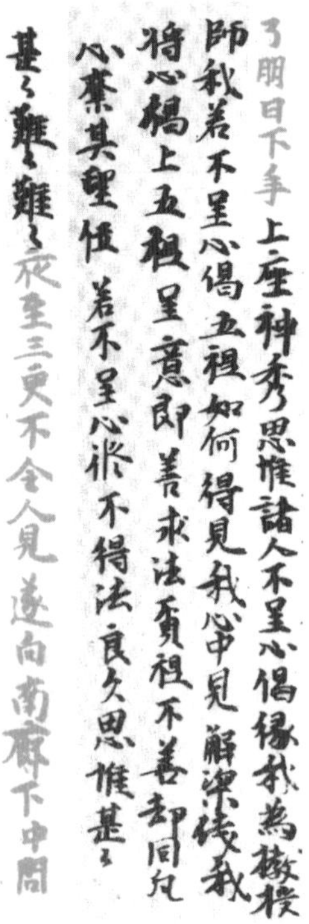

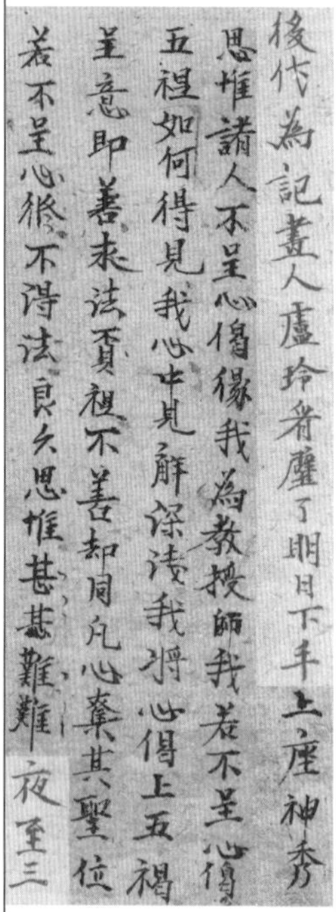

【校正】

上座神秀思惟①，諸人不呈心偈❶，緣我為教授師，我若不呈心偈，五祖如何得見我心中見解深淺？我將心偈上五祖呈意，求法即善②，覓祖❷不善，卻同凡心奪其聖位❸。若不呈心偈③，終④不得法。良久思惟，甚難甚難⑤！

【校訂】

①惟：敦煌三本皆作「惟」字，思「惟」與思「維」相通，尊重底本寫例，當作「惟」字。下不出校。

②求法即善：敦煌三本皆作「即善求法」，與聖本與寬永本皆作「求法即善」，當改之。

③心偈：敦煌三本皆作「心」字，鈴木校本在「心」字下加「偈」字，從前後文義及使用情形觀察，當為「心偈」。

④終：敦煌三本皆作「修」字，惠昕五本皆作「終」，依上下文義當為「終」字。

⑤甚難甚難：英博本、旅博本皆作「甚難甚難，甚難甚難」，敦博本作「甚難甚難」，當刪去重複，底本敦博本是。

【註釋】

❶心偈：指心中體悟禪法深淺而發抒於文字的詩偈。

❷祖：指禪宗傳承的祖位，在此指弘忍欲傳六祖的祖位給門下徒眾，繼承者即為一代祖師。

❸聖位：本指證得菩提的果位，就南傳佛教立場而言，是指初果到四果阿羅漢的果位；就大乘佛教立場而言，是指初地以上的十地果位，再加上等覺與妙覺，共十二階位。以上所述南傳佛教與大乘佛教的果位，皆是解脫的聖者，故稱聖位。在此指禪宗代代相傳祖師的祖位，弘忍敬稱其為聖位。

【解釋】

首座長老神秀和尚心中思考著，弘忍大師門下的徒眾們沒有人呈上體悟禪法要旨的詩偈，正是因為我是教授他們的老師，如果我也不呈上體悟禪法要旨的詩偈，五祖弘忍大師又如何可以得知我心中對禪法見解的深淺程度呢？我將體悟禪法要旨的詩偈呈上給五祖弘忍大師看看我的思想與體證，如果是追求至高無上的禪悟妙法就是好的，但是追求六祖祖位的意圖是不好的，就好像世俗的人秉持著追求利益的心，卻來爭奪佛菩薩聖賢祖師超越凡俗的位子。如果我不呈上體悟禪法要旨的詩偈，終究是不能得到五祖的殊勝禪法。心中想了很久，覺得十分的為難，不知該如何是好！

【討論】

一、神秀心中「思惟」的內容，是當時真實的情況，還是惠能的臆測呢？

二、神秀為何認為「求法即善，覓祖不善」呢？

三、神秀心中真的想要得到「六祖」的名位及封號嗎？

四、神秀為何會感到「甚難甚難」呢？

【原文圖版——第六折二之二】

敦博本	英博本	旅博本

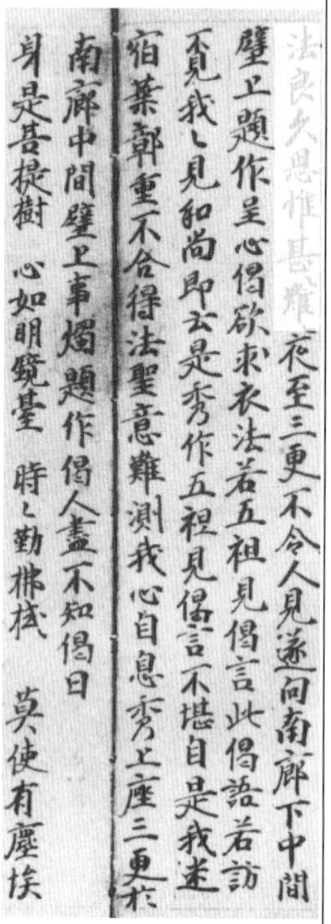

【錄文】

敦博本

□□□□□□□□夜至三更不令人見遂向南廊下中間
壁上題作呈心偈欲求衣法若五祖見偈言此偈語若訪
覓我我見和尚即云是秀作五祖見偈言不堪自是我迷
宿業障重不合得法聖意難測我心自息秀上座三更於
南廊中間壁上事燭題作偈人盡不知偈曰
身是菩提樹　心如明鏡臺　時時勤拂拭　莫使有塵埃

英博本

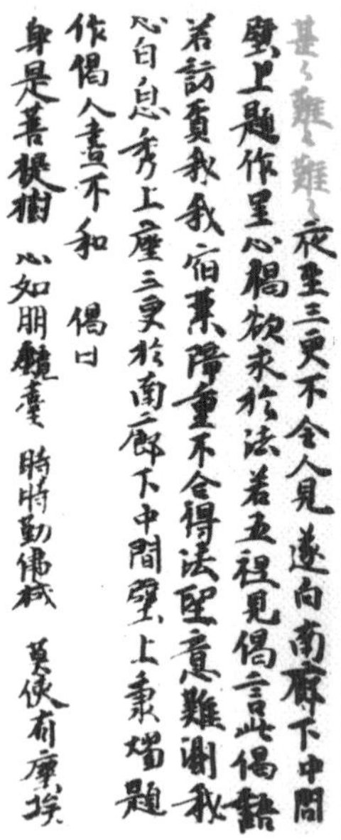

□□□□□□□夜至三更不令人見遂向南廊下中間
壁上題作呈心褐欲求於法若五祖見偈言此偈語
若訪覓我我　※　宿葉障重不合得法聖意難測我
心白息秀上座三更於南廊下中間壁上秉燭題
作偈人盡不和　偈曰
身是菩提樹　心如明鏡臺　時時勤拂拭　莫使有塵埃

※此處有缺文，漏抄共十九字。

旅博本

□□□□□□□□□□□□□□□夜至三
更不令人見遂向南廊下中間壁上題作呈心偈
欲求依法若五祖見偈言此偈語若訪覓我我
見和尚即云是秀作五祖見偈言不堪自是我迷
宿業障重不合得法聖意難測我心自息秀
上座三更於南廊中間壁上秉燭題作偈人盡不知
偈曰
身是菩提樹　心如明鏡臺　時時勤拂拭　莫使有塵埃

【校正】

夜至三更❶，不令人見，遂向南廊下中間壁上題作呈心偈，欲求衣法。若五祖見偈，言此偈語，若訪覓我，我①見和尚，即云是秀作。五祖見偈言不堪，自是我迷，宿業②❷障重，不合得法，聖意難測，我心自息。秀上座三更於南廊下③中間壁上秉④燭題作偈，人盡不知。偈曰：「**身是菩提❸樹，心如明鏡臺。時時勤拂拭，莫使有塵埃。**」

【校訂】

①英博本相對於敦博本與旅博本漏抄了「見和尚即云是秀作五祖見偈言不堪自是我迷」十九字。

②業：英博本與敦博本皆作「葉」，旅博本作「業」，當作「業」。錄校本將英博本原圖文辨識為「業」，但筆者端詳許久，以為原圖文當是「葉」字無疑。

③南廊下：敦博本與旅博本皆作「南廊」，英博本作「南廊下」，觀前後文義及使用情形，當補「下」字。

④秉：英博本與旅博本皆作「秉」，敦博本誤作「事」字，當改為「秉」字。

【註釋】

❶三更：「更」為夜間計時的單位名稱，一夜共分為五更，每一更為兩小時，三更為夜間十一點至凌晨一點。

❷宿業：梵語 **pūrva-karma**，指過去生所造的善業或是惡業，又稱為宿作業。宿業本來包含過去生的善業與惡業，但一般通俗的說法是專指惡業，若指過去生所造的善業，稱為宿善業，亦通。

❸菩提：梵語 **bodhi** 的音譯，意譯為「覺悟」，此為眾生本具之靈明覺性，亦為成佛的根本條件之一。

【解釋】

神秀等到深夜三更子時的時候，不讓別人看見，於是往南邊的走廊下中間的牆壁上，題寫一段表白自己體悟禪法的偈語，希望求得達摩的袈裟與禪悟的心法。神秀心中想著如果五祖看見我寫的偈語，向大家提到這首偈語，若是想找我談一談，我看到弘忍和尚，就說是神秀自己作的。如果五祖看到我的偈語說程度不夠，自然是我還在迷惑中，過去生以來累積的惡業障礙深重，不合乎得到達摩袈裟與禪悟心法的標準，和尚的心意是很難預測的，我追求禪悟的心情自然息滅。神秀長老在半夜子時南邊的走廊下中間的牆壁上，持著火燭照明而題寫偈語，別人都不知道。偈語說：「身體像是覺悟的樹木，心靈有如明鏡的平台，常常勤勉地擦拭，不要讓它受到塵埃的汙染。」

【討論】

一、神秀題寫偈語，為何選在深夜？

二、神秀的偈語有何特色？在禪法的詮釋上如何？

三、神秀題寫偈語的心路歷程，惠能是如何得知？

	敦博本	英博本	旅博本
【原文圖版——第七折三之一】		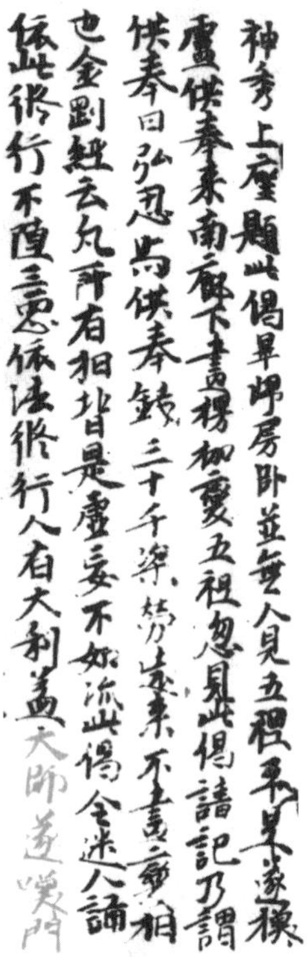	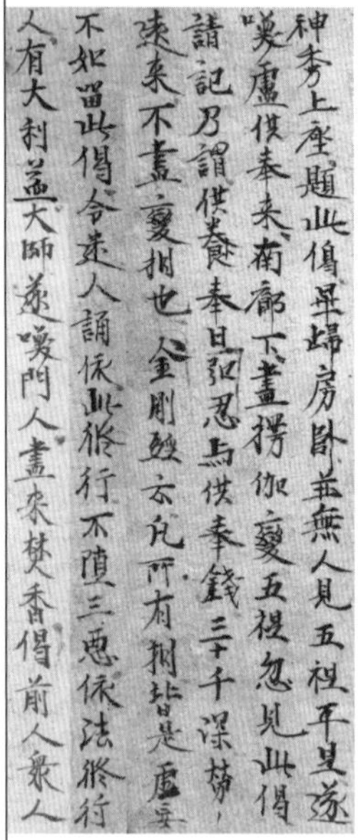
【錄文】	神秀上座題此偈畢[卻歸房]臥並無人見 五祖平旦遂[喚]盧供奉來南廊下畫楞伽變 五祖忽見此偈[請記]乃謂供奉曰　弘忍與供奉錢三十千深 勞遠來不畫變相也　金剛經云凡所有相皆是虛妄不如[留] 此偈令迷人誦依此修行不墮三惡依法修行有大利益	神秀上座題此偈畢[歸房]臥並無人見五祖平旦遂[換] 盧供奉來南廊下畫楞伽變五祖忽見此偈[請記]乃謂 供奉曰弘忍與供奉錢三十千深勞遠來不畫變相 也金剛經云凡所有相皆是虛妄不如[流]此偈令迷人誦 依此修行不墮三惡依法修行[人]有大利益	神秀上座題此偈畢[歸房]臥並無人見五祖平旦遂 [喚]盧供奉來南廊下畫楞伽變五祖忽見此偈 [請記]乃謂供養奉曰弘忍與供奉錢三十千深勞 遠來不畫變相也金剛經云凡所有相皆是虛妄 不如[留]此偈令迷人誦依此修行不墮三惡依法修行 [人]有大利益

【校正】

神秀上座題此偈畢，卻歸房臥，並無人見。

五祖平旦❶，遂喚盧供奉❷來南廊下，畫楞伽變。五祖忽見此偈，讀訖①，乃謂供奉曰：「弘忍與供奉錢三十千，深勞遠來，不畫變相也。金剛經云：『凡所有相，皆是虛妄。』不如留②此偈，令迷人誦。依此修行，不墮三惡❸；依法修行，有大利益❹。」

【校訂】

①讀訖：敦煌三本皆作「請記」，石井校本作「誦訖」，依上下文義應作「讀訖」，可參閻校本、杜校本與金校本。

②留：英博本作「流」字，敦博本與旅博本皆作「留」字，應為「留」字。

【註釋】

❶平旦：早晨天剛亮的時候。古人一般將半夜以後到天亮分為三階段，分別是初啟光明的「雞鳴」，天將亮而未全亮的「昧旦」，以及天亮時的「平旦」，代表太陽已經升起地平線，天已大亮。

❷供奉：本義為供養或侍奉，或以文學、特殊技藝到朝廷供職的人，在此是尊稱有特殊才藝的人。

❸三惡：是指地獄道、餓鬼道、畜生道等三惡道的略稱。

❹利益：佛教所謂的利益，並非世俗指稱的好處，而是指益世利生的功德，其中又包含了出世的無相功德與入世的有相功德，弘忍此處所指應是表面的讚揚其入世的修持。

【解釋】

神秀長老題寫這首偈語完畢，退還到寢室寮房，並沒有人看見。

五祖弘忍等到第二天天亮的時候，於是叫喚盧供奉來到南邊的走廊下，準備繪畫有關《楞伽經》的變相圖。五祖弘忍忽然看到這首神秀題寫的偈語，讀完之後，就告訴盧姓畫師說：「弘忍（我）給您三十千的錢，讓您深度勞煩地從遠方而來，如今不用繪畫變相圖了。在佛經《金剛經》中說：『凡是世間的一切相貌，皆是虛幻而不真實的。』不如留下這首偈語，讓迷惑的人誦持。依照這首偈語修行佛法，就不會墮入三惡道；依照這首偈語來修行，會有很大的利益及功德。」

【討論】

一、弘忍為何公開肯定神秀的偈語，卻未將六祖的祖位傳給神秀？

二、弘忍公開肯定神秀的偈語，是真的肯定他，還是有其他的原因？

三、弘忍已說「凡所有相，皆是虛妄」，可是他為何又要留下神秀的偈語呢？

【原文圖版——第七折三之二】

	敦博本	英博本	旅博本
【錄文】	□□□□□□□□□□□□□□□□□□□□□□□大師 遂喚門人盡來焚香偈前[眾人見已]皆生敬心汝等盡誦此 偈者方得見[性依]此修行即不墮落門人盡誦皆生敬心喚言 善哉　五[祖]遂喚秀上座於堂內[門]是汝作偈否若是汝 作應得我法秀[上]言罪過實是神秀作不敢求[但]願和尚 慈悲看弟子有[少]智惠識大意否	□□□□□□□□□□□□□□□□□大師遂喚門 人盡來焚香偈前[人][眾人][見]皆生敬心汝等盡誦此 偈者方得見[姓於]此修行即不墮落門人盡誦皆生 敬心喚言善哉五[褐]遂喚秀上座於堂內[門]是汝作 偈否若是汝作應得我法秀[上][座]言罪過實是神 秀作不敢求[祖]願和尚慈悲看弟子有[小]智惠識 大意否	□□□□□大師遂喚門人盡來焚香偈前[人][眾人] [見]皆生敬心汝等盡誦此偈者方得見[姓依]此 修行即不墮落門人盡誦皆生敬心喚言善哉五 [祖]遂喚秀上座於堂內[門]是汝作偈否若是汝 作應得我法秀[上][座]言罪過實是神秀作不敢 求[祖]願和尚慈悲看弟子有[少]智惠識大意否

【校正】

大師遂喚門人盡來，焚香偈前，眾人見已，皆生敬心。弘忍曰①：「汝等盡誦此偈者，方得見性，依此修行，即不墮落❶。」門人盡誦，皆生敬心，喚言善哉！

五祖遂喚秀上座於堂內，問②：「是汝作偈否？若是汝作，應得我法。」秀上座③言：「罪過❷！實是神秀作。不敢求祖④，願和尚慈悲，看弟子有小智慧⑤識大意❸否？」

【校訂】

①弘忍曰：敦煌三本皆無「弘忍曰」，但觀上下文義，筆者以為應補上為宜。

②問：敦煌三本皆作「門」字，惠昕五本皆作「問」字，應改「門」為「問」字。

③上座：英博本與旅博本皆於「上」下有「座」字，敦博本則無「座」字，底本敦博本脫，當補「座」字。

④求祖：英博本與旅博本皆作「求祖」，敦博本作「求但」，「但」應為「祖」字，故應改為「求祖」。

⑤小智慧：英博本作「小智惠」，敦博本與旅博本皆作「少智惠」。「少」與「小」兩字互通，依上下文義及現代使用方法，應作「小智慧」。

【註釋】

❶墮落：指在修行上退步，一般乃指墮落至三惡道。

❷罪過：本義為罪行或過失，在此是神秀自謙的意思，表示愧不敢當，受到老師弘忍的詢問，神秀自己覺得自己追求祖位而於半夜偷偷寫下偈語是有過失的，也顯示出神秀對自己的偈語沒有十足的信心，不能當下地承擔。

❸大意：指禪宗心法的大體綱要與根本的宗旨，在此又有體悟禪宗心法的實證涵義。

【解釋】

弘忍大師於是呼喚門下的徒眾全部都來到南邊的走廊下，在偈語前燒香，大家看到大師如此做，都生起恭敬的心情。弘忍大師說：「你們都要誦持這首偈語，才能悟見自己的本性，依照這首偈語修行佛法，就能夠不墮入三惡道。」門下的徒眾都誦持這首偈語，都生起恭敬的心情，發出「善哉」（很好啊）的讚嘆聲。

五祖弘忍於是呼喚神秀長老到法堂內部，問神秀說：「是你寫作的偈語嗎？如果是你所作的偈語，應該可以得到我的心法。」神秀長老回答說：「很慚愧啊！真的是我神秀寫作的偈語。不敢追求祖師的位置，希望老師您能以慈悲的心情，看看弟子我是否有微小的智慧，是否認識禪宗的心法而體悟佛法的宗旨？」

【討論】

一、為何弘忍希望徒眾盡誦神秀偈語，卻在私下約見神秀？

二、神秀向弘忍表達「不敢求祖」，卻又作偈語呈現心得，希望弘忍看他「有小智慧識大意否」，為何如此？

【原文圖版——第七折三之三】

敦博本	英博本	旅博本
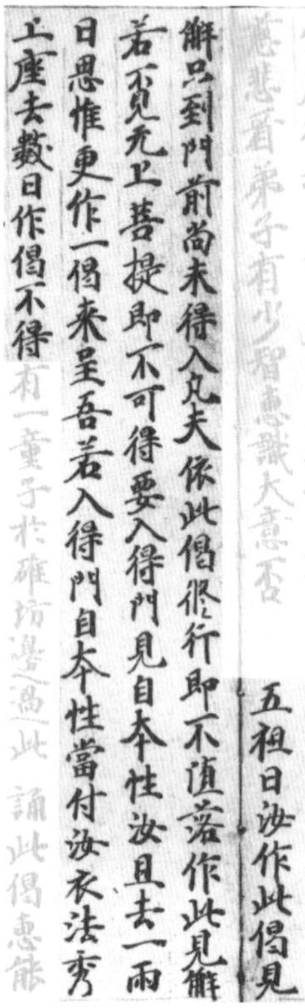	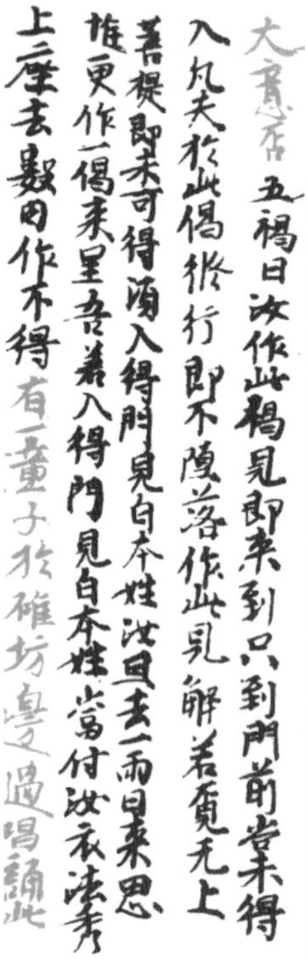	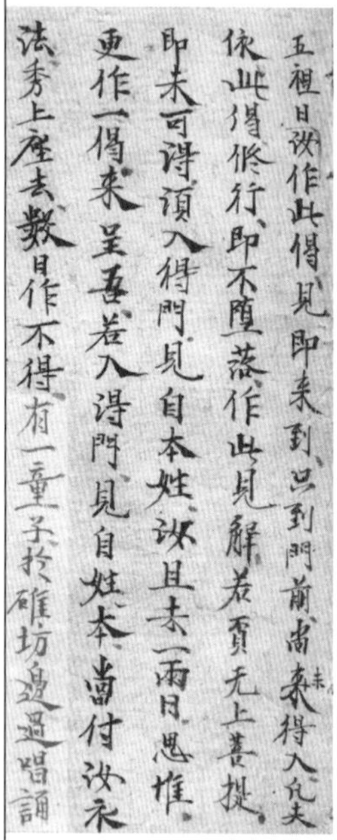

【錄文】

敦博本	英博本	旅博本
□□□□□□□□□□□□□　五祖曰汝作此偈[見] [解]只到門前尚未得入凡夫[依]此偈修行即不墮落作此見解 若覓無上菩提即[不]可得[要]入得門見[自]本[性]汝且去一兩 日思惟更作一偈來呈吾若入得門[自本性]當付汝衣法秀 上座去數日[作偈不得]	□□□五[褐]曰汝作此[褐見即來到]只到門前尚未得 入凡夫[於]此偈修行即不墮落作此見解若覓無上 菩提即[未]可得[須]入得門見[白]本[姓]汝且去一兩日[來]思 惟更作一偈來呈吾若入得門[見白本姓]當付汝衣法秀 上座去數日[作不得]	五祖曰汝作此偈[見即來到]只到門前尚未來得入凡夫 [依]此偈修行即不墮落作此見解若覓無上菩提 即[未]可得[須]入得門見[自]本[姓]汝且[未]一兩日思惟 更作一偈來呈吾若入得門[見自本姓]當付汝衣 法秀上座去數日[作不得]

【校正】

五祖曰：「汝作此偈，見解①❶只到門前，尚未得入。凡夫依此偈修行，即不墮落；作此見解，若覓無上菩提❷，即不②可得。要入得門，見自本性。汝且去，一兩日思惟，更作一偈來呈吾，若入得門，見自本性③，當付汝衣法。」秀上座去數日，作偈不得。

【校訂】

①解：英博本與旅博本皆作「即來到」，上下文義不通，應依敦博本作「解」字，即「見解」，文義相通。

②不：英博本與旅博本皆作「未」，「不」與「未」為同義異文，應依敦博本作「不」字。

③見自本性：英博本作「見白本姓」，旅博本作「見自本姓」，其中「本」與「性」字中間有互換符號「✓」，敦博本作「自本性」，缺「見」字，當補「見」字，應為「見自本性」。

【註釋】

❶見解：一般指對某件事物認識的程度，但禪宗對此有更深的涵義，主要是指對禪法實證體悟的深淺，並且將一般世俗的認識提升到出世間法的見地，亦即親身體驗到的禪法深淺。

❷無上菩提：從緣覺、聲聞、菩薩及佛陀體證的覺悟，皆為菩提，唯有佛陀所悟所證稱為「無上菩提」，亦即至高無上的佛果。

【解釋】

五祖弘忍說：「你寫作的這首偈語，體悟禪法的深淺只有到佛法初階的大門前，尚且不能證入。凡夫依照這首偈語修行，就能夠不墮落到三惡道；但是依照這項見解，想要追求至高無上的佛果，那是不能達到的。必須要能夠進入禪法修持的大門，才能悟見自己的本性。你暫且回去，在這一兩天中思維觀照，再寫作一首偈語拿給我看，如果已經體悟禪法的大意而進入了修持的大門，體證悟見自己本來具足的佛性，應當就會傳付給你達摩的袈裟與禪宗的心法。」神秀長老回去數天，無法再寫出任何偈語。

【討論】

一、弘忍為何判定神秀的偈語是「見解只到門前」？

二、弘忍要神秀「要入得門」，試問此「門」是什麼？

三、神秀經數日仍然作偈不得，原因可能為何？

四、弘忍在前文中對神秀說「若是汝作，應得我法」，為何此處卻說「見解只到門前，尚未得入」？

	敦博本	英博本	旅博本
【原文圖版——第八折三之一】			
【錄文】	□□□□□□□□□□有一童子於碓坊邊過此誦此偈惠能 及一聞知未見性即識大意能問童子適來誦者是何言偈童 子答能曰你不知大師言生死事大欲傳衣法令門人等各作一偈 來呈吾看吾大意即付衣法稟為六代祖有一上座名神秀忽 於南廊下書無相偈一首五祖令諸門人盡誦悟此偈者即見自性 依此修行即得出離	□□□□□□□□有一童子於碓坊邊過唱誦此 偈惠能一聞知未見姓即識大意能問童子適來誦 者是何言偈童子答能曰你不知大師言生死是大 欲傳於法令門人等各作一偈來呈看悟大意即 付衣法稟為六代禍有一上座名神秀忽於南廊下 書無相偈一首五禍令諸門人盡誦悟此禍者即見白 姓依此修行即得出離	□□□□□□□□□□有一童子於碓坊邊過唱誦 此偈惠能一聞知未見姓即識大意能聞童子適來 誦者是何言偈童子答能曰你不知大師言生死事 大欲傳依法令門人等各作一偈來呈吾看悟大意 即付衣法稟為六代祖有一上座名神秀忽於南廊下書 無相偈一首五祖令諸門人盡誦悟此偈者即見自姓依 此修行即得出離

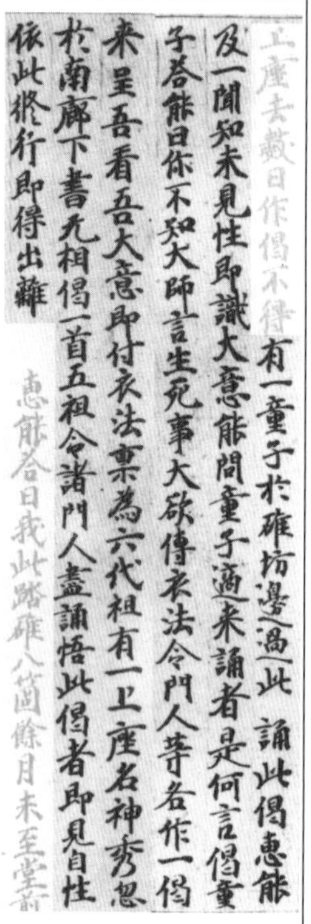

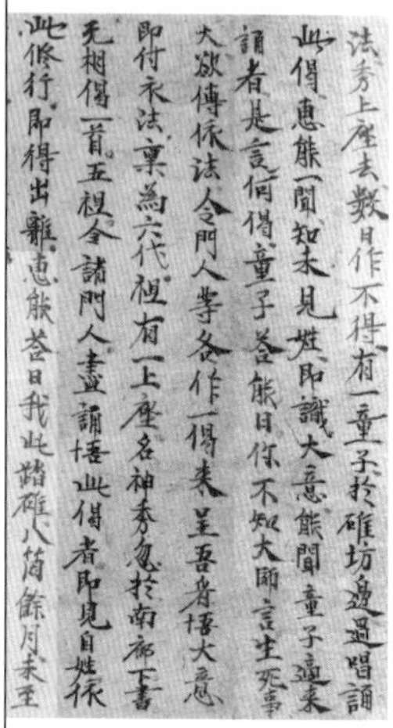

【校正】

有一童子於碓坊邊過，唱①誦此偈。惠能一聞②，知未見性，即識大意。能問童子：「適來誦者，是何言偈？」童子答能曰：「你不知大師言生死事大❶，欲傳衣法，令門人等各作一偈來呈吾看，悟③大意❷，即付衣法，稟為六代祖。有一上座名神秀，忽於南廊下書無④相偈❸一首，五祖令諸門人盡誦，悟此偈者，即見自性；依此修行，即得出離❹。」

【校訂】

①唱：英博本與旅博本皆作「唱」字，敦博本作「此」字，應作「唱」字。

②一聞：英博本與旅博本皆無「及」字，敦博本在「一聞」前衍「及」字，應刪去。

③悟：悟：英博本、旅博本與惠昕五本皆作「悟」，敦博本作「吾」，應作「悟」而非「吾」。

④無：敦煌三本皆書俗寫字「无」，即是「無」字，依現代使用例改。下不出校。

【註釋】

❶生死事大：禪宗或佛教認為生死的問題極為重大，必須視為最重要的人生大事來面對。

❷悟大意：在此的「悟」是體證的意思，亦即體證禪法的根本要旨。

❸無相偈：指神秀所作「身是菩提樹」的偈語，在此所謂的「無相」與惠能的定義及說法不同，惠能的「無相」是「離相」不執著的意思，神秀在此所述的「無相」偈語是透過有相的修持欲達到無相的境界。

❹出離：指超越世俗輪迴的限制，或是指解脫的意思。

【解釋】

有一位年輕的修行者，在以舂米為主要工作的場所旁邊經過，口中唱誦著這首偈語。惠能一聽聞到，知道作者沒有悟見自己的本性，也知道這首偈語的大概意思。惠能詢問年輕的修行者：「剛才您所唱誦的，是什麼偈語？」年輕的修行者回答惠能說：「你不知道弘忍大師說生死的問題是極為重大的，希望傳授達摩的袈裟與禪悟的心法，命令門下的徒眾們各自寫作一首偈語呈給他看，若是體悟禪法要領的人，就傳付給他達摩的袈裟與禪悟的心法，他就承受為禪宗第六代祖師。有一位長老法師名叫神秀，忽然在南邊的走廊下書寫一首無相偈，五祖弘忍大師命令門徒都去誦持，說領悟這首偈語的人，就是悟見自己的本性；依照這首偈語修行，就能解脫生死的輪迴。」

【討論】

一、為何惠能一聽聞到神秀的偈語，就認定偈語作者是「未見性」呢？

二、為何弘忍明白告訴神秀的偈語並未見性，卻又告訴徒眾「悟此偈者，即見自性」？

三、神秀的「無相偈」果真為「無相」嗎？神秀的「無相」觀念與惠能的「無相」禪法有何差別？

【原文圖版——第八折三之二】

敦博本	英博本	旅博本

【錄文】

敦博本

□□□□□□□ 惠能答曰我此踏碓八箇餘月未至堂前
望上人引惠能至南廊下見此偈禮拜亦願誦取結來生緣願
生仏地童子引能至南廊能即禮拜此偈為不識字請一人讀
惠能聞已即識大意惠能亦作一偈又請得一解書人於西間壁
上題著呈自本心不識本心斈法無益識心見性即吾大意

英博本

□□□□□□□□□惠能答曰我此踏碓八箇餘月
未至堂前望上人引惠能至南廊下見此偈禮拜亦
願誦取結來生緣願生佛地童子引能至南廊下
能即禮拜此偈為不識字請一人讀惠問已即識
大意惠能亦作一偈又請得一解書人於西間壁上
提著呈自本心不識本心學法無益識心見姓即吾大意

旅博本

□□□□□□□□惠能答曰我此踏碓八箇餘月未至
堂前望上人引惠能至南廊下見此偈禮拜亦願誦
取結來生緣願生佛地童子引能至南廊能即禮拜此
偈為不識字請一人讀惠能問已即識大意惠能亦
作一偈又請得一解書人於西間壁上題著呈自本心不
識本心學法無益識心見姓即悟大意

【校正】

惠能答曰：「我此踏碓八個餘月，未至堂前，望上人❶引惠能至南廊下，見此偈禮拜，亦願誦取，結來生緣，願生佛①地。」

童子引能至南廊下②，能即禮拜此偈。為不識字，請一人讀。惠能聞已，即識大意。惠能亦作一偈，又請得一解書人，於西間壁上題著，呈自本心❷，不識本心，學③法無益，識心見性，即悟大意。

【校訂】

①佛：敦博本作俗寫的「仏」字，英博本與旅博本皆作「佛」字，當為「佛」字，下不出校。

②下：英博本在「南廊」下有「下」字，敦博本與旅博本脫，當補「下」字。

③學：敦博本作「斈」字，英博本與旅博本皆作「學」字，「斈」乃「學」字的俗寫字，依現代用例字改。

【註釋】

❶上人：梵語 puruṣarṣabha。本義是指兼備智慧與道德而能為眾僧及民眾的老師之高僧，後來也廣泛地尊稱出家僧眾中具有威德或成就的法師，亦可尊稱一般法師為上人，是為禮貌的表現之一。

❷本心：即指眾生本來具足的真如本性，這是無造作、無是非、超越一切的生命本然狀態。禪宗所謂的「本心」是佛性，宋明理學家陸象山與王陽明等亦有「發明本心」之說，兩者的說法並不完全相同，不同在於禪宗的「本心」是「無我」的，是「緣起性空」的；宋明理學家的「本心」是以「仁」為本體，是以「天道原理」為具體內容的精神實體。

【解釋】

惠能回答說：「我在碓坊此處踏碓已經八個多月，從來沒有到法堂前面，希望您可以引導惠能到南邊的走廊下面，看到這首偈頌而禮拜它，也願意讀誦記憶與修持，結下來生學佛的因緣，希望能夠往生佛國的淨土。」

這位年輕的修行者就引導惠能到南邊的走廊下面，惠能看到就馬上禮拜這首偈語。因為惠能不識文字，所以請一人讀誦。惠能聽聞這首偈語完畢，立刻領會其中大概的意思。惠能也作了一首偈語，又請到一位了解文字書寫的人，在西邊的牆壁上題寫自己的心得，呈顯自己的真如本性，若不能認識自己的真如本性，學習禪法是沒有益處的，認識自己的本心與悟見自己的本性，當下就能覺悟禪宗心法的大概意旨。

【討論】

一、惠能真的不識字嗎？生命的智慧與生活的知識兩者之間的差異為何？

二、惠能請懂得文字書寫的人寫下他的偈語，是否為求祖之行徑，何以如此？

三、何謂「本心」？吾人如何可以認識自己的「本心」？

四、惠能所謂的「呈自本心」與宋明理學家陸象山、王陽明所謂的「發明本心」有何異同？

【原文圖版——第八折三之三】

敦博本	英博本	旅博本

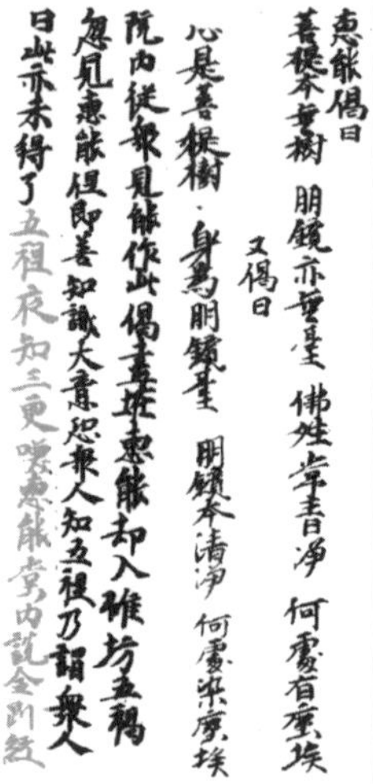

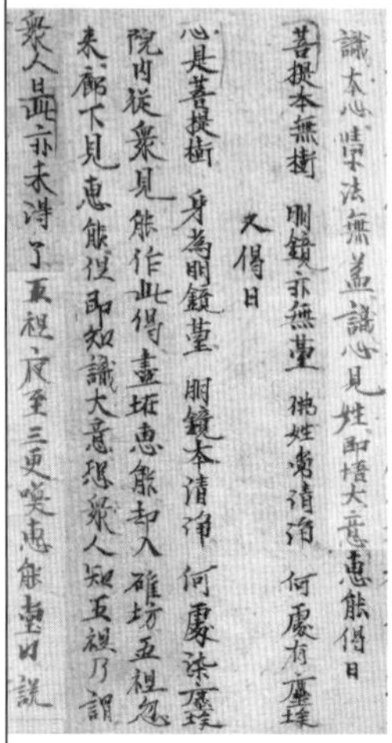

【錄文】

敦博本	英博本	旅博本
惠能偈曰　菩提本無樹　明鏡亦無臺　仏性常清淨　何處有塵 埃 又偈曰 心是菩提樹　身為明鏡臺　明鏡本清淨　何處染塵埃 院內徒眾見能作此偈盡恠惠能却入碓坊 五祖忽來廊下見惠能偈即知識大意恐眾人知五祖 乃謂眾人曰　此亦未得了	惠能偈曰 菩提本無樹　明鏡亦無臺　佛姓常青淨　何處有塵埃 又偈曰 心是菩提樹　身為明鏡臺　明鏡本清淨　何處染塵埃 院內徒眾見能作此偈盡恠惠能却入碓坊五禍 忽見惠能偈即善知識大意恐眾人知五祖乃謂眾人 曰此亦未得了	□□□□□□□□□□□□□□□□□□□惠能偈曰 菩提本無樹　明鏡亦無臺　佛姓常清淨　何處有塵埃 又偈曰 心是菩提樹　身為明鏡臺　明鏡本清淨　何處染塵埃 院內徒眾見能作此偈盡恠惠能却入碓坊五祖忽 來廊下見惠能但即知識大意恐眾人知五祖乃謂 眾人曰此亦未得了

【校正】

惠能偈曰：「菩提本無樹，明鏡亦無臺。佛性常清淨①❶，何處有塵埃？」

又偈曰：「身是菩提樹，心為明鏡臺②。明鏡本清淨，何處染塵埃？」

院內徒眾，見能作此偈，盡怪③，惠能卻入碓坊。五祖忽來廊下，見惠能偈，即知識大意。恐眾人知，五祖乃謂眾人曰：「此亦未得了❷。」

【校訂】

①佛性常清淨：這一句話從惠昕本開始被改成「本來無一物」，契嵩本與宗寶本都延續採用，可是兩者之間思想差距甚大，在郭朋《壇經校釋》中有詳細的說明，可參閱頁十七至十八。

②身是菩提樹，心為明鏡臺：「身是菩提樹，心為明鏡臺」這一句話，在陳寅恪〈禪宗六祖傳法偈之分析〉一文中提到「心」與「身」應易位，錄校本在頁二四二中考證載有唐五代河西方音「心」、「身」同音通用，筆者觀照前後文義及參考各家說法，以及對應神秀偈語，以為應改成「身是菩提樹，心為明鏡臺」。

③怪：敦煌三本皆作俗寫「恠」字，當為「怪」。

【註釋】

❶佛性常清淨：清淨，梵語為 śuddha, viśuddha, pariśuddha，主要是指眾生遠離因為惡念惡行產生的過失煩惱，進而獲得安定祥和與清明純淨的境界，在《大智度論》卷七十三列舉出三種清淨，分別是㈠心清淨，修學佛教法門不起雜染心、瞋心或分別心等。㈡身清淨，因為心既然清淨，因此身體也清淨。㈢相清淨，由於身心都已清淨，所以可以具足如佛陀三十二相的莊嚴妙身。因此，佛性常清淨，是說眾生本具的真如本性恆常都是遠離煩惱不執著，永恆的安穩與純淨，呈現無罣礙、超越一切而遠離貪瞋癡的境界。

❷未得了：指尚未得到開悟解脫的意思。了，指開悟解脫。

【解釋】

惠能的偈語說：「覺悟的菩提本來就應該不執著樹木的形象，清明的心靈鏡面也不執著鏡面平臺的顯現，眾生本來具足的佛性恆常是清淨無汙染不執著的，又有哪個地方會沾染到世俗的塵埃呢？」

又說了一首偈語：「身體是有如覺悟的菩提樹，本心佛性是有如光明的鏡面平臺，光明的鏡面本來就是清淨無染不執著的，又有哪個地方會沾染到世俗的塵埃呢？」

寺院內弘忍和尚的徒眾們，看見惠能寫作這首偈語，都覺得十分奇怪，結果惠能卻回到碓坊。五祖弘忍忽然來到走廊下，看見惠能的偈語，當下就知道惠能已經洞識佛法的實相原理。但是恐怕其他徒眾知道，五祖就告訴徒眾們說：「這首偈語也沒有得到證悟解脫。」

【討論】

一、敦博本中惠能偈頌的「佛性常清淨」與宗寶本的「本來無一物」，兩者孰優孰劣？

二、神秀偈頌與惠能偈頌兩者最大的不同與優缺點為何？對吾人生活態度有何啟發？

三、弘忍為何在眾人面前肯定神秀偈頌卻貶抑惠能偈頌？

【原文圖版——第九折】

	敦博本	英博本	旅博本
【錄文】	五祖夜至三更喚惠能堂內說金剛經惠能一聞言下便 吾其夜受法人盡不知便傳頓教及衣以為六代祖將 衣為信稟代代相傳法以心傳心當令自悟五祖言惠 能自古傳去氣如懸茲若住此間有人害汝即須速去	□□□□□□五祖夜知三更喚惠能堂內說金剛經 惠能一聞言下便伍其夜受法人盡不知便傳頓法 及衣汝為六代祖衣將為信稟代代相傳法以心 傳心當令自悟五祖言惠能自古傳法氣如懸 絲若住此間有人害汝汝即須速去	□□□□□□□□五祖夜至三更喚惠能堂內說 金剛經惠能一聞言下便悟其夜受法人盡不知便傳 頓法及衣以為六代祖衣將為信稟代代相傳法 以心傳心當令自悟五祖言惠能自古傳法氣如懸 絲若住此聞有人害汝汝即須速去

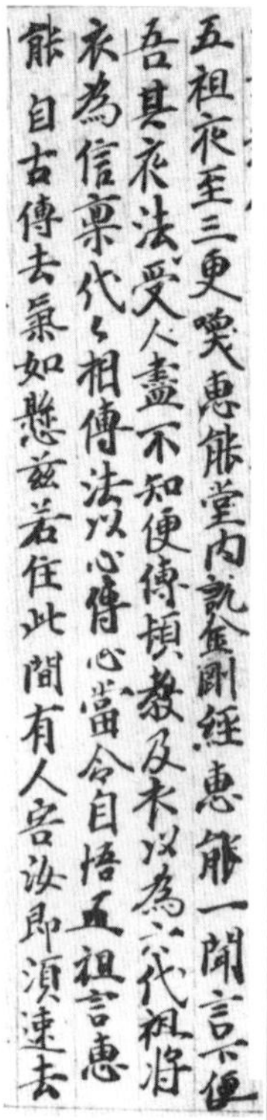

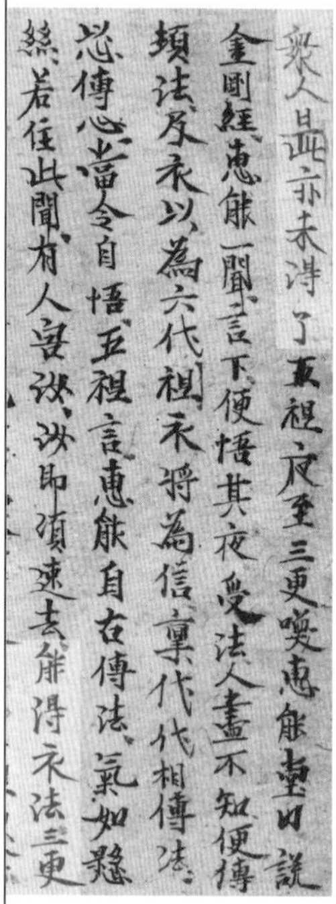

【校正】

五祖夜至三更，喚惠能堂內，說《金剛經》。惠能一聞，言下便悟①❶。其夜受法②，人盡不知，便傳頓教法③及衣，以為六代祖。衣將為信稟④❷，代代相傳；法以心傳心❸，當令自悟。五祖言：「惠能！自古傳法⑤，氣如懸絲⑥！若住此間，有人害汝，汝即須速去。」

【校訂】

①悟：英博本作「伍」，敦博本作「吾」，旅博本作「悟」，敦博本前有「惠能一聞，心明便悟」之句，知當作「悟」。

②受法：英博本與旅博本皆作「受法」，敦博本作「法受」，但右側有互換的符號「✓」(V)，知當作「受法」，相關互換符號下不出校。

③頓教法：英博本與旅博本皆作「頓法」，敦博本、真福本、興聖本與寬永本皆作「頓教」，錄校本以為當作「頓教法」，筆者綜觀全文，同時參酌下文有「惟傳頓教法」等字句，以為當作「頓教法」為宜。

④衣將為信稟：敦博本、真福本、大乘本、天寧本與楊校本皆作「將衣為信稟」，英博本與旅博本皆作「衣將為信稟」。筆者以為下句有「法以心傳心」為對句，當作「衣將為信稟」。

⑤傳法：英博本與旅博本皆作「傳法」，敦博本作「傳去」，當改敦博本的「去」為「法」字，作「傳法」解。

⑥懸絲：英博本與旅博本皆作「懸絲」，敦博本作「懸茲」，當改「懸茲」為「懸絲」。

【註釋】

❶言下便悟：「言下」指弘忍說法的當下或頓時，不經思索的直覺觸悟，惠能在弘忍言說的當下就開悟了，在此悟境應比第一次在旅店聆聽《金剛經》開悟更加深入。

❷信稟：「信」指的是作為憑證的物件，「稟」為領受與承受的意思，所以信稟指的是領受外在表徵的信物。

❸以心傳心：禪宗心法為生命真實的體驗，為現量的境界，故開悟的禪師以充沛圓滿的心力貫注在另一位禪師心中，直接呈示圓滿無礙的境界，得法者與傳法者如明月相映，無瑕無翳，了無痕跡，皆在無礙的悟境中。

【解釋】

五祖等到深夜三更十一點至一點的時候，叫喚惠能到法堂裏面，解說《金剛經》。惠能一聽，在弘忍說法的當下就開悟了。在這天深夜接受了弘忍的心法，大家都不知道，就傳授禪宗頓悟的心法及達摩祖師的袈裟，成為第六代的祖師。袈裟將成為傳承領受的信物，每一代都相傳下去；頓悟的心法是以心傳心，目的是讓受法者自己覺悟。五祖說：「惠能！自古以來傳授禪宗心法，受法者的生命有如懸著細絲般的危險！如果繼續住在這裏，就會有人加害於你，你應該立刻離去。」

【討論】

一、何謂「言下便悟」？弘忍在深夜三更單獨為惠能說法，並傳授六祖的祖位及象徵的袈裟，有何深意？

二、弘忍傳給惠能的達摩袈裟，象徵著什麼意義？世俗外在的象徵對吾人生活影響與傳達意念的啟發為何？

三、為何弘忍會說「自古傳法，氣如懸絲」？世間法與出世間法之間的關係利害為何？

【原文圖版——第十折】

敦博本	英博本	旅博本
能得衣法三更發去五祖自送能[生]九江驛登時便[別五]祖處分汝去努力將法向南三年勿弘此法難[起]在後弘化善誘迷人若得心開[與悟]無別辭違已了便[發南]	□□□□□□□□□□□□□□能得衣法三更發去五祖自送能[於]九江驛登時便[悟]祖處分汝去努力將法向南三年勿弘此法難[去]在後弘化善誘迷人若得心開[汝悟]無別辭違已了便[發向南]	□□□□□□□□□□□□□□能得衣法三更發去五祖自送能[至]九江驛登時便[別五]祖處分汝去努力將法向南三年勿弘此法難[起]在後弘化善誘迷人若得心開[與吾]無別辭違已了便[發][向南]

【錄文】

【校正】

能得衣法，三更發去。五祖自送能至①九江驛❶，登時便別，五祖處分❷：「汝去，努力將法向南，三年勿弘此法，難去②❸在後弘化，善誘迷人，若得心開，與吾悟無別③。」辭違❹已了，便發向南④。

【校訂】

①至：英博本作「於」，敦博本作「生」，皆誤。旅博本作「至」，惠昕五本皆作「直至」，當作「至」為宜。

②去：英博本作「去」，敦博本與旅博本皆作「起」，據錄校本以為唐五代河西方音二字同音，可得通假，在此應作「去」。

③與吾悟無別：英博本作「汝悟無別」，敦博本作「與悟無別」，旅博本與惠昕五本皆作「與吾無別」，鈴木校本依惠昕本改為「與吾無別」，郭朋以為鈴木校本說法不能成立（其書頁二二），但筆者詳觀前後文義，以為當作「與吾悟無別」。

④便發向南：敦博本作「便發南」，英博本與旅博本皆作「便發向南」，英博本之「癹」字，《錄校本》錄為「後」字，但與原文隔行「後」字形異，應為「發」字，當為「便發向南」。

【註釋】

❶九江驛：指九江的渡口，關於此點在郭朋《壇經校釋》中有質疑，可參閱其書頁二十一。

❷處分：指吩咐，在上位者對下位者的交待或命令。

❸難去：弘忍在此似乎預見惠能未來可能會遭遇法難，所以囑咐將來先隱居修行數年之後再弘法。

❹辭違：辭別的意思。違，指離開或離別的意思，在《詩經．邶風．谷風》中說：「行道遲遲，中心有違。」

【解釋】

惠能得到達摩的袈裟與弘忍傳授的禪宗心法，在深夜三更晚上十一點到一點的時候出發離去。五祖弘忍親自送別惠能到九江的渡口，惠能立即就向弘忍道別，五祖弘忍吩咐惠能說：「你離去之後，努力將禪宗的心法向南方弘化，在三年之內不要弘揚禪宗的心法，等到劫難過去之後再弘法，用善巧方便的佛法勸導開誘迷惑的人，若是能夠心地開悟，開悟的內容與我所悟到的內容是沒有分別的。」說完告辭離別的話，惠能於是朝向南方出發。

【討論】

一、惠能得到六祖的祖位及象徵的袈裟，為何要在深夜中馬上離開呢？

二、弘忍希望惠能向南方弘法，卻又要求他「三年勿弘此法」，原因為何？

三、何謂「心開」？「心開」與「悟」是否是相同的？

四、惠能從弘忍處三更受法，得到的「法」究竟為何？

【原文圖版——第十一折】

	敦博本	英博本	旅博本
【原文圖版】	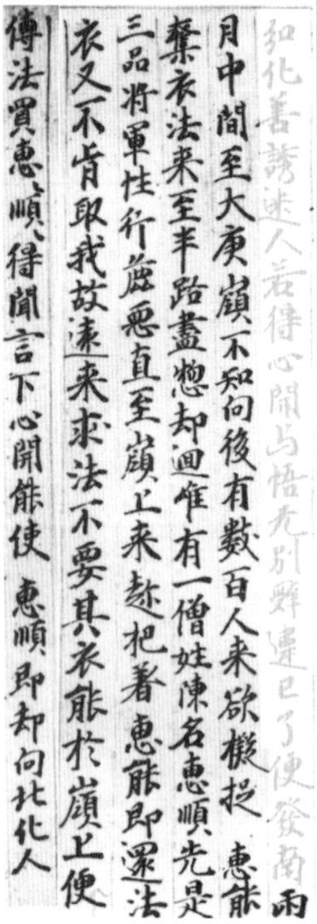		
【錄文】	□□□□□□□□□□□□□□□□□□□□□兩 月中間至大庾嶺不知向後有數百人來欲擬捉　惠能 奪衣法來至半路盡總却迴唯有一僧姓陳名惠順先是 三品將軍性行麁惡直至嶺上來趁把著惠能即還法 衣又不肯取我故遠來求法不要其衣能於嶺上便 傳法買惠順惠順得聞言下心開能使惠順即却向北化人	□□□□□□□□□□□□□□□兩月中間至 大庾嶺不知向後有數百人來欲擬頭惠能奪於 法來至半路盡總却迴唯有一僧姓陳名惠順 先是三品將軍性行麁惡直至嶺上來趁把著惠 能即還法衣又不肯取我故遠來求法不要其衣 能於嶺上便傳法惠惠順順得聞言下心開能使惠 順即却向北化人來	□□兩月中間至大庾嶺不知向後有數百人來 欲擬捉惠能奪衣法來路至半路盡總却迴唯 有一僧姓陳名惠順先是三品將軍性行麁惡直 至嶺上來趁把著惠能即還法衣又不肯取我故 遠來求法不要其衣能於嶺上便傳法惠惠 順順得聞言下心開能使惠順即却向北化人

【校正】

兩月中間，至大庾①嶺❶，不知向後有數百人來，欲擬捉惠能，奪衣法，來至半路，盡總卻迴。唯有一僧，姓陳名惠順，先是三品將軍❷，性行粗②惡，直至嶺上，來趁把著❸，惠能即還法衣，又不肯取。惠順曰③：「我故遠來求法，不要其衣。」能於嶺上，便傳法惠順，惠順得聞④，言下心開，能使惠順即卻向北化人。

【校訂】

①庚：敦煌三本皆作「庚」，與聖本與寬永本皆作「庾」字，當作「庾」字。

②粗：敦煌三本皆作俗寫「麁」字，即為現今常用之「粗」字，據現代通用字例改為現今用字。

③惠順曰：敦煌三本皆無「惠順曰」三字，但為使文義更為通順，筆者以為應加上「惠順曰」三字。

④傳法惠順，惠順得聞：敦博本作「傳法買惠順，惠順得聞」，其中「買」為衍字，當刪去。英博本與旅博本皆無「買」字，卻誤作「傳法惠惠順順得聞」，當作「傳法惠順，惠順得聞」。

【註釋】

❶大庾嶺：是中國五嶺之一。古名台嶺、塞上或是又名梅嶺、東嶠，相傳漢武帝有庾姓將軍在此築城，所以有大庾嶺之名。現今為江西、廣東交界處，向為嶺南與嶺北的交通咽喉要塞。

❷三品將軍：古代官吏等級的第三等，始於魏晉九品中正制度，其中從一品到九品官，共分為九個等級。在此惠順的三品將軍，約等於現代陸軍中將或集團軍司令，或是相當部長級的位階，位高權重。

❸來趁把著：唐代民間生活的口語，即「一把捉到」的意思。

【解釋】

兩個月的時間，惠能到達大庾嶺，不知道從後面有數百人前來，想要捕捉惠能，搶奪達摩的袈裟與禪宗的心法，這些人來到半路，大都回頭而去。只有一位出家僧人，姓陳名字叫惠順，原先是三品的將軍，本性及行為都很粗暴惡劣，一直追到大庾嶺上，一把捉住惠能，惠能馬上奉還袈裟，惠順又不願意收取。惠順說：「我之所以遠地而來希望能夠求得禪宗心法，並不要外在形式的袈裟。」惠能在大庾嶺上，於是就傳授禪宗心法給惠順，惠順得到聽聞禪宗心法的機會，在惠能言語的當下就心開意解而開悟了。惠能希望惠順就回頭朝向北方去弘化禪宗心法而渡化眾生。

【討論】

一、為何有數百人要捉拿惠能？惠能是否犯了什麼過錯呢？或是這數百人想搶奪惠能的什麼東西？

二、惠順原來是「性行粗惡」的人，為何一聽到惠能說法，馬上可以「言下心開」呢？

三、惠能得法之後，為何會遭遇如此凶險的事情？這對惠能或是禪宗而言，為何會如此呢？

【原文圖版──第十二折】

	敦博本	英博本	旅博本

【錄文】

敦博本

惠能來[於]此地與諸官[寮]道俗亦有累劫之因教是先[聖]
所傳不是惠能自知願聞先[聖]教者各須淨心聞了願[自]
[除]迷[如]先[代]悟（下是法）惠能大師喚言善知識菩提般若之[智]世
人本自有之即緣心迷不能自悟須求大善知識示道見
[性]善知識[愚]人[知]人仏性本亦無差別只緣迷悟迷即為
[愚]悟即成智

英博本

□□□□□□□□惠能來[衣]此地與諸官[奪]
道俗亦有累劫之因教是先[性]所傳不是惠能自
知願聞先[性]教者各須淨心聞了願[白餘]迷[於]先
[代]悟（下是法）惠能大師喚言善知識菩提般若之[知]世人本
自有之即緣心迷不能自悟須求大善知識示道見[性]
善知識 ※ [遇]悟即成智

※此處有缺文，漏抄共十八字。

旅博本

□□□□□□□□□□□□□□□□□□惠能
來[於]此地與諸官[寮]道俗亦有累劫之因教是
先[聖]所傳不是惠能自知願聞先[聖]教者各須
淨心聞了願[自除]迷[如]先[代]悟（下是法）惠能大師喚言善
知識菩提般若之[知]世人本自有之即緣心迷不能
自悟須求大善知識示道見[姓]善知識[遇人智]
[人佛姓本亦無差別只緣迷悟迷即為遇]悟即成
智

【校正】

惠能來於此地，與諸官僚道俗，亦有累劫❶之因。教是先聖所傳，不是惠能自知。願聞先聖教者，各須淨心，聞了願自除迷①，如先代悟。（下是法）惠能大師喚言：「善知識！菩提般若之智，世人本自有之，即緣心迷，不能自悟，須求大善知識❷示道見性。善知識②！愚人智人③，佛性本亦無差別，只緣迷悟，迷即為愚，悟即成智。」

【校訂】

①各須淨心，聞了願自除迷：此句諸校本斷句不一，潘校本、楊校本與錄校本等皆斷為「各須淨心聞了，願自除迷」，但郭朋《壇經校釋》卻斷為「各須淨心，聞了願自除迷」，筆者綜觀文義，以為「各須淨心」是修行工夫，先廓清心志，然後才是「聞了」，故採郭朋的離斷。（參見其書頁二十四）

②英博本相對於敦博本漏抄了「愚人知人佛性本亦無差別只緣迷悟迷即為」十八字，相對於旅博本漏抄了「遇人智人佛姓本亦無差別只緣迷悟迷即為」十八字，後接「愚」字亦誤抄為「遇」。

③愚人智人：敦博本作「愚人知人」，旅博本作「遇人智人」，英博本脫，當作「愚人智人」。

【註釋】

❶劫：梵語為 kalpa，巴利語 kappa。其音譯劫跛、劫簸、劫波、羯臘波。意譯為時、長時、分別時分、分別時節、大時。本為古印度婆羅門教極大時間流變的時間單位。後來，佛教沿續如此的說法，在佛教經論中多半比喻為極長的時間。佛教對於「劫」時間內容的說法，主要是闡述一個世界從生成到毀滅的過程。

❷大善知識：在禪宗的專業術語中，所謂的「大善知識」，主要是特指具備開悟經驗中已經澈悟的禪師，他們必須同時具備世間法教學善巧，導引弟子至出世間開悟的智慧與能力。

【解釋】

惠能來到這個地方，與各位官員同僚修行的朋友或一般民眾，都有過去生長久以來的因緣。今天所說頓悟的佛教法門是過去證悟的佛菩薩所傳授的，不是惠能我自己體悟觀察知道的。如果各位希望聽聞到過去證悟的佛菩薩教授的內容，各自必須清淨自心離開一切的執著，聽聞到頓悟的佛教法門願意自己除去迷惑，如同過去證悟的佛菩薩開悟一般。（以下是頓悟的佛教法門的內容）惠能大師告訴大家：「各位學佛的朋友們！菩提覺悟般若的實相妙智慧，世間上的人本來就具備擁有，就是因為本心被迷惑了，不能夠自己開悟，必須訪求擁有超越世間的大開悟者，開示修道的路徑，以悟見自己的本性。各位學佛的朋友們！愚昧的人與智慧的人，他們的佛性本來也沒有什麼差別，只是因為迷惑或是開悟，迷惑了就是愚昧，開悟了即成就智慧。」

【討論】

一、何謂「淨心」？如何在日常生活中「淨心」？

二、在吾人生命成長過程中，需要具備哪些條件的師長或善知識，才能給我們思想的啟發？

【原文圖版——第十三折二之一】

【錄文】

	敦博本	英博本	旅博本
錄文	□□□□善知識我此法門以定惠為本弟一勿迷言 惠定別惠定躰不一不二即定是惠躰即惠是定用即 惠之時定在惠即定之時惠在定善知識此義即是惠 等	□□□□□□□□善知識我此法門以定惠為本 弟一勿迷言惠定別定惠躰一不二即定是惠躰即惠 是定用即惠之時定在惠即定之時惠在定善知識 此義即是惠等	□善知識我此法門以定惠為本弟一勿迷言 惠定別惠定躰一不二即定是惠躰即惠是定用即 惠之時定在惠即定之時惠在定善知識此義 即是惠等

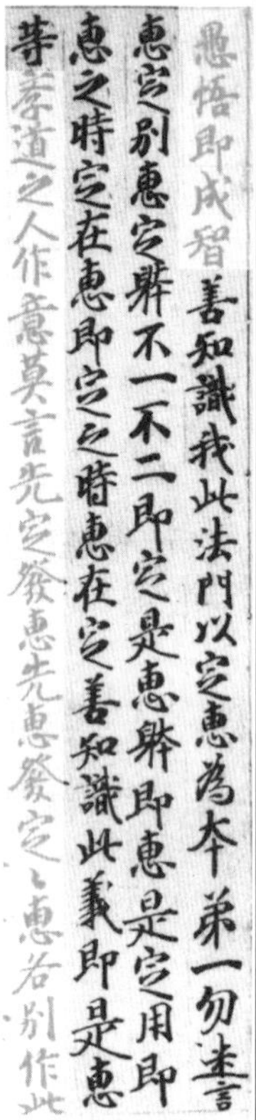

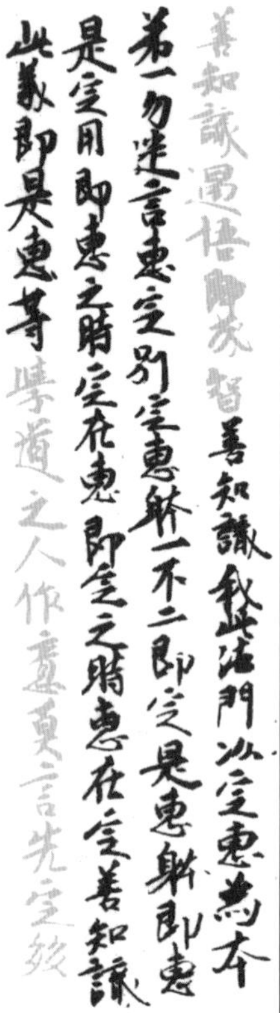

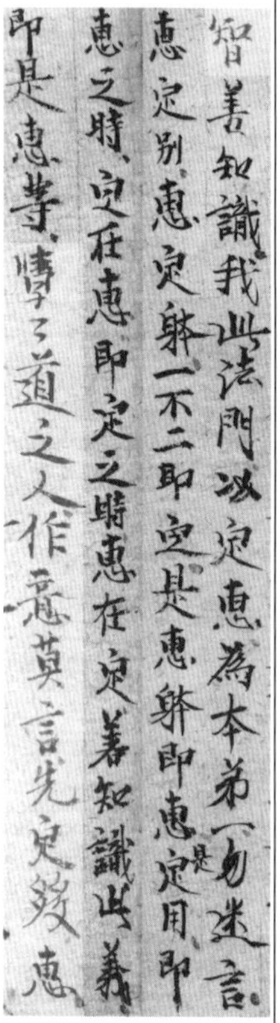

【校正】

善知識！我此法門，以定慧①為本❶。第②一勿迷，言慧定別，定慧體一不二③。即定是慧體，即慧是定用。❷即慧之時定在慧，即定之時慧在定。善知識！此義即是定慧等④❸。

【校訂】

①定慧：敦煌三本皆作「定惠」，「惠」與「慧」在唐代通用，現代寫法改「惠」為「慧」。下不出校。

②第：敦煌三本皆作「弟」，當為現今通用字之「第」字。

③定慧體一不二：「體」字，敦煌三本皆作俗寫「躰」字，校改為現今通用字之「體」字。敦博本作「惠定體不一不二」，英博本作「定惠體一不二」，旅博本作「惠定體一不二」，當校改為「定慧體一不二」。

④定慧等：敦煌三本皆作「惠等」，真福本、天寧本與寬永本皆作「定惠等學」，大乘本與興聖本皆作「定慧等學」，本當作「定慧等學」為宜，但因後文第二十六折有敦煌三本皆作「定慧等」，故尊重敦煌三本原圖文字。雖然「定慧等」的「等」字，可以詮釋為「等同」、「等同修持」或「同時修持」之意，但「定慧等」與「定慧等學」的界義分別，仍有些許範圍的差異，故以「定慧等」為宜。

【註釋】

❶我此法門，以定慧為本：惠能自述其修行法門是以「定慧」為根本，然而惠能下文又特別強調他所謂的「定」（禪定）與「慧」（般若智慧），並不等同於南傳小乘佛教的「戒、定、慧」的修行次等，而是禪定與般若智慧互相發明與互為體用的修行體系及其觀念，此為惠能禪法的特色之一。

❷「即定是慧體，即慧是定用」句，可以看出惠能體用不二的哲學體系，在中國學術流變發展史中，惠能的思想是綜合的路線，而非荀子或程頤、朱子等分解的思路。

❸定慧等：惠能以為「定」與「慧」是體一不二與互為體用，筆者以為這是延續佛陀至達摩禪法的要領，特別是指修習奢摩他的禪定（定）與毘婆舍那的禪觀（慧），兩者是同時修持而互證發明，並非先修禪定而後修習般若的觀慧。

【解釋】

各位學佛的朋友們！我的這項法門，是以禪定、智慧為根本。修行的第一件事情就是不要迷惑，說智慧與禪定是有分別的，禪定與智慧的本體其實是一致的。就在深入禪定的時候是智慧的本體，就在發啟智慧的時候是禪定的作用。就在智慧開啟的時候而禪定展現在智慧，就在深入禪定的時候而智慧表現的是禪定。各位學佛的朋友們！這項意義就是禪定與智慧平等互證而互相發明。

【討論】

一、惠能所說的「我此法門，以定慧為本」，其「定慧」與傳統南傳佛教所謂的「定慧」有何異同？

二、在現代生活中如何可以培養吾人的「禪定」與「智慧」？

三、何謂「體一不二」？何謂「體」、「用」？惠能是否使用「體用觀」的哲學體系？

四、何謂「定慧等」？「定」與「慧」的關係到底為何？如何可以達到「定慧等」的境界？惠能的詮釋與其禪學思想有何關係？

【原文圖版——第十三折二之二】

【錄文】

敦博本	英博本	旅博本
□斈道之人作意莫言先定發惠先惠發定定惠各別作此 見者法有二相口說善心不善惠定不等心口俱善內外一種 定惠即等自悟修行不在口諍若諍先後即是迷人不斷勝 負却生法我不離四相	□□□□□學道之人作意莫言先定發 惠先惠發定定惠各別作此見者法有二相口說善 心不善惠定不等心口俱善內外一眾種定惠即等自悟 修行不在口諍若諍先後即是人不斷勝負却生法 我不離四相	□□□□學學道之人作意莫言先定發惠 先惠發定定惠各別作此見者法有二相口說善 心不善惠定不等心口俱善內外一眾種定惠即等 自悟修行不在口諍若諍先後即是迷人不斷 勝負却生法我不離四相

【校正】

學道之人作意❶，莫言先定發①慧，先慧發定②，定慧各別。作此見者，法有二相，口說善，心不善，慧定不等；心口俱善，內外一種，定慧即等。自悟修行，不在口諍❷。若諍先後，即是迷人。不斷勝負，卻生法我❸，不離四相❹。

【校訂】

①發：敦博本作「發」字，英博本與旅博本皆作俗寫「癹」字，《錄校本》誤錄為「後」字，當作「發」字。

②先定發慧，先慧發定：錄校本以為當為「先定後慧，先慧後定」，敦煌三本皆作「先定發惠，先惠發定」。惠能是指「定」與「慧」並非先後的關係，所以不贊成由「定」（禪定）而「發」（發起）「慧」（般若智慧）。在此「發」字的意義是優於「後」字，因為禪定可以發起般若智慧，般若智慧也可以發起禪定，所以「發」字包含了「後」字的意義，同時也說明了時間的次序，這是惠能禪法所不認同的見解。惠能以為「定」與「慧」的關係為「即定是慧體，即慧是定用」，又說「定慧體一不二」，可見「定」與「慧」是互為體用，互證發明。惠能以為在修習禪定時，即同時開啟智慧觀照，反之亦然。

【註釋】

❶作意：梵語為 manaskāra。指突然警覺而將心力投注在某一個地方所引起活動的相關精神作用。一般又以修行作為來解釋，如「觀想」、「念佛」等舉措。

❷諍：通「爭」。指爭論、爭訟。

❸法我：指執著修行方法的「法執」與執著修行主體的「我執」，這兩種執著皆是修行者與眾生共通的修行障礙。

❹四相：指《金剛經》中所謂的「我相、人相、眾生相與壽者相」，皆為眾生容易執著的四種相貌。郭朋《壇經校釋》頁二十七中提到各種「四相」之說，皆未掌握到弘忍以《金剛經》教授徒眾的思想背景，以及惠能以《金剛經》為主要說法詮釋的內容，因此筆者以為在此所謂的「四相」，應是指《金剛經》中的「我相、人相、眾生相與壽者相」。

【解釋】

學習禪法的人修行，不要說先有禪定而後發起智慧，或是先有智慧而後發起禪定，禪定智慧各有分別。心中作如此見解的人，佛法有了兩種相貌的分別，口中說善，心中不善，智慧與禪定不平等；心中意念與口頭語言都很好，內在心境與外在行為是表裡如一的狀況，禪定與智慧就相等互證。自己覺悟要修行，就不在口頭爭論。若是與別人爭論先後優劣，就是迷惑的人。不能斷除世間勝負爭鬥的心，反而生出法執與我執，不能離開我相、人相、眾生相與壽者相四種世間眾生容易執著的相貌。

【討論】

一、如何定義「學道之人」？惠能是否強調修行應遠離是非對錯的爭論？

二、惠能反對傳統南傳佛教「先定發慧」的說法，「先定發慧」與「定慧即等」何者為是？理由為何？

三、何謂「心口俱善，內外一種」？這對吾人日常生活有何啟發？

四、惠能說「自悟修行，不在口諍」，他強調的是什麼樣的理念？

【原文圖版——第十四折二之一】

敦博本　英博本　旅博本

【錄文】

敦博本

□□□□□□□□□一行三昧者於一切時中行住坐臥
常行真心是淨名經云真心是道場真心是淨土莫行心諂
曲口說法直口說一行三昧不行真心非仏弟子但行真心於一切
法上無有執著名一行三昧迷人著法相執一行三昧真心坐不動除
妄不起心即是一行三昧若如是此法同無情却是鄣道因緣

英博本

□□□□□一行三昧者於一切時中行住座臥常真
真心是淨名經云真心是道場真心是淨土莫心行
諂典口說法直口說一行三昧不行真心非佛弟子但
行真心於一切法無上有執著名一行三昧迷人著法相執
一行三昧真心座不動除妄不起心即是一行三昧若如
是此法同無清却是障道因緣

旅博本

□□□□□□□□□□一行三昧者於一切時中行
住坐臥常行真心是淨名經云真心是道場真
心是淨土莫心行諂典口說法直口說一行三昧
不行真心非佛弟子但行真心於一切法上無有執著
名一行三昧迷人著法相執一行三昧真心坐不動除妄不
起心即是一行三昧若如是此法同無情却是障道
因緣

【校正】

一行三昧❶者，於一切時中，行、住、坐、臥，常行直心①是。《淨名經》❷云：「直心是道場，直心是淨土。」❸莫心行②諂曲③，口說法直，口說一行三昧，不行直心，非佛弟子。但行直心，於一切法上，無有執著，名一行三昧。迷人著法相，執一行三昧，直言④坐不動，除妄不起心，即是一行三昧。若如是，此法同無情，卻是障⑤道因緣。

【校訂】

①直心：敦煌三本皆作「真心」，在敦煌寫本中「真」與「直」往往混用不分，但是佛教經論中皆作「直心」，此「直心」即是馬祖道一所謂的「平常心」，是指真誠無偽無分別不執著的本心，而「真心」說法不通佛義，故應校改「真心」為「直心」，下不出校。

②心行：敦博本作「行心」，英博本、旅博本、真福本、與聖本與寬永本皆作「心行」，當為「心行」。

③諂曲：敦博本作「謟曲」，英博本與旅博本皆作「謟典」，「謟」為「諂」之異體字，「諂曲」為曲意逢迎之意。

④直言：敦煌三本皆作「真心」，惠昕五本皆作「直言」，當為「直言」。

⑤障：敦博本作「鄣」，英博本與旅博本皆作「障」，「鄣」為「障」的本字，依現代寫例改。

【註釋】

❶一行三昧：梵語為 ekavyūha-samādhi。主要是指心專注於生活中任一行止而修習實相的禪定。可以概分為兩大類，第一：理法上的一行三昧，凡是入此三昧，就會知道一切諸佛法身與眾生身是平等無二與無差別的，所以在行住坐臥等一切處所，能夠直心純一，當下直成淨土；第二：事修上的一行三昧，就是由一心念佛而形成的念佛三昧。三昧：梵語為 samādhi 的音譯，又譯作三摩地，意譯是定、正定、等持等。三昧就是將心安穩於實相智慧禪定的狀態，如此將心安穩於無罣礙境界而不散亂，由定慧等持而解脫。

❷淨名經：梵名為 Vimalakīrti，意譯淨名，音譯為維摩詰，故《淨名經》正是《維摩詰經》（《維摩詰所說經》）。

❸直心是道場，直心是淨土：出自《維摩詰所說經》之〈佛國品第一〉與〈菩薩品第四〉。

【解釋】

在一切處所都能時時保任實相智慧禪定的人，在生活中一切時候，不論是行走、安住、平坐、躺臥，經常是保持不受汙染、超越分別而沒有任何執著的直心。《維摩詰經》說：「真誠無偽的直心是修道的場所，不受汙染、超越分別的直心就是淨土。」不要心中想著奉承巴結與隱瞞彎曲，口中說真誠的佛法，口中說將心安止於正確的禪定，但是不去修行真誠無偽的直心，就不是佛弟子。只要修行不受汙染、超越分別的心，在一切境界上面，都沒有任何執著，就叫做「一行三昧」。迷惑的人執著各種境界的相貌，執著要去修行一行三昧，就說經常坐著不動，除去心中的妄念而不起心動念，就是一行三昧。如果如此解釋，這項法門就等同沒有情識一般，反而成為障礙修行的因素。

【討論】

一、一行三昧與惠能禪法之間有何關係？惠能強調如何在日常生活中實踐「一行三昧」？

二、如何可以做到「於一切法上，無有執著」？

	敦博本	英博本	旅博本
【原文圖版——第十四折二之二】	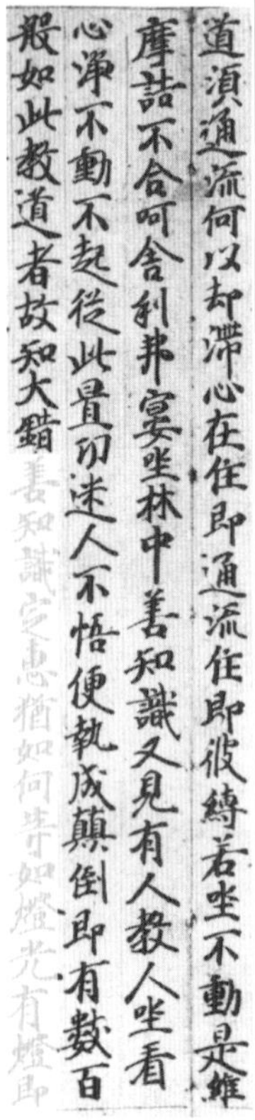	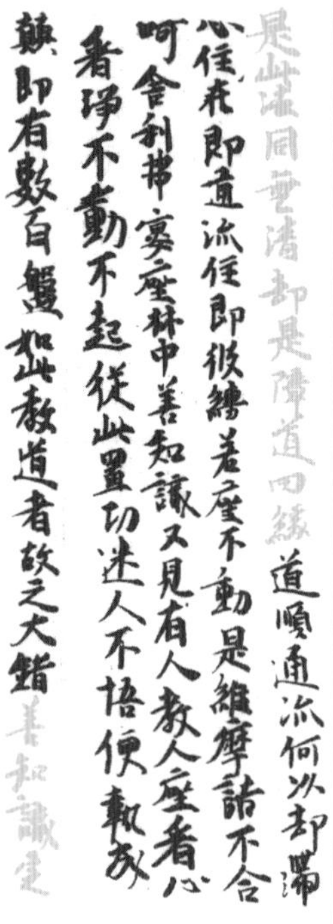	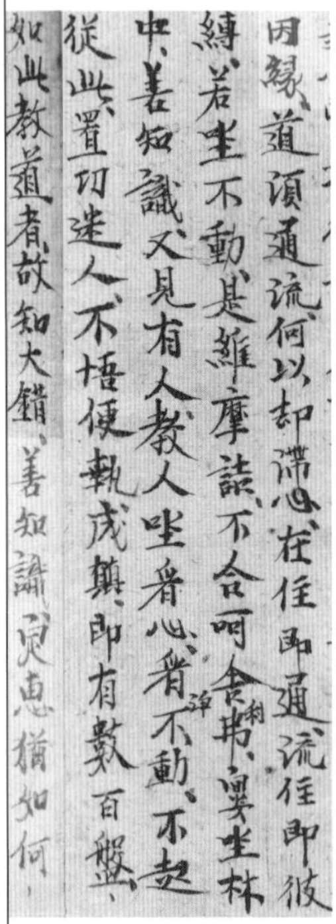
【錄文】	道[須]通流何以却滯心[在][住]即通流住即[彼]縛若[坐]不動是維 摩詰不合呵舍利弗宴[坐]林中善知識又見有人教人[坐]看 心[淨]不動不起從此[置]功迷人不悟便執成[顛][倒]即有數百 [般]如此教道者故[知]大錯	□□□□□□□□□□□□道[順]通流何以却滯 心[在][住]即通流住即[彼]縛若[座]不動是維摩詰不合 呵舍利弗宴[座]林中善知識又見有人教人[座]看心 [看][淨]不動不起從此[置]功迷人不悟便執成 [顛]即有數百[盤]如此教道者故[之]大錯	□□道[須]通流何以却滯心[在][住]即通流住即[彼] 縛若[坐]不動是維摩詰不合呵舍利弗宴[坐]林 中善知識又見有人教人[坐]看心[看][淨]不動不起 從此[置]功迷人不悟便執成[顛]即有數百[盤] 如此教道者故[知]大錯

【校正】

道須通流，何以卻滯？心不住法，道即通流①，住即被②縛。若坐不動是，維摩詰❶不合呵舍利弗宴坐林中❷。善知識！又見有人教人坐，看心看淨③，不動不起，從此置④功。迷人不悟，便執成顛⑤，即有數百般如此教道者，故知大錯。

【校訂】

①心不住法，道即通流：敦煌三本皆作「心在住即通流」，當改為「心不住法，道即通流」。

②被：敦煌三本皆作「彼」，以上下文義及參考鈴木校本，當改為「被」。

③看心看淨：敦博本作「看心淨」，英博本與旅博本皆作「看心看淨」，當為「看心看淨」。

④置：楊校本與錄校本皆以為是「致」，然而「致」字義中並無放棄或捨棄的意思，反而有達到之義，同時觀其上下文義並參酌潘校本與郭校本及敦煌三本皆作「置」，當為「置」，作「廢棄」解，意指不動心念而廢棄了正確的修行要領。此外，在《漢語大辭典》中錄「致功」一詞，其義為「把精力和功夫專用於某一方面」，其義不合。

⑤便執成顛：英博本與旅博本皆無「倒」字，敦博本在「顛」後衍「倒」字，當刪去。

【註釋】

❶維摩詰：梵名 Vimalakīrti，漢譯名有淨名、無垢稱、毗摩羅詰、維摩等名稱，是《維摩詰所說經》一書的主角，也是大乘佛教中，最重要的居士之一。維摩詰是釋迦牟尼佛的時代中毗耶離城的一位大長者，他示現居士身，卻時常以各種方便善巧的方法度化眾生。

❷呵舍利弗宴坐林中：引自《維摩詰所說經．弟子品第三》，內容主要是說維摩詰呵斥舍利弗禪坐不能通達無礙。

【解釋】

道的本體與道的作用必須通暢流動而沒有障礙，為何卻滯礙不通呢？心中不執著任何法門，道的本體與道的作用就通流無礙了，執著就被綁縛了。如果長坐不動是對的話，維摩詰呵斥舍利弗安坐樹林之中就是不合道理的。各位學佛的朋友們！又聽見有些老師教別人禪坐，看自己的本心與看清淨的境界，不搖動也不起伏，從此廢棄了正確的修行要領。迷惑的人不能領悟，於是就執著而成為顛倒，就是有數百類如此教授看心看淨禪法的人，所以得知這是一項很大的錯誤。

【討論】

一、何謂「心不住法」？其中的「住」應如何解釋？

二、《維摩詰所說經》的內容要旨為何？

三、為何惠能會批評「看心看淨」的修行方法是錯誤的？

	敦博本	英博本	旅博本
【原文圖版——第十五折、第十六折】			
【錄文】	□□□□□□□□□□善知識定惠猶如何等如燈光有燈即 有光無燈即無光燈是光之躰光是燈之用名即有二躰無兩般此 定惠法亦復如是善知識法無頓漸人有利鈍迷即漸勸悟人頓 修識自本心是見本性悟即元無差別不悟即長劫輪迴	□□□□□□□□□□□□□□□善知識定 惠猶如何等如燈光有燈即有光無燈即無光燈是 光知躰光是燈之用即有二躰無兩般此定惠法亦復 如是善知識法無頓漸人有利鈍明即漸勸悟人頓 修識白本是見本性悟即元無差別不悟即長劫 輪迴	□□□□□□□□□善知識定惠猶如何 等如燈光有燈即有光無燈即無光燈是光 之躰光是燈之用名即有二躰無兩般此定惠 法亦復如是善知識法無頓漸人有利鈍迷 即漸勸悟人頓修識自本心是見本姓悟即元無 差別不悟即長劫輪迴

【校正】

善知識！定慧猶如何等？如燈光，有燈即有光，無燈即無光。燈是光之體，光是燈之用。名即有二，體無兩般。此定慧法，亦復如是。

善知識！法無頓漸❶，人有利鈍。迷①即漸勸，悟人❷頓修。識自本心，是見本性，悟即原②無差別，不悟即長劫輪迴。

【校訂】

①迷：敦博本與旅博本皆作「迷」，英博本作「明」，或形似「朋」，「明」與「迷」依錄校本以為唐五代河西方音兩者通用，故當作「迷」。

②原：敦煌三本皆作「元」，「元」與「原」相通，依現代寫例改，下不出校。

【註釋】

❶法無頓漸：惠能在《壇經》中曾說「頓教法」，在此又說「法無頓漸」，究竟何者為惠能本懷？筆者以為佛法或禪法原無頓、漸的差別，因為眾生根機或是契悟因緣不同，才說頓漸法門，若能當下識得本心，自然又超越了頓漸法門的差別。此外，「頓」的解釋可以是「直下承擔」，「漸」的解釋可以是「循序漸進」，兩者未必是矛盾，可以並存。

❷悟人：在此應解釋為「容易領悟佛法的人」，而非「已經覺悟」的人，如此上下文義方能通貫。

【解釋】

各位學佛的朋友們！禪定與智慧的關係就好像什麼呢？就有如「燈」與「光」的關係，有了點燃的燈火就有了光亮產生，沒有點燃的燈火就沒有光亮。點燃的燈火是光亮的本體，光亮是燈火的作用。名稱雖然有兩種，但是本體卻沒有兩種的不同。這項禪定與智慧的法門，也是如此的。

各位學佛的朋友們！佛法或禪法沒有頓悟或漸修的差別，由於人有利根與鈍根的根器是不相同的。迷惑而不容易明白佛法的人就用漸修的法門慢慢勸導他，容易領悟佛法的人就使用直接頓悟的修行法門。認識自己的本心，就是悟見自己的本性，開悟了就會發現一切萬法原來沒有任何的差別，沒有開悟就會在非常長久的時間中不斷輪迴。

【討論】

一、惠能以為「定與慧」有如點燃的「燈與光」，他的用意為何？

二、惠能是否真的提出「頓悟」或「頓教」的觀念？

三、惠能說「法無頓漸，人有利鈍」，是否與其「頓教」觀念相衝突？

四、惠能說「迷即漸勸，悟人頓修」，如何是「迷人」？如何是「悟人」？

【原文圖版——第十七折三之一】

敦博本	英博本	旅博本

【錄文】

敦博本

□□□□□□□□□□□□□□□□□□□□□□善知
識我自法門從上已來頓漸皆立無念為宗無相為躰無住為本
何名為相無相於相而離相無念者於念而不念無住者為人本
性念念不住前念念念後念念念相續無有斷絕若一念斷絕
法身即離色身念念時中於一切法上無住一念若住念念即住
名繫縛於一切法上念念不住即無縛也以無住為本

英博本

□□善知識我自法門從上已來頓漸皆立無念
無宗無相無躰無住無為本何明為相無相於相而離
相無念者於念而不念無住者為人本性念念不住前念
念念後念念念相讀無有斷絕若一念斷絕法身即是離
色身念念時中於一切法上無住一念若住念念即住名繫縛
於一切法上念念不住即無縛也以無住為本

旅博本

□□□□□□□□□善知識我自法門從
上已來頓漸皆立無念為宗無相為躰無住
為本何名為相無相於相而離相無念者於念
而不念無住者為人本姓念念不住前念今念後
念念念相續無有斷絕若一念斷絕法身即離
色身念念時中於一切法上無住一念若住念念即
住名繫縛於一切法上念念不住即無縛也以無住
為本

【校正】

善知識！我此法門①，從上以來，頓漸皆立無念❶為宗，無相為體，無住為本。何名無相②？無相者③，於相而離相；無念者，於念而不念；無住者，為人本性，念念不住，前念、今念④、後念，念念相續，無有斷絕。若一念斷絕，法身❷即離色身❸。念念時中，於一切法上無住。一念若住，念念即住，名繫縛。於一切法上，念念不住，即無縛也，是以⑤無住為本。

【校訂】

①我此法門：敦煌三本皆作「我自法門」，敦博本前文曾有「我此法門」句，惠昕五本皆作「我此法門」，當為「我此法門」。

②無相：敦煌三本皆作「為相」，郭校本與楊校本皆改為「無相」，當作「無相」。

③無相者：敦煌三本皆作「無相」，興聖本與寬永本皆作「無相者」，觀前後文義當改作「無相者」。

④今念：英博本與敦博本皆作「念念」，旅博本、大乘本、天寧本、興聖本與寬永本皆作「今念」，當作「今念」。

⑤是以：敦煌三本皆作「以」，鈴木校本與楊校本作「此是以」，筆者以為在「以」上加一個「是」字，依文義補「是」字即可達義。

【註釋】

❶無念：在此所謂的「無」，並非空無一物或完全沒有的意思，更不等同《老子》所謂的「無」。惠能在前後文所強調的「無」，當解釋為「離」或「超越」的意思，所以「無念」即是「離開善惡分別的心念」或是「超越分別的概念」，由此進入一切如如而沒有任何執著的心念。

❷法身：梵語為 **dharma-kāya**。指佛教所謂的不生不滅的真理之身，法身為佛陀法、報、化三身之一，法身無形相，遍虛空法界。眾生亦具三身，但因煩惱執著而未能彰顯，諸佛證入實相，法身開顯而通達無礙。

❸色身：梵語為 **rūpa-kāya**。色身指有形質的身體，就是凡夫的肉身，亦指諸佛菩薩應化人間的物質身。

【解釋】

各位學佛的朋友們！我的這項法門，從過去到現在，無論頓悟或漸修，都是以沒有任何執著的心念為修行的宗旨，沒有任何執著的相貌為修行的本體，沒有任何執著的法門為修行的根本。為何稱為「無相」呢？所謂的「無相」，是在任何生活相貌境界中，離開對任何相貌的執著；所謂的「無念」，是在任何心念的起伏中，不去執著心念的任何變化；所謂的「無住」，就是吾人眾生的真如本性，在任何心念中都念念不執著，以前的心念、現在當下的心念、以後的心念，心念都接相連續，沒有斷絕的時候。如果一個心念斷絕，法身就會離開物質的色身。在生活中念念相續的時候，在一切的境界上不要執著。一個心念如果執著，任何心念就會執著，這就稱為被煩惱綁住了。在一切的境界上，任何心念都不要執著，就不會被煩惱綁住了，所以我的法門是以「不執著」為根本。

【討論】

一、惠能的「無」與《老子》的「無」有何差別？在生活中如何運用「無」的要領？

二、惠能所謂的「無」，真的是一無所有嗎？

	敦博本	英博本	旅博本
【原文圖版——第十七折三之二】			
【錄文】	□□□□□□□□□□□□□□□□□□□□□善知識外離 一切相但能離相性躰清淨是以無相為躰於一切境上不染 名為無念於自念上離境不於法上念生莫百物不思念盡 除却一念斷即無別處受生李道者用心莫不識法意自錯尚 可更勸他人迷不自見迷又謗經法是以立無念為宗即緣迷人於 境上有念念上便起取見一切塵勞妄念從此而生	□□□□□□□□□□□□□□□□□□善知識外 雜一切相是無相但能離相性躰清淨是是以無相 為躰於一切鏡上不染名為無念於自念上雜鏡不不於 法上念生莫百物不思念盡除却一念斷即無別處受 生學道者用心莫不息法意自錯尚可更勸他人迷 不白見迷又謗經法是以立無念為宗即緣名人於鏡 上有念念上便去耶見一切塵勞妄念從此而生	□□善知識外雜一切相是無相但能離相姓 躰清淨是是以無相為躰於一切境上不染名為 無念於自念上雜境不於法上念生莫百物不思 念盡除却一念斷即無別處受生學道者用 心莫不識法意自錯尚可更勸他人迷不自見迷又 謗經法是以立無念為宗即緣迷人於境上有 念念上便起耶見一切塵勞妄念從此而生

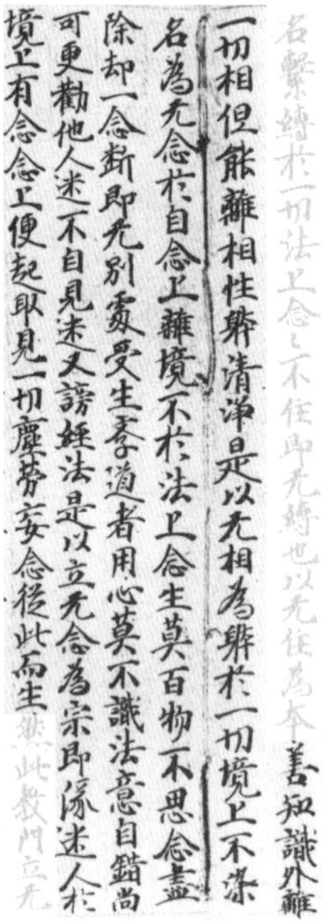

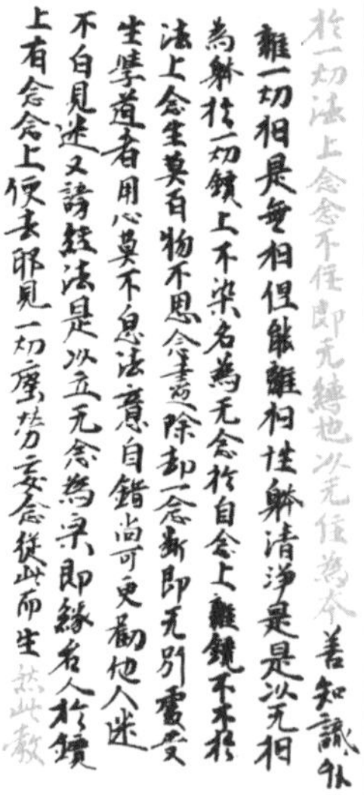

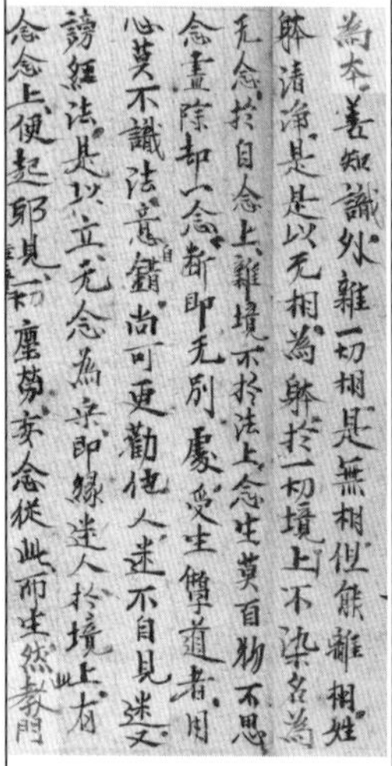

【校正】

善知識！外離①一切相，是無相②。但能離相，性體清淨，是以無相為體，於一切境上不染❶，名為無念。於自念上離境，不於法上生念③。莫百物不思，念盡除卻，一念斷即無，別處受生❷。學道者用心，莫不識法意。自錯尚可，更勸他人迷，不見自迷④，又謗經法，是以立無念為宗。即緣迷人於境上有念，念上便起邪見⑤❸，一切塵勞❹妄念從此而生。

【校訂】

①離：敦博本作「離」字，英博本與旅博本皆作「雜」字，為「雜」字之異體字，當為「離」字。下不出校。

②是無相：英博本與旅博本皆在「相」字下有「是無相」三字，敦博本脫，當補之，才能文義皆通。

③生念：敦煌三本皆作「念生」，觀前後文義並參閱鈴木校本與楊校本，當改為「生念」。

④不見自迷：敦博本與旅博本皆作「不自見迷」，英博本作「不白見迷」，惠昕五本皆作「自迷不見」，錄校本以為是「不見自迷」，較符合文義，當改之。

⑤邪見：英博本與旅博本皆作「耶見」，敦博本作「取見」，惠昕五本皆作「邪見」，觀前後文義，當作「邪見」。

【註釋】

❶不染：在此作「不執著」的解釋。

❷受生：投生或是投胎的意思，亦指往生到某一世界。

❸邪見：佛教指無視因果道理的謬論，或是違反佛教思想原理的錯誤觀點。

❹塵勞：佛教以為煩惱能夠染污眾生的心識，猶如世俗的塵垢使人身心疲憊勞累，故稱塵勞，也是煩惱的別名異稱。

【解釋】

各位學佛的朋友們！離開一切外在相貌境界的執著，就是「無相」。只要能夠離開相貌境界的執著，佛性本體的清淨就會顯現。所以離開一切外相執著的「無相」是本體，在一切的境界上不執著，名稱就叫做「無念」。在自己的心念上離開對任何境界的執著，不在一切的境界上生出執著的妄念。不要不去思考任何事物，如果心念全部除去，心念一斷就落入空無的境界，就會投胎往生到別的地方。學習禪法的人用心體會，不要不認識佛法的真意。自己錯了尚且可以原諒，再勸化他人迷惑，不能看見自己的迷惑，又譭謗佛教的經論與教法，所以才建立沒有任何執著的心念為宗旨的「無念為宗」。就是因為迷惑的人在境界上有執著的心念，心念上就會生起錯誤的觀點，一切人世間的煩惱妄念就會由此而生起。

【討論】

一、何謂「外離一切相」？何謂「性體」？為何「離相」即會「性體清淨」？

二、惠能以為「百物不思」的修行方法，是對還是錯？

三、惠能以為「迷人」會「於境上有念」，何謂「迷人」？何謂「有念」？

【原文圖版——第十七折三之三】

【錄文】

敦博本	英博本	旅博本
□□□□□□□□□□□□□□□□□□□□然此教門立無念為宗世人離境不起於念若無有念無念亦不立無者無何事念者何物無者離二相諸塵勞真如是念之躰念是真如之用性起念雖即見聞覺知不染萬境而常自在維摩經云外能善分別諸法相內於第一義而不動	□□□□□□□□□□□□□□□□□□□然此教門立無念為宗世人雜見不起於念若無有念無念亦不立無者無何事念者何物無者離二相諸塵勞真如是念之躰念是真如之用姓起念雖即見聞覺之不染萬鏡而常白在維摩經云外能善分別諸法相內於弟一義而不動	□□□□□□□□□□□□□□□□□然此教門立無念為宗世人雜境不起於念若無有念無念亦不立無者無何事念者何物無者離二相諸塵勞真如是念之躰念是真如之用性起念雖即見聞覺知不染萬境而常自在維磨經云外能善分別諸法相內於弟一義而不動

【校正】

然此教門立無念為宗，世人離境，不起於念，若無有念，無念亦不立。無者無何事？念者念何物①？無者，離二相❶諸塵勞；念者，念真如本性②。真如是念之體，念是真如之用。自性③❷起念，雖即見聞覺知，不染萬境，而常自在。《維摩經》云：「外能善分別諸法相，內於第④一義❸而不動⑤。」

【校訂】

①念者念何物：敦煌三本皆作「念者何物」，惠昕五本皆作「念者念何物」，觀文義當補「念」字。

②無者，離二相諸塵勞；念者，念真如本性：敦煌三本皆作「無者，離二相諸塵勞」，真福本、興聖本與寬永本皆作「無者，無二相，無諸塵勞之心；念者，念真如本性」，依上下文義當補「念者，念真如本性」。可參閱鈴木校本、石井校本、楊校本與錄校本。

③自性：英博本作「姓」，敦博本與旅博本皆作「性」，惠昕五本皆作「自性」，敦煌三本皆應為脫「自」字，當補之。

④第：英博本與旅博本皆作「弟」，敦博本作「苐」，皆為現代寫例之「第」字，當改之。

⑤外能善分別諸法相，內於第一義而不動：出自於《維摩詰所說經．佛國品第一》，但原文並無「外」、「內」二字。

【註釋】

❶二相：指生滅、有無、是非、對錯等相對觀念所造成的執著與煩惱。

❷自性：梵語為svabhāva，本指萬事萬物自體的本性，而此本性是空幻無常的，所以有「法無自性」的說法，也就是萬事萬物沒有永遠不變的本性。但是禪宗或惠能在此所指的「自性」，主要是指「法自性」或是「真如本性」，或是指眾生本來具足的「佛性」，惠能以為是眾生的「本性」，這是不生不滅的，兩者宜加區別。

❸第一義：指解脫超越的出世間法，象徵形而上的妙諦，或是涅槃解脫的境界。

【解釋】

然而這一項教授的法門，是建立在沒有任何執著的心念為宗旨之上的，世間的人離開外在的境界，不會生起心念，如果沒有任何心念，不執著任何心念的「無念」也不能夠成立。所以，「無」的是「無」什麼事呢？「念」的又是「念」什麼東西呢？所謂的「無」，是離開與超越生滅、有無、是非等二元對立及分別的各種煩惱；所謂的「念」，是心念契合佛性真如的本性。真如的佛性是心念的本體，心念是真如佛性的作用。真如佛性的自性生起心念，雖然也是可以看見聽聞覺察知道外在的事物，可是身心都不受外在各種境界的影響而生出任何的執著，而能經常解脫自在。《維摩經》說：「外在能夠善於分別各種事物的境界與體用的關係，內心對於解脫超越的見地看法卻不動搖。」

【討論】

一、惠能是反對一切的「心念」嗎？又，「念真如本性」是如何的「念」？

二、惠能說「真如是念之體，念是真如之用」，如此的體用觀合於佛法原則或是生活的實用嗎？

三、悟道者依然有「見聞覺知」的能力嗎？

四、如何可以在生活中達到「不染萬境」而身心自在的境界？

【原文圖版——第十八折二之一】

敦博本	英博本	旅博本
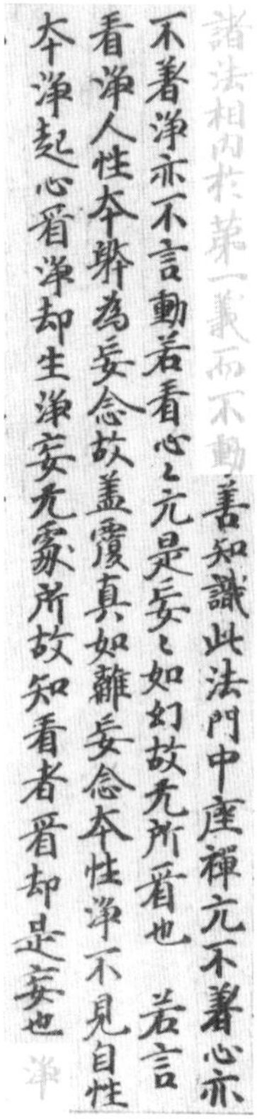	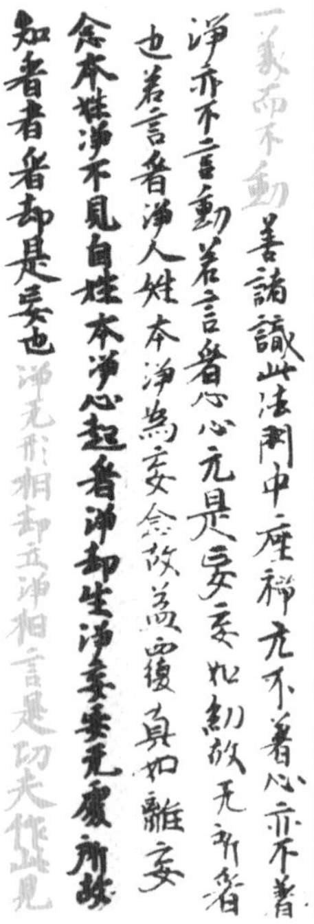	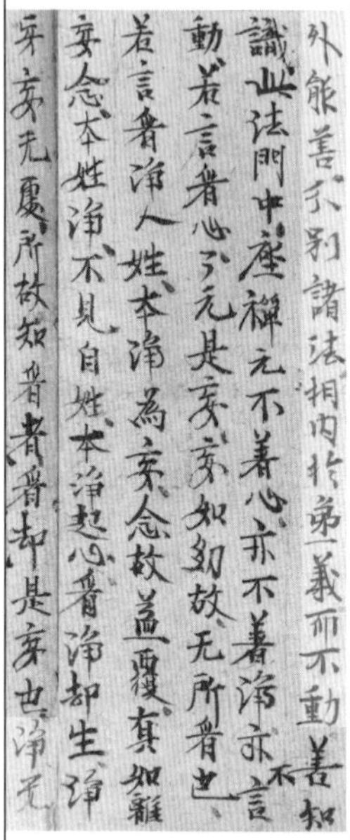

【錄文】

敦博本：

□□□□□□□□□□□善知識此法門中座禪元不著心亦
不著淨亦不言動若看心心元是妄妄如幻故無所看也　若言
看淨人性本躰為妄念故蓋覆真如離妄念本性淨不見自性
本淨起心看淨却生淨妄無處所故知看者看却是妄也

英博本：

□□□□□善諸識此法門中座禪元不著心亦不著
淨亦不言動若言看心心元是妄妄如紉故無所看
也若言看淨人姓本淨為妄念故蓋覆真如離妄
念本姓淨不見自姓本淨心起看淨却生淨妄妄無處所故
知看者看却是妄也

旅博本：

□□□□□□□□□□□□□□□□善知
識此法門中座禪元不著心亦不著淨亦不言
動若言看心心元是妄妄如紉故無所看也
若言看淨人姓本淨為妄念故益覆真如離
妄念本姓淨不見自姓本淨起心看淨却生淨
妄妄無處所故知看者看却是妄也

【校正】

善知識！此法門中，坐①禪原不著②❶心，亦不著淨，亦不言不動③。若言④看心❷，心原是妄，妄如幻故，無所看也。若言看淨，人性本淨⑤，為妄⑥念故，蓋覆真如❸。離妄念，本性淨。不見自性本淨，起心看淨，卻生淨妄，妄無處所⑦。故知看者，看卻是妄也。

【校訂】

①坐：敦煌三本皆作「座」，「座」與「坐」相通，當作「坐」。下不出校。

②著：敦煌三本皆作「著」，石井校本、楊校本與錄校本皆改作「看」，但觀前後文義，以「著」較為適當，作「執著」解。換言之，禪是不執著於心，何來看心之說？

③不言不動：敦煌三本皆作「不言動」，真福本、大乘本與天寧本皆在「言」字下有「不」字，當補之。

④若言：英博本與旅博本皆在「若」字下有「言」字，敦博本脫，當補之。

⑤本淨：英博本與旅博本皆作「本淨」，敦博本誤作「本體」，當改之。

⑥在「為妄」二字後以下，國圖本殘卷起自第十八折中「念故蓋覆真如」，止於第三十五折「毒心即是惡龍塵勞即是魚鱉即是海水」，共三九二九字。在「即是海水」後，國圖本作「南宗頓教最上大乘壇經一卷」，該殘本即結束，餘下再無經文。

⑦妄無處所：英博本與旅博本皆作「妄無處所」，敦博本與國圖本皆脫「妄」字，當補「妄」字。

【註釋】

❶不著：不執著。

❷看心：惠能以「禪不著心」的不執著，批評北宗神秀等人的禪法是生死對立法，以「可看之心」相對於「可看之物」，便截斷兩端，成為二元對立的輪迴生死，不合乎究竟了義的佛法觀念。

❸真如：梵語為bhūta-tathatā。佛教以為真如為宇宙中真實的本體，也是一切萬法的根源。又作法性、佛性、實相、法身、般若等。在相關《阿含經》的典籍中，也說明緣起性空的原理是永恆不變的真理，所以稱為真如。

【解釋】

各位學佛的朋友們！在這項法門之中，坐禪原來是不執著本心，也不執著清淨的境界，也不是說一切都不動搖。如果說是看顧本心，本心原來是虛妄的，虛妄有如幻化的緣故，沒有什麼可以看顧的。如果說是看顧清淨的境界，人的本性本來就是清淨的，因為妄念的緣故，覆蓋了真如本性。離開妄念的執著，本性自然清淨地呈現。不去觀照自性本來的清淨，起心動念去看顧清淨，反而生起對清淨的執著，虛妄而沒有道理。所以知道看顧本心與清淨的人，看顧卻是虛妄而無益的修行。

【討論】

一、何謂「坐禪」？惠能坐禪理論有何特色？生活中如何學習簡單的坐禪理論與方法？

二、惠能說的「離妄念，本性淨」的原理有何特色？

三、惠能為何反對「起心看淨」？

【原文圖版——第十八折二之二】

【錄文】

敦博本	英博本	旅博本
□□□□□□□□□□□□□□□□□□□□□□淨無形相却立淨相言是功夫作此見者鄣自本性却彼淨縛若不動者見一切人過患是性不動迷人自身不動開口即說人是非與道違背看心看淨却是障道㘦緣	□□□□□□□□淨無形相却立淨相言是功夫作此見者章自本姓却被淨縛若不動者見一切人過患是性不動迷人自身不動開口即說人是非與道違背看心看淨却是障道因緣	□□□□□□□□□□□□□□淨無形相却立淨相言是功夫作此見者章自本姓却被淨縛若不動者見一切人過患是姓不動迷人自身不動開口即說人是非與道違背看心看淨却是𦘕障道因緣

【校正】

淨無形相，卻立淨相，言是功夫，作此見者，障自本性，卻被①淨縛。若修②不動❶者，不見③一切人過患❷，即是自性不動④。迷人自身不動，開口即說人是非，與道違背。看心看淨，卻是障道因⑤緣。

【校訂】

①被：敦博本與國圖本皆作「彼」，英博本與旅博本皆作「被」，當改之。

②若修：敦煌三本與國圖本皆作「若」，惠昕五本皆在「若」字下有「修」字，鈴木校本與楊校本從之，當加「修」字。

③不見：敦煌三本與國圖本皆作「見」，惠昕五本皆在「見」上有「不」字。觀前後文義，當補之。

④即是自性不動：敦博本、英博本與國圖本皆作「是性不動」，旅博本作「是姓不動」，惠昕五本皆作「即是自性不動」，當加「即」與「自」兩字而成「即是自性不動」。

⑤因：敦博本與國圖本皆作「囙」字，為「因」之俗寫字，英博本與旅博本皆作「因」字，當改之。

【註釋】

❶不動：指佛教中如如不動的般若實相法門，見一切法如如不動。

❷過患：過失與憂患，在此指一般人的缺點。

【解釋】

清淨沒有形相，反而建立清淨的相貌，說這是修行功夫，作如此見解的人，障礙自己的本性，反而被清淨所綁縛。如果修行不動心的人，不會看見一切人的過失，就是自己的本性不動搖。迷惑的人自身雖然不動，開口就說別人的是非，與大道是違背的。看顧觀照自己的本心，看顧觀照清淨的境界，反而成為障道的因緣。

【討論】

一、惠能說「淨無形相」的「淨」所指為何？

二、惠能為何反對修行者「說人是非」？吾人在生活中應如何避免「說人是非」？

三、惠能批評了許多「障道因緣」，算不算是「說人是非」？

【原文圖版——第十九折二之一】

敦博本　英博本　旅博本

【錄文】

敦博本

□□□□□□□□□□□□□□今記如是此法門中何
名座禪此法門中一切無导外於一切境界上念不起為座見本
性不亂為禪何名為禪定外離相曰禪內不亂曰定外若有相內性
不亂本性自淨曰定只緣境解解即亂離相不亂即定外離相即禪
內外不亂即定外禪內定故名禪定

英博本

□□□□□□□□今記汝是此法門中何名座禪
此法門中一切無导外於一切境界上念不去為座見本姓
不亂為禪何名為禪定外雜相曰禪內不亂曰定外若有
相內姓不亂本自淨自定只緣境觸觸即亂離相不
亂即定外離相即禪內外不亂即定外禪內定故名
禪定

旅博本

□□□□□□□□□□□□今記如是此
法門中何名座禪此法門中一切無导外於一切境
界上念不起為座見本姓不亂為禪何名
為禪定外雜相曰禪內不亂曰定外若有相內性不亂
本性自淨自定只緣境觸觸即亂離相不亂即定
外離相即禪內外不亂即定外禪內定故名禪定

【校正】

今既①如是，此法門中，何名坐禪❶？此法門中，一切無礙②，外於一切境界上念不住為坐③，見本性不亂為禪。何名為禪定？外離相曰禪，內不亂曰定。外若離④相，內性不亂。本性自淨曰定，只緣境觸⑤，觸即亂，離相不亂即定。外離相即禪，內⑥不亂即定，外禪內定，故名禪定。

【校訂】

①既：敦煌三本與國圖本皆作「記」，當作「既」。

②礙：敦煌三本與國圖本皆作「㝵」字，為「礙」之俗寫異體字，依現代體例改為「礙」字。下不出校。

③念不住為坐：敦博本、旅博本與國圖本皆作「念不起為座」，英博本作「念不去為座」，其中「座」當為「坐」，指坐禪。然而，英博本的「念不去」（心念不除去）與敦博本的「念不起」（心念不生起），兩者意義截然不同，筆者以為前文有「念念不住」，故當作「念不住」為宜，是指心念無所執著。

④離：敦煌三本與國圖本皆作「有」，但觀前後文義，當作「離」。

⑤觸：敦博本作「解」，英博本、旅博本與國圖本皆作「觸」，當作「觸」。

⑥內：敦煌三本與國圖本皆作「內外」，惠昕五本皆作「內」，當作「內」。

【註釋】

❶坐禪：指端身正坐而以此能入於禪定的法門。佛教以結跏趺坐的方式，心中不起思慮分別與執著，繫心專注於某一境界或對象，就稱為坐禪。坐禪法門，源於佛教成立以前，印度原始宗教的修行法門之一，釋迦牟尼佛成佛之後，將原有的禪定法門加以改造，形成佛教的禪定學，後來亦衍生南傳小乘佛教與北傳大乘佛教的禪定法門，然而自從菩提達摩來到中國之後，禪宗又將原有的禪定學與禪悟學相結合，成為定慧體一不二系統，開展出具有中國佛教禪宗特色的坐禪法門。

【解釋】

現今既然如此，在這一項法門之中，如何稱為「坐禪」呢？這一項法門之中，一切沒有罣礙執著，對於外在的一切境界上面，心念無所執著並不加分別評判稱為「坐」，悟見自己的本性不動搖混亂稱為「禪」。什麼稱為「禪定」呢？外在超越離開相貌的執著稱為「禪」，內心不動搖混亂稱為「定」。如果外在離開相貌的執著，內在的本性就不會混亂。本性自己清淨稱為「定」，只是因為與外在的境界相接觸，接觸就容易混亂我們的心，離開對相貌的執著而不混亂就是「定」。外在超越離開分別相貌的執著就是「禪」，內心不起妄念而混亂就是「定」，外在超越分別執著是「禪」與內心清淨不會因妄念而混亂是「定」，因此稱為「禪定」。

【討論】

一、何謂「一切無礙」？在生活中如何運用？與隨便縱欲有何不同？

二、惠能說「外禪內定」，是否符合佛教的一般說法？

三、在一切境界上不起妄念是完全沒有念頭嗎？在生活中是否可以實踐學習？

四、吾人在生活中如何可以時時觀照本心？

	敦博本	英博本	旅博本
【原文圖版——第十九折二之二】	内外不乱即定外禪内定故名禪定維摩經云即時豁然還得本心菩薩戒云本原自性清淨善知識見自性自淨自修自作自性法身自行仏行作自成仏道善知識總須自聽与受无相戒一時	禪定維摩經云即是豁然還得本心菩薩戒云本須白姓清淨善知識見自姓自淨自修自作自姓法身自行佛行自作自成佛道善知識總須自聽与受无	外離相即禪內外不亂即定外禪內定故名禪定維摩經云即時豁然還得本心菩薩戒云本源自性清淨善知識見自性自淨自修自作自性法身自行佛行自作自成佛道善知識總須自聽
【錄文】	□□□□□□□□□□□□□維摩經云即時豁然還得本心 菩薩戒云本原自性清淨善知識見自性自淨自修自作自性 法身自行仏行作自成仏道	□□維摩經云即是豁然還得本心菩薩戒云本須白 姓清淨善知識見自姓自淨自修自作自姓法身自行 佛行自作自成佛道	□□□□□□□□□□□□□□□□□□□維 摩經云即時豁然還得本心菩薩戒云本源自性 清淨善知識見自性自淨自修自作自性法身 自行佛行自作自成佛道

【校正】

《維摩經》云：「即時豁然，還得本心。」❶《梵網菩薩戒經》①云：「本源自性清淨②。」❷善知識！見自性自淨，自修自作自性法身，自行佛行，自作③自成佛道。

【校訂】

①梵網菩薩戒經：敦煌三本與國圖本皆作「菩薩戒」，大乘本、天寧本、與聖本與寬永本皆作「菩薩戒經」，下文亦有提及，但原文經楊曾文詳實考證，應係出自於《梵網經》，但為了尊重惠能的說法，筆者以為可採用《梵網經》的另一名稱《梵網菩薩戒經》的經名，其實也就是《梵網經》。

②本源自性清淨：敦博本與國圖本皆作「本原自性清淨」，英博本作「本須白姓清淨」，旅博本作「本源自性清淨」。其中「原」與「源」相通，依現代寫例改作「源」。此處引自《梵網經》而非《菩薩戒經》，楊校本以為惠昕本的「我本元自性清淨」中的「我」，是誤寫與誤傳，論證詳實有據，請參閱其書頁二十二。此外，楊曾文曾指出《梵網經》原文的「是一切眾生戒，本源自性清淨」而說明「大乘戒源自法身佛」，以為「我」字是「有身見」或「我見」，所以不通，故校為「戒，本源自性清淨」，對照下文惠能傳授無相戒，合情合理。然而筆者以為「戒」字可以不錄，「本源自性清淨」一句，可以同時指涉大乘戒法的「佛性種子」與「一切佛本源」，也可以指出眾生本來根源的自性是清淨無染不執著的，同時擁有這兩種解釋，更能突顯惠能的禪法直承於不生不滅本來清淨的法自性，也就是惠能弟子應受持這種無相的法身戒。

③自作：英博本與旅博本皆在「作」上有「自」字，敦博本與國圖本皆脫，當補之。

【註釋】

❶此句引自《維摩詰所說經．弟子品第三》。在此所謂的「豁然」，主要是形容開悟時心地頓時開闊，而無所拘束的坦蕩無礙的境界。

❷惠能所說的《菩薩戒經》中的「本源自性清淨」，現收錄於《大正藏》第二十四冊《梵網經》（《梵網經盧舍那佛說菩薩心地戒品》）第十卷下，頁一〇〇三下。

【解釋】

《維摩詰所說經》說：「就在當下開闊暢達而覺悟，回復得到本然的心。」《梵網菩薩戒經》說：「本來根源的自性是清淨無染不執著的。」各位學佛的朋友們！悟見自己的本性本來清淨，自己修行與自己成就自己本性的法身，自己實踐學習佛陀的行為與法門，自己用功與自己成就佛陀正法的證悟佛道。

【討論】

一、何謂「即時豁然」？惠能為何會引《維摩詰所說經》的經句詮釋？

二、惠能的「還得本心」與「本源自性清淨」，主要在闡釋什麼？

三、吾人如何能夠在生活中當下，離開外在的分別執著及內心的混亂妄念，而回到真正的本心呢？

四、惠能說的「自作自成佛道」，其原理為何？

	敦博本	英博本	旅博本
【原文圖版——第二十折六之一】			
【錄文】	□□□□□□□□□□□善知識惣須自聽與受無相戒一時 逐惠能口道令善知識見自三身自色身歸依清淨法身仏 於自色身歸依千百億化身仏於自色身歸依當身圓滿報身 仏已上三唱	□□□□□□□□善知識惣須自躰與受無 相戒一時逐惠能口道令善知識見自三身佛於自色身 歸衣清淨法身佛於自色身歸衣千百億化身佛於自色 身歸衣當來圓滿報身佛（已上三唱）	□□□□□□□□□□善知識惣須自聽 與受無相戒一時逐惠能口道令善知識見自三身 佛於自色身歸依清淨法身佛於自色身歸依千 百億化身佛於自色身歸依當來圓滿報身佛 （已上三唱）

【校正】

善知識！總須自體①與受②無相戒。一時，逐惠能口道，令善知識見自三身佛③❶：「於④自色身，歸依⑤❷清淨法身佛；於自色身，歸依千百億化身佛；於自色身，歸依當身圓滿報身佛。」（以上三唱⑥）

【校訂】

①體：英博本作「體」，敦博本、旅博本與國圖本皆作「聽」。表示自己親自體受無相戒，故當作「體」。

②受：敦煌三本與國圖本皆作「受」字，「受」與「授」相通，但此處有聽受無相戒之意，故當作「受」。

③三身佛：英博本、旅博本與國圖本皆在「三身」下有一「佛」字，敦博本脫，當補之。

④於：英博本、旅博本與國圖本皆在「自」前有「於」字，敦博本脫，觀下文皆有「於」字領句，故當補「於」字。

⑤歸依：英博本作「歸衣」，敦博本、旅博本與國圖本皆作「歸依」，現代寫例多用「皈依」，兩者意義完全相同，但尊重原文寫例不改。下不出校。

⑥以上三唱：英博本與旅博本皆作夾註雙行小字，敦博本與國圖本皆為大字，觀其文義，應用小字為宜。其中「以」字，敦煌三本與國圖本皆作「已」，依約定俗成例，改寫為「以」，下不出校。

【註釋】

❶三身佛：梵語為 trayaḥ kāyāḥ。又名作三身、三佛、三佛身。「身」有聚集的意思，也就是說聚集諸法而成就此「身」，所以不生不滅的實相真理的聚集就被稱為「法身」（梵語為 dharma-kāya），有生不滅的功德境界的聚集被稱為「報身」（梵語為 saṃbhoga-kāya），有生有滅的修行變化作用的聚集稱為「應身」或是「化身」（梵語為 nirmāṇa-kāya）。在佛教各種經論中列舉說明的三身佛的名稱與詮釋並不一致，但大抵以法身、報身與化身為主。

❷歸依：梵語為 śaraṇa，又寫作皈依。指禮敬依止於佛教的佛、法、僧三寶。歸依的本義有救濟、救渡的意義，即是依靠佛、法、僧三寶的威德，能得到生命解脫的方向與目標。歸依亦有依止學習的意思，就是向佛、法、僧三寶學習解脫的法門。

【解釋】

各位學佛的朋友們！總要專心而且必須自己親自體驗與受持無相戒的戒法。大家同時一起，跟隨惠能口中說，希望各位學佛的朋友們悟見自己的三身佛：「在自己物質相貌的身相中，歸依不生不滅清淨的法身佛；在自己物質相貌的身相中，歸依千百億的化身佛；在自己物質相貌的身相中，歸依這個身體圓滿的報身佛。」（以上唱三遍）

【討論】

一、《六祖壇經》中有多少首「無相戒」？

二、何謂「三身佛」？為何要歸依三身佛？

三、何謂「三歸依」？惠能為何提倡「歸依自性佛法僧」？這對吾人的生命價值觀與人生目標有何影響？

【原文圖版——第二十折六之二】

	敦博本	英博本	旅博本
【原文圖版】	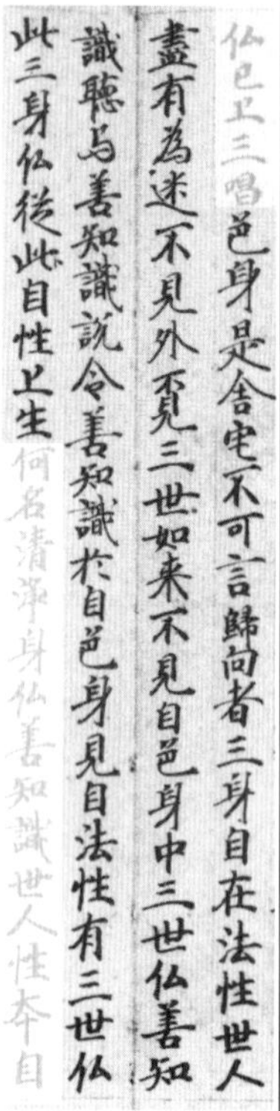	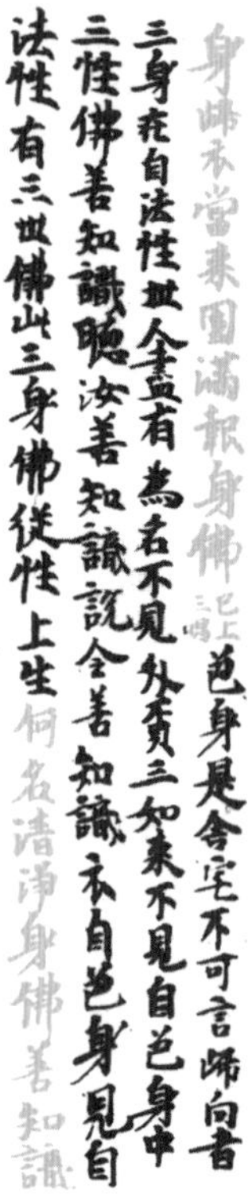	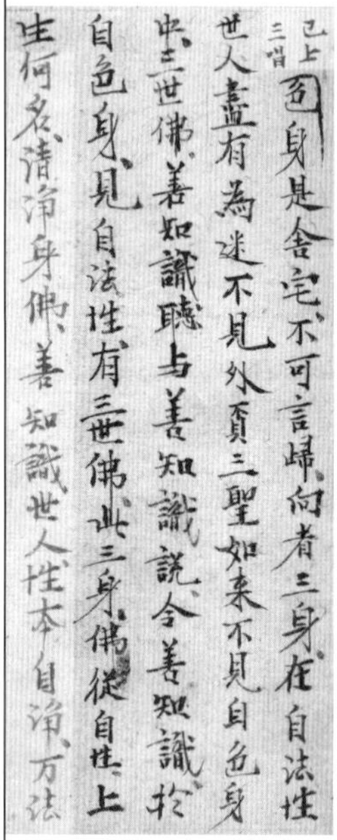
【錄文】	□□□□色身是舍宅不可言歸向者三身自在法性世人盡有為迷不見外覓三世如來不見自色身中三世仏善知識聽與善知識說令善知識於自色身見自法性有三世仏此三身仏從~~此~~自性上生	□□□□□□□□□□□□□□色身是舍宅不可言歸向者三身在自法性世人盡有為名不見外覓三如來不見自色身中三性佛善知識聽汝善知識說令善知識衣自色身見自法性有三世佛此三身佛從性上生	□□□□色身是舍宅不可言歸向者三身在自法性世人盡有為迷不見外覓三聖如來不見自色身中三世佛善知識聽與善知識說令善知識於自色身見自法性有三世佛此三身佛從自性上生

【校正】

色身❶是舍宅，不可言歸，向者三身佛①在自②法性，世人盡有，為迷不見，外覓三身③如來，不見自色身中三身佛。善知識！聽與善知識說，令善知識於自色身見自法性有三身佛，此三身佛從④自性上生。

【校訂】

①三身佛：敦煌三本與國圖本皆作「三身」，與聖本與寬永本皆在「三身」下有「佛」字，觀其文義，當補之。

②在自：敦博本與國圖本皆作「自在」，英博本與旅博本皆作「在自」，觀其文義當為「在自」。

③三身：敦博本與國圖本皆作「三世」，旅博本作「三聖」，英博本作「三」，觀前後文義，當為「三身」，而非「三世」。下同，不另出校。

④從：英博本、旅博本與國圖本皆作「從」，敦博本原文在「從」字下有「此」字，但旁邊有刪除符號，故應刪去。

【註釋】

❶色身：梵語為 rūpa-kāya，主要指有形質的物質身，也就是肉身。其中，「色」的梵語為 rūpa，rūpa 是從 rūp（造形）的動詞語根變化而形成的，因此含有「有形狀」的意義。廣義的意義，佛教的「色」常指存在物質的總稱。

【解釋】

物質的身體是房屋住宅，不可以說是歸依的對象，向來三身佛就在自己的法性之中，世間上的人都有的，因為迷惑不能悟見，外在的追求三身如來，沒有看見自己物質色身中的三身佛。各位學佛的朋友們！專心地聆聽與各位學佛的朋友們說，希望各位學佛的朋友們在自己物質色身中悟見自己的法性有三身佛，這三身佛是從眾生的自性上生出的。

【討論】

一、何謂「色身」？

二、惠能為何說「三身佛從自性上生」？何謂「自性」？

【原文圖版——第二十折六之三】

敦博本	英博本	旅博本

【錄文】

敦博本：
□□□□□□□□□□何名清淨身仏善知識世人性本自
淨萬法自性在思惟一切惡事即行於惡行思量一切善事
便修於善行知如是一切法盡在自性常清淨日月常明只
為雲覆蓋上明下暗不能了見日月星辰忽遇惠風吹散卷
盡雲霧萬像參羅一時皆現

英博本：
□□□□□□□□□□□□□□何名清淨身佛善知識
世人性本自淨萬法在自姓思量一切事即行衣惡思量
一切善事便修於善行知如是一切法盡在自姓自姓常清
淨日月常名只為雲覆蓋上名下暗不能了見日月西辰忽
遇惠風吹散卷盡雲霧萬像參羅一時皆現

旅博本：
□何名清淨身佛善知識世人性本自淨萬法
在自性思量一切惡事即行於惡行思量一切善
事便修於善行知如是一切法盡在自性自性常
清淨日月常明只為雲覆蓋上明下暗不能了
見日月星辰忽遇惠風吹散卷盡雲霧萬像
參羅一時皆現

【校正】

何名清淨法身❶佛①？善知識！世人性本自淨，萬法在自性②❷。思量③一切惡事，即行於惡行；思量一切善事，便修於善行。知如是一切法盡在自性，自性常清淨④，日月常明。只為雲覆蓋，上明下暗，不能了見日月星辰，忽遇慧風吹散捲⑤盡雲霧，萬象森羅⑥❸，一時皆現。

【校訂】

①清淨法身佛：敦煌三本與國圖本皆作「清淨身佛」，但前文已用「清淨法身佛」，鈴木校本、錄校本等諸校本皆作「清淨法身佛」，故當為「清淨法身佛」。

②在自性：英博本作「在自姓」，敦博本誤倒作「自性在」，旅博本與國圖本皆作「在自性」，當作「在自性」，參閱楊校本與錄校本。

③思量：英博本與旅博本皆作「思量」，敦博本與國圖本皆作「思惟」，諸本《壇經》多作「思量」，錄校本以為「思量」為勝，綜觀其文義及諸本校訂情形，「思量」的含義更為適切。

④自性常清淨：敦博本與國圖本皆脫「自性」二字，英博本作「白姓常清淨」，旅博本作「自性常清淨」，補「自性」二字。

⑤捲：敦煌三本與國圖本皆作「卷」，依現代寫例改為「捲」。

⑥萬象森羅：敦煌三本與國圖本皆作「萬像參羅」，依現代寫例改為「萬象森羅」。

【註釋】

❶法身：梵語為 dharma-kāya 。主要是指佛陀所說的正法、佛陀證悟的無漏法與佛陀自性真如的如來藏三者合一呈現不生不滅之境界。亦作法身佛、法性身。

❷萬法在自性：惠能的這一句話，並不能解釋為「自性生萬法」，只能說明吾人自性中含藏著萬法的變化，若是一念善行，便能往生善界；一念惡行，便會墮落下方地獄等界，因此必須時時觀照自性中的心念及行為。

❸森羅：本指樹木繁盛蔚雜，在此有紛然羅列的意思。

【解釋】

為什麼稱為清淨的不生不滅的法身佛呢？各位學佛的朋友們！世間人的本性本來就是清淨的，世間上所有的境界與覺悟的方法都在自己的本性之中。心中思考想念一切不好的事情，就是做了不好的惡行；心中思考想念一切善良美好的事情，就是修持於善良美好的行為。由此知道真實的一切境界與覺悟方法，都在自己的本性之中，自己的本性恆常清淨，就如同太陽與月亮恆常明亮一般。只是因為被烏雲所覆蓋，烏雲上面是明亮的而烏雲下面是昏暗的，不能清楚地看見太陽、月亮、星星，忽然遇到智慧的強風吹散捲盡滿天的烏雲濃霧，宇宙間各種影象如森林樹木般地羅列在眼前，同時都顯現出來。

【討論】

一、惠能以為「萬法在自性」，而且「性本自淨」，如果「思量」善惡就會產生善惡，請問何以如此？

二、吾人如何在生活中做到「自性常清淨」？

【原文圖版——第二十折六之四】

	敦博本	英博本	旅博本
【錄文】	□□□□□□□□□□□世人性淨猶如清天惠如日智如 月智惠常明於外看境妄念浮雲蓋覆自性不能明故遇善 知識開真正法吹却迷妄內外明徹於自性中萬法皆現一切法 在自性名為清淨法身自歸依者除不善心及不善行是名歸 依	□□□□□□□□□□□□□□□□□世人性淨 猶如清天惠如日智如月智惠常名於外看敬妄念浮雲蓋覆 自姓不能明故遇善知識開真法吹却名妄內外名徹於 自姓中萬法皆見一切法自在姓名為清淨法身自歸衣者 除不善行是名歸衣	□□□□□□世人性淨猶如清天惠如日智如月智 惠常明於外看境妄念浮雲蓋覆自性不能明 故遇善知識開真正法吹却迷妄內外明徹於 自性中萬法皆現一切法在自性名為清淨法身 自歸依者除不善心及不善行是名歸依

【校正】

世人性淨❶，猶如清天❷。慧如日，智如月，智慧常明。於外著境①，妄念浮雲蓋覆，自性不能明故。遇善知識，開真正法，吹卻迷妄，內外明澈❸，於自性中，萬法皆現。一切法在自性②，名為清淨法身。自歸依者，除不善心及不善行，是名歸依。

【校訂】

①著境：敦博本、旅博本與國圖本皆作「看境」，英博本作「看敬」，筆者以為當作「著境」，形近致訛，主要是指「執著境界」的意思。

②在自性：英博本作「自在姓」，國圖本作「自在性」，是為誤倒，當改為敦博本與旅博本的「在自性」。

【註釋】

❶性淨：指本性清淨，本來即無汙染。

❷清天：清朗的天空，藉以說明眾生本性的清淨。

❸內外明澈：內外是指內心與外境；明澈是指清明透澈。內心外境之所以會清明透澈，主要是因為沒有受到妄念烏雲的覆蓋，也離開了渴望及煩惱，自然呈現萬法洞明的境界。

【解釋】

世間的人本性清淨，有如清朗的天空。智慧的光明有如太陽，智慧的性質有如月亮，智慧的本質是恆常光明的。對於外在的境界產生執著，心中的智慧光明就會被有如浮雲的妄念遮蓋覆藏，這是因為自己的本性不能顯明的緣故。遇到真正了解佛法的善知識，開示吾人真實正確的佛法，吹散吾人心中的迷惑與妄念，內在的本心與外在的境界就會光明清澈，在自己的本性之中，世間各種的境界與相貌都會清楚地展現。一切的境界與覺悟的方法在自己的本性中，即是稱為清淨永恆的真理法身。自己歸依自己本性的人，除去不真誠與不善良的心理及行為，就是稱為歸依。

【討論】

一、惠能說「世人性淨，猶如清天」，為何吾人會時常感到煩惱的雲霧呢？又要如何回復到「清天」的境界呢？

二、惠能以「日月」形容「智慧」與「自性」的恆常光明，用意為何？

三、惠能的「歸依」說與傳統佛教的「歸依」說，有何不同？

【原文圖版——第二十折六之五】

	敦博本	英博本	旅博本

【錄文】

敦博本

□何名為千百億化身仏不思量性即空寂思量即是自化
思量惡法化為地獄思量善法化為天堂[毒害]化為畜生[慈]
[悲]化為菩薩[智惠]化為上界[愚癡]化為下方自[性]變化甚[多]
迷人自不知見一念善[智]惠即生

英博本

□□□□□□□□何名為千百億化身佛不思量性
即空寂思量即是自化思量惡法化為地獄思量
善法化為天堂[毒害]化為畜生[慈悲]化為菩薩[智惠]化為
上界[愚癡]化為下方自[姓]變化甚[名]迷人自不知見一念善[知]惠
即生

旅博本

□□□□□□□□□□□□□□□□何名
為千百億化身佛不思量性即空寂思量即是
自化思量惡法化為地獄思量善法化為天
堂[毒害]化為畜生[慈悲]化為菩薩[智惠]化
為上界遇[愚癡]化為下方自[性]變化甚[名]迷人
自不知見一念善[智]惠即生

【校正】

何名為千百億化身佛？不思量，性即空寂；思量，即是自化❶。思量惡法，化為地獄；思量善法，化為天堂。思量毒害①，化為畜生；思量慈悲，化為菩薩。思量智慧，化為上界❷；思量愚癡，化為下方❸。自性變化甚多，迷人自不知見。一念善，智慧即生，此名自性化身佛②。

【校訂】

①思量毒害：敦煌三本與國圖本皆作「毒害」，據錄校本考訂抄本應有省略重文的現象，觀上下文義應加「思量」二字，如此上下文義相符，下文亦同，各補「思量」二字，不另出校。參見錄校本頁二八三至二八四。

②此名自性化身佛：敦煌三本與國圖本皆無此句，但在惠昕諸本中「智慧即生」下，真福本、大乘本、天寧本皆作「此是自性化身佛」，與聖本與寬永本皆作「此名自性化身佛」，敦博本脫，當據補之，作「此名自性化身佛」為宜。參閱鈴木校本、錄校本等。

【註釋】

❶自化：主要是指自己心念行為的修持變化。

❷上界：主要是指色界與無色界等上界天，一般是與欲界對稱，或是與下界對稱。又可稱天上界，屬於六道之一，即包括無色界、色界、欲界等諸天。惠能在此說明的上界，應是指修持五戒十善之後，又修持了四禪八定而得往生的天界，統稱為上界。

❸下方：指地獄、惡鬼與畜生道三惡道。

【解釋】

為何稱為千百億化身的佛陀呢？不去作人為的思考，眾生本性本來就是空幻寂滅的；思考想念的方式，就是自己的修持變化。思考想念邪惡的境界與方法，當下就化現出地獄的悲慘恐怖；思考想念良善的境界與方法，當下就化現成為天堂的快樂無憂。思考想念惡毒傷害的境界與方法，當下就化現成為畜生的殘忍暴力；思考想念慈悲的境界與方法，當下就化現成為菩薩的慈愛關懷。思考想念智慧的境界與方法，當下就化現成為天界的明白理性；思考想念愚癡的境界與方法，當下就化現成為地獄、惡鬼與畜生道的境界。眾生自己的本性變化很多，迷惑的人自己不知道也不能看見。心中一念發出善心，智慧當下就會產生，這是被稱為自己本性化身的佛陀。

【討論】

一、「思量善法」化為天堂，「思量惡法」化為地獄，為什麼？在日常生活中如何保持正確思考的方向，以避免邪惡思想的產生？

二、在生活中如何啟發自我心中的明燈，滅卻愚昧的黑暗？

三、吾人生命的成長中是否需要確切的目標？

【原文圖版】——第二十折六之六

【錄文】

敦博本	英博本	旅博本
□□□□□□□□□□□□一燈能除千年闇一智能滅萬年愚莫思向前常思於後常後念善名為報身一念惡報卻千年善心一念善報卻千年惡滅無常已來後念善名為報身從法身思量即是化身念念善即是報身自悟自修即名歸依也皮肉是色身舍宅不在歸也但悟三身即識大意	□□一燈能除千年闇一智能滅萬年愚莫思向前常思於後常後念善名為報身一念惡報卻千年善心一念善報卻千年惡滅無常已來後念善名為報身從法身思量即是化身念念善即是報身自悟自修即名歸衣也皮肉是色身是舍宅不在歸依也但悟三身即識大億	□□□□□□□□□□□一燈能除千年闇一智能滅万年愚莫思向前常思於後常後念善名為報身一念惡報卻千年善心一念善報卻千年惡滅無常已來後念善名為報身從法身思量即是化身念念善即是報身自悟自修即名歸依也皮肉是色身是舍宅不在歸也但悟三身即識大意

【校正】

何名為圓滿報身佛①？一燈能除千年暗，一智能滅萬年愚。莫思向前❶，常思於後，常後念善，名為報身。一念惡，報卻千年善心；一念善，報卻千年惡滅。無常以來，後念善，名為報身。

從法身思量，即是化身；念念善，即是報身。自悟自修，即名歸依也。❷皮肉是色身，色身是舍宅②，不在歸依③也。但悟三身，即識大意。

【校訂】

①何名為圓滿報身佛：敦煌三本與國圖本皆無此句，依惠昕五本補「何名圓滿報身」，但錄校本又認為在句末應補「佛」字，筆者綜合各家說法，又參酌敦博本底本的其他各段，以為可補為「何名為圓滿報身佛」。

②色身是舍宅：英博本與旅博本皆作「是舍宅」，敦博本與國圖本皆作「舍宅」，真福本、大乘本與天寧本皆作「色身是舍宅」，應是上句「皮肉是色身」的「色身」少了重文符號，當補「色身是」三字。

③不在歸依：英博本在「歸」字下有「依」字，敦博本、旅博本與國圖本皆脫，故當補為「不在歸依」。

【註釋】

❶莫思向前：不要經常想到以前的舊事而心中仍然執著不捨，如此便會妨礙道業的成長。吾人修行重在當下，視世事如幻如夢，當下清淨自在，以生命解脫為此生最重要的一件事來面對處理，其他的隨緣盡份即可。

❷自悟自修，即名歸依也：惠能此句，主要在強調吾人學佛修行，重在自己本性中的佛性裡，本來具足法、報、化三身，與佛無異，只為妄念浮雲覆蓋真如，乃至輪迴生死，所以強調自己覺悟自己修行，方能開顯自性的三身，成就佛道。

【解釋】

為何稱為圓滿報身的佛陀？因為一盞燈火的光明能夠滅除千年的昏暗，一個心念開啟的智慧能夠滅除萬年的愚癡。不要經常想到以前的舊事而執著，要經常想到以後要做什麼，經常在心中想念將來利益別人的善行，這就稱為「報身」。心中一個心念生起惡意，報償除卻千年的善心累積；心中一個心念生起善意，報償除卻千年的惡業相續。從生活中不斷變幻無常到現在，將來的心念都是善業，這就稱為「報身」。

從不生不滅的法身來思考衡量現實的人生，就是化身的境界；我們心中每一個心念都是善意的，就是報身的境界。自己覺悟自己修行，就是歸依法、報、化三身的意思。眾生的皮膚血肉是物質的身體，物質的身體有如屋舍田宅，並不是歸依的對象。只要覺悟法、報、化三身的境界與意義，當下就能體驗與認識佛法的宗旨大綱。

【討論】

一、何謂「三歸依」？惠能為何提倡「歸依自性佛法僧」？這對吾人生命的價值觀與人生的目標有何影響？

二、惠能對「歸依」的看法為何？惠能的看法詮釋與傳統佛教的觀點有何不同？

【原文圖版——第二十一折二之一】

敦博本	英博本	旅博本

【錄文】

敦博本

□□□□今既自歸依三身仏已與善知識發四弘大願善知
識一時逐惠能道
衆生無邊誓願度　　煩惱無邊誓願断
法門無邊誓願斈　　無上仏道誓願成
(三唱)善知識衆生無邊誓願度不是惠能度善知識心中
衆生各於自身自性自何名自性自度自色身中邪見煩惱
愚癡迷妄自有本覺性只本覺性將正見度

英博本

□□□□今既自歸依三身佛已與善知識發四弘大願善
知識一時逐惠能道衆生無邊誓願度煩惱無邊誓願断
法門無邊誓願斈無上佛道誓願成(三唱)善知識衆生無邊誓
願度不是惠能度善知識心中衆生各於自身自姓自度何名
自姓自度自色身中邪見煩惱愚癡名妄自有本覺性將
正見度

旅博本

□□□□□今既自歸依三身佛已與善知
識發四弘大願善知識一時逐惠能道衆生無
邊誓願度煩惱無邊誓願断法門無邊誓
願覺無上佛道誓願成(三唱)善知識衆生無邊
誓願度不是惠能度善知識心中衆生各於
自身自性自度何名自性自度自色身中邪
見煩惱愚癡迷妄自有本覺性只本覺性將正
見度

【校正】

今既自歸依三身佛已，與善知識發四弘大願❶。善知識！一時逐惠能道：

「衆生無邊誓願度，煩惱無邊誓願斷，法門無邊誓願學，無上佛道誓願成。」(三唱)

善知識！衆生無邊誓願度，不是惠能度，善知識心中衆生，各於自身自性自度①。何名自性自度？自色身中，邪見煩惱，愚癡迷妄，自有本覺❷性。只本覺性，將正見度。

【校訂】

①自度：敦博本缺「度」字，國圖本脫「自度」二字，英博本與旅博本皆作「自度」，當補之。

【註釋】

❶四弘大願：在佛教經論中多有提及類似的願文，《壇經》後世的版本也略有增修。所謂的四弘大願，又作四弘誓願、四弘行願、四弘誓、四弘願、四弘願行與四弘等。是指一切菩薩在因地修行時應該發起的四種廣大誓願，所以又稱為一切菩薩的根本總願。有關四弘大願的內容與解釋，散見於佛教的各種經論之中，但是各經論的內容並不一致。

❷本覺：指眾生本來具足覺悟的覺性，在佛學中多以「始覺」為對稱，本覺是本來具足的覺性，始覺是指經過後天的修習而漸次開啟的覺性，此說見於《大乘起信論》、《釋摩訶衍論》等，然而內容旨趣略有不同。

【解釋】

如今既然自己已經歸依法、報、化三身佛，我與各位學佛的朋友們一同發起四種弘大的心願。各位學佛的朋友們！大家一起跟著惠能說：

「誓願度化無邊的眾生，誓願斷除無邊的煩惱，誓願學習無邊的法門，誓願成就無上的佛道。」（唱三遍）

各位學佛的朋友們！誓願度脫無邊的眾生，不是惠能去度化他們，而是自己度化自己心中的眾生，各自在自己的本性中自己度化自己。為何稱為自己的本性自己度化呢？因為在自己物質的身相中，各種邪見煩惱，愚癡迷惑與妄念，自己本來就有覺悟的本性。就以覺悟的本性，以正確的知見與見地度化自己。

【討論】

一、惠能勸導佛教的修行者發起「四弘大願」，其主要目的為何？對吾人的生命境界與生活目標有何啟發？

二、吾人如何運用自己本有的生命覺性度化自己？

【原文圖版——第二十一折二之二】

敦博本	英博本	旅博本
【錄文】		
□□□□□□□□□□□□□□□既悟正見般若 之智除却愚癡迷妄衆生各各自度迷來悟度愚來智度 惡來善度煩惱來菩提度如是度者是名真度 煩惱無邊誓願断自心除虛妄　法門無邊誓願斈斈無上正 法無上仏道誓願成常下心行恭敬一切遠離迷執覺智生般若 除却迷妄即自悟仏道成行誓願力	□□□既悟正見般若之智除却愚癡迷妄衆生各各自度 邪見正度迷來悟度愚來智度惡來善度煩惱來菩薩度 如是度者是名真度煩惱無邊誓願断自心除虛妄 法門無邊誓願斈斈無上正法無上佛道誓願成常下 心行恭敬一切遠離迷執覺知生般若除却迷妄即自悟佛 道成行誓願力	□□既悟正見般若之智除却愚癡迷妄衆 生各各自度邪來正度迷來悟度愚來智度 惡來善度煩惱來菩薩度如是度者是名真度 煩惱無邊誓願断自心除虛妄法門無邊誓願學 學無上正法無上佛道誓願成常下心行恭敬一切遠 離迷執覺智生般若除却迷妄即自悟佛道 成行誓願力

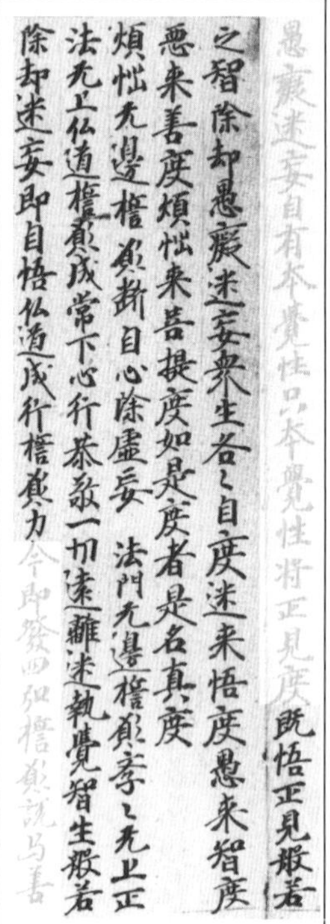

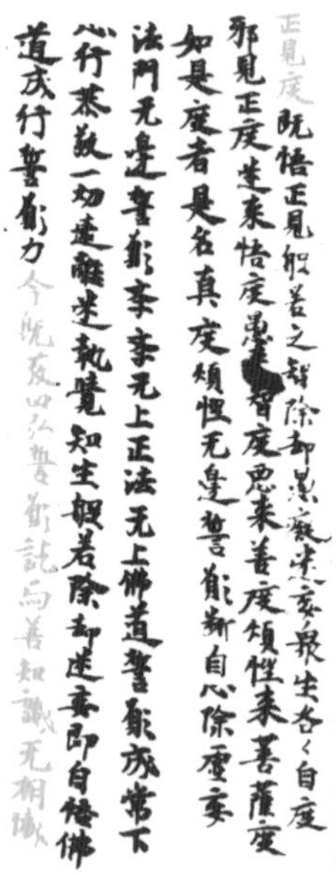

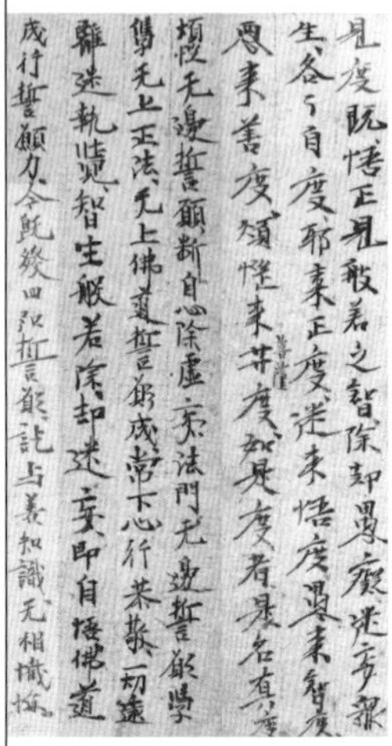

【校正】

既悟正見般若之智，除卻愚癡迷妄。衆生各各自度❶，邪來正度①，迷來悟度，愚來智度，惡來善度，煩惱來菩提②度，如是度者，是名真度。煩惱無邊誓願斷，自心除虛妄。法門無邊誓願學，學無上正法。無上佛道誓願成，常下心行，恭敬一切，遠離迷執，覺智③生般若，除卻④迷妄，即自悟佛道成，行誓願力。

【校訂】

①邪來正度：敦博本與國圖本皆脫，英博本作「邪見正度」，旅博本與惠昕五本皆作「邪來正度」，當補「邪來正度」。

②菩提：敦博本作「菩提」，英博本作「菩薩」，旅博本作「𦬆」，並在此字右旁書「菩薩」二字，此字乃「菩薩」二字的簡寫，國圖本作「䕶」，實為「菩提」二字之簡寫，依底本作「菩提」，下不出校。

③覺智：英博本作「覺知」，敦博本、旅博本與國圖本皆作「覺智」。若為古今字，當作「覺智」，若感官的「覺知」而生般若，不合佛法原理，當作「覺智」。

④以下自「迷妄」起始，止於「願自三寶」，國有本僅存殘卷一頁五行，共七十七字。但敦煌三本、國有本與國圖本諸本之間文字內容有異，國有本作：「迷妄即自悟佛道成行誓願力今既發四弘誓願訖與善知識無相懺悔三世罪障大師言善知識歸依覺兩足尊歸依正離欲尊歸依淨眾中尊從今已後稱佛為師更不歸依餘邪迷外道願自三寶」，相對於敦煌三本以及國圖本無「授無相懺悔」一節。

【註釋】

❶自度：禪宗向來強調自己度化自己，這與佛教的根本精神相契合，因為眾生皆有佛性，悟道皆能成佛，如淨土宗雖然強調必須仰仗阿彌陀佛的功德願力，方能往生西方極樂世界，但仍須勤念阿彌陀佛方得往生，可見生命的主宰仍是當下的自己。

【解釋】

既然覺悟正確的知見，體悟到般若的妙智慧，即能除去愚癡的迷惑及妄念。眾生人人都自己度化自己，邪惡的心行用正道的觀念與行為來度化自己，迷惑生起時以覺悟來度化自己，愚癡生起時以智慧來度化自己，惡念生起時以善心善行來度化自己，煩惱生起時以覺悟的菩提來度化自己，如此真實度化自己的人，是稱為真正的度化解脫。誓願斷除無邊的煩惱，從自己的心中除去虛幻與妄念。佛教的修行法門無量無邊，都發誓深願好好地學習，學習最高無上的正法。至高無上的佛道，都發誓深願能夠成就，經常謙卑地伏下自己的心念及行為，以恭謹敬慎的態度面對一切生活的事情，遠遠離開迷惑與執著，從覺悟的實相自然生出般若的解脫妙智慧，除去迷惑與妄念，就是自己覺悟成就佛道，展現與實踐發誓深願的力量。

【討論】

一、惠能以為吾人要如何自度？在生活中如何具體地實現「自度」的要領？

二、惠能說學習佛法要能「恭敬一切，遠離迷執」，在生活中如何實行？

三、何謂「誓願力」？學佛修行者或一般人是否須要有所「誓願」？

	敦博本	英博本	旅博本
【原文圖版——第二十二折二之一】	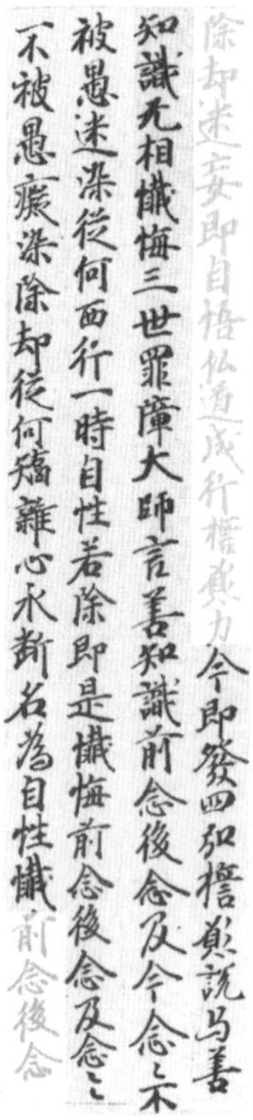	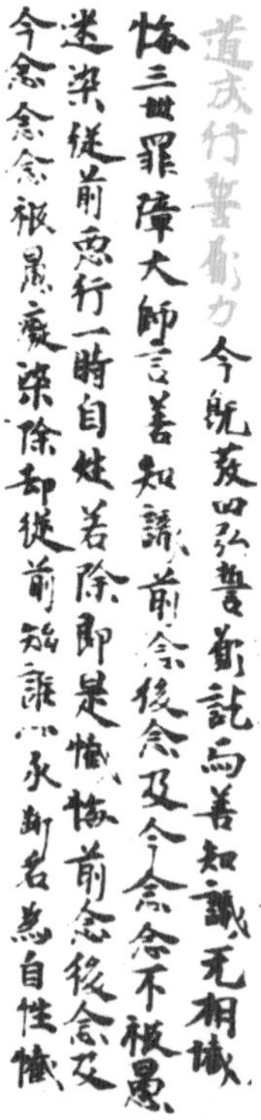	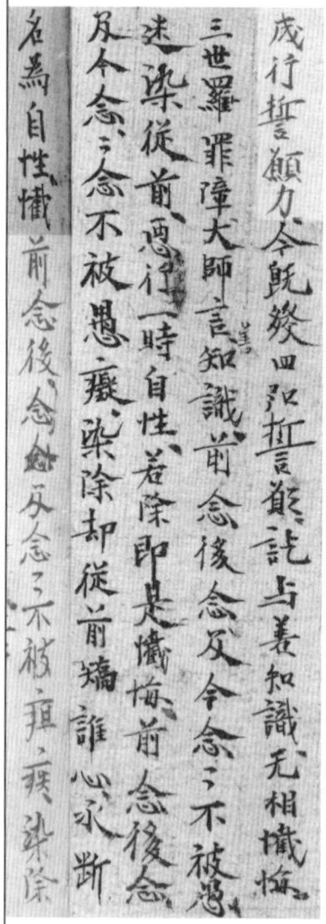
【錄文】	□□□□□□□□□□□□□□今即發四弘誓願說與善 知識無相懺悔三世罪障大師言善知識前念後念及今念念不 被愚迷染從何西行一時自性若除即是懺悔前念後念及念念念 不被愚癡染除却從何矯雜心永断名為自性懺	□□□□□□今既發四弘誓願訖與善知識無相懺 悔三世罪障大師言善知識前念後念及今念念不被愚 迷染從前惡行一時自姓若除即是懺悔前念後念及 今念念念被愚癡染除却從前矯誰心永断名為自性懺	□□□□□今既發四弘誓願訖與善知識無相懺悔 三世罪罪障大師言善知識前念後念及今念念不被愚 迷染從前惡行一時自性若除即是懺悔前念後念 及今念念不被愚癡染除却從前矯誰心永断 名為自性懺

【校正】

今既①發四弘誓願訖②，與善知識授無相懺悔③，滅三世罪障④。大師言：「善知識！前念後念及今念，念念⑤不被愚迷染。從前惡行一時除⑥，自性若除即是懺⑦。前念後念及今念⑧，念念不被愚癡染。除卻從前矯誑心⑨，永斷名為自性懺。」

【校訂】

①既：英博本、旅博本、國圖本與國有本皆作「既」，敦博本同音借字作「即」，當作「既」。

②訖：英博本、旅博本與國有本皆作「訖」，敦博本與國圖本皆作「說」，當作「訖」。

③授無相懺悔：敦煌三本、國圖本與國有本皆作「無相懺悔」，與聖本與寬永本皆作「授無相懺悔」，當補「授」字。

④滅三世罪障：敦煌三本、國圖本與國有本皆作「三世罪障」，與聖本與寬永本皆作「滅三世罪令得三業清淨」，當補「滅」字。

⑤念念：敦煌三本皆少一個重文符號，國圖本是，當補「念」字。

⑥從前惡行一時除：敦博本與國圖本皆作「從何西行一時」，英博本與旅博本皆作「從前惡行一時」。此段無相懺應是七字句式，石井校本補「除」字而成「從前惡行一時除」，觀其文義可從。

⑦自性若除即是懺：英博本作「自姓若除即是懺悔」，敦博本、旅博本與國圖本皆作「自性若除即是懺悔」，此段無相懺應是七字句式，闇校本刪去「悔」字，觀其文義可從。

⑧今念：敦博本與國圖本皆脫「今」字，英博本與旅博本皆作「今念」，當補之。

⑨除卻從前矯誑心：敦博本與國圖本皆作「除卻從何矯雜心」，英博本與旅博本皆作「除卻從前矯誰心」，與聖本、寬永本皆作「從前所有惡業憍狂等罪，悉皆懺悔，願一時消滅，永不復起」，綜觀前後文義，作「除卻從前矯誑心」為宜。

【解釋】

如今既然發起四種弘大的誓願完畢，惠能授與各位學佛的朋友們不執著各種形相的懺悔，滅除過去世、現在世與未來世三世的罪惡業障。惠能大師說：「各位學佛的朋友們！心中前一個念頭、後面一個念頭及當下這個念頭，念念都不會被愚癡迷惑染著而執著。以前的罪惡行為當下一次就滅除，在自己的本性中若是除滅罪惡的邪念，就是懺悔；前一個念頭、後面一個念頭及當下這個念頭，念念都不會被愚癡染著而執著，滅除以前矯飾虛誑的心，永遠的斷除愚癡迷妄與執著矯飾的心，就稱為自己在清淨本性中澈底地懺悔。」

【討論】

一、何謂「無相懺悔」？惠能為何提倡「無相懺悔」？

二、為何有相的「從前惡行」能夠因為「念念不被愚迷染」而「一時除」呢？

三、惠能強調「自性」的「懺悔」，其主要的禪學思想特色為何？

四、惠能的「無相懺悔」與世俗的有相懺悔是否相同？在日常生活中如何實踐「無相懺悔」？

	敦博本	英博本	旅博本
【原文圖版——第二十二折二之二】	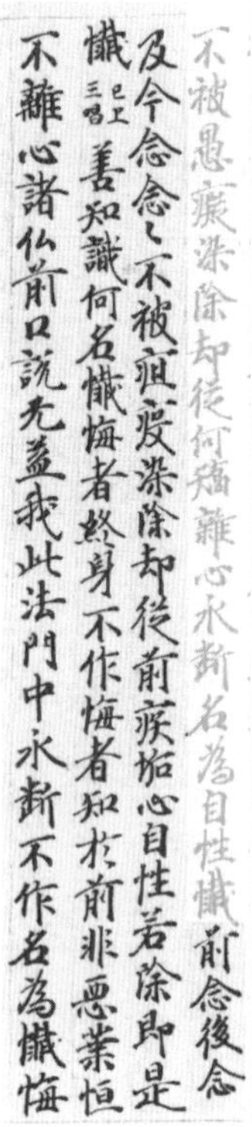	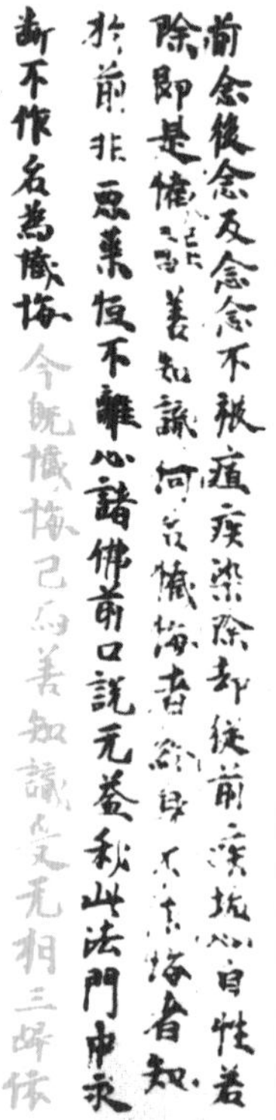	
【錄文】	□□□□□□□□□□□□□□□前念後念 及[今念]念念不被疽[瘦]染除却從前[疾垢]心自性若除即是 懺（已上三唱）善知識何名[懺悔者]終身不作悔者知於前非惡[業恒] 不離心諸仏前口說無益我此法門中永斷不作名為懺悔	前念後念及念念不被疽[疾]染除却從前[疾垢]心自性若 除即是懺（已上三唱）善知識何名[懺悔者]終身不作悔者知 於前非惡[葉恒]不離心諸佛前口說無益我此法門中永 斷不作名為懺悔	□□□□□前念後念~~念~~及念念不被疽[疾]染除 却從前[疾垢]心自性若除即是懺（已上三唱）善知識何名 [懺悔懺悔者]終身不作悔者知於前非惡[葉恒]不離心諸 佛前口說無益我此法門中永斷不作名為懺悔

【校正】

前念後念及今念，念念不被疽疾①❶染。除卻從前嫉妒②❷心，自性若除即是懺。（以上三唱）善知識！何名懺悔③？

懺者④終身不作，悔者知於前非。惡業恆不離心，諸佛前口說無益，我此法門中，永斷不作，名為懺悔。

【校訂】

①疽疾：敦博本與國圖本皆作「疽疫」，英博本與旅博本皆作「疽疾」，當據作「疽疾」為宜。

②嫉妒：敦煌三本與國圖本皆作「疾垢」，當作「嫉妒」，錄校本認為應作「疾妬」，皆通，依文義與現代寫例改。

③何名懺悔：敦博本、英博本與國圖本皆作「何名懺悔者」，旅博本作「何名懺悔」，觀上下文義應以「何名懺悔」為宜。

④懺者：敦博本、英博本與國圖本皆脫，旅博本有重文符號作「懺悔者」，由於下文有「悔者」對句，當以「懺者」二字為對句為宜。可參閱鈴木校本與楊校本。

【註釋】

❶疽疾：「疽」，本為中醫學指皮膚局部腫脹堅硬的一種毒瘡。「疽疾」，意喻毒害與禍患。

❷嫉妒：即忌妒。在《楚辭・離騷》：「羌內恕己以量人兮，各興心而嫉妒。」王逸注：「害賢為嫉，害色為妒。」嫉，妒忌，或作痛恨、憎惡。妒，指忌人之長。嫉，佛教梵語中作 **Irsyā**，此乃心所（心的作用）的特殊名稱，唯識歸為百法之一，另在俱舍屬於七十五法之一。若依據俱舍宗的詮釋，此心法作用能夠引起某種特定的染污心識，同時唯識宗則將其歸屬於「隨煩惱」的一種。因此，嫉妒泛指對於他人的美善，生起不悅的心靈作用，並能引起自我煩惱的障礙與影響他人的負面心理。

【解釋】

以前的心念、後來的心念及當下的心念，每一個念頭都不會被毒害與禍患所污染，滅除從前種種嫉妒的心理，在不生不滅的自性中，若是除滅所有不好的心念就是懺悔。（以上唱三遍）各位學佛的朋友們！什麼是「懺悔」呢？「懺」這個字的意思是終身不再作惡，「悔」這個字的意思是知道以前做錯了哪些事。我們過去生與現在生所做的惡業經常都不會離開我們的心，在諸佛的面前只是口頭上表明自己懺悔並沒有益處，我惠能的禪宗法門中，永遠斷除惡念惡行不再作惡，才稱為懺悔。

【討論】

一、惠能的「懺悔」觀念，與傳統佛教或世俗的觀念有何異同？

二、惠能的「懺者終身不作，悔者知於前非」，能運用到現代生活上而對治自己的缺點嗎？

三、惠能的「懺悔」思想，主要特色為何，又與其禪學思想有何關係？

【原文圖版——第二十三折二之一】

【錄文】

	敦博本	英博本	旅博本
【錄文】	今既懺已與善知識受無相三歸依戒大師言善知識歸依覺 兩足尊歸依正離欲尊歸依淨眾中尊從今已後稱仏為 師更不歸依邪迷外道願自三寶慈悲證明善知識惠能勸 善知識歸依身三寶仏者覺也法者正也僧者淨也	□□□□□□□今既懺悔己與善知識受無相三歸依 戒大師言善智識歸衣覺兩足尊歸衣正離欲歸衣淨 眾中尊從今己後稱佛為師更不歸衣餘邪名外道願 自三寶慈悲燈名善知識惠能勸善善知識歸衣三寶 佛者覺也法者正也僧者淨也	□□□□□□□□□□□□□□□□□□□今 既懺悔己與善知識受無相三歸依戒大師言善智識 歸依覺兩足尊歸依正離欲尊歸依淨眾中尊 從今已後稱佛為師更不歸依餘邪迷外道願自三 寶慈悲證明善知識惠能勸善知識歸依身三寶 佛者覺也法者正也僧者淨也

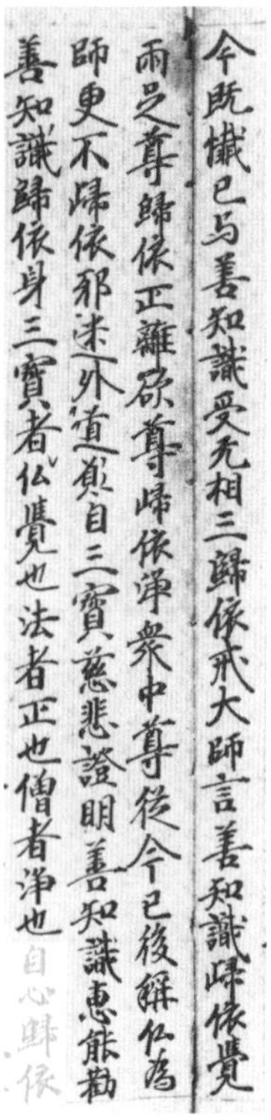

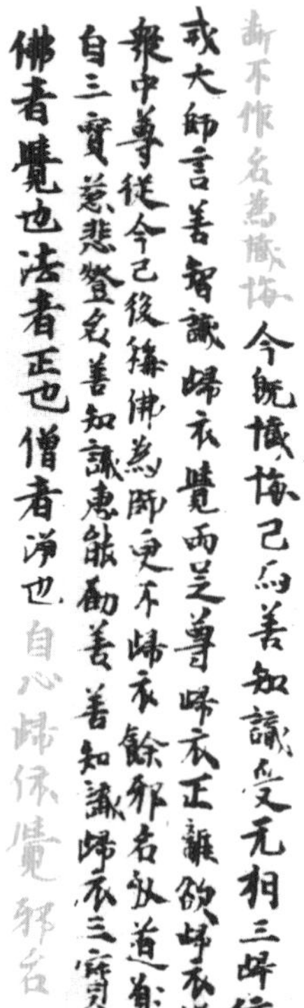

【校正】

今既懺悔①已，與善知識授無相三歸依戒。大師言：「善知識！歸依覺❶，兩足尊；歸依正❷，離欲尊；歸依淨❸，眾中尊。從今以後，稱佛為師，更不歸依邪迷外道❹，願自三寶②慈悲證明❺。善知識！惠能勸善知識歸依三寶③。佛者④，覺也；法者，正也；僧者，淨也。」

【校訂】

①懺悔：英博本、旅博本與國圖本皆作「懺悔」，敦博本脫「悔」字，當補之。

②國有本殘卷止於「願自三寶」四字。

③歸依三寶：敦博本與旅博本皆在「三寶」前有「身」字，英博本與國圖本並無「身」字，依上下文義當作「歸依三寶」即可，故底本的「身」為衍字，當刪去。

④佛者：英博本、旅博本與國圖本皆作「佛者」，敦博本作「者佛」，但旁有交換符號，故知應倒置為「佛者」。

【註釋】

❶覺：覺即是佛，佛的體性就是覺悟，所以歸依覺即等於歸依佛。

❷正：是指宇宙間正確解脫的修行方法與宇宙的實相原理，因此歸依正，即是歸依正法。

❸淨：指出家僧眾持戒清淨，因此歸依淨即是歸依守持清淨戒律的出家僧寶。

❹外道：指佛教以外的宗教，或是修行解脫以外的修持門派。

❺證明：吾人歸依三寶，主要是歸依自性中的三寶，十方三世的佛法僧，皆為吾人歸依自性三寶的證明。

【解釋】

如今既然發願懺悔完畢，我就與各位學佛的朋友們傳授無相三歸依的戒律。惠能大師說：「各位學佛的朋友們！歸命學習佛陀的覺悟，就會成為具備兩足的尊者；歸命學習佛陀的正法，就會成為離開欲望執著的尊者；歸命學習佛陀門下的清淨僧侶，就會成為統領大眾的尊者。從今天歸依以後，稱呼佛陀為自己的老師，更不會去歸依邪惡迷執的外道，希望佛法僧三寶慈憫悲切地證明歸依的信心。各位學佛的朋友們！惠能勸導各位朋友歸依佛法僧三寶。『佛』的意思，就是『覺悟』；『法』的意思，就是『實相』；『僧』的意思，就是『清淨』。」

【討論】

一、何謂「無相三歸依戒」？歸依外在的佛、法、僧與自性中的佛、法、僧有何異同？

二、「佛」的特性為何？「法」的特性為何？「僧」的特性為何？

三、禪宗強調明心見性，為何還要歸依？

【原文圖版——第二十三折二之二】

敦博本	英博本	旅博本

【錄文】

敦博本

□□□□□□□□□□□□□□□□□□□□自心歸依
覺邪迷不生少欲知足離財離色名兩足尊自心歸依正念念
無邪故即無愛著以無愛著名離欲尊自心歸依淨一切塵
勞妄念雖在自性自性不染著名眾中尊凡夫解從日至日
受三歸依戒若言歸仏仏在何處若不見仏即無所歸既無所
歸言却是妄善知識各自觀察莫錯用意經中只言自歸依
仏不言歸依他仏自性不歸無所處

英博本

□□□□□□□□□□□□自心歸依覺邪名
不生少欲知足離財離色名兩足尊自心歸正念念無
邪故即無愛著以無愛著名離欲尊自心歸淨一切塵勞
妄念雖在自姓自姓不染著名眾中尊凡夫解從日至日受
三歸衣戒若言歸佛佛在何處若不見佛即無所歸既
無所歸言却是妄善知識各自觀察莫錯用意經中只
即言自歸依佛不言歸他佛自姓不歸無所處

旅博本

□□□□□□□□□□□□自心歸依覺邪迷不
生少欲知足離財離色名兩足尊自心歸正念念
無邪故即無愛著以無愛著名離欲尊自心歸淨一切
塵勞妄念雖在自性自性不染著名眾中尊凡夫
解從日至日受三歸依戒若言歸佛佛在何處若
不見佛即無所歸既無所歸言却是妄善知識各自
觀察莫錯用意經中只言自歸依佛不言歸
他佛自性不歸無所處

【校正】

自心歸依覺，邪迷不生，少欲知足，離財離色，名兩足尊。自心歸依正，念念無邪故，即無愛著❶，以無愛著，名離欲尊。自心歸依淨，一切塵勞妄念，雖在自性，自性不染著，名眾中尊❷。凡夫不解①，從日至日，受三歸依戒。若言歸佛，佛在何處？若不見佛，即無所歸；既無所歸，言卻是妄。善知識！各自觀察，莫錯用意，經中只言自歸依佛❸，不言歸依他佛。自性不歸，無所依處②。

【校訂】

①凡夫不解：敦煌三本皆作「凡夫解」，國圖本作「凡夫解脫」，惠昕五本皆作「凡夫不會」，錄校本以為應作「凡夫不解」，可從，參閱鈴木校本、楊校本等。

②無所依處：敦煌三本皆作「無所處」，國圖本作「依無所處」，錄校本以為當作「無所歸處」，但觀文義及「歸」、「依」並用之例，當作「無所依處」。

【註釋】

❶愛著：指貪愛執著。

❷眾中尊：指歸依三寶中的清淨僧寶，自然得以道德崇高，可以統領大眾，成為人民大眾中的尊貴對象。

❸自歸依佛：即是歸依自性中的佛性，所以說是自己歸依生命本覺中的法身佛性，這是惠能強調歸依自性中三寶的特質。

【解釋】

自心歸依覺悟，邪惡執迷不會生起，欲望減少知道滿足，離開錢財的追求與離開美色的誘惑，就稱為具備兩足的尊者。自心歸依實相的正法，每一個念頭都沒有邪惡的緣故，就沒有愛恨的執著，因為沒有愛恨的執著，就稱為離開欲望的尊者。自心歸依清淨，一切塵俗煩惱的妄念，雖然在自性中會顯現，但是清淨的自性是不會執著的，就稱為大眾中的尊者。世俗的凡夫不能瞭解這個道理，從過去到未來，一直都接受三歸依的戒律而不明白真實的意思。若是說歸依佛陀，那麼「佛」在哪裡呢？若是沒有見到佛陀，就沒有歸依的對象；既然沒有歸依的對象，說是歸依卻是虛妄不實的。各位學佛的朋友們！自己自我觀察與思考，不要錯會了佛法的真實意思，佛經中只是說自己歸依佛陀，不說歸依外在的佛陀。自己清淨的本性不去歸依，就沒有可以歸依的地方了。

【討論】

一、惠能是否反對有相的三歸依？惠能認為歸依佛法僧三寶是歸依外在的佛法僧嗎？

二、惠能是否強調應歸依自性三寶，原理為何？

【原文圖版——第二十四折二之一】

【錄文】

敦博本	英博本	旅博本
□□□□□□□□□□□□□□今既自歸依三寶惣各各 至心與善知識說摩訶般若波羅蜜法善知識雖念不解惠能 與說各各聽摩訶般若波羅蜜者西國梵語唐言大智惠彼岸到 此法須行不在口念口念不行如如化修行者法身與仏等也	□□□□□□□□□□□□□□□□□□今既自歸 衣三寶惣各各至心與善知識說摩訶般若波羅蜜 法善知識雖念不解惠能與說各各聽摩訶般若波羅蜜 者西國梵語唐言大智惠彼岸到此法須行不在口口念不行如 如化修行者法身與佛等也	□□□□□□□□□今既自歸依三寶惣各各 至心與善知識說摩訶般若波羅蜜法善知識雖 念不解惠能與說各各聽摩訶般若波羅蜜者西國 梵語唐言大智惠彼岸到此法須行不在口念口念不 不行如如化修行者法身與仏等也

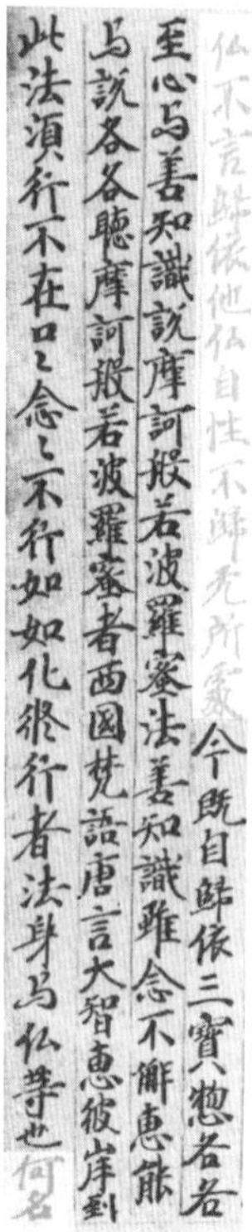

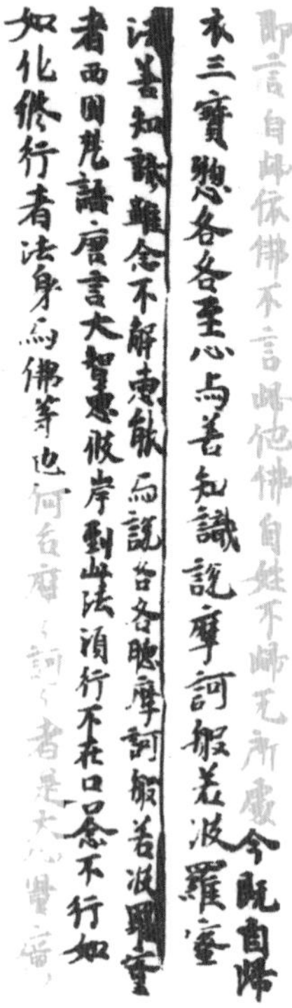

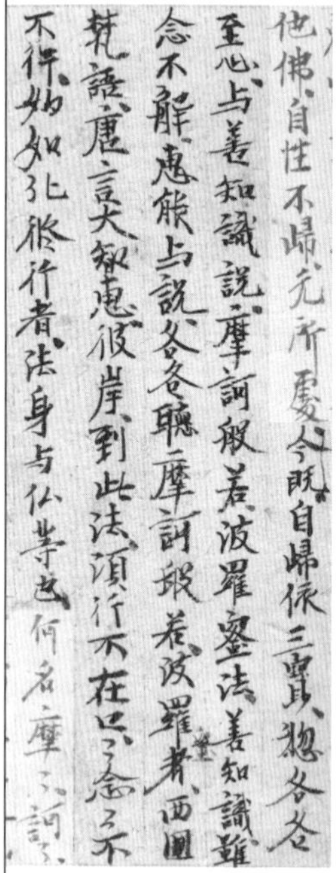

【校正】

今既自歸依三寶，總各各至心❶，與善知識說摩訶般若波羅蜜法。善知識雖念不解，惠能與說，各各聽。摩訶般若波羅蜜者，西國❷梵語，唐言大智慧到彼岸①❸。此法須行，不在口念。口念不行，如幻如化②。修行者，法身與佛等也。

【校訂】

①到彼岸：敦煌三本與國圖本皆作「彼岸到」，石井校本、楊校本與錄校本皆作「到彼岸」，可採用。

②如幻如化：敦煌三本與國圖本皆作「如如化」，與聖本與寬永本皆作「如幻如化」，當作「如幻如化」。

【註釋】

❶至心：最誠摯的誠心。

❷西國：在此指佛教的發源地，就是現在印度與尼泊爾一帶地方。

❸到彼岸：梵語為 pāramitā。音譯為波羅蜜、波羅蜜多、波囉弭多。意譯為度、度無極、事究竟等。意思是指由生死的此岸到涅槃解脫的彼岸，或者直譯為大乘解脫的法門，同時有達到及路徑的雙重意義。

【解釋】

如今既然自己歸依了自性的三寶，總是每個人都以最誠摯的誠心，追求佛法而希望了解自己的本心，我惠能接著與各位學佛的朋友們，解說摩訶般若波羅蜜的法門。學佛的朋友們雖然會念摩訶般若波羅蜜，但並不瞭解其中的意思，惠能為大家解說，請你們各自聆聽。摩訶般若波羅蜜這句話，是西方印度國的梵語發音，唐代的漢語翻譯是大智慧到清淨解脫的彼岸。這項法門必須修行實踐，不是在口中誦念。口中誦念而不去修行實踐，如同虛無幻化。修行這項法門的人，他的法身與佛陀的法身是相等的。

【討論】

一、何謂「摩訶般若波羅蜜」？口中誦念與實踐修行有何差別？

二、惠能的傳承法系為「教外別傳」的禪宗，他為何會解說般若思想中「摩訶般若波羅蜜」的法門？

【原文圖版——第二十四折二之二】

敦博本

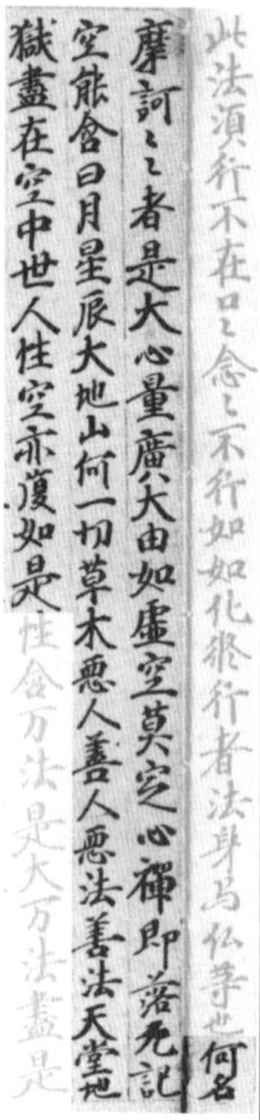

英博本

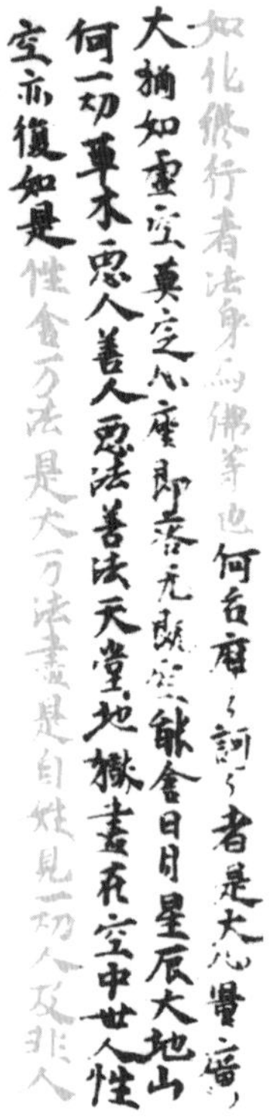

旅博本

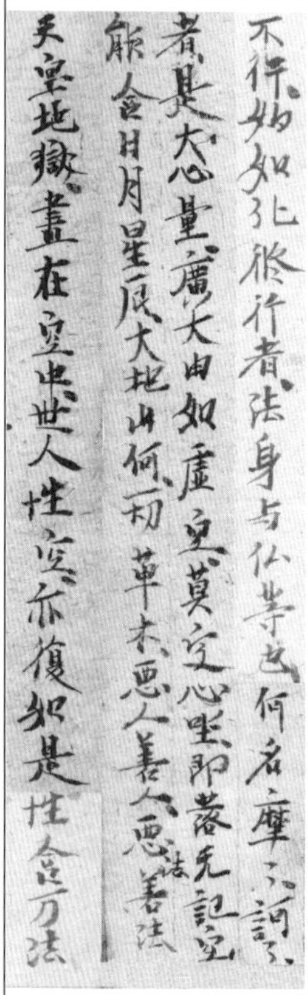

【錄文】

敦博本

□□□□□□□□□□□□□□□□□□□□□何名
摩訶摩訶者是大心量廣大[由]如虛空[莫定心禪]即落無[記]
空能含日月星辰大地山[何]一切草木惡人善人惡法善法天堂地
獄盡在空中世人性空亦復如是

英博本

□□□□□□□□□□□何名摩訶摩訶者是大心量廣
大[猶]如虛空[莫定心座]即落無[既]空能含日月星辰大地山
[何]一切草木惡人善人惡法善法天堂地獄盡在空中世人性
空亦復如是

旅博本

□□□□□□□□□□□□□□何名摩訶摩訶
者是大心量廣大[由]如虛空[莫定心坐]即落無[記]空
能含日月星辰大地山[何]一切草木惡人善人惡法善法
天[空]地獄盡在空中世人性空亦復如是

【校正】

何名摩訶❶？摩訶者是大。心量廣大，猶如①虛空。若空心坐禪②，即落無記❷空。虛空③能含日月星辰大地山河④，一切草木，惡人善人，惡法善法，天堂地獄，盡在空中，世人性空，亦復如是。

【校訂】

①猶如：英博本作「猶如」，敦博本、旅博本與國圖本皆作「由如」，當改之，下不出校。

②若空心坐禪：敦博本與國圖本皆作「莫定心禪」，英博本作「莫定心座」，旅博本作「莫定心坐」，真福本、大乘本與天寧本皆作「若空心淨坐」，與聖本與寬永本皆作「若空心靜坐」，觀上下文義，當作「若空心坐禪」。

③虛空：惠昕五本皆在「能」上有「虛空」二字，敦煌三本與國圖本皆脫，觀其文義可補之。

④河：敦煌三本皆作「何」，國圖本作「河」，當作「河」。

【註釋】

❶摩訶：梵語為 mahā，巴利語亦同。又作摩賀、莫訶、摩醯。漢譯為大。有多、勝、大、妙的意思，但佛教將此語有延伸至「甚大」或「超級大」的含義，藉以表示出世間法的殊勝。在今天印度、斯里蘭卡、馬來西亞等地仍以此語說明「大」的意義。

❷無記：梵語為 avyākṛta。佛教將世間一切法分為善、不善與無記三種性質，無記就是非善與非不善者，因為不能被歸類為善性或者惡性，所以稱為無記。雖然是無記的非善與非不善，但仍是輪迴中的有漏法，依然會受到因緣果報的束縛，不能解脫生死輪迴的痛苦。

【解釋】

為什麼稱為「摩訶」？「摩訶」的意思是「大」。一個人心量廣大，有如虛空一般。若是空心禪坐，就會落入不能分析辨別善惡的空幻中。然而虛空能夠包含日月星辰大地山川河流，一切小草樹木，邪惡的人與善良的人，不好的境界與好的境界，天堂與地獄，都在虛空之中，世人的本性是空幻不實，也是如此的。

【討論】

一、何謂「摩訶」？「摩訶」只有「大」的意思嗎？

二、惠能一則說「若空心坐禪，即落無記空」，又說「虛空能含日月星辰，……天堂地獄，盡在空中，世人性空，亦復如是」，試問惠能所說的「空心」與「虛空」，有何異同？在修行觀念中有何差別？

三、何謂「無記空」？

	敦博本	英博本	旅博本
【原文圖版——第二十五折】			
【錄文】	□□□□□□□□□□□□□性含萬法是大萬法盡是 自[性]見一切人及非人惡[之]與善惡法善法盡皆不捨不可染著 [由]如虛空名之為大此是摩訶行迷人口念智者[心]又有[迷]人 空心不思名之為大此亦不是心量國[大]不行是[小]莫口空 說不修此行非我弟子	□□□□□性含萬法是大萬法盡是自[姓]見一切人及非人 惡[知]與善惡法善法盡皆不捨不可染著[由]如虛空名 之為大此是摩訶行迷人口念智者[心]又有[名]人空心不思名之 為大此亦不是心量[大]不行是[少]莫口空說不修此行非我弟子	□□□□□□□□□□□□□□□□性含萬法 是大萬法盡是自[性]見一切人及非人惡[之]與善惡法 善法盡皆不捨不可染著[由]如虛空名之為大此 是摩訶行迷人口念智者[心]又有[迷]人空心不思名 之為大此亦不是心量[大]不行是[小]莫口空說不修此 行非我弟子

【校正】

性含萬法是大，萬法盡是自性。見一切人及非人，惡之與善，惡法善法，盡皆不捨❶，不可染著，猶如虛空，名之為大，此是摩訶行①。迷人口念，智者心行②。又有迷人，空心不思，名之為大，此亦不是。心量廣大③，不行是小。莫口空說，不修此行，非我弟子❷。

【校訂】

①摩訶行：敦煌三本與國圖本皆作「摩訶行」，筆者疑「行」為「衍」字，「摩訶衍」即是大乘佛法的意思。「行」，楊校本以為是衍字而去掉。李校本在註三十一中以為「摩訶行」是「為禪宗的修習作了理論的論證」，參閱其書頁七十七。綜觀諸說，暫時保持原文字義。

②智者心行：敦煌三本與國圖本皆作「智者心」，真福本、大乘本、天寧本與寬永本皆作「智者心行」，下文亦有相同字句，故知作「智者心行」。

③心量廣大：敦煌三本與國圖本皆作「心量大」，下文亦有「心量廣大」句，當改為「心量廣大」。

【註釋】

❶盡皆不捨：在此所謂的「不捨」，並非世俗的捨不得，而是「不捨棄」的意思，或是「不斷除」的意思，這項觀點與天台宗的「不斷斷」及《維摩詰所說經》的「但除其病而不除法」的觀念相通。因此，盡皆不捨為保存萬法，不必刻意斷除惡法，但最重要的是「不可染著」，亦即不可執著的意思。

❷非我弟子：在此有雙重涵義，一指「不是我惠能的弟子」，另一指「不是具備正確知見與信仰的佛教弟子」。

【解釋】

自性包含宇宙萬法就是「大」(摩訶)，萬法都是自性的顯現。看見一切人類與非人類，邪惡的與善良的，惡法與善法，都不會捨棄，也不可以執著，正有如虛空一般，就稱之為「大」，這就是「摩訶」的修行實踐。迷惑的人口中誦念，智慧的修行者心念實行。又有迷惑的人，認為心中放空而不去思維，就稱之為「大」，這也是不對的。修行者心量是廣大無邊的，不去修行就是「小」的境界格局。不要口中空說白話，不去實修這項法門，如果是這樣就不是我惠能與佛教的弟子。

【討論】

一、惠能說「迷人口念，智者心行」，如何在日常生活中實踐「智者心行」？

二、為何惠能會說「見一切人及非人，惡之與善，惡法善法」，都要「盡皆不捨」呢？難道「惡法」也不能捨棄嗎？惠能為何又說「不可染著」？兩者之間如何平衡？

三、惠能一直強調「心量廣大」，吾人如何可以在日常生活中做到「心量廣大」的境界？

【原文圖版——第二十六折三之一】

	敦博本	英博本	旅博本
【錄文】	□□□□□□□□□何名般若般若是智惠一時中念念不思常行智惠即名般若行一念思即般若絕一念智即般若生心中常愚我修般若無形相智惠性即是何名般若波羅蜜此是西國梵音唐言波岸到解義離生滅著境生滅起	何名般若般若是智惠一時中念念不愚常行智惠即名般若行一念愚即般若絕一念智即般若生心中常愚我修般若無形相智惠性即是何名波羅蜜此是西國梵音言彼岸到解義離生滅著竟生滅去	□□□□□何名般若般若是知惠一時中念念不愚常行智惠即名般若行一念愚即般若絕一念智即般若生心中常愚我修般若般無形相智惠性即是何名波羅蜜此是西國梵音唐言彼岸到解義離生滅着著境生滅起

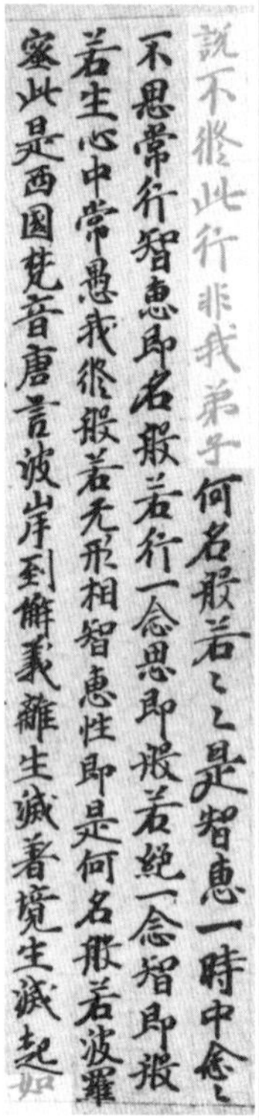

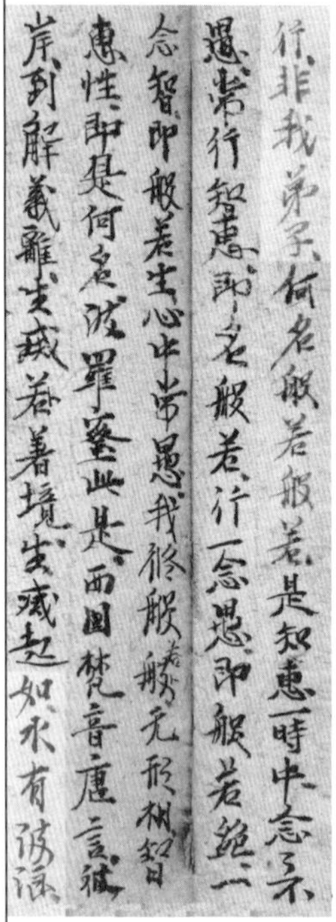

【校正】

何名般若？般若是智慧。一切時中①，念念不愚②，常行智慧，即名般若行。一念愚③即般若絕，一念智即般若生。世人心中常愚，自言我修般若④。般若無形相⑤，智慧性即是。何名波羅蜜⑥❶？此是西國梵音，唐言彼⑦岸到。解義離生滅，著境生滅起。

【校訂】

①一切時中：敦煌三本與國圖本皆作「一時中」，西夏本作「一切時中」，當補「切」字為「一切時中」，文句方顯通順。

②不愚：英博本與旅博本皆作「不愚」，敦博本與國圖本皆作「不思」，當作「不愚」。

③一念愚：英博本與旅博本皆作「一念愚」，敦博本與國圖本皆作「一念思」，當作「一念愚」。

④世人心中常愚，自言我修般若：敦煌三本皆作「心中常愚，我修般若」，國圖本作「心常愚，我修般若」，西夏本有「自言」，無「世人」，鈴木校本、楊校本與石井校本補「世人」與「自言」，錄校本以為田中校本與杜校本只補「自言」為勝。綜觀前後文義，以鈴木校本為佳。

⑤般若無形相：敦博本、英博本與國圖本皆無「般若」二字，旅博本在「般」字旁有刪除號，真福本、大乘本、天寧本與寬永本皆作「般若無形相」，當補「般若」二字。

⑥何名波羅蜜：英博本、旅博本與國圖本皆無「般若」二字，敦博本在「波羅蜜」前衍「般若」二字，當刪去。

⑦彼：英博本、旅博本與國圖本皆作「彼」，敦博本誤作「波」，當改「波」為「彼」。

【註釋】

❶波羅蜜：梵語為 pāramitā，指從生死煩惱的此岸而達到解脫涅槃的彼岸。又作波囉弭多、波羅蜜多。意譯為度、事究竟、到彼岸、度無極等。通常指菩薩的修行能究竟一切自覺覺他的情事，所以稱為「事究竟」。同時，能夠搭乘這種修行的法門，由生死的此岸到達解脫涅槃的彼岸，因此稱為「到彼岸」。此外，波羅蜜也有到達彼岸、修行圓滿、事情終了與最上終極等各種涵義。

【解釋】

什麼稱為「般若」呢？般若就是妙智慧。在生活中的一切時間內，每一個心念都不是愚癡的，經常修行明明白白的妙智慧，就稱為般若修行的法門。一個心念愚癡就是般若滅絕，一個心念智慧就是般若生起。世間的人心中經常愚癡，自己告訴自己我是修持般若法門。然而般若並沒有形體相貌，智慧的本性就是如此。什麼稱為「波羅蜜」呢？這是西方印度國的梵語，唐代的漢語翻譯稱為「彼岸到」。應當瞭解「般若波羅蜜」其中的意義，就是超越離開生滅的對立，若是執著外在的境界，生滅的對立就會生起。

【討論】

一、惠能說「般若是智慧」，果真如此嗎？般若的「智慧」與世間的「智慧」，有何差別？

二、如何可以在生活中做到「一切時中，念念不愚」的境界？

三、何謂「般若波羅蜜」？如何在生活中做到「般若波羅蜜」？

【原文圖版——第二十六折三之二】

【錄文】

敦博本	英博本	旅博本
□□□□□□□□□□□□□□□□□□□□□□如 水有波浪即是於此岸離境無生滅如水永長流故即名到 彼岸故名波羅蜜迷人口念智者心行當念時有妄有妄即非 真有念念[若不行]是名真有悟此法者悟般若法修般若行 不修即凡一念修行法身等仏	□□□□□□□□□如水有波浪即是於此岸離境無生 滅如水永長流故即名到[被]岸故名波羅蜜迷人口念智者心行 當念時有妄有妄即非真有念念[若行]是名真有悟此法者悟 般若法修般若行不修即凡一念修行法身等佛	□□□□□□□□□□□□□如水有波浪 即是於此岸離境無生滅如水永長流故即名到彼 岸故名波羅蜜迷人口念智者心行當念時有妄 有妄即非真有念念[若行]是名真有悟此法者 悟般若法修般若行不修即凡一念修行法身等 仏

【校正】

如水有波浪，即是於此岸；離境無生滅❶，如水永長流，故即名到彼岸，故名波羅蜜。迷人口念，智者心行。當念時有妄，有妄即非真有；念念若行①，是名真有。悟此法者，悟般若法，修般若行。不修即凡，一念修行，法身等佛。

【校訂】

①念念若行：敦博本與國圖本皆作「念念若不行」，英博本與旅博本皆作「念念若行」，應作「念念若行」。

【註釋】

❶離境無生滅：在此指離開外相境界的執著，就不會有生起與滅絕的對立，亦即離開了生滅法的相對立而進入不生不滅的法性。

【解釋】

如同河水中有沉浮的波浪，就是在這個生死輪迴的「此岸」；離開外相境界的執著，就沒有生起與滅絕的對立，有如河水永恆的長遠流動，因此稱為解脫生死輪迴的「到彼岸」，又因此稱為「波羅蜜」。迷惑的人口中誦念，智慧的人心念修行。當心念發動的時候有妄念執著，有妄念執著就不是真正擁有般若；每一個心念若是真正地修行，就是真正顯現了般若。領悟這項頓悟法門的修行者，覺悟般若的法義，修持般若的行門。不去修行即是凡夫，發起一個心念修持般若法門，修行者開顯的法身與佛陀的法身即是平等不二。

【討論】

一、惠能以「如水有波浪」比喻什麼？又以「如水永長流」比喻什麼？

二、何謂「到彼岸」？如何可以在生活中「到彼岸」？

三、惠能為何會說「一念修行，法身等佛」？

【原文圖版——第二十六折三之三】

	敦博本	英博本	旅博本
【錄文】	□□□□□□□□□□□□善知識即煩惱是菩提前念迷 即凡後念悟即仏善知識摩訶般若波羅蜜最尊最上第一無 住無去無來三世諸仏從口出將大智惠到彼岸打破五陰煩惱塵 勞最尊最上第一讚最上乘法修行定成仏無去無住無來往 是定惠等不染一切法三世諸仏從中變三毒為戒定惠	□□□□□□□□□□□□□□□□□□善知識即煩惱是 菩提提前念迷即凡後念悟即仏善知識摩訶般若波羅蜜 最尊最上第一無住無去無來三世諸仏從口中出將大知惠到 彼岸打破五陰煩惱塵勞最尊最上第一讚最上最上乘法修行 定成佛無去無住無來往是定惠等不染一切法三世諸仏從 中變三毒為戒定惠	□善知識即煩惱是菩提前念迷即凡後念悟 即仏善知識摩訶般若波羅蜜最尊最上第一 無住無去無來三世諸仏從中出將大智惠到彼岸 打破五陰煩惱塵勞最尊最上第一讚最上最上 乘法修行定成佛無去無住無來往是定惠等 不染一切法三世諸佛從中變三毒為戒定惠

【校正】

善知識！即煩惱是菩提❶。前念迷即凡，後念悟即佛。善知識！摩訶般若波羅蜜，最尊、最上、第一，無住、無去、無來。三世諸佛從中出①，將大智慧到彼岸，打破五陰煩惱塵勞，最尊、最上、第一。讚最上乘法②，修行定成佛。無去、無住、無來往③，是定慧等，不染一切法，三世諸佛從中變三毒為戒定慧。

【校訂】

①三世諸佛從中出：敦博本與國圖本皆作「三世諸佛從口出」，英博本與旅博本皆作「三世諸佛從中出」。但在英博本的「從」與「中」二字右側偏旁補一「口」字，不知何義。綜觀各種校本皆作「三世諸佛從中出」，前後文義相合，改之。

②讚最上乘法：英博本與旅博本皆作「讚最上最上乘法」，敦博本作「讚最上乘法」，國圖本作「讚最上大乘法」，但郭校本與閻校本以為其中「最上」為衍字，觀上下文義與對句形式，當改為「讚最上乘法」。

③無來往：敦煌三本與國圖本皆作「無來往」，錄校本引王梵志與拾得詩，以為其中「往」字為衍字，當刪。但考察其他校本及前後文義，應保留「往」字為宜。

【註釋】

❶即煩惱是菩提：此句話初見《佛說未曾有正法經》卷第一，後見於諸多佛教經論，如《妙法蓮華經玄義》卷第九上、《淨名玄論》卷第三、《大乘義章》卷第十八、《摩訶止觀》卷第八及後世的禪門語錄等。「即煩惱是菩提」主要的思想，是指煩惱的體性與菩提的體性是一致的，若能不執著，萬法就能回復到本心，將一切法的清淨本性彰顯起來，因此不必害怕煩惱，在煩惱的當下轉化，即能呈現菩提的清淨本性。

【解釋】

各位學佛的朋友們！即這個煩惱就是菩提。前一個心念迷惑就是凡夫，後一個心念覺悟就是佛陀。各位學佛的朋友們！摩訶般若波羅蜜的修行法門，是最為尊貴、最高無上、究竟第一的法門，沒有執著、沒有去處、沒有來源。過去、現在與未來的諸佛，都是從摩訶般若波羅蜜的法門中覺悟出來的，以覺悟的大智慧到達解脫生死的彼岸，打破了五蘊色受想行識的煩惱與塵俗勞務，是最為尊貴、最高無上、究竟第一的法門。讚嘆最高無上的修持法門，修行摩訶般若波羅蜜肯定會成佛。沒有去處、沒有執著、沒有往來，這是禪定與智慧平等融和的展現，不執著一切法，過去、現在與未來的諸佛，從摩訶般若波羅蜜的法門中，轉變貪瞋癡三毒為清淨的戒律、深穩的禪定與解脫的智慧。

【討論】

一、如何以日常生活的實例來詮釋「即煩惱是菩提」？

二、惠能為何會一再讚嘆摩訶般若波羅蜜是「最尊、最上、第一」的修行法門，其理由何在？

三、三世諸佛依摩訶般若波羅蜜，如何轉化貪瞋癡三毒為戒定慧？

【原文圖版——第二十七折】

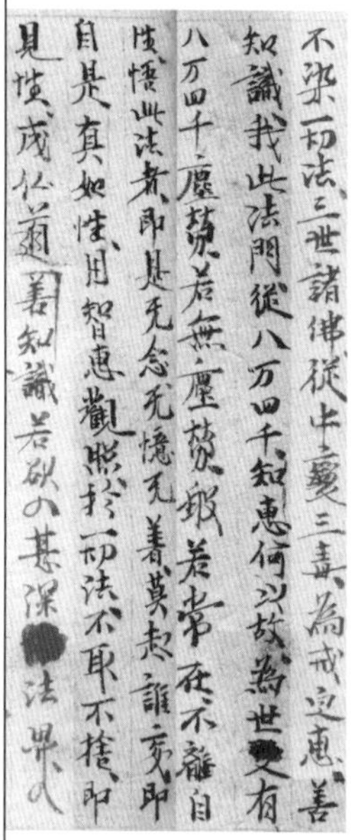

【錄文】

敦博本

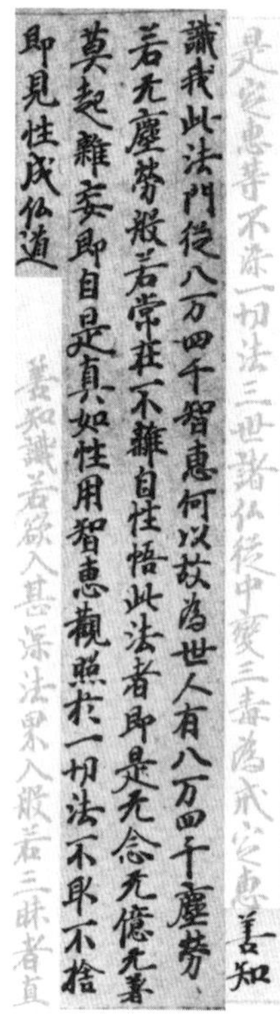

□□□□□□□□□□□□□□□□□□□□□□善知
識我此法門從八萬四千智惠何以故為世人有八萬四千塵勞
若無塵勞般若常在不離自性悟此法者即是無念無億無著
莫起雜妄即自是真如性用智惠觀照於一切法不取不捨
即見性成仏道

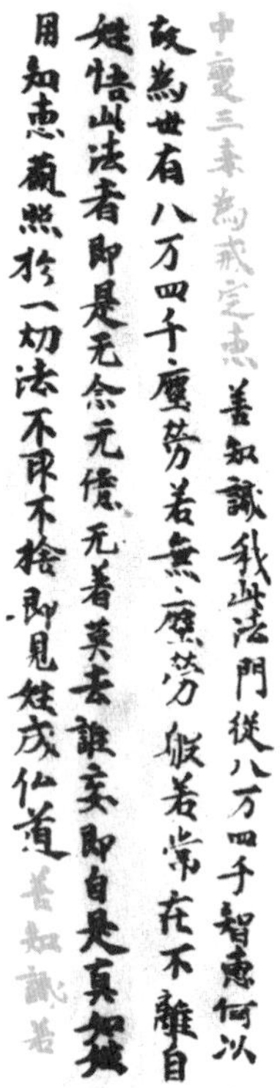

英博本

□□□□□□□□善知識我此法門從八萬四千智惠何以
故為世有八萬四千塵勞若無塵勞般若常在不離自
姓悟此法者即是無念無億無著莫去誰妄即自是真如姓
用知惠觀照於一切法不取不捨即見姓成仏道

旅博本

□□□□□□□□□□□□□□□□□□善
知識我此法門從八萬四千知惠何以故為世人有
八萬四千塵勞若無塵勞般若常在不離自
性悟此法者即是無念無憶無著莫起誰妄即
自是真如性用智惠觀照於一切法不取不捨即
見性成仏道

【校正】

善知識！我此法門，從一般若生八萬四千智慧①。何以故？為世人有八萬四千塵勞❶，若無塵勞，般若常在，不離自性。悟此法者，即是無念、無憶②❷、無著。莫起雜妄③❸，即自是真如性。用智慧觀照，於一切法不取不捨，即見性成佛道。

【校訂】

①從一般若生八萬四千智慧：敦博本、英博本與國圖本皆作「從八萬四千智惠」，旅博本作「從八萬四千知惠」，天寧本與興聖本皆作「從一般若生八萬四千智慧」，觀前後文義當補「一般若生」四字，參閱錄校本、鈴木校本與楊校本。

②無憶：敦博本、英博本與國圖本皆作「無億」，旅博本、大乘本、天寧本、興聖本與寬永本皆作「無憶」，當據改之。

③莫起雜妄：英博本作「莫去誰妄」，旅博本作「莫起誰妄」，真福本、大乘本與天寧本皆作「莫起誑妄」，但敦博本與國圖本皆作「莫起雜妄」，文義亦通，為尊重底本原文字義，暫不改動。

【註釋】

❶塵勞：佛教認為世俗事務的煩惱，即是塵勞。其中，「塵」是指六根相對應的法塵，泛指一切世俗之事。

❷無憶：惠能所謂的無憶，並非沒有任何意念或是憶想，而是「於念而離念」的「離開憶念的執著」，換句話說是「有憶念的生起而無憶念的執著」。

❸雜妄：雜，是指混亂駁雜不精純。妄，是指虛幻不真實。雜妄即是指雜亂不真實的妄念，惠能以為修行者當行直心，心中不要執著混雜的妄念。

【解釋】

各位學佛的朋友們！我的這項法門摩訶般若波羅蜜是從一個般若實相生出八萬四千個智慧。為什麼會如此呢？因為世間的人有八萬四千種煩惱，若是沒有煩惱，般若的妙智慧依然恆常存在，從來都沒有離開自己的佛性。覺悟這項法門的人，就是不執著於心念、不執著於憶想、沒有執著。心中不要執著與生起雜亂不真實的妄念，這個就是真如的佛性。使用般若的妙智慧觀察照見，在一切的境界與修行法門上，都不執取也不捨棄，即此法門即可悟見自己的真如本性，並且成就無上的佛果。

【討論】

一、何謂「從一般若生八萬四千智慧」？般若的體性為何？智慧的象徵為何？

二、惠能說的「無念」是沒有念頭嗎？「無憶」是失去憶念嗎？吾人如何在生活中能夠做到「無念」與「無憶」的境界？

三、惠能說「於一切法不取不捨」，就能「見性成佛道」，其原理為何？吾人如何在生活事件中體會「於一切法不取不捨」？

【原文圖版——第二十八折二之一】

敦博本	英博本	旅博本

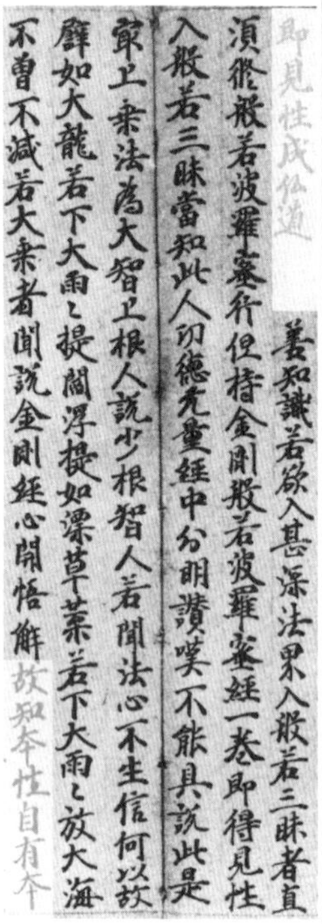

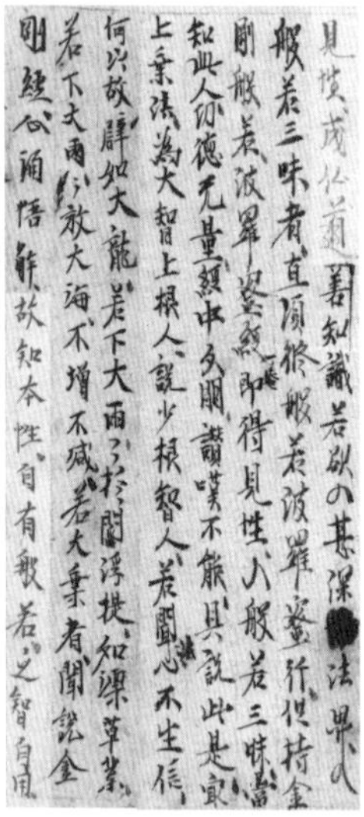

【錄文】

敦博本	英博本	旅博本
□□□□□□善知識若欲入甚深法界入般若三昧者[直] [須][修]般若波羅蜜行但持金剛般若波羅蜜經一卷即得見性 入般若三昧當知此人功德無量經中分[明]讚嘆不能具說此是 最上乘法為大智上根人說[少]根[智]人若聞法心不生信何以故 譬如大龍若下大雨雨[提]閻浮提如漂草葉若下大雨雨[放]大海 [不][曾]不減若大乘者聞說金剛經心開悟解	□□□□□□□□□□□□□□□□□□善知識若 欲入甚深法界入般若三昧者[直][修]般若波羅蜜行但持 金剛般若波羅蜜經一卷即得見性入般若三昧當 知此人功德無量經中分[名]讚嘆不能具說此是最上乘法 為大智上根人說[少]根[智]人若聞法心不生信何以故譬如大龍 若下大雨雨[衣]閻浮提如漂草葉若下大雨雨[放]大海 [不][增]不減若大乘者聞說金剛經心開悟解	□□□□□善知識若欲入甚深法界入 般若三昧者[直][須][修]般若波羅蜜行但持金 剛般若波羅蜜經一卷即得見性入般若三昧當 知此人功德無量經中分[明]讚嘆不能具說此是最 上乘法為大智上根人說[少]根[智]人若聞法心不生信 何以故譬如大龍若下大雨雨[於]閻浮提如漂草葉 若下大雨雨[放]大海不[增]不減若大乘者聞說金 剛經心開悟解

【校正】

善知識！若欲入甚深法界❶，入般若三昧者，直須修般若波羅蜜行，但持《金剛般若波羅蜜經》一卷，即得見性，入般若三昧。當知此人功德無量，經中分明讚嘆，不能具說。此是最上乘法，為大智上根人說。小①根之②人若聞法，心不生信。何以故？譬如大龍，若下大雨，雨於③閻浮提❷，城邑聚落，悉皆漂流④，如漂草葉；若下大雨，雨於⑤大海，不增⑥不減。若大乘者，聞說《金剛經》，心開悟解。

【校訂】

①小：敦煌三本與國圖本皆作「少」，依前後文義應作「小」。下不出校。

②之：敦煌三本與國圖本皆作「智」，依前後文義應作「之」。

③於：國圖本無此字，敦博本作「提」，英博本作「衣」，旅博本作「於」，惠昕五本皆作「於」，錄校本以為唐五代河西方音「衣」與「於」通，當據改之。

④城邑聚落，悉皆漂流：此八字敦煌三本與國圖本皆無，但觀前後文義，應據與聖本與寬永本補之。

⑤於：敦煌三本與國圖本皆作「放」，鈴木校本等多種校本改作「於」，皆通，從諸校本。

⑥增：敦博本作「曾」，英博本、旅博本與國圖本皆作「增」，當據改之。

【註釋】

❶入甚深法界：國圖本作「入甚深心法界」，「法界」一詞，梵語為 **dharma-dhātu**。原指眾生意識所緣的對象及其相對應的所有事物，泛指一切有為及無為的諸法。至於「心法界」之說，在《金剛經》中並無提及，在此經中提到「如來說諸心皆為非心是名為心」，故不應作「心法界」。「入甚深法界」，係指證入法界實相的諸佛境界。

❷閻浮提：梵語 **Jambu-dvīpa** 的音譯，又作贍部提、閻浮利、閻浮提鞞波，略稱閻浮。此洲為佛教傳說中須彌山四大洲的南洲，因此又稱南閻浮提（梵語 **Dakṣiṇa-jambu-dvīpa**）、南贍部洲、南閻浮洲。從佛教經論得知，閻浮提原係指印度附近，後來則泛指人間的世俗世界或地球。

【解釋】

各位學佛的朋友們！若是希望進入極為深入的法界實相，悟入般若三昧的人，應當修持般若波羅蜜法門，只要修持《金剛般若波羅蜜經》一卷，就能悟見自己的本性，悟入般若三昧。應當知道這個人的功德是無量的，在佛經中清楚地讚揚驚嘆，無法具體充分地說明。這個法門是最高無上的修行方法，是為具備大智慧上根的人解說的法門。小根器的人若是聽聞到這個法門，心中不會生起信心。為什麼會如此呢？譬如有一條大龍，若是降下大雨，雨水落於人間的世界，城市村落都隨著急流飄浮，就如同草葉漂浮在水面上；若是降下大雨，雨水落於大海，不會增加也不會減少大海的容量。若是修學大乘佛教的人，聽聞到《金剛經》的經句道理，心地就會開發明朗而覺悟佛法的妙義。

【討論】

一、為什麼惠能要勸持《金剛般若波羅蜜經》？有何特殊因緣？《金剛般若波羅蜜經》在現代生活中可以啟發吾人哪些智慧？

二、何謂「心開悟解」？吾人如何在現代生活中「心開悟解」？

【原文圖版——第二十八折二之二】

敦博本	英博本	旅博本
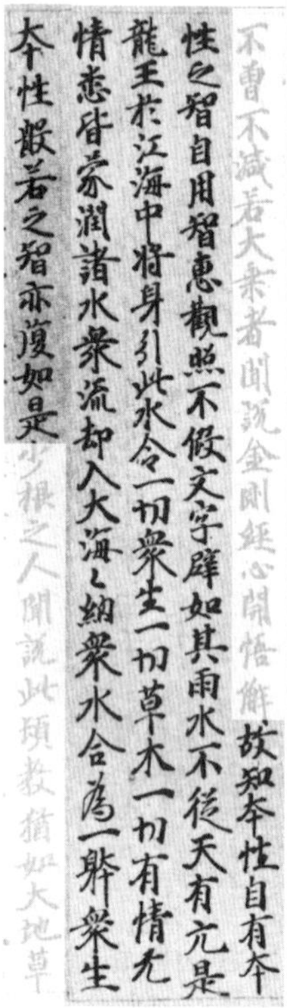		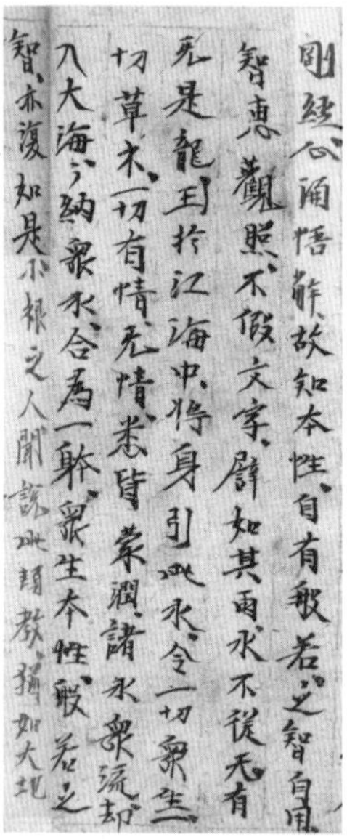

【錄文】

敦博本：

□□□□□□□□□□□□□□□□□故知本性自有本
性之智自用智惠觀照不假文字辟如其雨水不從天有元是
龍王於江海中將身引此水令一切眾生一切草木一切有情無
情悉皆蒙潤諸水眾流却入大海海納眾水合為一躰眾生
本性般若之智亦復如是

英博本：

□□□□□□□□□□□□□□□□□故知本性
自有般若之智自用知惠觀照不假文字譬如其雨水
不從無有元是龍王於江海中將身引此水令一切眾生
一切草木一切有情無情悉皆像潤諸水眾流却入大海
海納眾水合為一躰眾生本性般若之智亦復如是

旅博本：

□□□□□□故知本性自有般若之智自用
智惠觀照不假文字譬如其雨水不從無有
無是龍王於江海中將身引此水令一切眾生一
切草木一切有情無情悉皆蒙潤諸水衆流却
入大海海納衆水合為一躰衆生本性般若之
智亦復如是

【校正】

故知本性自有般若①之智，自用智慧觀照，不假文字❶。譬②如其雨水，不從天③有，原是龍王❷於江海中，將身引此水，令一切眾生，一切草木，一切有情無情，悉皆蒙潤。諸水眾流，卻入大海，海納眾水，合為一體。眾生本性般若之智，亦復如是。

【校訂】

①般若：敦博本與國圖本皆作「本性」，英博本與旅博本皆作「般若」，觀上下文義，當改為「般若」。

②譬：英博本、旅博本與國圖本皆作「譬」，敦博本作「辟」，「辟」與「譬」為同音假借，當據改。

③天：敦博本、國圖本與惠昕五本皆作「天」，英博本與旅博本皆作「無」，錄校本以為當作「無」，但觀前後文義及其他校本，仍應作「天」為宜。

【註釋】

❶不假文字：假，本有借的意思，也可以說是憑藉依靠。如《荀子‧勸學》：「假輿馬者，非利足也，而致千里。」不假文字，即是不憑藉依靠文字來傳播弘揚佛法，所以禪宗說「不立文字」，並非完全摒棄文字，而是主要不憑藉依靠文字及不執著於文字，相對的重視生命真實的體驗與頓悟心法的價值。

❷龍王：梵語為 nāgarājaḥ，佛教傳說群龍中威德殊勝者，相對其眷屬而稱為王，號稱龍王。同時，佛教傳說中，龍王能夠興雲布雨，或化為人形而出家修行，常為佛教的護法。

【解釋】

因此知道眾生的本性中自然有般若的智慧，自己使用智慧觀察照見，不憑藉文字的表義功能而直接證入般若實相。例如天地間的雨水，不是從天上自然而有，原來是龍王在江河大海之中，將自己的身體引領這個水源，讓一切的眾生，一切的花草樹木，一切擁有情識與沒有情識的眾生，都能夠蒙受滋潤。各種水源各種河流，卻是流入大海之中，大海接納眾多的水流，匯合成為一個完整的本體。眾生本有的佛性中般若的智慧，也是如此的。

【討論】

一、何謂「本性自有般若之智」？吾人應在日常生活中如何發明，並使之增益廣大？

二、禪宗本有「不立文字」之說，惠能又說「不假文字」，究竟禪宗或惠能對「文字」的看法為何？

三、惠能為何會說「眾生本性般若之智」有如「海納眾水」，其中「海」象徵為何？

【原文圖版——第二十九折二之一】

	敦博本	英博本	旅博本
【原文圖版】			
【錄文】	□□□□□□□□□□少根之人聞說此頓教猶如大地草木根性自少者若被大雨一沃迷皆自到不能增長少根之人亦復如是有般若之智與大智之人亦無差別因何聞法即不悟緣邪見郭重煩惱根深猶如大雲蓋覆於日不得風吹日無能現	□□□□□□□□□□□□□□□□□□□□少根之人聞說此頓教猶如大地草木根性自少者若被大雨一沃悉皆自到不能增長少根之人亦復如是有般若之智之與大智之人亦無差別因何聞法即不悟緣邪見重煩惱根深猶如太雲蓋覆於日不得風吹日無能現	□□□□□小根之人聞說此頓教猶如大地草木根性自小者若被大雨一沃悉皆自倒不能增長小根之人亦復如是有般若之智之與大智之人亦無差別因何聞法即不悟緣邪見障重煩惱根深猶如大雲蓋覆於日不得風吹日無能現

【校正】

小根之人，聞說此頓教，猶如大地草木根性自小者，若被大雨一沃❶，悉皆自倒①，不能增長。小根之人，亦復如是。有般若之智，與大智之人亦無差別。因何聞法即不悟？緣❷邪見❸障重，煩惱根深，猶如大雲，蓋覆於日，不得風吹，日無能現。

【校訂】

①悉皆自倒：敦博本作「迷皆自到」，英博本作「悉皆自到」，國圖本作「速皆自倒」，旅博本、與聖本與寬永本皆作「悉皆自倒」，當為「悉皆自倒」。

【註釋】

❶沃：澆灌與水淹的意思。

❷緣：因為。宋代蘇軾《題西林壁》詩：「不識廬山真面目，只緣身在此山中。」

❸邪見：梵語為mithyā-dṛṣṭi，主要是指認為沒有因果道理的見解。佛教所謂的邪見，並非只是一般所謂的邪惡的觀念，而是指涉錯誤執著的觀念見解，這是中性詞，並無貶義。換句話說，凡是造作生死輪迴煩惱痛苦而不能究竟解脫的觀念，皆可統稱為邪見。

【解釋】

根機遲鈍的人，聽聞惠能說到這個頓悟的教義，就有如大地花草樹木中，根部本來就比較小的植物，若是經過滂沱大雨的雨水澆灌，都會自然地倒下，不能夠繼續增高長大。根機遲鈍的人，也是如此的。若是根機遲鈍的人擁有般若的智慧，與大智慧的人也是沒有差別的。根機遲鈍的人為何聽聞到佛法卻不能開悟呢？因為錯誤的見解障礙深重，煩惱的根結很深，有如天空中的廣大雲霧，覆蓋了太陽，沒有經過大風吹散雲霧，太陽無法出現。

【討論】

一、何謂「小根之人」？如何在心性行為上自我觀察自己是哪一種根性的人？

二、聽聞佛法而不能開悟的原因何在？

三、何謂「邪見」？吾人如何避免在日常生活中產生「邪見」？

【原文圖版——第二十九折二之二】

敦博本 / 英博本 / 旅博本

【錄文】

敦博本

□□般若之智亦無大小為一切眾生自有迷心外修覓仏未悟
自性即是小根人聞其頓教不信外修但於自心令自本性常
起正見一切邪見煩惱塵勞眾生當時盡悟猶如大海納於
眾生流小水大水合為一躰即是見性內外不住來去自由能除
執心通達無㝵心修此行即與般若波羅蜜經本無差別

英博本

□□□□□□□□□□□□□□□□□□□□般若
之智亦無大小為一切眾生自有迷心外修覓仏來悟自性即是
小根人聞其頓教不信外修但於自心令自本性常起正見煩
惱塵勞眾生當時盡悟猶如大海納於眾流小水大水合為一躰
即是見性內外不住來去自由能除執心通達無㝵心修此行即
與般若波羅蜜經本無差別

旅博本

□般若之智亦無大小為一切眾生自有迷心外
修覓仏未悟自性即是小根人聞其頓教不信外
修但於自心令自本性常起正見一切邪見煩惱塵
勞眾生當時盡悟猶如大海納於眾流小水大水合
為一躰即是見性內外不住來去自由能除執心通
達無㝵心修此行即與般若波羅蜜經本無差
別

【校正】

般若之智，亦無大小，為一切眾生，自有迷心，外修覓佛，未悟自性，即是小根人。聞其頓教，不信外修，但於自心，令自本性常起正見❶，一切邪見①煩惱，塵勞眾生，當時盡悟，猶如大海，納於眾流，小水大水，合為一體，即是見性。內外不住，來去自由，能除執心，通達無礙，心修此行，即與《般若波羅蜜經》❷本無差別。

【校訂】

①一切邪見：英博本脫「一切邪見」四字，敦博本、旅博本與國圖本皆有「一切邪見」四字，觀上下文義，底本敦博本是。

【註釋】

❶正見：梵語為samyag-dṛṣṭi，是指正確如實了知出世間與世間的因果，是相對應「邪見」（凡是造作生死輪迴煩惱痛苦而不能究竟解脫的觀念）而能導引眾生究竟解脫的正確觀念。

❷般若波羅蜜經：即《金剛般若波羅蜜經》。

【解釋】

般若的智慧，也沒有大小的分別，只因為一切的眾生，自己原有受到迷惑的心，如果透過執著外相的修行尋覓佛果，不能夠覺悟自己的本性，就是小根器根機遲鈍的人。相對的，聽聞到頓悟的教義，不迷信外相的修行方式，就在自己的心中，讓自己的本性經常生起正確的見地，一切錯誤見解而產生的煩惱，塵俗勞務纏身的眾生，當下全部都能開悟，有如大海，接納了各種水流，無論是小的水流或是大的水流，都匯合成為一個整體，就是悟見了自己的本性。對於內心的思想心念與外相的遷流變化都不會執著，來往去處都是自由自在的，能夠除去執著的妄心，通明廣達而沒有障礙，心中修持這項法門，就與《金剛般若波羅蜜經》開示的般若實相，沒有任何的差別了。

【討論】

一、惠能說到「令自本性常起正見」，試問在此所謂的「本性」為何？「正見」為何？

二、何謂「合為一體，即是見性」？其中「合為一體」，是否有「體相」？

三、吾人如何可以在日常生活中「通達無礙」？

【原文圖版——第三十折二之一】

敦博本	英博本	旅博本

【錄文】

敦博本	英博本	旅博本
□□□□□□□□□□□□□□□□□□□□□□一切經書及文字小大二乘十二部經皆因人置因智惠性故故然能建立我若無智人一切萬法本亦不有故知萬法本從人興一切經書因人說有緣在人中有愚有智愚為小故智為大人問迷人於智者智人與愚人說法令使愚者悟解心開	□□□□□□□□□□□一切經書及文字小大二乘十二部經皆因置因智惠性故故然能建立我若無智人一切萬法本無不有故知萬法本從人興一切經書因人說有緣在人中有有愚有智愚為少故智為大人問迷人於智者智人與愚人說法令使愚者悟解深開	□一切經書及文字小大二乘十二部經皆因人置因智惠性故故然能建立我若無智人一切萬法本亦不有故知萬法本從人興一切經書因人說有緣在人中有有愚有智愚為少故智為大人問迷人於智者智人與愚人說法令使愚者悟解心開

【校正】

一切經書及文字，小大二乘，十二部經❶，皆因人置，因智慧性故，故然能建立。我若無世人①，一切萬法本亦不有。故知萬法本從人興，一切經書因人說有。緣在人中有愚有智，愚為小人②，智為大人。迷人問於智者③，智人與愚人說法，令使愚者悟解心開④。

【校訂】

①我若無世人：敦煌三本與國圖本皆作「我若無智人」，鈴木校本作「若無世人」，錄校本以為是「或若無智人」，然皆不甚通曉其義，當作「我若無世人」，即合般若思想中的「無眾生相」的意思。

②愚為小人：英博本與旅博本皆作「愚為少故」，敦博本與國圖本皆作「愚為小故」，與聖本與寬永本皆作「愚為小人」，當據改之。

③迷人問於智者：敦煌三本與國圖本皆作「問迷人於智者」，惠昕五本皆作「愚者問於智人」，觀前後文義，當為錯置，當改為「迷人問於智者」。

④令使愚者悟解心開：敦博本、旅博本與國圖本同，惠昕五本皆作「令其悟解心開」，英博本作「令使愚者悟解深開」，鈴木校本與郭校本作「令彼愚者悟解心解」，錄校本引《南宗定邪正五更轉》與任半塘先生考據為「深」，錄校本錯以「深」為「心」，乖於文義，當作「令使愚者悟解心開」，前後文義相符，亦合於惠能之說。

【註釋】

❶十二部經：梵語為dvādaśāṅga-buddha-vacana，指釋迦牟尼佛一生說法，依照其敘述的形式與說法的內容，共分成十二項種類。

【解釋】

佛教的一切佛經書籍及文字記載，小乘與大乘佛教，釋迦牟尼佛講演的十二種不同的敘述形式與說法內容的佛經，都是為了渡化眾生所設置的，因為眾生具備了覺悟智慧本性的緣故，因此能夠建立佛法的體系。我們心中若是沒有我相與眾生相的區別，世間的一切萬法本來也是虛幻不實的。所以知道各種佛法的法門，本來也是跟從眾生的須求而產生，一切佛教的經典書籍與內容，那是因為眾生的煩惱而有相應解脫的法門。只因為在人類眾生之中，有愚笨的人也有智慧的人，愚笨的人為較小心量與格局的人，有智慧的人為較大心量與格局的人。迷惑的人向有智慧的人請問佛法，有智慧的人向愚笨的人說明佛法，讓愚笨的人開悟解脫而心地開通。

【討論】

一、佛法是客觀的存在，還是主觀的存在？是永恆的存在，還是暫時的存在？是真實的存在，還是虛幻的存在？

二、何謂「一切經書因人說有」？

【原文圖版——第三十折二之二】

敦博本

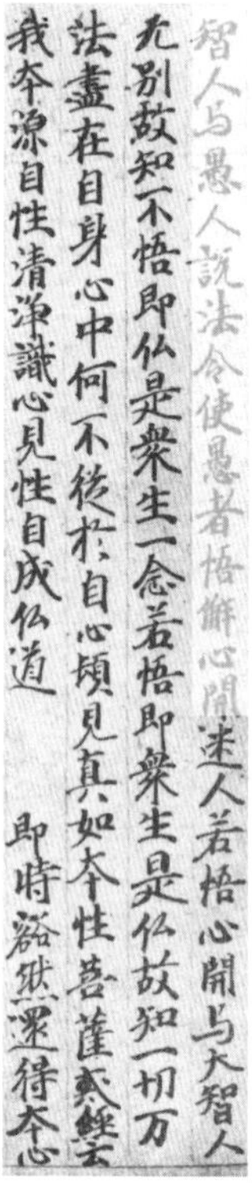
智人与愚人說法令使愚者悟解心開迷人若悟心開与大智人
无別故知不悟即仏是衆生一念若悟即衆生是仏故知一切万
法盡在自身心中何不從於自心頓見真如本性菩薩戒經云
我本源自性清淨識心見性自成仏道
即時豁然還得本心

英博本

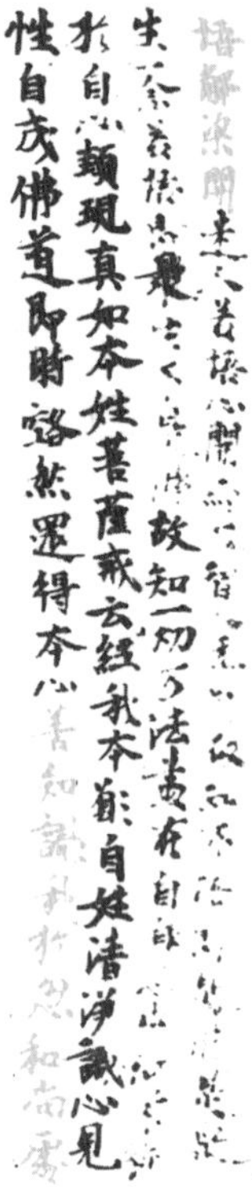
生一念若悟即衆生是佛故知一切万法盡在自身心中何不從
於自心頓現真如本姓菩薩戒經云我本願自姓清淨識心見
性自成佛道即時豁然還得本心

旅博本

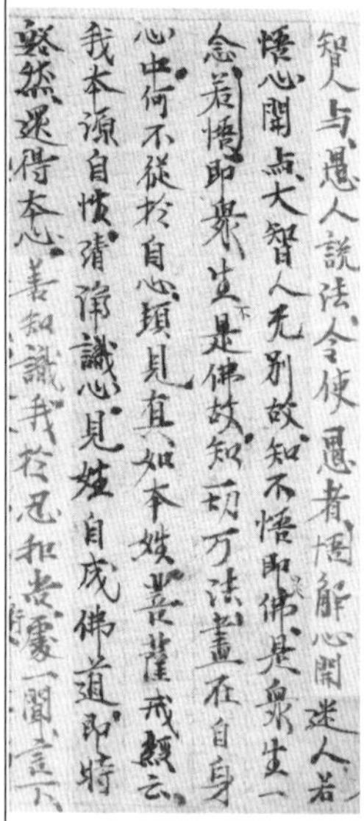
智人与愚人說法令使愚者悟解心開迷人若
悟心開与大智人无別故知不悟即佛是衆生一
念若悟即衆生是佛故知一切万法盡在自身
心中何不從於自心頓見真如本姓菩薩戒經云
我本源自性清淨識心見姓自成佛道即時
豁然還得本心善知識我於忍和尚處一聞言下

【錄文】

敦博本

□□□□□□□□□□□□□□□□迷人若悟心開與大智人
無別故知不悟即仏是眾生一念若悟即眾生是仏故知一切萬
法盡在自身心中何不從於自心頓見真如本性菩薩戒經云
我本源自性清淨識心見性自成仏道
即時豁然還得本心

英博本

□□□□迷人若悟心開與大智人無別故知不悟即是佛是眾
生一念若悟即眾生不是佛故知一切萬法盡在自身心中何不從
於自心頓現真如本姓菩薩戒經云我本願自姓清淨識心見
性自成佛道即時豁然還得本心

旅博本

□□□□□□□□□□□□□□迷人若
悟心開與大智人無別故知不悟即是佛是眾生一
念若悟即眾生不是佛故知一切萬法盡在自身
心中何不從於自心頓見真如本姓菩薩戒經云
我本源自性清淨識心見姓自成佛道即時
豁然還得本心

【校正】

迷人若悟解心開①，與大智人無別。故知不悟，即佛是眾生；一念若悟，即眾生是佛。故知一切萬法，盡在自身心中，何不從於自心頓見真如本性？《梵網菩薩戒經》②❶云：「本源自性清淨③❷。」識心見性，自成佛道。《維摩經》云④：「即時豁然，還得本心。」❸

【校訂】

①若悟解心開：敦煌三本與國圖本皆作「若悟心開」，與聖本與寬永本皆作「忽悟解心開」，當補「解」字。

②梵網菩薩戒經：敦煌三本與國圖本皆作《菩薩戒經》，實則為《梵網經》，亦即是《梵網菩薩戒經》，詳見本書頁六五之校訂。另，英博本在「云」與「經」之間有互換符號。

③本源自性清淨：敦博本、旅博本與國圖本皆作「我本源自性清淨」，英博本作「我本願自姓清淨」，但觀前文第十九折，「我」字為衍字，當刪去。詳見本書頁六五中校訂註②。

④維摩經云：敦煌三本與國圖本皆脫，此四字是因為「自成佛道」與「即時豁然」之間為空二格，錄校本以為是省略用法，當補下述引用經句的出處，可從，當補之。

【註釋】

❶梵網菩薩戒經：即是《梵網經》。惠能所說的《菩薩戒經》實為《梵網經》，而非現收錄於《大正藏》第三十冊「瑜伽部」上的《菩薩地持經》。

❷本源自性清淨：這段話出自於《梵網菩薩戒經》，現收錄於《大正藏》第二十四冊，頁一〇〇三下。其原文為：「我本盧舍那佛心地中，初發心中常所誦一戒，光明金剛寶戒，是一切佛本源、一切菩薩本源、佛性種子。一切眾生，皆有佛性，一切意識色心，是情是心，皆入佛性戒中，當當常有因故，有當當常住法身。如是十波羅提木叉出於世界，是法戒，是三世一切眾生頂戴受持。吾今當為此大眾，重說十無盡藏戒品，是一切眾生戒，本源自性清淨。」

❸此句話出自《大正藏》第十四冊《維摩詰所說經》卷一，頁五四一上。

【解釋】

迷惑的人若是開悟解脫心地開通，就與大智慧的人沒有差別。因此知道沒有開悟，就這個本來是解脫的佛卻成為煩惱的眾生；一個心念若是開悟，就這個原本是煩惱的眾生而當下成為解脫的佛。所以知道一切萬法，都在自己的身心之中，為何不從自己的本心中，頓時當下悟見真如的本性？《梵網菩薩戒經》中說：「眾生心識的本源是清淨沒有汙染執著的。」認識本心悟見本性，自然成就證悟菩提的佛果。《維摩詰所說經》說：「當下心地開闊坦然沒有任何執著罣礙，回復得到本來清淨無礙的心地。」

【討論】

一、何謂「即時豁然，還得本心」？其中的「豁然」只是心理作用嗎？還是日常生活中身心整體的改造？另外，「本心」的體驗在生活中是否可能？

二、吾人如何可以「識心見性」？

【原文圖版——第三十一折三之一】

敦博本	英博本	旅博本
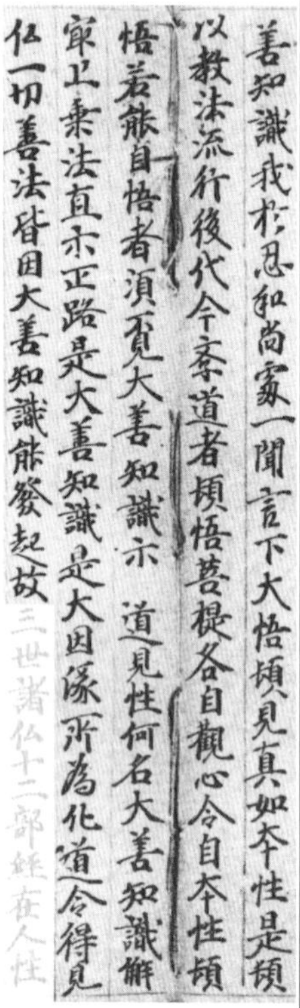		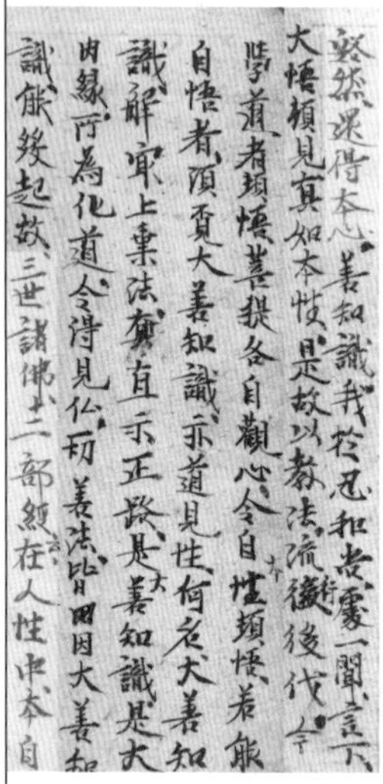

【錄文】

敦博本：

善知識我於忍和尚處一聞言下大悟頓見真如本性是頓
以教法流行後代令孝道者頓悟菩提各自觀心令自本性頓
悟若能自悟者須覓大善知識示　道見性何名大善知識解
最上乘法直示正路是大善知識是大因緣所為化道令得見
仏一切善法皆因大善知識能發起故

英博本：

□□□□□□□□□□□□□善知識我於忍和尚處
一聞言下大伍頓見真如本性是故汝教法流行後代令孝道
者頓俉菩提各自觀心令自本性頓悟若能自悟者須覓
大善知識亦道見姓何名大善知解最上乘法直是正路是大
善知識是大因緣所為化道令得見仏一切善法皆因大善知識
能發起故

旅博本：

□□□□□□善知識我於忍和尚處一聞言下
大悟頓見真如本性是故以教法流行後伐令
學道者頓悟菩提各自觀心令自本性頓悟若能
自悟者須覓大善知識亦道見性何名大善知
識解最上乘法稟直示正路是大善知識是大
因緣所為化道令得見仏一切善法皆因大善知
識能發起故

【校正】

善知識！我於忍和尚處，一聞言下大悟，頓見真如本性。是故以頓悟教法❶流行後代①，令②學道者頓悟菩提，各自觀心，令自本性頓悟。若不能自悟者③，須覓大善知識示道見性。何名大善知識？解最上乘法，直示正路，是大善知識，是大因緣❷。所為示道④，令得見性⑤。一切善法，皆因大善知識能發起故。

【校訂】

①是故以頓悟教法流行後代：敦博本與國圖本皆作「是頓以教法流行後代」，英博本作「是故汝教法流行後代」，旅博本作「是故以教法流行後伐」，惠昕五本皆作「是以將此教法流行」，鈴木校本作「是故將此教法流行後代」，錄校本作「是故頓以教法流行後代」，莫衷一是，觀前後文義，筆者以為當作「是故以頓悟教法流行後代」為宜。

②令：敦煌三本與國圖本皆作「令」，惠昕五本皆作「令」，當為「令」。

③若不能自悟者：敦煌三本與國圖本皆作「若能自悟者」，文義不符，惠昕五本皆作「若自不悟」，當補「不」字。

④示道：敦煌三本與國圖本皆作「化道」，但對照前後文義，當為「示道」。

⑤見性：敦煌三本與國圖本皆作「見佛」，惠昕五本皆作「見性」，對照前後文義，當為「見性」。

【註釋】

❶頓悟教法：惠能所傳的禪宗心法是頓悟自性本來清淨，頓見真如本性的佛教法門，或可簡稱為「頓教」。因此，所謂的「頓教」，並非一個宗派，而是一門心法或佛教法門。

❷大因緣：又作一大事因緣，惠能引用《妙法蓮華經》中的經文，指佛陀出現於世間的最重大意義，就是為眾生開示悟入佛的知見與諸法的實相，是為一大事因緣。

【解釋】

各位學佛的朋友們！我惠能在五祖弘忍和尚的道場那裏，一時聽聞弘忍和尚講解《金剛經》的言語當下就大澈大悟，頓時悟見自己的真如實相與本來自性。因此我將這個頓悟的教學法門流傳到後代，讓學習佛道的人頓時覺悟菩提，各自觀照自己的本心，讓自己的本性頓時覺悟。若是不能自己覺悟的人，必須尋覓具備大智慧開悟解脫的聖者，開示修持的道路以悟見自己的本性。具備何種條件可以被稱為「大善知識」呢？能夠悟解體證最高無上法門，直接開示正確直達佛果的法門進路與實相境界，就是「大善知識」，這是必須具足很大的福報因緣。具備大智慧開悟解脫的聖者，因為開示修持的正確方向，讓眾生得以悟見自己的本性。一切美善良好的法門，都會因為大善知識的指點，進而能夠發起成立善法的因緣。

【討論】

一、所謂「一聞言下大悟，頓見真如本性」，何謂「言下」？何謂「大悟」？何謂「頓見」？何謂「真如本性」？以上在生活實踐上如何可以親自體會？

二、何謂「大善知識」？如果吾人一生都無法遇到「大善知識」，又該如何在日常生活中修持？

【原文圖版——第三十一折三之二】

敦博本	英博本	旅博本

【錄文】

敦博本

□□□□□□□□□□□□□□三世諸仏十二部經在人性
中本自具有不能自悟須得善知識示道見性若自悟者不假
外求善知識若取外求善知識望得解脫無有是處識自心內
善知識即得解脫若自心邪迷妄念顛倒外善知識即有教授
汝若不得自悟當起般若觀照刹那間妄念俱滅即是自真
正善知識一悟即至仏地自性心地以智惠觀照內外明徹識自本
心若識本心即是解脫既得解脫即是般若三昧

英博本

□□□□三世諸佛十二部經云在人性中本自具有不能自姓
悟須得善知識示道見性若自悟者不假外善知識若取外
求善知識望得解說無有是處識自心內善知識即得解
若自心邪迷妄念顛倒外善知識即有教授汝若不得自悟
當起般若觀照刹那間妄念俱滅即是自真正善知識
一悟即知佛也自性心地以智惠觀照內外名徹識自本心若
識本心即是解脫既得解脫即是般若三昧

旅博本

□□□□□三世諸佛十二部經云在人性中本自
具有不能自性悟須得善知識示道見性若
自悟者不假外善知識若取外求善智識望得
解脫無有是處識自心內善知識即得解脫
若自心邪迷妄念顛倒外善知識即有教授
汝若不得自悟當起般若觀照刹那間妄念
俱滅即是自真正善知識一悟即至佛他自姓
心地以智惠觀照內外明徹識自本心若識本
心即是解脫既得解脫即是般若三昧

【校正】

三世❶諸佛十二部經，在人性中❷本自具有。不能自悟，須得善知識示道見性。若自悟者，不假外求善知識。若取外求善知識望得解脫，無有是處。識自心內善知識，即得解脫。若自心邪迷，妄念❸顛倒，外善知識即有教授，救不可得①。汝若不得自悟，當起般若觀照，刹那間妄念俱滅，即是自真正善知識，一悟即至佛地。自性心地，以智慧觀照，內外明澈②，識自本心。若識本心，即是解脫。既得解脫，即是般若三昧。

【校訂】

①救不可得：敦煌三本與國圖本皆脫，依惠昕五本補「救不可得」四字，前後文義方能相符。

②明澈：敦博本與旅博本皆作「明徹」，英博本作「名徹」，國圖本作「明徹」，其中的「徹」字，應為形容水之清澈，故依例改為「明澈」。

【註釋】

❶三世：梵語為 trayo-dhvanah，又作去來現、已今當、去來今與三際等。世，有一生一世的意思，一世為三十年，亦為遷流的意義。三世，包含過去世（梵語 atītādhvan，前世、前生、過去、前際）、現在世（梵語 pratyutpannādhvā，現世、現生、現在、中際）與未來世（梵語 anāgatādhvan，來世、來生、當來、未來、後際）的總稱。

❷在人性中：此句謂在人的本性之中，而非所謂的「人性」。

❸妄念：一般指生活中不切實際或是不正當的心念，佛教特指虛妄不實的念頭。在廣義的界義裡，指眾生造作一切的心念，皆在輪迴生死之中，故為妄念；在狹義的界義裡，指造作虛妄不實或是錯誤的思考，是為妄念。

【解釋】

過去、現在、未來的三世諸佛，與十二種形式內容的佛經，在眾生的本性之中，是本來自然具備擁有的。不能夠自己開悟的人，必須得到具備開悟經驗與體悟實相智慧的善知識，開示修持的正道以悟見自己的本性。若是能夠自己開悟的人，不用憑藉外在以懇求覺悟的聖者指點。若是執著外相而懇求解脫的聖者指點希望得到解脫，這是沒有道理的。澈底認識自己心內的覺性，當下就會得到解脫。若是自己內心存在邪念與迷惑，虛妄的心念前後秩序倒置，就算是有外在的覺悟聖者認真教導，依然是無法拯救的。你們若是不能讓自己開悟，應當生起般若實相的觀察照見，在最短的時間裏，虛妄的心念都會消失除滅，這就是自己真正的覺性善知識，一旦開悟就直達佛的覺悟境界。自己本性的心地，以智慧來觀察照見，內心與外相都通明清澈，充份認識了自己的本心。若是認識與真實體驗了本心，就是解脫。既然得到解脫，就是般若三昧的境界。

【討論】

一、何謂「自性」？禪宗的「自性」與佛教所謂的「自性」有何不同？

二、惠能說「若識本心，即是解脫」，其中的「識」應如何解釋？是生活中說的「認識」，還是「體驗」？

<table>
<tr><th></th><th>敦博本</th><th>英博本</th><th>旅博本</th></tr>
<tr><td>【原文圖版——第三十一折三之三】</td><td>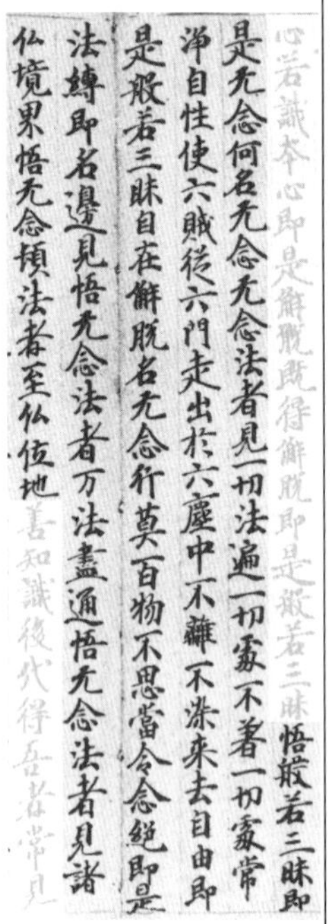</td><td></td><td>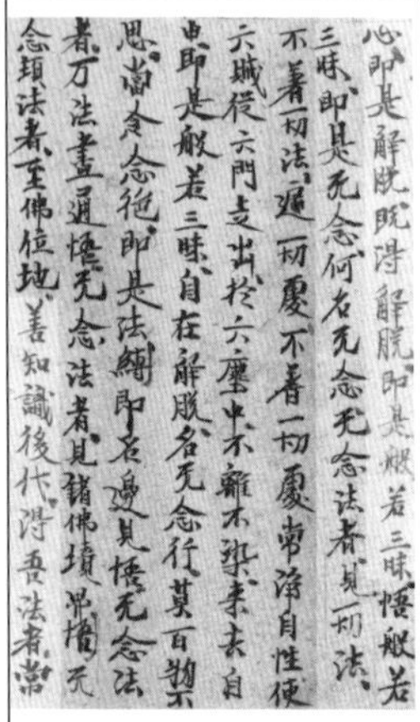</td></tr>
<tr><td>【錄文】</td><td>□□□□□□□□□□□□□□□□□□□悟般若三昧即
是無念何名無念無念法者見一切法遍一切處不著一切處常
淨自性使六賊從六門走出於六塵中不離不染來去自由即
是般若三昧自在解脫名無念行莫百物不思當令念絕即是
法縛即名邊見悟無念法者萬法盡通悟無念法者見諸
仏境界悟無念頓法者至仏位地</td><td>□□□□□□□□□□□□□□□□□悟般若三昧
即是無念何名無念無念法者見一切法不著一切法遍一切處
不著一切處常淨自性使六賊從六門走出於六塵中不離
不染來去自由即是般若三昧自在解脫名無念行莫百物
不思當令念絕即是法傳即名邊見悟無念法者萬法
盡通悟無念法者見諸佛境界悟無念頓法者至佛位地</td><td>□□□□□□□□□□□□□□□悟般若
三昧即是無念何名無念無念法者見一切法
不著一切法遍一切處不著一切處常淨自性使
六賊從六門走出於六塵中不離不染來去自
由即是般若三昧自在解脫名無念行莫百物不
思當令念絕即是法縛即名邊見悟無念法
者萬法盡通悟無念法者見諸佛境界悟無
念頓法者至佛位地</td></tr>
</table>

【校正】

悟般若三昧，即是無念。何名無念？無念法者，見一切法，不著一切法①；遍一切處，不著一切處。常淨自性，使六賊從六門走出，於六塵中不離不染，來去自由，即是般若三昧，自在解脫，名無念行。莫百物不思，當令念絕，即是法縛，即名邊見❶。悟無念法者，萬法盡通；悟無念法者，見諸佛境界；悟無念頓法者，至佛位地。

【校訂】

①見一切法，不著一切法：英博本與旅博本皆在「見一切法」下有「不著一切法」，依文義觀察，敦博本與國圖本皆脫，應補。

【註釋】

❶邊見：又作邊執見。是指見解偏執於極端的一邊，例如認為人死後仍然會常住不滅，這是稱為常見（又稱有見），或是說人死後則斷滅一切，這是稱為斷見（又稱無見）。邊見為五見之一，屬於眾生根本煩惱的五種錯誤執著見解之一，也是眾生輪迴生死的主要原因之一。

【解釋】

覺悟般若智慧的三昧境界，就是「無念」的實相。為何稱為「無念」呢？「無念」這個法門的修行方法，主要是說看見一切的境界，不執著一切的境界；遍滿一切的地方，不執著一切的地方。經常清淨而回復自己的本性，使得心中六種由眼、耳、鼻、舌、身、意六根接觸六塵而產生的種種貪欲的惡賊，從眼、耳、鼻、舌、身、意六個門徑走出去，在眼、耳、鼻、舌、身、意六種世俗塵境中不會離開也不會執著，來往去處都是自由的，就是般若智慧的三昧，身心都自在而得到解脫，稱為無念的修行。不要任何事物都不去思考，這會讓心念斷絕，就是執著在方法上而被其綁縛，就是稱為斷滅的邊執見解。覺悟無念法門與境界的人，各種境界與方法都通達無礙；覺悟無念法門與境界的人，能夠悟見十方諸佛的境界；覺悟無念頓悟法門與境界的人，可以達到佛果的地位。

【討論】

一、如何在日常生活中實踐「無念」法門？

二、如何在生活中「見一切法，不著一切法」？

三、惠能說的「般若三昧」與「無念」兩者之間有何關聯？

【原文圖版——第三十二折】

	敦博本	英博本	旅博本
【錄文】	□□□□□□□□□□□□□善知識後代得吾者常見 吾法身不離汝左右善知識將此頓教法門同見同行發願 受持如是仏教終身受持而不退者欲入聖位然須傳受從上已 來嘿然而付衣法發大誓願不退菩提即須分付若不同見解 無有志願在在處處勿妄宣傳損彼前人究竟無益若愚人不 解謗此法門百劫千生斷仏種性	□□□□□□□□□□□□□□□□□□□□□善 知識後代得悟法者常見吾法身不離汝左右善知識將此 頓教法門同見同行發願受持如是佛故終身受持而不退 者欲入聖位然須縛受持從上已來嘿然而付於法發大 誓願不退菩提即須分付若不同見解無有志願在在 處處勿妄宣傳損彼前人究竟無益若遇人不解謗此 法門百劫萬劫千生斷佛種性	□□□□□□□□善知識後代得吾法者常 見吾法身不離汝左右善知識將此頓教法 門同見同行發願受持如事佛故終身受持 而不退者欲入聖位然須傳受從上已來嘿然而 付於法發大誓願不退菩提即須分付若不 同見解無有志願在在處處勿妄宣傳損 彼前人究竟無益若遇人不解謗此法門 百劫萬劫千生斷佛種性

【校正】

善知識！後代得吾法①者，常見吾法身不離汝左右❶。善知識！將此頓教法門，同見同行❷，發願受持，如是佛教，終身受持而不退者，欲入聖位，然須傳授②，從上以來，默然而付衣法，發大誓願，不退菩提，即須分付。若不同見解，無有志願，在在處處，勿妄宣傳，損彼前人，究竟無益。若愚人不解，謗此法門，百劫千生，斷佛種性❸。

【校訂】

①吾法：敦博本與國圖本皆作「吾」，英博本作「悟法」，旅博本作「吾法」，當作「吾法」，參閱錄校本、潘校本與郭校本。

②傳授：敦博本、旅博本與國圖本之「傳」形似「傳」，兩者形近，英博本作「縛」，其中「授」字，敦煌三本與國圖本皆作「受」字，今作「授」，故當作「傳授」。另，英博本在「然須縛受」末有一塗改字，潘師重規校為「時」字，錄校本校訂以為當為「持」字，但觀前後文義，以及英博本的原件書影，筆者以為疑涉上文「受持」而衍「持」字，敦博本亦無此字，當作「然須傳授」即前後文義相合。

【註釋】

❶常見吾法身不離汝左右：惠能所指的「法身」並非世俗所見的物質身或虛幻身影，而是不生不滅的真理之身，此法身並無形象，而是以萬法的實相呈現，悟者自知。

❷同見同行：指師徒之間或眾人之間，擁有共同的見地與見解，也共同地發起誓願力並努力實踐修行。

❸種性：梵語為gotra，又作種姓。這是從印度社會古老的封建階級制度轉化而來的觀念，種性制度是西元前約一二〇〇年雅利安人入侵印度後，逐漸生成和發展起來的一種階級制度，並與印度教教義緊密相連。佛教成立後，將「種性」觀念轉化為「成佛的根本可能性」或「成佛的本性」，亦即是「佛性」的代稱，並且強調「眾生平等」的理念。

【解釋】

各位學佛的朋友們！在我往生以後覺悟我的頓教法門的修行者，就會經常悟見我不生不滅的法身沒有離開你們。各位學佛的朋友們！請將這個頓悟佛教教義的法門，秉持相同的見地與認同的行動，發起大願領受修持，秉持如此的佛法教義，終身領受修持而不會退轉的人，希望覺悟進入聖賢的果位，然而還必須得到覺悟的善知識傳授心法，從過去到現在，覺悟的祖師以默然的行動傳授付託象徵佛陀心法的袈裟與正法給修行者，修行者發起宏大的誓願，不會退轉菩提的覺悟境界，就必須分別傳授付託頓教的法門給其他學佛的朋友。若是遇到對頓悟法門有不同見解的人，就暫時擱下弘法的志趣及心願，在任何地方與任何處所，不要隨便地自我宣傳，或用言語損傷別人，如此行為究竟是沒有益處的。若是愚笨的人不能理解這項法門的意義，誹謗頓悟的法門，就是經過久遠時間的百劫與上千次的輪迴轉生，都會失去成佛的根本因緣。

【討論】

一、吾人學習頓教法門，如何可以做到「同見同行，發願受持」？

二、頓教法門如此殊勝，為何惠能希望徒眾「勿妄宣傳」？

【原文圖版——第三十三折二之一】

敦博本	英博本	旅博本
□□□□□□□□□□□□□大師言善知識聽吾 說無相頌令汝迷者罪滅亦名滅罪頌頌曰 遇人修福不修道 謂言修福如是道 心中三業元來在 若將修福欲滅罪 布施供養福無邊 後世得福罪元造 若解向心除罪緣 各自性中真懺悔	□□□□□□□□□□□□□□大師言善知識聽悟說無相 訟令汝名者罪滅亦名滅罪頌頌曰 愚人修福不修道 謂言修福而是 布施供養福無邊 心中三業元來在 若將修福欲滅罪 後世得福罪无造 若解向心除罪緣 各白世中真懺悔	□□□□□□□□□□大師言善知識聽吾 說無相訟令汝迷者罪滅亦名滅罪頌頌曰 愚人修福不修道 謂言修福而是道 布施供養福無邊 心中三業元來在 若將修福欲滅罪 後世得福罪无造 若解向心除罪緣 各自性中真懺悔

【錄文】

【校正】

大師言：「善知識！聽吾說〈無相頌〉，令汝迷者罪滅，亦名〈滅罪頌〉。頌曰：

愚①人修福不修道，謂言修福而②是道。布施供養福無邊，心中三業❶原來在③。

若將修福欲滅罪，後世得福罪原在④。若解向心除罪緣，各自性中真懺悔。

【校訂】

①愚：英博本、旅博本與國圖本皆作「愚」，敦博本作「遇」為誤，當改之。

②而：敦博本與國圖本皆作「如」，英博本與旅博本皆作「而」，錄校本以為兩字在唐五代河西方音中通用，故當作「而」，觀上下文義當改為「而」。

③在：敦煌三本與國圖本皆作「在」，惠昕五本皆作「造」，鈴木校本、楊校本、錄校本皆改作「造」，但觀上下文義，惠能原義是強調「布施供養」雖然「福無邊」，但是「三業」（在此當是指貪瞋癡）仍然存在，必須「各自性中真懺悔」，所以修福不能改變仍然存在的「三業」，故筆者以為當是敦煌諸本的「原來在」，較為恰當。

④在：敦煌三本皆作「造」，國圖本與惠昕五本皆作「在」，鈴木校本、楊校本、錄校本亦皆作「在」，當改之。

【註釋】

❶三業：梵語為triṇi-karmāṇi。佛教所謂的三業有多種說法，一般指身、口、意三業或是善、惡、無記三業等，惠能在此所說的，應是指由身、口、意造作而產生的貪、瞋、痴三惡業。

【解釋】

惠能大師說：「各位學佛的朋友們！聽我解說〈無相頌〉，讓你們迷惑的人罪業消滅，〈無相頌〉也稱為〈滅罪頌〉。頌辭說：

愚笨的人修持福報而不去修持解脫的正道，卻說修持福報就是修道。

就算布施眾生與供養三寶的福報是無量無邊的，心中原有的由身口意造作的貪瞋癡三惡業仍然存在。

若是以修持福報而希望滅除罪業的果報，以後轉生出世得到福報而罪業果報依然存在。

若是能夠明白觀照自心而除去罪業的果報因緣，便能在各自的佛性中發露真正的懺悔。

【討論】

一、惠能說的「愚人修福不修道」，惠能所指的「愚人」為何？

二、惠能以為「修福」不能「除業」，請問如何才能「除業」？有形的罪業可以透過無形的懺悔除滅嗎？

【原文圖版──第三十三折二之二】

【錄文】

敦博本

□□□□□□□□□□□□若悟[六]乘真懺悔
除邪行正即無罪　李道之人能自觀　即與悟人同一例
[大]師[今]傳此頓教　願李之人同一[躰]　若欲當來覓[本]身
三毒惡緣心[裏]洗　努力修道莫悠悠　忽然虛度一世休
若遇大乘頓教法　虔誠合掌[志]心求
大師說法了韋使君官[寮]僧眾道俗[讚]言無盡昔所未聞

英博本

若悟[大]乘真懺[海]　除邪行正即無罪　李道之人能自觀　即與悟人同一例
[大]師[令]傳此頓教　願李之人同一[躰]　若欲當來覓[本]身　三毒惡緣心[中]洗
努力修道莫悠悠　忽然虛度一世休　若遇大乘頓教法　虔誠合掌[志]心求
大師說法了韋使君官[寮]僧眾道俗[讚]言無盡昔所未聞

旅博本

□□□□□□□□□□□□若悟[大]乘真懺悔
除邪行正即無罪　學道之人能自觀　即與悟人同一例
[大]師[令]傳此頓教　願學之人同一[躰]　若欲當來覓[本]身
三毒惡緣心[重]洗　努力修道莫悠悠　忽然虛度一世休
若遇大乘頓教法　虔誠合掌[志]心求
大師說法了韋使君官[寮]僧眾道俗[讚]言無盡昔
所未聞

【校正】

若悟大乘①真懺悔，除邪行正即無罪。學道之人能自觀，即與悟人同一例❶。
惠能②今③傳此頓教，願學之人同一體。若欲當來覓法身④，三毒惡緣心裏洗。
努力修道莫悠悠❷，忽然虛度一世休。若遇大乘頓教法，虔誠合掌至⑤心求。」
大師說法了，韋使君❸、官僚、僧眾、道俗，讚言無盡，昔所未聞。

【校訂】

①大乘：敦博本與國圖本皆作「六乘」，英博本與旅博本皆作「大乘」，當為「大乘」。

②惠能：敦煌三本與國圖本皆作「大師」，與聖本與寬永本改作「吾祖」，從此頌偈的文義觀察，惠能不可能自稱「大師」，以「吾祖」相代亦不盡合理，筆者以為循原文前例，以「惠能」自稱較宜。

③今：敦博本與國圖本皆作「今」，英博本與旅博本皆作「令」，錄校本以為當作「令」，但從文義觀察及配合惠能自稱，當作「今」為宜。

④法身：敦煌三本與國圖本皆作「本身」，此句疑為口語的「法身」，惠昕五本皆作「法身」，據改。

⑤至：敦煌三本與國圖本皆作「志」，依文義應作「至」為宜。

【註釋】

❶一例：一律、同等與平等的意思。在《公羊傳・僖公元年》：「臣子一例也。」《史記・禮書》：「諸侯藩輔，臣子一例，古今之制也。」惠能在此是指學道的人如果能夠時時自我觀照，就是與開悟的人屬於同一類的人。

❷悠悠：指游蕩懶散而凡事不盡心的樣子。唐・高適〈漣上送別王秀才〉詩：「行矣當自愛，壯年莫悠悠。」惠能在此是提醒學道的人應避免生活游蕩懶散，而要盡心努力精進修持，不要虛度了人生的美好時光而蹉跎了歲月。

❸韋使君：漢代時稱刺史為使君，後世藉此尊稱州郡長官。在此所謂的「韋使君」，是指韶州刺史韋據。

【解釋】

若是覺悟大乘佛法中真誠懺悔的意義，除滅邪惡修行正道就是去除罪業。

學習佛道的人如果能夠時時自我觀照，就是與開悟的人屬於同一類的人。

我惠能現今傳授這項頓悟的教法，希望學習頓悟教法的人同心覺悟為一個整體。

若是希望將來能夠體證法身實相的境界，就要將貪瞋癡三種毒害的惡業因緣在心裏洗滌清淨。

努力修持佛道不要游蕩懶散而凡事不盡心地過日子，忽然間虛度而過完了這一次的輪迴轉世。

若是遇到大乘佛法中頓悟的教法，就要十分虔誠合掌地以至誠之心追求。」

惠能大師說法完畢，韶州刺史韋據、一般的官吏、出家的僧人與大眾、修道者與世俗的人，讚美頌揚的話語沒有止盡，大家都說這是過去從來沒有聽聞到的殊勝妙法。

【討論】

一、惠能說「學道之人能自觀」，即如同覺悟的人一般，然而如何在生活中「自觀」自己的言語及行為呢？

二、惠能說「三毒惡緣心裏洗」，試問如何在日常生活中實踐？

【原文圖版——第三十四折三之一】

	敦博本	英博本	旅博本
【原文圖版——第三十四折三之一】			
【錄文】	使君禮拜白言和尚說法實不思議　弟子當有少疑欲問 和尚望意和尚大慈大悲為弟子說大師言有疑即問須再三使 君聞法可不如是西國第一師達摩祖師宗旨大師言是弟	□□□□□□□□□□□□□□□□□□□使君禮 拜自言和尚說法實不思議弟子當有少疑欲聞和尚望意和 尚大慈大悲為弟子說大師言有議即聞何須再三使君聞法可 不不是西國弟一祖達磨祖師宗旨大師言是	□□□使君禮拜自言和尚說法實不思議第 子當有少疑欲聞和尚望意和尚大慈大悲為第 子說大師言有疑即問何須再三使君聞法可不不 是西國第一祖達磨祖師宗旨大師言是

【校正】

使君禮拜，白言：「和尚說法，實不思議。弟子尚①有少疑，欲②問和尚。望意和尚大慈大悲，為弟子說。」

大師言：「有疑即問，何須③再三？」使君問④：「法可否⑤❶？如是西國❷第一師達摩⑥❸祖師宗旨？」大師言：

「是！」

【校訂】

①尚：敦煌三本與國圖本皆作「當」，鈴木校本與郭校本皆作「今」，楊校本作「嘗」，潘校本作「尚」，錄校本未校出，綜觀前後文義，當以「尚」為宜。

②國圖本在其原文「當有少疑欲」之後，相對於敦博本漏抄了「問和尚望意和尚大慈大悲為弟子說大師言有疑即問須再」二十四字，相對於旅博本漏抄了「聞和尚望意和尚大慈大悲為弟子說大師言有疑即問何須再」二十五字，相對於英博本漏抄了「聞和尚望意和尚大慈大悲為弟子說大師言有議即聞何須再」二十五字。

③何須：英博本與旅博本皆在「須」字之上有「何」字，敦博本脫，當補之。

④問：敦煌三本與國圖本皆作「聞」，依鈴木校本、石井校本、楊校本等皆校作「問」，應作「問」。

⑤否：敦煌三本與國圖本皆作「不」，「不」字當作「否」字解，故改之。鈴木校本作「法可不是西國第一祖達摩祖師宗旨乎」，楊校本作「（和尚所說）法，可不是西國第一祖達摩祖師宗旨」，筆者以為韋據懷疑惠能是否得到達摩禪系的傳承，故以此論點斷句。

⑥達摩：英博本與旅博本皆作「達磨」，敦博本與國圖本皆作「達摩」，本文依底本敦博本統一作「達摩」書寫形式，下不出校。

【註釋】

❶法可否：這是韋據向惠能請教一個最重要的問題，就是惠能得悟的禪法，是否得到五祖弘忍的肯定與印證？是否是達摩祖師遠來東土傳授的禪宗心法與根本宗旨呢？

❷西國：在此指佛教發源地的古印度。唐．張祜有〈聽簡上人吹蘆管〉詩：「分明西國人來說，赤佛堂西是漢家。」《敦煌曲子詞．蘇幕遮》：「面慈悲，心歡喜，西國神僧遠遠來瞻禮。」唐代稱古印度為西國。

❸達摩：達摩梵名為 Bodhidharma（?-535），意譯作「覺法」。又作菩提達摩，達磨等。達摩是禪宗西天第二十八祖，中國禪宗初祖。關於達摩的禪法，有所謂「二入四行論」，「二入」是指「理入」與「行入」的兩種修行法門。達摩事跡散見於相關史籍，頗具傳奇性質。

【解釋】

韶州刺史韋據向惠能頂禮朝拜，告訴惠能說：「大師您解說的佛法，實在是不可思議。弟子我還有一些疑惑，希望能夠請問惠能大師。希望師父秉持大慈大悲的精神，為弟子我解說。」

惠能大師說：「如果心中有疑惑就立刻發問，何必要一而再地請示呢？」韋據詢問：「師父您的頓悟教法是得到印證的嗎？真的是西方印度來到中國的第一高明禪師達摩祖師的主要思想與心法意旨嗎？」惠能大師說：「是的！」

【討論】

一、達摩祖師的「宗旨」為何？為何韋據會詢問惠能的立場？

二、達摩祖師化導梁武帝的紀錄或傳說起源於何時？後來有何發展？

【原文圖版——第三十四折三之二】

	敦博本	英博本	旅博本
【錄文】	弟子見說達摩大師代梁武帝問達摩朕一生已來造寺布 施供養有功德否達摩答言並無功德武帝惆悵遂遣達摩 出境未審此言請和尚說六祖言實無功德使君勿疑達摩大 師言武帝著邪道不識正法使君問何以無功德和尚言造 寺布施供養只是修福	□□□□□□□□□□□□□□□□□□弟子見說達磨 大師代梁武諦問達磨朕一生未來造寺布施供養有 有功德否達磨答言並無功德武帝惆悵遂遣達磨出 覺未審此言請和尚說六祖言實無功德使君朕勿疑達磨 大師言武帝著邪道不識正法使君問何以無功德和尚言 造寺布施供養只是修福	□□□□□□□□□□□□□□□□弟子見說 達磨大師代梁武帝問達磨朕一生已來造寺布 施供養有功德否達磨答言並無功德武帝 惆悵遂遣達磨出境未審此言請和尚說六 祖言實無功德使君朕勿疑達摩大師言武帝著邪道 不識正法使君問何以無功德和尚言造寺布施供養只是 修福

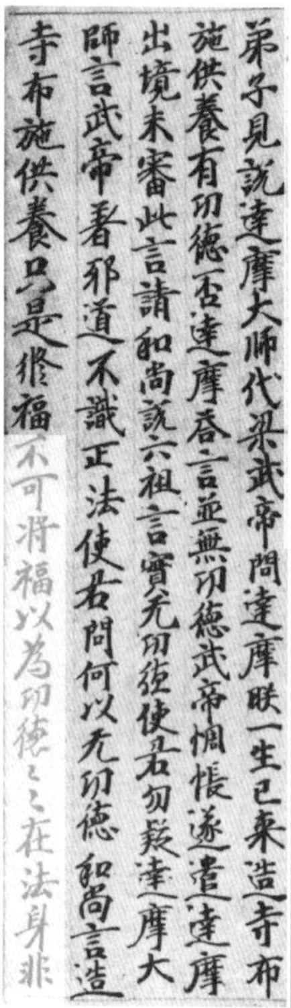

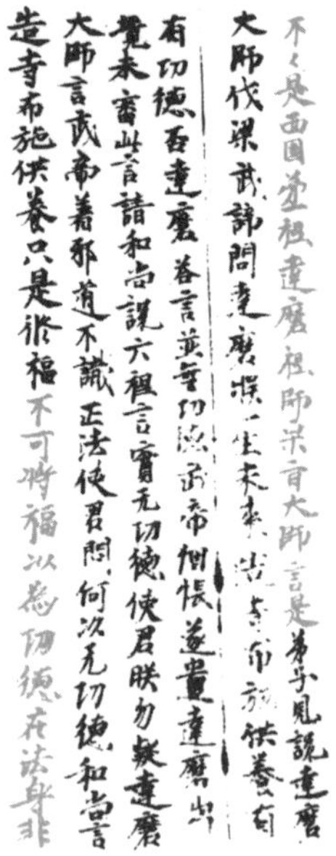

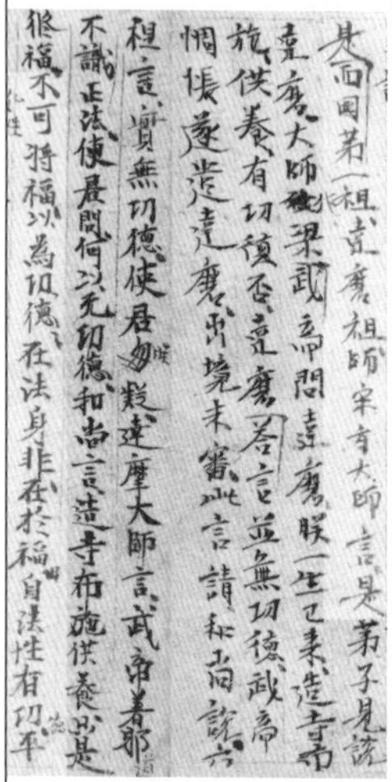

【校正】

使君問①：「弟子見說達摩大師化②梁武帝❶。帝問③達摩：『朕④❷一生以來，造寺、布施、供養，有功德否？』達摩答言：『並無功德。』武帝惆悵❸，遂遣達摩出境。未審此言，請和尚說。」六祖言：「實無功德，使君勿疑達摩大師言。武帝著邪道❹，不識正法。」使君問：「何以無功德？」和尚言：「造寺、布施、供養，只是修福。」

【校訂】

①使君問：敦煌三本與國圖本皆脫，在此應補「使君問」，文義較為通暢。

②化：敦煌三本與國圖本皆作「代」，與聖本、寬永本與西夏本皆作「化」，當改為「化」，為「化導」義。

③帝問：敦煌三本與國圖本皆作「問」，而無「帝」字，與聖本與寬永本皆作「帝問」，當補「帝」字。

④朕：英博本、旅博本與國圖本皆作「朕」，底本敦博本疑似訛作「联」，亦近似「朕」字，當為「朕」字。

【註釋】

❶梁武帝（464-549），南朝蘭陵（現江蘇武進）人，姓蕭名衍，字叔達。原是南齊雍州的刺史，於中興二年篡位，改國號為「梁」。在位四十八年期間，大力整飭文教，國勢日盛。武帝篤信佛教，一生研究佛教的教理，有「皇帝菩薩」的譽稱。

❷朕：在《尚書．堯典》中作「我」解，後來秦始皇二十六年起就制定為帝王自稱的專用詞，沿用至清代。在《史記．秦始皇本紀》載有：「臣等昧死上尊號，王為『泰皇』，命為『制』，令為『詔』，天子自稱曰『朕』。」

❸惆悵：因為失望或失意而感到傷心難過。在此說明梁武帝內心對達摩這位遠地而來的高僧有所期待，希望達摩能夠肯定他的弘法成績，未料達摩直心快語，不作人情。

❹著邪道：著，是得到與執著的意思，這三字是惠能說明梁武帝執著於錯誤的見解。所謂的邪道，並不能解釋為邪惡的外道，而應解釋為無益於解脫的觀念或是錯誤的見解。

【解釋】

韋據問惠能大師：「弟子聽說達摩大師曾經化導梁武帝。梁武帝詢問達摩祖師：『我這一輩子以來，建造佛教寺院、布施財物給別人、供養佛門三寶，是否有功德呢？』達摩祖師回答說：『並沒有功德。』武帝感到失望而傷感，於是遣送達摩祖師離開國境。我韋據不能夠詳細瞭解這句話的意思，請和尚說明解釋。」六祖惠能答覆說：「實在並沒有任何功德，韋據你請勿懷疑達摩大師所說的話。梁武帝執著錯誤的見解，不能夠認識正確的佛法。」韋據又問：「為何說沒有功德呢？」惠能回答說：「建造佛教寺院、布施財物給別人、供養佛門三寶，只是修持福報。」

【討論】

一、世俗的功德說與禪宗惠能的功德說有何異同？

二、「建造佛教寺院、布施財物給別人、供養佛門三寶」等重要的付出，為何達摩會說「並無功德」呢？

三、惠能與達摩的立場，是否真的一致？原因為何？

【原文圖版——第三十四折三之三】

敦博本 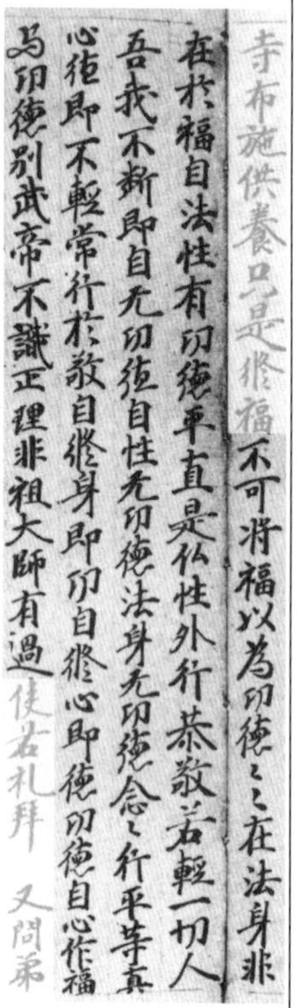	英博本 	旅博本 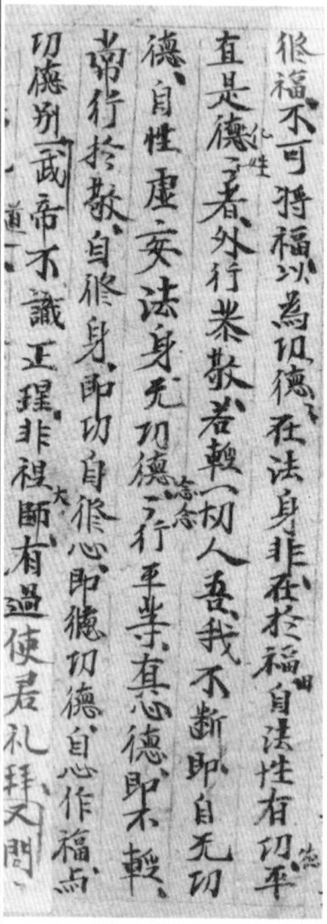

【錄文】

敦博本

□□□□□□□□□□不可將福以為功德功德在法身非
在於福自法性有功德平直是仏性外行恭敬若輕一切人
吾我不斷即自無功德自性無功德法身無功德念念行平等真
心德即不輕常行於敬自修身即功自修心即德功德自心作福
與功德別武帝不識正理非祖大師有過

英博本

□□□□□□□□□□□□不可將福以為功德在法身非
在於福田自法性有功德平直是德仏性外行恭敬若
輕一切人悟我不斷即自無功德自性虛妄法身無功
德念念德行平等真心德即不輕常行於敬自修
身即功自修身心即德功德自心作福與功德別武
帝不識正理非祖大師有過

旅博本

□□不可將福以為功德功德在法身非在於福田自法性有功德平
直是仏姓仏姓者外行恭敬若輕一切人吾我不斷即自無功
德自性虛妄法身無功德念念行平等真心德即不輕
常行於敬自修身即功自修心即德功德自心作福與
功德別武帝不識正理非祖大師有過

【校正】

不可將福以為功德，功德在法身，非在於福田①❶。自法性有功德，平直是佛性②，外行恭敬，若輕一切人，吾我不斷❷，即自無功德。自性無功德，法身無功德。念念行平等直心③，德即不輕。常行於敬❸，自修身即功，自修心即德。功德自心作，福與功德別。武帝不識正理，非祖大師有過。

【校訂】

①福田：英博本與旅博本皆作「福田」，底本敦博本與國圖本皆脫「田」字，當補之。

②平直是佛性：英博本作「平直是德佛性」，敦博本與國圖本皆作「平直是佛性」，旅博本作「平直是德佛姓佛姓者」，但於「德」字旁有刪除符號，真福本、大乘本、天寧本與錄校本皆作「見性是功，平直是德」，鈴木校本與郭校本作「平直是德，內見佛性」，楊校本作「平直是德，(內見)佛性」。然而綜觀前後文義，惠能強調「自法性有功德」，所以突顯「平直」即是「佛性」(法性)的展現，上下文義已能相符，故筆者以為維持底本的原文，較為適宜。

③平等直心：敦煌三本與國圖本皆作「平等真心」，應為「平等直心」。詳見本書頁四六至四七。

【註釋】

❶福田：梵語為punya-ksetra，佛教認為凡是持戒、布施、供養、修德、行善等行為，皆能夠得到福報增長福德，有如農夫播種耕田，能有回報收穫，所以稱為福田。惠能指出福田只是人天的福報，終究不是解脫的正道，認為佛教所謂真正的功德，在於清淨解脫與不生不滅的法身。

❷吾我不斷：指執著於「我」的觀念而不斷除，也就是所謂的「我執」。

❸常行於敬：指經常實踐修行恭敬一切的法門。敬，有專一的意思，佛教以「敬」詮釋眾生平等的意涵，也說明專注的意志訓練，這與儒家以禮說敬，道家以道說敬是不同的。

【解釋】

不可以將人天的福報視為真正的功德，真正的功德是在不生不滅的法身，並非在於世間的福報田地。自己的法性中有真正的功德，平等的直心就是佛性的展現，對於外在的一切修行保持恭敬的心意，若是輕視一切身旁的人，就不會斷除我執，那就是自己沒有得到真正的功德。自己的如來本性並沒有功德多少的分別，不生不滅的清淨法身也沒有功德的執著。只要我們身心念念行持平等真誠無偽無分別不執著的本心，這樣的功德就不會太輕太少。經常實行恭敬一切的修持，自己不斷修正身體的行為就是「功」，自己不斷更正錯誤的心念就是「德」。真正的功德是從自己內心所作，世俗的福報與真正的功德是有差別的。梁武帝不能認識真正的佛門教理，並非達摩祖師的回答有過錯。

【討論】

一、何謂「功德」？惠能對於「功德」的看法可以給現代的佛教修行者哪些啟示？

二、為何惠能說「自性無功德，法身無功德」？惠能又為何會說「自修身即功，自修心即德」？

【原文圖版——第三十五折五之一】

【錄文】

敦博本	英博本	旅博本
□□□□□□□□□□□□□□□使君禮拜　又問弟子見僧俗常念阿弥陁仏願生西方請和尚說得生彼否望為破疑大師言使君聽惠能與說世尊在舍衛城說西方引化經文分明去此不遠只為下根說近說遠只緣上智人自兩種法無般迷悟有殊見有遲疾迷人念仏生彼悟者自淨其心所以仏言隨其心淨則仏土淨	□□□□□□□□□□使君禮拜又問弟子見僧道俗常念阿弥大佛願往生西方請和尚說德生彼否望為破疑大師言使君聽惠能與說世尊在舍衛國說西方引化經文分明去此不遠只為下根說近說遠只緣上智人自兩重法無不名悟有殊見有遲疾迷人念佛生彼悟者自淨其心所以言佛隨其心淨則佛土淨	□□□□□□□□□□□□□□使君禮拜又問弟子見僧道俗常念阿弥陁佛願往生西方請和尚說得生彼否望為破疑大師言使君聽惠能與說世尊在舍衛城說西方引化經文分明去此不遠只為下根說近說遠只緣上智人自兩種法無般迷悟有殊見有遲疾迷人念佛生彼悟者自淨其心所以佛言隨其心淨則佛土淨

【校正】

使君禮拜，又問：「弟子見僧俗常念阿彌陀佛❶，願往生①西方。請和尚說，得生彼否？望為破疑。」大師言：「使君聽，惠能與說。世尊在舍衛城，說西方引化❷，經文分明，去此不遠，只為下根。說近說遠，只緣上智。人自兩種，法無兩般②。迷悟有殊，見有遲疾。迷人念佛生彼，悟者自淨其心。所以佛言：『隨其心淨，則佛土淨。』」❸

【校訂】

①往生：英博本與旅博本皆作「往生」，敦博本與國圖本皆作「生」，當為「往生」，應補「往」字。

②法無兩般：敦博本、國圖本與旅博本皆作「法無般」，英博本作「法無不」，惠昕五本皆作「法無兩般」，當補「兩」字。

【註釋】

❶僧俗常念阿彌陀佛：指出家人與在家居士都經常念誦阿彌陀佛，可見惠能當時的淨土念佛法門已經十分興盛。

❷西方引化：這一段是惠能引用《阿彌陀經》來說明釋迦牟尼佛於舍衛國城中，講授往生西方極樂世界的典故。所謂的西方引化，其實就是《阿彌陀經》的別稱。

❸這段經文引自《維摩詰所說經》卷上，收錄於《大正藏》第十四冊，頁五三八下。這段經文說明「三界唯心」的道理，也說明這個宇宙世界是主觀認知與建構的短暫現象，而非永恆客觀的實有。

【解釋】

韋據向惠能禮拜，又發問說：「弟子我看見出家的僧眾與世俗的佛教徒，經常念誦阿彌陀佛，希望往生西方極樂世界。恭請和尚解說，這些念誦阿彌陀佛的人，得以往生西方極樂世界嗎？希望您能為我們破除疑惑。」惠能大師說：「韋據你仔細聆聽，惠能向你說明。釋迦牟尼佛在舍衛城的時候，開示佛法引領化導眾生往生西方極樂世界，佛經中的文字記載清楚分明，西方極樂世界距離這裡並不太遠，只是因為接引與開示給低下根器的眾生。解說較近或較遠的距離，只是因為開示給具備較高智慧的眾生。人本來就有兩種，但是佛法並沒有兩種的不同。迷惑與覺悟是有差別的，對於禪法的見解與見地也有遲慢與快速的不同。迷惑的人念誦佛號往生西方極樂世界，頓悟的人自己清淨自己的心地，當下即是西方極樂世界。所以佛陀說：『跟隨自己的本心清淨，當下就是清淨的佛土。』」

【討論】

一、惠能說「迷人念佛生彼，悟者自淨其心」，是反對往生西方極樂世界嗎？

二、何謂「自淨其心」？其中的「淨」，應如何詮釋？

【原文圖版——第三十五折五之二】

敦博本	英博本	旅博本

【錄文】

敦博本	英博本	旅博本
□□□□□□□□□□□□使君東方但淨心無罪西方心不淨 有愆迷人願生東方西者所在處並皆一種心地但無不淨西 方去此不遠心起不淨之心念仏往生難到除惡即行十萬無 八邪即過八千但行真心到如禪指　使君但行十善何須更 願往生不斷十惡之心何仏即來迎請若悟無生頓法見西方 只在剎鄃不悟頓教大乘念仏往生路遠如何得但 六祖言惠能與使君移西方剎鄃間目前便見使君願見否	□□□□□□□使君東方但淨心無罪西方心不淨有 愆迷人願生東方西者所在處並皆一種心但無不淨 西方去此不遠心起不淨之心念佛往生難到除惡即 行十萬無八邪即過八千但行真心到如禪指使 君但行十善何須更願往生不斷十惡之心何佛即來 迎請若悟無生頓法見西方只在剎鄃不悟頓教大乘 念佛往生路遙如何得達六祖言惠能與使君移 西方剎鄃問日前便見使君願見否	□□□□□□使君東方但淨心無罪西方心不淨有 愆迷人願生東方生西者所在處並皆一種心地但無不 淨西方去此不遠心起不淨之心念佛往生難到除 惡即行十萬無八邪即過八千但行真心到如彈指 使君但行十善何須更願往生不斷十惡之心何佛即 來迎請若悟無生頓法見西方只在剎鄃不悟頓教大乘 念佛往生路遙如何得達六祖言惠能與使君移西 方剎鄃問日前便見使君願見否

【校正】

使君！東方但淨心無罪，西方心不淨有愆①。迷人願生東方、西方，悟者②所在處並皆一種。心地但無不淨，西方去此不遠；心起不淨之心，念佛往生難到。除十惡③❶即行十萬；無八邪❷即過八千。但行直心④，到如彈指⑤。使君！但行十善❸，何須更願往生？不斷十惡之心，何佛即來迎請？若悟無生頓法，見西方只在剎那；不悟頓教大乘，念佛往生路遠，如何得達⑥？六祖言：「惠能與使君移西方剎那間，目前便見，使君願見否？」

【校訂】

①愆：敦煌三本與國圖本皆作「[illegible]」俗寫字，校改為「愆」字。

②西方，悟者：敦博本、英博本與國圖本皆作「西者」，旅博本作「生西者」，當補「方，悟」兩字，文義始能通達，參見潘校本。

③十惡：敦煌三本與國圖本皆作「惡」，惠昕五本皆作「十惡」，當補「十」字。

④直心：敦煌三本與國圖本皆作「真心」，應為「直心」，依《維摩詰經》作「直心」為宜。

⑤彈指：敦博本、英博本與國圖本皆作「禪指」，旅博本作「彈指」，錄校本以為形近而訛，當改為「彈指」。

⑥達：敦博本與國圖本皆作「但」，英博本與旅博本皆作「達」，當改為「達」。

【註釋】

❶十惡：即十不善業道（梵語為daśākuśala-karma-pathāni），指眾生由身口意造作的十種罪惡行為，分別是殺生、偷盜、邪淫、妄語、兩舌、惡口、綺語、貪欲、瞋恚與邪見。

❷八邪：指八邪法或八邪支，是「八正道」的對稱，指眾生由身口意造作的八種謬行，分別是邪見、邪思惟、邪語、邪業（業力）、邪命（職業）、邪精進、邪念與邪定。

❸十善：即十善業，梵語為daśakuśala-karmāni，又作十善業道，是十不善業道（十惡）的相對面，分別是不殺生、不偷盜、不邪淫、不妄語、不兩舌、不惡口、不綺語、不貪欲、不瞋恚與不邪見（正見）。

【解釋】

韋據！住在東方世界的人只要秉持清淨的心就沒有罪愆，住在西方世界的人心中不清淨仍然是有過錯的。迷惑的人希望往生東方或是西方世界，覺悟的人所在之處全部只有一種。心地只要沒有不清淨的地方，西方極樂世界離此就不會太遠；心中生起不清淨的心念，就算念佛祈求往生依然難到極樂世界。除去十種惡行即是修行十萬里的功德；沒有八種邪惡就是超越了八千里的障礙。只要行持真誠、無偽、無分別與不執著的本心，到西方極樂世界就有如彈指般快速。韋據！只要修行十善法門，何必須要更加發願往生西方極樂世界呢？若是不去斷除十種惡行的心，哪一個世界的佛陀會來迎接邀請你往生佛國呢？若是覺悟本來不生的頓悟法門，悟見西方極樂世界只在剎那間；不能覺悟頓悟教理的大乘法門，即使憑持念佛而想往生極樂世界，路途也是很遙遠的，如何才能到達呢？六祖惠能說：「如果惠能為韋據你在極短的時間內，遷移西方極樂世界到這裡，當下眼前便能看見，韋據你是否希望看見呢？」

【討論】

一、惠能說「若悟無生頓法，見西方只在剎那」，所見的西方極樂世界是真實見到的嗎？

二、惠能對念佛往生西方極樂世界的基本看法為何？惠能以為往生西方極樂世界應具備哪些條件？

【原文圖版——第三十五折五之三】

【錄文】

敦博本

使君禮拜若此得見何須往生願和尚慈悲為現西方大善
大師言[一時]見西方無疑即散大眾愕然莫知何[事] 大師曰大眾
大眾作意聽世人自色身是城眼耳鼻舌身即是城門外
有[六]門內有意門心即是地性即是王性在王在性去王無性
在身心存性[去身壞]仏是自性作莫向[身求]自性迷仏[即是]
眾生自性悟衆眾生即是仏

英博本

□□□□□□□□□□□□□□使君禮拜若此
得見何須往生願和尚慈悲為現西方大善大師
言[唐]見西方無疑即散大眾愕然莫知何[是]大師曰
大眾大眾作意聽世人自色身是城眼耳鼻舌身即是城
門外有[六]門內有意門心即是地性即是王性在王在性
去王無性在身心存性[去身壞]佛是自性作莫向[身求]
自性迷佛[即]眾生自性悟眾生即是佛

旅博本

□□□□□□□□□□□□□使君禮拜若此
得見何須往生願和尚慈悲為現西方大善大師言
[唐一時]見西方無疑即散大衆愕然莫知何[是]大師曰
大眾大眾作意聽世人自色身是城眼耳鼻舌身即是城
門外有[六]門內有意門心即是地性即是王性在王在性
去王無性在身心存性[去身壞]佛是自性作莫向[身求]
自性迷佛[即]衆生自性悟衆生即是佛

【校正】

使君禮拜：「若此得見，何須往生？願和尚慈悲，為現西方，大善！」大師言：「一時①見西方！無疑即散！」大眾愕然❶，莫知何事。大師曰：「大眾！大眾！作意聽❷！世人自色身是城，眼、耳、鼻、舌、身即是城門。外有五門②❸，內有意門。心即是地，性即是王。性在王在，性去王無。性在身心存，性去身心壞③。佛是自性作，莫向身外求④。自性迷，佛即是眾生；自性悟，眾生即是佛。」

【校訂】

①一時：敦博本與國圖本皆作「一時」，英博本作「唐」字不通，旅博本作「唐一時」，衍「唐」字。應作「一時」，作「當下」解。

②外有五門：敦煌三本與國圖本皆作「外有六門」，惠昕五本皆作「外有五門」，鈴木校本、郭校本、楊校本、潘校本等皆改作「外有五門」，錄校本未出校。細審原文，惠能的本義可能是指在眾生的佛性（自性）外有六根，其中當然可接下句的「內有意門」，也就是說「六門中內有意門」的意思，但如此解釋似乎也難以圓融通達，故筆者以為仍當作「外有五門」為宜。

③身心壞：敦煌三本皆作「身壞」，國圖本作「身懷」，惠昕五本皆作「身心壞」，當補「心」字。

④身外求：敦煌三本皆作「身求」，與聖本與寛永本皆作「身外求」，當補「外」字。

【註釋】

❶愕然：驚訝的樣子。

❷作意聽：作意，梵語為 manaskāra, manasi-kāra，是指吾人忽然間警覺到某些事物而將心靈意識專注在某處，由此引發活動的一種精神作用。然而，惠能在此所謂的作意聽，應該只是希望聽眾們注意聽或是請聽清楚的意思。

❸外有五門：這是指世間人自以為物質的身體就有如城堡，城堡的外面總共有五個城門，分別是眼睛、耳朵、鼻子、舌頭與身觸五個城門。

【解釋】

韋據禮拜惠能說：「若是能夠在這裏就看得見西方極樂世界，哪裏須要往生呢？希望惠能大師您大發慈悲，為我們呈現西方極樂世界，那就非常非常好了！」惠能大師說：「就在當下這一時刻看見西方極樂世界！若是沒有疑問就各自散會吧！」在場的大眾們都覺得十分驚愕，不知道是發生了什麼事。惠能大師說：「各位學佛的朋友們！各位學佛的朋友們！請特別專心注意聆聽！世間的人自以為物質的身體是城堡，眼睛、耳朵、鼻子、舌頭、身觸就是城門。城堡的外面總共有五個城門，其中內部另有一個意門。心靈就是大地，本性就是國王。本性存在就是身心都存在，本性離去身體心靈就會毀壞。覺悟的佛陀是眾生本來具足的佛性所成就，不要向自己佛性以外的事物去追求。本性若是迷惑了，本來具足佛性可以成佛的佛陀就成為迷惑的眾生；本性覺悟了，迷惑的眾生就能成為覺悟的佛陀了。」

【討論】

一、惠能說的「一時見西方」，是真的呈現西方極樂世界嗎？其真實的用意為何？

二、惠能在此所謂的「自性」與佛教基本教義中的「自性」說，是否有所不同？

【原文圖版——第三十五折五之四】

敦博本 英博本 旅博本

【錄文】

敦博本

□□□□□□□□□□□慈悲即是觀音喜捨名為勢
至能淨是釋迦平直即是弥勒人我即是須弥邪心即是
海水煩惱即是波浪毒心即是惡龍塵勞即是魚鱉虛妄即
是鬼神三毒即是地獄愚癡即是畜生十善即是天堂無我人
須弥自到除邪心海水竭煩惱無波浪滅毒宍除魚龍絕

英博本

□□□□□□□□□□□□□□□慈悲即是觀音
喜捨名為勢至能淨是釋迦平真是弥勒人我是須
弥邪心是大海煩惱是波浪毒心是惡龍塵勞是魚鱉
虛妄即是神鬼三毒即是地獄愚癡即是畜生十善是
天堂我無人須弥自倒除邪心海水竭煩惱無波浪滅毒
害除魚龍絕

旅博本

□□□□□□□□□□□□□□□慈悲即是觀音喜
捨名為勢至能淨是釋迦平直即是弥勒人我即是須弥
邪心即是海水煩惱即是波浪毒心即是惡龍塵勞即是魚
鱉虛妄即是神鬼三毒即是地獄愚癡即是畜生十善
即是天堂我無人須弥自倒除邪心海水竭煩惱無波浪滅
毒害除魚龍絕

【校正】

慈悲即是觀音❶，喜捨名為勢至❷，能淨是釋迦，平直即是彌勒❸，人我即是須彌❹，邪心即是海水，煩惱即是波浪，毒心即是惡龍，塵勞即是魚鱉①，虛妄即是鬼神，三毒即是地獄，愚癡即是畜生，十善即是天堂。無人我②，須彌自倒③；除邪心，海水竭；煩惱無，波浪滅；毒害④除，魚龍絕。

【校訂】

①國圖本殘頁止於三十五折中「塵勞即是魚鱉即是海水」，「即是海水」當為衍字。國圖本在「即是海水」後作「南宗頓教最上大乘壇經一卷」，該殘本即結束，餘下再無經文。

②無人我：英博本與旅博本皆作「我無人」，敦博本作「無我人」，惠昕五本皆作「除人我」，應是「無人我」，參閱潘校本。

③倒：英博本與旅博本皆作「倒」，敦博本作「到」，當為「倒」字。

④毒害：敦博本作「毒宊」，其中「宊」為「肉」的俗體字，英博本與旅博本皆作「毒害」，當為「毒害」。

【註釋】

❶觀音：即觀世音菩薩，梵文為 **Avalokiteśvara**，這尊菩薩是以慈悲救濟眾生為本願的菩薩，主要象徵的精神就是慈悲。

❷勢至：即大勢至菩薩，梵文為 **Mahā-sthāma-prāpta**，這尊菩薩以智慧光明普照一切，讓輪迴眾生遠離三惡道，得到無上的勢力，主要象徵的精神就是精進與歡喜佈施。

❸彌勒：即彌勒菩薩，梵文為 **Maitreya**，傳說彌勒出生於釋迦牟尼佛時代的婆羅門家庭，後來成為佛的弟子，先佛入滅往生，後來又以菩薩的身分住於兜率天為天人說法。

❹須彌：梵文為 **Sumeru**，意譯為妙高山，原為古印度神話中的山名，佛教續用，以為是世界中央的一座高山。

【解釋】

慈愛之心能給眾生快樂，大悲之行能夠拔除眾生的痛苦，這就是觀世音菩薩精神的化現。隨喜的功德與放下執著的心，這就是大勢至菩薩精神的化現。清淨身心是釋迦牟尼佛的修行，平等的直心就是彌勒菩薩的包容，自己與別人的分別，就是崇高的須彌山互相阻隔，邪惡的心靈就是大海中的海水，煩惱就是大海中的波浪，毒害別人的心意，就是大海中邪惡的蛟龍，世俗的煩惱，就是大海中的魚蝦鱉類，虛假不真實的就是裝神弄鬼，貪瞋癡的三種毒害就會形成地獄，愚癡就是畜生道的特質，十種善業就是天堂的內容。沒有自己與別人的分別心，互相阻隔而崇高的須彌山自然會倒下；除去自己心中的邪惡，象徵生死輪迴的海水就會枯竭；沒有煩惱的執著，象徵情緒起伏的波浪就會消滅；除去惡毒與傷害眾生的心意，象徵世俗煩惱的魚蝦蛟龍就會滅絕。

【討論】

一、惠能說「慈悲即是觀音，喜捨名為勢至」，請問何為「慈悲」？何為「喜捨」？

二、惠能用了許多具象的比喻，其用意為何？在禪法的詮釋上，有何價值？

【原文圖版——第三十五折五之五】

敦博本	英博本	旅博本

【錄文】

敦博本	英博本	旅博本
□□□□□□□□□□□□□□□□□□□□自心地上覺性如來[施]大智惠光[明]照[曜]六門清淨照[破]六欲[天]下照三毒若除地獄一時消滅內外[明]徹不異西方不作此修如何到彼[座]下[聞]說讚聲徹天應是迷人[了]然便見使君禮拜讚言善哉善哉普願法界衆生聞者一時悟解	□□□□自心地上覺性如來[施]大智惠光[明]照[曜]六門清淨照[波]六欲[諸][天]下照三毒若除地獄一時消滅內外[明]徹不異西方不作此修如何到彼[座]下[問]說讚聲徹天應是迷人[人]然便見使君禮拜讚言善哉善哉普願法界衆生聞者一時悟解	□□□□□自心地上覺性如來[施]大智惠光[明]照[曜]六門清淨照[破]六欲[諸][天]下照三毒若除地獄一時消滅內外[明]徹不異西方不作此修如何到彼[坐]下[聞]說讚聲徹天應是迷人[了]然便見使君禮拜讚言善哉善哉普願法界衆生聞者一時悟解

【校正】

「自心地上覺性如來，放大智慧①光明，照耀六門清淨❶，照破六欲諸天②❷，下照三毒❸若除，地獄一時消滅，內外明澈，不異西方。不作此修，如何到彼？」座下聞說，讚聲徹天，應是迷人，了然便見。使君禮拜，讚言：「善哉！善哉！普願法界眾生，聞者一時悟解。」

【校訂】

①放大智慧：敦煌三本皆作「施大智惠」，鈴木校本與潘校本皆作「放大智惠」，當改為「放大智慧」。

②諸天：英博本與旅博本皆作「諸天」，敦博本作「天」，當為「諸天」。

【註釋】

❶六門清淨：即六根清淨，說明眼、耳、鼻、舌、身、意六根皆清淨而無雜染。

❷六欲諸天：即六欲天，是佛教三界中的欲界中的六天，分別是：㈠四大王天，㈡忉利天，㈢焰摩天，㈣兜率天，㈤化自在天，㈥他化自在天。

❸三毒：指貪欲、瞋恚與愚癡的三種煩惱，因為這三種煩惱相對應三界，是毒害眾生不能解脫的最重要原因，所以稱為三毒。

【解釋】

「在自性的心地上本來擁有覺悟本性的如來佛性，施放廣大的智慧與光明，照耀眼根、耳根、鼻根、舌根、身觸與意想六門清澈明淨，觀照破除六種欲望天界的福報執著，其中包含了情色的欲望、形體相貌的欲望、威儀姿態的欲望、言語音聲的欲望、細滑的欲望、想念的欲望，若是除去自己內心貪瞋癡的三種毒害，眼前的地獄就會一剎那間消失滅除，身心世界的內在與外相都會明亮清澈，不會與西方極樂世界有任何不同的地方。不去作這樣的修行，如何才能往生到西方極樂世界呢？」在法座下聽聞惠能講說的大眾，讚嘆的音聲響徹雲天，應該是原本迷惑的人，心中清楚明白地透澈了解惠能所說的道理。韋據向惠能頂禮膜拜，讚嘆地說：「真是太好了！真是太好了！普遍全面地祝願十方法界一切宇宙的眾生，聽聞到惠能大師的開示，都能在一剎那間覺悟解脫。」

【討論】

一、惠能對往生西方極樂世界的看法為何？開示的修行方法又如何？

二、所謂「了然便見」，是當場就清楚明白看見西方極樂世界嗎？

【原文圖版——第三十六折四之一】

	敦博本	英博本	旅博本
【原文圖版】	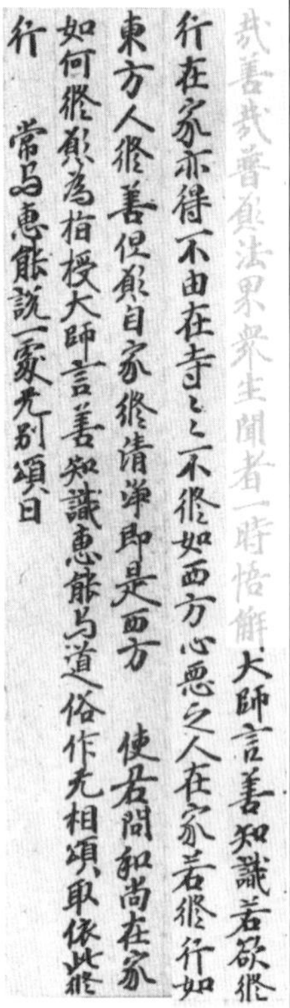	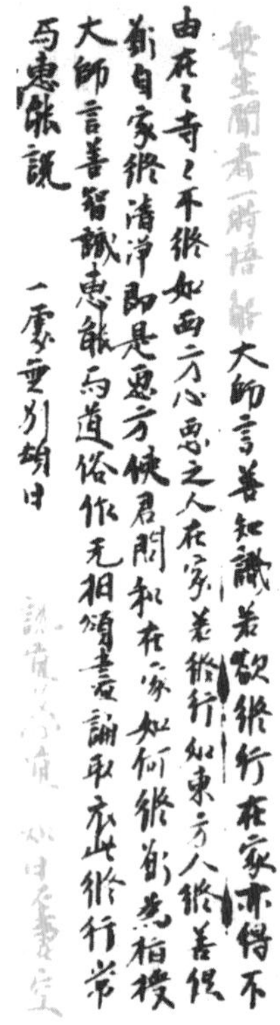	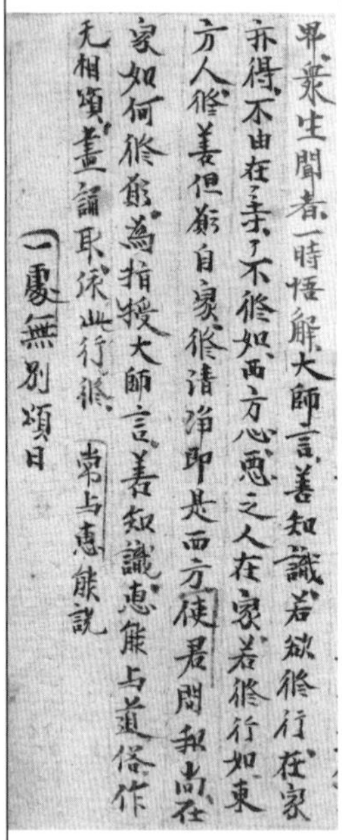
【錄文】	□□□□□□□□□□□□□□□大師言善知識若欲修 行在家亦得不由在寺在寺不修如西方心惡之人在家若修行如 東方人修善但願自家修清淨即是西方　使君問和尚在家 如何修願為指授大師言善知識惠能與道俗作無相頌取依此修 行　常與惠能說一處無別頌曰	□□□□□□□□大師言善知識若欲修行在家亦得不 由在寺在寺不修如西方心惡之人在家若修行如東方人修善但 願自家修清淨即是惡方使君問和在家如何修願為指授 大師言善智識惠能與道俗作無相頌盡誦取衣此修行常 與惠能說　一處無別頌曰	□□□□□□□□□大師言善知識若欲修行在家 亦得不由在寺在寺不修如西方心惡之人在家若修行如東 方人修善但願自家修清淨即是西方使君問和尚在 家如何修願為指授大師言善知識惠能與道俗作 無相頌盡誦取依此修行　常與惠能說 一處無別頌曰

【校正】

大師言：「善知識！若欲修行，在家亦得❶，不由在寺。在寺不修，如西方心惡之人；在家若修行，如東方人修善。但願自家修清淨，即是西方。」使君問：「和尚！在家如何修？願為指授。」大師言：「善知識！惠能與道俗作〈無相頌〉，汝等盡誦取①，依此修行②，常與惠能說一處無別。」頌曰：

【校訂】

①汝等盡誦取：敦博本作「取」，英博本與旅博本皆作「盡誦取」，同時參考第三十七折的經文，當作「汝等盡誦取」為宜。

②依此修行：敦煌三本在「依此修行」後皆無「頓教法」三字，錄校本以為：「敦煌寫本中對極為習見的語詞採取空格以示省略，……考上下文，此三字似當作『頓教法』。」（頁三四六），其校釋可以參酌，但筆者以為不確定此三字為哪三個字，故依原文不作校改，其義亦可通曉。

【註釋】

❶若欲修行，在家亦得：惠能的頓悟禪法，除了帶給中國佛教很大的震撼之外，更重要的是將印度的佛學中國化，其中的關鍵，即是強調在家居士修持禪法的可能性，這是禪宗或說是中國佛教具備大乘佛教特質的根本要素之一。

【解釋】

惠能大師說：「各位學佛的朋友們！若是希望修行佛法，在家居士在家中也可以修持，不一定在佛寺中修行才可以。在佛寺中不去好好修行，如同身在西方極樂世界而內心懷抱惡念的人；在家居士若是能夠好好修行，正如同身在東方的人修持善行。但願是在自己的家中修行清淨的法門，就是西方極樂世界當下的展現。」韋據發問：「尊貴的和尚！在家居士在家中如何修持？希望大師為我們指導與傳授。」惠能大師說：「各位學佛的朋友們！惠能給修道的僧侶與世俗的大眾作了一首〈無相頌〉的偈頌，你們盡心去誦讀聽取，依照這個方法去修行，就是經常與惠能在一起討論修持佛法而沒有分別。」偈頌的內容是：

【討論】

一、惠能說「若欲修行，在家亦得，不由在寺」，惠能對修行的身分與地點，是否有特別的意見？

二、何謂「自家修清淨」？試以生活實例說明如何修持？

【原文圖版——第三十六折四之二】

【錄文】

敦博本	英博本	旅博本
說通及心通　如日處虛空　惟傳頓教法　出世破邪宗　教即無頓漸 迷悟有遲疾　若李頓法門　遇人不可迷　說即雖萬般　合理還歸一 煩惱闇宅中　常須生惠日　邪來因煩惱　正來煩惱除　邪正悉不用 清淨至無餘	□□□□　□□□□□□ 惟傳頓教法　出世破邪宗　教即無頓漸 愚人不可迷　說即須萬般　合離還歸一 邪來因煩惱　正來煩惱除　邪正疾不用 說通及心通　如日至虛空 迷悟有遲疾　若學頓教法 煩惱暗宅中　常須生惠日 清淨至無餘	說通及心通　如日處虛空　惟傳頓教法 出世破邪宗　教即無頓漸　迷悟有遲疾 若學頓法門　愚人不可迷　說即雖萬般 合理還歸一　煩惱暗宅中　常須生惠日 邪來因煩惱　正來煩惱除　邪正悉不用 清淨至無餘

【校正】

說通及心通❶，如日處虛空。惟傳頓教法，出世破邪宗❷。
教即無頓漸，迷悟有遲疾❸。若學頓法門①，愚②人不可悉③。
說即雖萬般，合理還歸一。煩惱暗④宅中，常須生慧日。
邪來因煩惱，正來煩惱除。邪正悉不用❹，清淨至無餘。

【校訂】

①頓法門：敦博本與旅博本皆作「頓法門」，英博本作「頓教法」，兩者皆通，但尊重底本原文，同時「頓法門」較「頓教法」的意義更為深廣，故仍作「頓法門」。

②愚：敦博本作「遇」，英博本與旅博本皆作「愚」，當作「愚」。

③悉：敦煌三本皆作「迷」，惠昕五本與鈴木校本皆作「悉」，當作「悉」。

④暗：敦博本作「闇」，英博本與旅博本皆作「暗」，兩字義相通，依現代通用字例改為「暗」字。

【註釋】

❶說通及心通：所謂心通，是指悟徹本心而開悟的通達，又稱宗通；所謂說通，又稱教通，是指能夠在大眾中說法自在，顯示教理圓融與世間法、出世間法都能通達的意思。

❷邪宗：惠能指以非正道或非究竟的觀點詮說佛法的宗派或義理系統，並不能解釋為邪惡的宗派。

❸教即無頓漸，迷悟有遲疾：惠能強調的是頓悟的教法，而非強調頓悟的宗派，因此迷執或開悟是因為根性與機緣的關係。

❹邪正悉不用：指超越是非邪正對立的兩邊。

【解釋】

我（惠能）解說佛教教義的說法通達及實證澈悟境界的心地開通，有如太陽在虛空中而了無障礙。只有傳授頓悟佛心的法門，出現世間勘破不究竟解說佛法的宗派思想。佛教法門本身就是沒有頓悟與漸修的分別，只有眾生的迷惑與覺悟有快速與遲緩的差別。若是學習頓悟的法門，愚癡的人是無法了解的。解說佛法的角度與方法雖然有各種的不同，但是合於佛法真實的道理還是回歸在一個覺悟的根本上。在充滿煩惱昏暗的心靈屋宅中，經常必須生起智慧的太陽。邪惡的到來是因為煩惱的生起，正法的覺悟到來煩惱就消除了。破除邪惡與堅守正道的法門都不必使用，就保持清淨超越的見地與體證，直到無餘涅槃的永恆境界。

【討論】

一、何謂「說通」？何謂「心通」？

二、惠能以為「教即無頓漸，迷悟有遲疾」，是否為否定「頓教」的成立，而主張依據眾生的根器而有快速覺悟與緩慢覺悟的不同呢？

【原文圖版——第三十六折四之三】

敦博本	英博本	旅博本

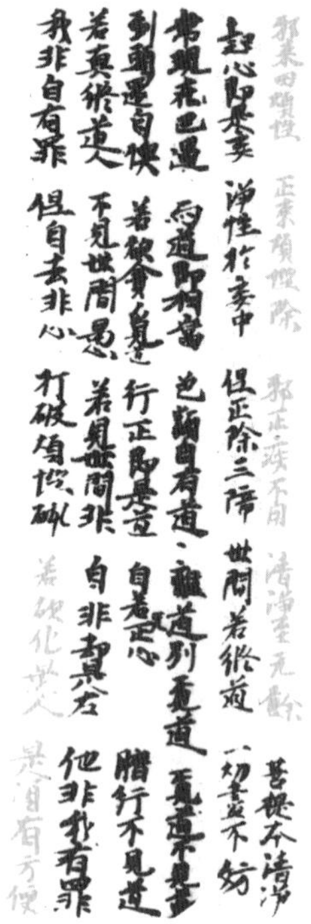

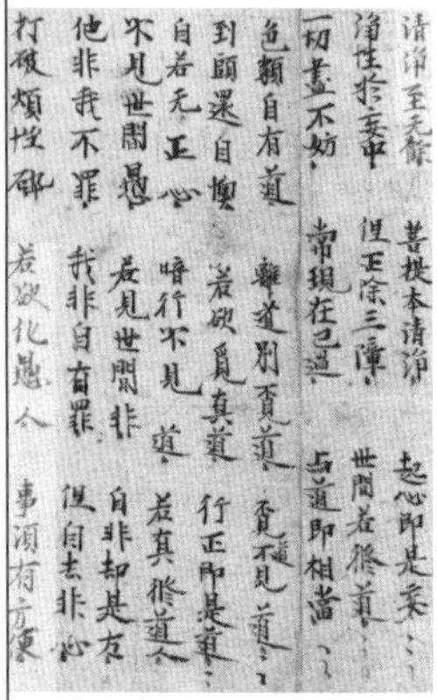

【錄文】

敦博本

□□□□□　菩提本清淨　起心即是妄　淨性於妄中　但正除三障
世間若修道　一切盡不妨　常現在己過　與道即相當　色類自有道
離道別覓道　覓道不見道　到頭還自懊　若欲覓真道　行正即是道
自若無正心　暗行不見道　若真修道人　不見世間遇　若見世間非
自非却是左　他非我不罪　我非自有罪　但自去非心　打破煩惱碎

英博本

□□□□□　□□□□□　□□□□□　□□□□□　菩提本清淨
起心即是妄　淨性於妄中　但正除三障　世間若修道　一切盡不妨
常現在己過　與道即相當　色類自有道　離道別覓道　覓道不見道
到頭還自懊　若欲貪覓道　行正即是道　自若無正心　暗行不見道
若真修道人　不見世間愚　若見世間非　自非却是左　他非我有罪
我非自有罪　但自去非心　打破煩惱碎

旅博本

□□□□□　菩提本清淨　起心即是妄
淨性於妄中　但正除三障　世間若修道
一切盡不妨　常現在己過　與道即相當
色類自有道　離道別覓道　覓道不見道
到頭還自懊　若欲覓真道　行正即是道
自若無正心　暗行不見道　若真修道人
不見世間愚　若見世間非　自非却是左
他非我不罪　我非自有罪　但自去非心
打破煩惱碎

【校正】

菩提本清淨，起心即是妄❶。淨性於妄中，但正除三障❷。世間若修道，一切盡不妨。常見在己過①，與道即相當。色類❸自有道，離道別覓道。覓道不見道，到頭還自懊。若欲覓真道，行正即是道。自若無正心，暗行不見道。若真修道人，不見世間過②。若見世間非，自非卻是左❹。他非我不罪，我非自有罪。但自去非心，打破煩惱碎。

【校訂】

①常見在已過：敦煌三本皆作「常現在已過」，惠昕五本皆作「常自見已過」，「現」字當為「見」字，即作「常見在已過」。

②過：英博本與旅博本皆作「愚」，敦博本作「遇」，惠昕五本皆作「過」，當為「過」。

【註釋】

❶起心即是妄：惠能以為凡所有起心動念，皆是虛幻不實不能長久的妄念，並由此呈顯菩提本性是清淨無雜染的。

❷三障：梵語為 triṇy āvaraṇāni，在佛教經論中有多種說法，惠能在此處應是指所謂的煩惱障、業障和果報障。

❸色類：原指種類或類別，惠能是藉此說明物質世間的各種種類的事情，都有其深奧的道理。

❹自非卻是左：非，在此是批評或判斷的意思；左，是違背、相反或是偏頗的意思。因此這句話應該是說自己的是非判斷卻又是偏頗的。

【解釋】

菩提的本性是清淨沒有執著的，起動心意就是妄念。清淨的本性在妄念之中，只要正確地去除煩惱障、業障和果報障三種障礙，當下就會呈現清淨的佛性。世間的人若是修習佛道，一切的得失榮辱都不會妨礙而無所謂了。所以經常看見自己的過失，就與佛道的體悟差不多了。在各種物質的現象中自然有佛法的內涵，離開現實生活中的大道而另外去尋覓佛道，再怎麼去尋覓佛道的追求也無法悟見真正的佛道，到頭來還會自我懊惱。若是希望尋覓真正的大道，行持正法就是修持佛道。自己若是沒有追求正法的決心，就算在暗地裡努力修行仍然無法悟見佛道。若是真正修行佛道的人，不會看見世間一切的過失。若是看見世間的是非，自己的是非判斷卻又是偏頗的。別人的過錯不是自己的過錯而不受罪罰，但是我們自己的是非執著，卻是自然要受到因為執著而產生的罪罰。但是只要除去是非執著的心念，就會打碎破除生死煩惱的障礙。

【討論】

一、為何惠能會說「世間若修道，一切盡不妨」？

二、惠能說「常見在已過」，這對吾人生活成長有何啟發？

三、惠能說「若真修道人，不見世間過」，對吾人生活與人際關係有何幫助？

【原文圖版——第三十六折四之四】

【錄文】

敦博本	英博本	旅博本
若欲化愚人　事須有方便　勿令破彼疑　即是菩提見　法元在世間	□□□□□　□□□□□　□□□□□　若欲化愚人　是須有方便	□□□□□　若欲化愚人　事須有方便
於世出世間　勿離世間上　外求出世間　邪見在世間　正見出世間	勿令破彼疑　即是菩提見　法元在世間　於世出世間　勿離世間上	勿令破彼疑　即是菩提見　法元在世間
邪正迷打却　此但是頓教　亦名為大乘　迷來經累劫　悟即剎郍間	外求出世間　邪見出世間　正見出世間　邪正悉打却　此但是頓教	於世出世間　勿離世間上　外求出世間
	亦名為大乘　迷來經累劫　悟則剎郍間	邪見在世間　正見出世間　邪正悉打却
		此但是頓教　亦名為大乘　迷來經累劫
		悟即剎郍間

【校正】

若欲化愚人，事須有方便❶。勿令彼有①疑，即是菩提現②。法原在世間，於世出世間。勿離世間上，外求出世間。邪見在世間，正見出世間。邪正悉③打卻，菩提性宛然④❷。此但是頓教❸，亦名為大乘。迷來經累劫，悟即剎那間。

【校訂】

①彼有：敦煌三本皆作「破彼」，惠昕五本皆作「彼有」，當作「彼有」。

②現：敦煌三本皆作「見」，「現」與「見」古時通用，依現代寫例，當作「現」字。

③悉：敦博本作「迷」，英博本與旅博本皆作「悉」，當作「悉」字。

④菩提性宛然：敦煌三本皆脫此句，惠昕五本皆有此句，觀上下文義，可補之。

【註釋】

❶方便：梵語為 upāya，指以靈活、巧妙安排等方式對不同根器的人施以善巧的教化，使其能夠領悟佛法的真義。

❷宛然：在此指真切清晰不動搖的樣子。

❸頓教：惠能在此指的是頓悟的禪宗心法，而非以宗派為中心而掛出頓悟為內涵的招牌。

【解釋】

若是希望化導愚癡迷惑的人，這件事情必須要有善巧方便的法門。不要讓他們心中產生疑惑，這就是菩提的展現。佛法的實相原本就在這個生活的人世間，在人世間生活而超越世間煩惱的束縛。不要離開人世間的日常生活，向外追求超越世間的覺悟。邪惡與錯誤的見解在世間受到束縛，正確無誤的知見超越世間的煩惱輪迴。邪惡錯誤的見解與正確無誤的知見都打作一片而放下，菩提的覺悟本性依然真切清晰而不曾動搖。這就是頓悟的禪宗心法，也稱為大乘佛教的思想與精華。迷惑的人要經過多生累劫的修持，頓悟卻是在剎那之間當下就會呈現。

【討論】

一、惠能說「若欲化愚人，事須有方便」，試問此「方便」所指為何？如何在生活中具體實現？

二、既然「邪見在世間，正見出世間」，為何「邪正悉打卻」？

【原文圖版——第三十七折】

敦博本	英博本	旅博本
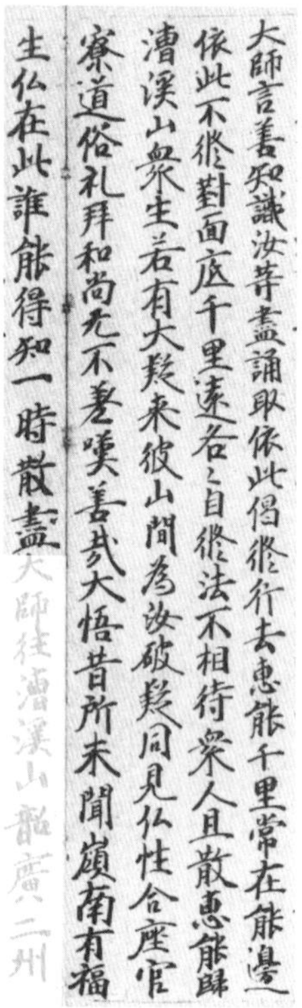	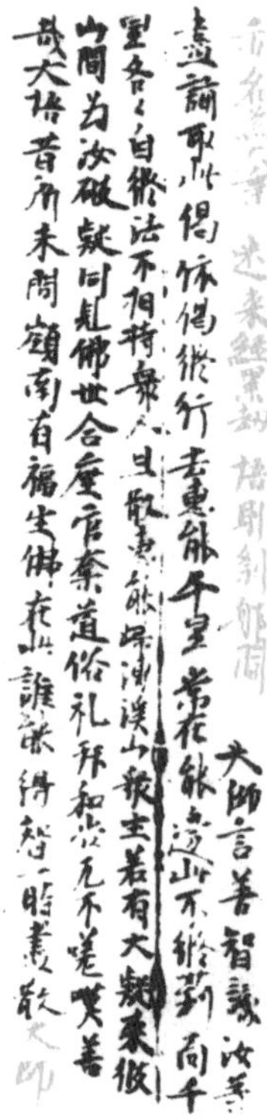	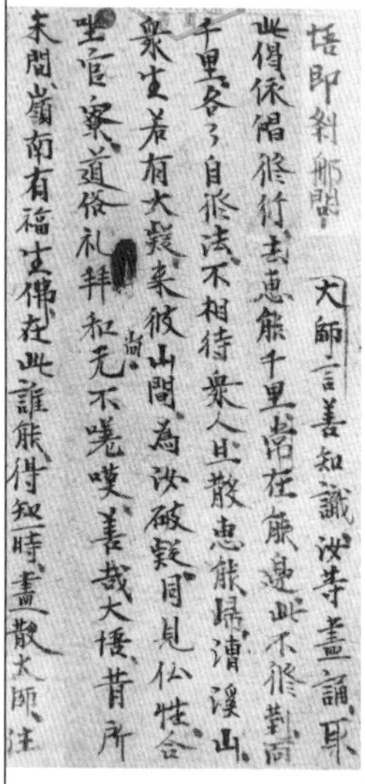

【錄文】

敦博本

大師言善知識汝等盡誦取依此偈修行去惠能千里常在能邊
依此不修對面底千里遠各各自修法不相待眾人且散惠能歸
漕溪山眾生若有大疑來彼山間為汝破疑同見仏性合座官
寮道俗禮拜和尚無不差嘆善哉大悟昔所未聞嶺南有福
生仏在此誰能得知一時盡散

英博本

□□□□□ □□□□□ □□□□□大師言善智識汝等
盡誦取此偈依偈修行去惠能千里常在能邊此不修對面千
里各各自修法不相待眾人且散惠能歸漕溪山眾生若有大疑來彼
山間為汝破疑同見佛世合座官奪道俗禮拜和尚無不嗟嘆善
哉大悟昔所未問嶺南有福生佛在此誰能得智一時盡散

旅博本

□□□□□ 大師言善知識汝等盡誦取
此偈依倡修行去惠能千里常在能邊此不修對面
千里各各自修法不相待衆人且散惠能歸漕溪山
衆生若有大疑來彼山間為汝破疑同見仏性合
坐官寮道俗禮拜和尚無不嗟嘆善哉大悟昔所
未間嶺南有福生佛在此誰能得知一時盡散

【校正】

大師言：「善知識！汝等盡誦取此偈①，依偈修行②，去惠能千里，常在能邊；依此不修，對面千里③❶。各各自修，法不相待。眾人且散，惠能歸漕溪山，眾生若有大疑，來彼山間，為汝破疑，同見佛性。」合座官僚道俗，禮拜和尚，無不嗟④嘆：「善哉大悟，昔所未聞，嶺南有福，生佛❷在此，誰能得知？」一時盡散。

【校訂】

①此偈：在「盡誦取」下，英博本與旅博本皆作「此偈」，敦博本脫，當補之。

②依偈修行：敦博本作「依此偈修行」，英博本作「依偈修行」，旅博本作「依倡修行」，敦博本與英博本在此處文句略有出入，但大義相同，依英博本修改，較為通順。

③對面千里：敦博本作「對面底千里遠」，旅博本與英博本皆無「底」字及「遠」字，錄校本以為「底」是「抵」之同音借字，但觀上下文義，當作「對面千里」為宜。

④嗟：英博本與旅博本皆作「嗟」，敦博本作「差」，依古今字改，當作「嗟」字。

【註釋】

❶對面千里：惠能指出若是其徒眾不能修學頓悟的教法，即使與其面對面，可是心靈精神的距離卻有如千里的遙遠。

❷生佛：這是在家徒眾們對惠能這位高僧的讚美詞，是有如活佛的意思，意即有如現在生存在世的佛陀一般。

【解釋】

惠能大師說：「各位學佛的朋友們！你們都竭盡用心去誦讀這首偈語，依照這首偈語修行佛法，即使離開我惠能有千里的遙遠，就好像經常在我惠能的身邊；依照這首偈語而不去修行，即使與我惠能面對面，反而有如千里的遙遠。你們各自地修行，佛法是不會因為你等待而自動呈現。你們大家暫且都解散回去，我惠能歸返漕溪山以後，你們若是有很大的疑惑，就來那座山中找我，我會為你們破除疑惑，與我一同悟見佛性。」在場的官員、修道的僧侶與世俗大眾，頂禮朝拜惠能和尚，沒有不讚美感嘆地說：「真是太偉大太完美的覺悟啊，這是以前從來都沒有聽聞到的道理，在秦嶺以南的南方眾生擁有這個福報，好像活生生的佛陀就在這裡，又有誰能夠知道呢？」後來大家都解散回去了。

【討論】

一、何謂「法不相待」？在日常生活中如何可以提醒自己積極奮發？

二、惠能為何受到眾人的讚嘆？

【原文圖版——第三十八折】

敦博本	英博本	旅博本

【錄文】

敦博本：

□□□□□□□□□□□□大師往漕溪山韶廣二州
行化四十餘年若論門人僧之與俗約有三十五千說不可盡
若論宗旨傳授壇經以此為約若不得壇經即無稟受須知法
處年月日姓名遍相付囑無壇經稟承非南南宗弟子也未得
稟承者雖說頓教法未知根本修不免諍但得法者只勸修
行諍是勝負之心與仏道違背

英博本：

□□□□□□□□□□□□□□□□□□□□□□大師
往漕溪山韶廣二州行化四十餘年若論門人僧之與俗三五千人說不
盡若論宗指傳授壇經以此為衣約若不得壇經即無稟受須知
法處年月日性名遍相付囑無壇經稟承非南宗定子也未得
稟承者雖說頓教法未知根本修不免諍但得法者只勸修
行諍是勝負之心與道違皆

旅博本：

□□□□□□□□□□□□□□大師住
漕溪山韶廣二州行化四十餘年若論門人僧之與俗三
五千人說不可盡若論宗旨傳授壇經以此為依約
若不得壇經即無稟受須知法處年月日姓名遍相付
囑無壇經稟承非南宗弟子也未得稟承者雖說頓
教法未知根本修不兌諍但得法者只勸修行諍是
勝負之心與道違皆

【校正】

大師往漕溪山，韶、廣二州❶行化四十餘年。若論門人，僧之與俗，約有三五千人①，說不可盡。若論宗旨，傳授《壇經》，以此為約②。若不得《壇經》，即無稟受。須知法處、年、月、日、姓名，遞③相付囑。無《壇經》稟承，非南宗弟子也。未得稟承者，雖說頓教法，未知根本，終④不免諍❷。但得法者，只勸修行，諍是勝負之心，與佛道違背。

【校訂】

①約有三五千人：敦博本作「約有三十五千」，英博本與旅博本皆作「三五千人」，作「約有三五千人」，文義較為通達順暢。

②以此為約：敦博本作「以此為紉」，底本「紉」字當為「約」之形近致訛字，當作「以此為約」，英博本在「為」字下有「衣」字而為「以此為衣約」，旅博本作「以此為依約」。「衣」即是「依」字義，錄校本以為敦博本脫，當據補，但觀前後文義，「以此為約」在形式上及內容上皆允當，故筆者以為從底本敦博本作「以此為約」即可。

③遞：敦煌三本皆作「遍」，惠昕五本皆作「遞」，當改之。

④終：敦煌三本皆作「修」，惠昕五本皆作「終」，當改之。

【註釋】

❶韶、廣二州：古代州名。在隋唐時期置州，韶州轄境相當於現在的廣東省韶關市、曲江等地。

❷諍：在此指爭訟與爭奪，這是世間法的輪迴主因之一，與究竟的佛法真義相違背。

【解釋】

大師赴往漕溪山，在韶州及廣州二州修行弘化頓悟禪法四十多年。若是論及修行的弟子門徒，出家的僧眾與在家居士，總共約有三五千人這麼多，詳說是無法計算的。若是討論到頓悟禪法的宗門要旨，就要提到這部《壇經》的傳承教授，以這部《壇經》為傳法約定的憑藉。若是修行者沒有得到這部《壇經》，即是沒有稟承的傳授。所以必須知道得到傳授頓悟禪法的地點、哪一年、哪一月、哪一日、詳細姓名，交替順次付託囑咐的紀錄。沒有得到這部《壇經》的承接與傳授紀錄，就不是南宗惠能的弟子。沒有得到《壇經》傳承的人，雖然也說頓悟教義的法門，但是不知道禪法的根本緣由，終究不能免除諍訟。然而得到頓悟教法的人，只是勸化別人老實修行，其中諍訟是執著誰勝誰負的心理，這是與佛法的大道互相違背的。

【討論】

一、《壇經》中提到「若論宗旨，傳授《壇經》，以此為約」，這是惠能親自說的話嗎？其意為何？

二、《壇經》中提到「若不得《壇經》，即無稟受」，是否足以證明南宗禪傳宗的依據就是《六祖壇經》呢？

【原文圖版——第三十九折】

敦博本	英博本	旅博本

【錄文】

敦博本

□□□□□□□□□□□□世人盡傳南宗能[比]秀未知
根本事由且秀　禪師於[南荊府堂楊懸]玉泉寺住[持]修行
惠能大師於韶州城東三十五里漕溪山[住]法即一宗人有南[北]因
此便立南北何以漸頓法即一種見有遲疾見遲即漸見疾即
頓法無[頓漸]人有利鈍故名漸頓

英博本

□□□□□□□□□□□世人盡傳南宗能[比]秀未知根本
事由且秀禪師於[南荊苻堂陽縣]玉泉寺住[時]修行惠
能大師於韶州城東三十五里漕溪山[住]法即一宗人有南[比]
因此便立南北何以漸頓法即一種見有遲疾見遲即漸見
疾即頓法無[漸頓]人有利鈍故名漸頓

旅博本

□□□□□□□□世人盡傳南宗能[比]秀未知根本
事由且秀禪師於[南荊府堂陽縣]玉泉寺住[持]修
行惠能大師於韶州城東三十五里漕溪山[住]法即一宗人有
南[比]因此便立南北何以漸頓法即一種見有遲疾見遲
即漸見疾即頓法無[漸頓]人有利鈍故名漸頓

【校正】

世人盡傳南宗能、北宗秀①❶，未知根本事由，且秀禪師於南都荊州江陵府當陽縣②玉泉寺住持修行，惠能大師於韶州城東三十五里漕溪山住持修行③。法即一宗，人有南北，因此便立南北。何以漸頓？法即一種，見有遲疾，見遲即漸，見疾即頓，法無頓漸，人有利鈍❷，故名漸頓。

【校訂】

①南宗能、北宗秀：敦煌三本皆作「南宗能、比秀」，惠昕五本並無「宗」字。又「比」字，一般認為是「北」字之借，故成為「南能北秀」，但觀前後文義，「南宗能」有強調「宗」的意思，不宜遽刪，當補「宗」於「北」之後與「秀」之前，而成為「南宗能、北宗秀」，文義周切。

②南都荊州江陵府當陽縣：敦博本作「南荊府堂楊懸」，英博本作「南荊苻堂陽縣」，旅博本作「南荊府堂陽縣」。據錄校本的考證，「南荊府」三字疑為「南都荊州江陵府」的省稱，考證詳實，可從。另「堂楊懸」，錄校本舉《唐書．地理志》為證，以為當作「當陽縣」，參閱錄校本，頁三五七。

③住持修行：敦煌三本皆作「住」，但此處為省文，故補之。

【註釋】

❶南宗能、北宗秀：指南宗的惠能與北宗的神秀。從上下文義觀察，惠能似乎相當在意當時佛教界說「南能北秀」的一種分類或看法，惠能或許以為這只是兩人因身處地域的不同而形成的現象，他無意造成對立或是爭奪禪宗法統的意思，所以下文會說「見有遲疾」、「人有利鈍」等話，表示「法即一宗」，這似乎也間接承認與北宗神秀的禪法同出一源，只是「見遲」而已，或許也是惠能為了化解徒眾們對北宗的對立心態。

❷利鈍：指眾生中有利根與鈍根的眾生。根，是指根性、根機、根器的意思。利根，梵語為 **tiksa-indriya**，指能快速敏銳正確理解佛法的人，並進而達到解脫境界。鈍根，梵語為 **mrdvindriya**，指不能快速敏銳正確理解佛法的人，即根機遲鈍者。

【解釋】

世間上的人都傳說禪宗有南宗惠能與北宗神秀，這是不知道禪宗教義的根本宗旨與原理，況且神秀禪師在南都荊州江陵府當陽縣的玉泉寺住持修行，惠能大師在韶州城東方三十五里的漕溪山住持修行。根本的禪法只有一宗，修行的人有南北之分，因此便建立南北二宗的區別。為何又區分漸悟的禪法與頓悟的禪法呢？事實上禪法只有一種，悟見佛性的見地有遲緩與快捷的區別，見地遲緩就是漸修漸悟的禪法，見地快捷就是頓修頓悟的禪法，禪法本身並沒有頓悟或漸悟的區別，只因為修行的人有利根與鈍根的不同，因此稱為漸修漸悟的禪法與頓悟頓修的禪法。

【討論】

一、這一段是惠能親自說法的紀錄，還是後人的追記整理？對《壇經》的構成，是否有影響？

二、「南宗能、北宗秀」是「法」的差別，還是「人」的不同？抑或是對禪法的理解之差異？

三、「見疾即頓」中的「見疾」，是透過後天修持呢？還是先天的秉賦直覺？

【原文圖版——第四十折二之一】

敦博本	英博本	旅博本

【錄文】

敦博本	英博本	旅博本
□□□□□□□□□□□□□神秀師常見人說惠能法疾 直旨見路秀師遂喚門人僧志誠曰汝聰明多智汝與吾至漕 溪山到惠能所禮拜但聽莫言吾使汝來所聽得意旨記取 却來與吾說看惠能見解與吾誰疾遲汝第一早來勿令吾 怪志誠奉使歡喜遂行半月中間即至漕溪山見惠能和尚 禮拜即聽不言來處志誠聞法言下便吾即啟本心	□□□□□□□□□□□□□□□神秀師常見人 說惠能法疾直旨路秀師遂換門人僧志誠曰汝聰明多 智汝與吾至漕溪山到惠能所禮拜但聽莫言吾使汝 來所聽德意旨記取却來與吾說看惠能見解與吾 誰疾遲汝弟一早來勿令吾怪志誠奉使歡喜遂半月中 間即至漕溪山見惠能和當禮拜即聽不言來處志城 聞法言下便悟即契本心	□□□□□□□□□□□□□□□□神秀 師常見人說惠能法疾直旨見路秀師遂喚門人僧志 誠曰汝聰明多智汝與吾至漕溪山到惠能所禮拜 但聽莫言吾使汝來所聽得意旨記取却來與吾說 看惠能見解與吾誰疾遲汝弟一早來勿令吾怪志誠 奉使歡喜遂半月中間即至漕溪山見惠能和當禮拜即聽 不言来處志誠聞法言下便悟即契本心

【校正】

神秀師常見人說，惠能法疾，直指①見路。秀師遂喚門人僧志誠曰：「汝聰明多智，汝與吾至漕溪山到惠能所，禮拜但聽，莫言吾使汝來。所聽得意旨，記取，卻來與吾說，看惠能見解與吾誰疾遲。汝第一早來，勿令吾怪❶。」志誠奉使，歡喜遂行，半月中間，即至漕溪山，見惠能和尚，禮拜即聽，不言來處。志誠聞法，言下便悟②，即契③本心❷。

【校訂】

①指：敦煌三本皆作「旨」，惠昕五本皆作「指」，古今字，今作「指」。

②悟：敦博本作「吾」，英博本與旅博本皆作「悟」，當作「悟」。

③契：英博本與旅博本皆作「契」，敦博本作「啟」，或可解為「開啟」之義，但依禪宗語錄中的習慣用語，宜用「契」字。

【註釋】

❶勿令吾怪：這段記載顯然有貶低北宗神秀的意圖，也強烈暗示了神秀仍有競爭勝負的世俗心志，以及顯示了神秀對自己領悟並傳授的禪法沒有絕對的信心。

❷言下便悟，即契本心：指志誠在聽聞惠能說法的當下就開悟了，就契合並達到實現了眾生本來具備的本心佛性。契，原有憑證、符節、字據等信物的意思，古代的「契」分為左右各半，甲乙雙方各執一半，使用時將兩半合對，藉以為徵信。再者，「契」有「合」的意思，亦可解釋為達到或完成實現之意。

【解釋】

神秀大師經常聽見別人說，惠能大師的禪宗法門快速敏捷，直指人心悟見修道的路徑。神秀大師於是召喚門下的出家徒眾志誠法師說：「你很聰明而且很有智慧，你代替我到南方漕溪山惠能的道場處所，禮拜惠能大師而不要多說話，只要靜靜聆聽就好，不要說是我指使你前來。你所聽到的惠能法門宗旨大意，牢牢記取他說的話，回來向我說明，我想看看惠能的見解與我的見解，誰的禪法比較簡捷，誰的禪法比較遲慢。你盡快地回來，不要讓我感到懷疑與奇怪。」志誠法師接下了這個使命，心中歡喜，於是出發，半個月的時間左右，就到了漕溪山，看見惠能和尚，禮拜惠能大師而不多說話，只是靜靜地聆聽，不說自己從哪裏來。志誠法師聽聞惠能大師開示的禪宗心法，在說法言語的當下就開悟了，就契合並達到實現了眾生本來具備的本心佛性。

【討論】

一、神秀大師為何會派遣志誠法師到惠能的道場聆聽惠能的說法？這段紀錄的可信度有多少？

二、志誠法師為何會「言下便悟」？何為「言下便悟，即契本心」？

【原文圖版——第四十折二之二】

敦博本	英博本	旅博本

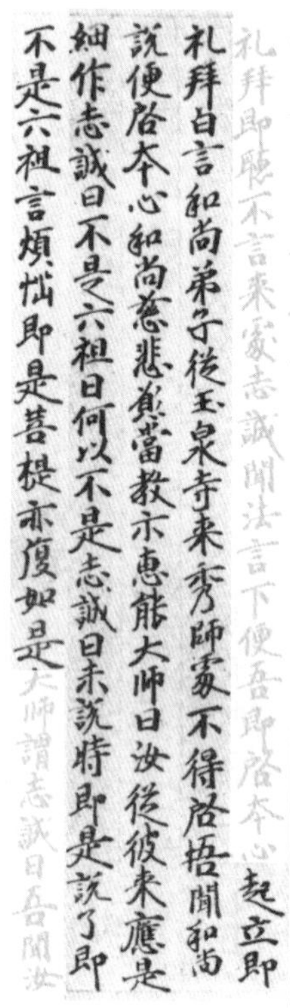

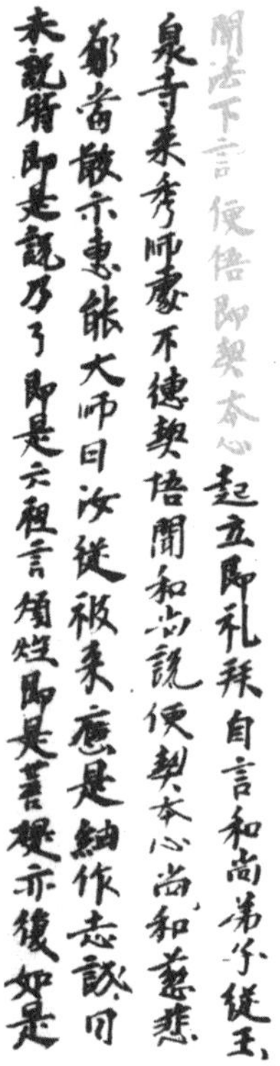

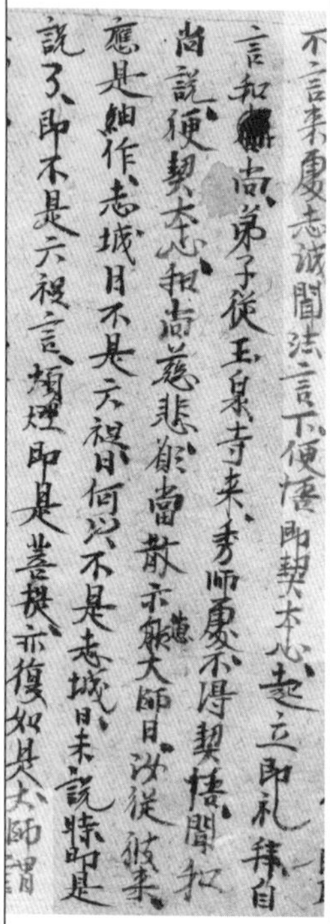

【錄文】

敦博本	英博本	旅博本
□□□□□□□□□□□□□□□□□□□□起立即禮拜白言和尚弟子從玉泉寺來秀師處不得啟悟聞和尚說便啟本心和尚慈悲願當教示惠能大師曰汝從彼來應是細作志誠曰不是六祖曰何以不是志誠曰未說時即是說了即不是六祖言煩惱即是菩提亦復如是	□□□□□□□□□□起立即禮拜自言和尚弟子從玉泉寺來秀師處不德契悟聞和尚說便契本心和尚慈悲願當散示惠能大師曰汝從被來應是細作志誠曰※未說時即是說乃了即是六祖言煩惱即是菩提亦復如是	□□□□□□□□□□□□□□□□□起立即禮拜自言和尚弟子從玉泉寺來秀師處不得契悟聞和尚說便契本心和尚慈悲願當散示惠能大師曰汝從彼來應是細作志城曰不是六祖曰何以不是志城曰未說時即是說了即不是六祖言煩惱即是菩提亦復如是

※此處有缺文，漏抄共十二字。

【校正】

起立即禮拜，白言：「和尚！弟子從玉泉寺來，秀師處不得啟悟❶，聞和尚說，便契①本心。和尚慈悲，願當教示。」惠能大師曰：「汝從彼來，應是細作❷？」志誠曰②：「不是！」六祖曰：「何以不是？」志誠曰：「未說時即是，說了即不是。」六祖言：「煩惱即是菩提❸，亦復如是！」

【校訂】

①契：敦博本作「啟」，英博本與旅博本皆作「契」，當作「契」。

②英博本在「應是細作志誠曰」之後，相對於敦博本與旅博本脫漏了「不是六祖曰何以不是志誠曰」十二個字。

【註釋】

❶啟悟：悟，通寤字，原意為睡醒、醒悟或覺醒。因此，啟悟是啟發人而使其覺悟的意思。

❷細作：指間諜或是暗探，此語流行於唐代。

❸煩惱即是菩提：此句首見於吉藏法師所撰之《仁王般若經疏》卷中四，收錄於《大正藏》第三十三冊，頁三四一中。後亦見於《法華玄義》、《法華文句》與《摩訶止觀》等書。若以「煩惱即菩提」的觀念出現，則首見於世親菩薩造、隋天竺三藏笈多共行矩等譯之《攝大乘論釋論》卷第十，大正藏第三十一冊，頁三一六上。煩惱的現象與菩提悟境呈現的現象是不同的，然而「現象」是生滅的，是虛幻的，是短暫的，是無常的，是不究竟的；相對的，煩惱的本質與菩提的本質是一致的，是不生不滅的，是實相的，是不變的，是恆常的，是究竟的。因此，煩惱即是菩提。再者，煩惱的能量是具有雜質的，但加以轉化就會成為清淨的菩提。因此，密宗的祖師常說「煩惱愈大的人，修行成就愈高」，頗有深義。

【解釋】

志誠法師起立就禮拜惠能大師，坦白誠懇地說：「和尚！弟子我從北方玉泉寺道場來到這裏，在神秀大師的道場沒有得到開悟，但是聽聞和尚您的說法，馬上就契合了本來具足的真心佛性。和尚您是很慈悲的，希望您能對我教誨開示。」惠能大師說：「你從神秀大師那裏來到這邊，應該是間諜了？」志誠法師說：「不是的！」六祖說：「為什麼說不是呢？」志誠法師說：「還沒說的時候就是了，坦白承認說了之後就不是了。」六祖惠能說：「煩惱的障礙即是覺悟的菩提，也是如此的！」

【討論】

一、何謂「煩惱即是菩提」？在日常生活中如何體現「煩惱即是菩提」？

二、志誠法師與惠能大師的對話，是否暗喻有禪機？如何詮釋？

【原文圖版——第四十一折二之一】

	敦博本	英博本	旅博本
【原文圖版】			
【錄文】	□□□□□□□□□□□□□□大師謂志[誠]曰吾聞[汝]禪師教人唯傳戒定惠[汝]和尚教人戒定惠如何當為吾說志[誠]曰秀和尚言戒定惠諸惡不作名為戒諸善奉行名為惠自淨其意名為定此即名為戒定惠彼作如是說不知和尚所見如何惠能和尚答曰此說不可思議惠能所見又別志[誠]問何以別惠能答曰見有遲疾	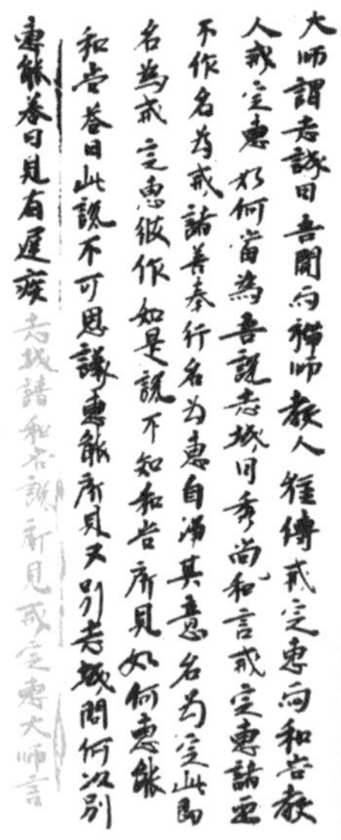 大師謂志[誠]曰吾聞[與]禪師教人唯傳戒定惠[與]和尚教人戒定惠如何當為吾說志[城]曰秀和尚言戒定惠諸惡不作名為戒諸善奉行名為惠自淨其意名為定此即名為戒定惠彼作如是說不知和尚所見如何惠能和尚答曰此說不可思議惠能所見又別志[城]問何以別惠能答曰見有遲疾	□□□□□□□□□□□□□□□□大師謂志[城]曰吾聞[汝]禪師教人唯傳戒定惠[汝]和尚教人戒定惠如何當為吾說志[城]曰秀和尚言戒定惠諸惡不作名為戒諸善奉行名為惠自淨其意名為定此即名為戒定惠彼作如是說不知和尚所見如何惠能和尚答曰此說不可思議惠能所見又別志[城]問何以別惠能答曰見有遲疾

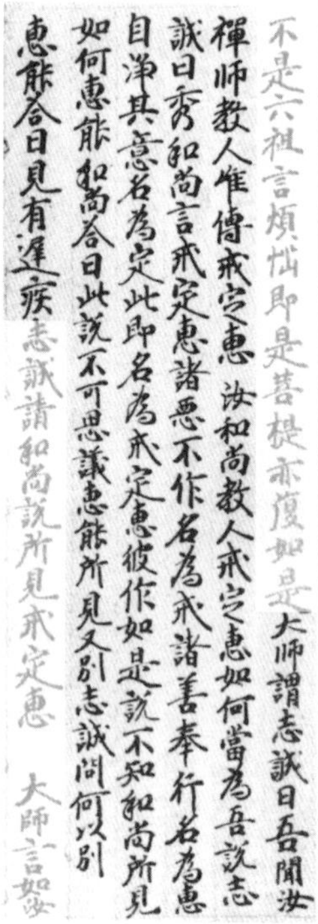

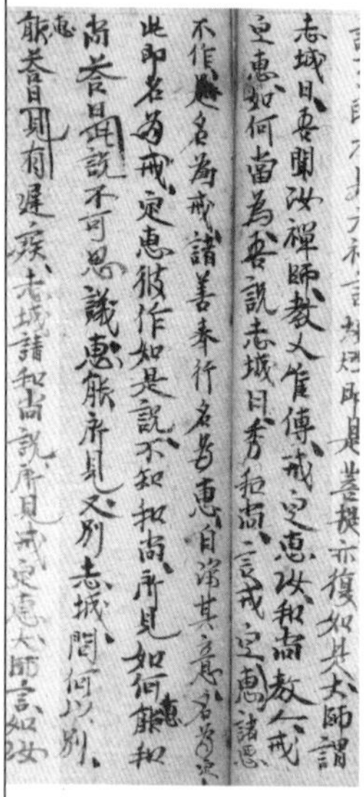

【校正】

大師謂志誠曰：「吾聞汝①禪師教人，唯傳戒定慧，汝和尚教人戒定慧如何？當為吾說！」志誠曰：「秀和尚言戒定慧：諸惡不作名為戒，諸善奉行名為慧，自淨其意名為定，此即名為戒定慧。彼作如是說，不知和尚所見如何？」惠能和尚答曰：「此說不可思議❶，惠能所見又別。」志誠問：「何以別？」惠能答曰：「見有遲疾。」

【校訂】

①汝：英博本作「與」，敦博本與旅博本皆作「汝」，錄校本以為是唐五代河西方音互通字，應作「汝」。由於英博本大量使用方音的代用字，可見當時抄寫的時候，應是一人誦念，另一人則專心抄寫，所以讀寫之間難免受到方音的影響。

【註釋】

❶此說不可思議：不可思議，梵語為 **a-cintya**。本來指諸佛菩薩澈悟的妙境，並不能以世俗思維或討論研究而得到，但惠能在此說北宗神秀的禪法觀念是「不可思議」，似乎是一語雙關，表面上是讚嘆神秀的禪法觀念是高明的，但實際的指涉內容卻是暗諷與嘲貶的，以為神秀的禪法觀念是不究竟的。然而，神秀所言的戒、定、慧，其實就是從原始佛教到上座部及南傳佛教（俗稱小乘佛教）的基本說法，這是符合佛法原則的內容。由此亦可看出，惠能強調佛法要能適應眾生的根機，要有創新的活力，不可拘泥在僵化的文字詮釋中，這也是惠能禪法的特質之一。

【解釋】

惠能大師告訴志誠法師說：「我聽聞你的禪法教授老師神秀大師教導學人，只有傳授戒律、禪定與智慧的修持方法，你的教授和尚教導學人戒律、禪定與智慧的方法是如何呢？請你為我說明！」志誠法師說：「神秀和尚解說戒律、禪定與智慧的修持方法是：各種惡念惡行不去思念及作為就稱為戒律的修持，各種善念善行奉持及修行就稱為智慧的修持，自己清淨自己心中的意念就稱為禪定的修持，這就是稱為戒律、禪定與智慧的修持方法。神秀大師他是如此說明戒律、禪定與智慧的修持方法，不知道惠能大師您的見地又是如何呢？」惠能大師回答說：「這樣的說法是無法想像的，我惠能的見地又與神秀大師的看法不一樣。」志誠法師詢問：「有什麼樣的差別嗎？」惠能回答說：「我與神秀大師對於禪法修持的見地有遲緩與敏捷的差異。」

【討論】

一、神秀與惠能對「戒、定、慧」的詮釋有何不同之處？在日常生活中如何體驗「戒、定、慧」的境界？

二、神秀與惠能對「戒、定、慧」的見解是否有高下優劣的差別？

【原文圖版——第四十一折二之二】

敦博本	英博本	旅博本
□□□□□□□志誠請和尚說所見戒定惠　大師言如汝 聽吾說看吾所見處心地無疑非自性戒心地無亂是自性定心 地無癡是自性惠　大師言汝師戒定惠勸小根智人吾戒定惠 勸上智人得悟自亦不立戒定惠志誠言清　大師說不立如何 大師言自性無非無亂無癡念念般若觀照當離法照相有何可立 自性頓修立有漸次所以不立志誠禮拜便不離漕溪山即為人 不離大師左右	□□□□□□□志城請和尚說所見戒定惠大師言 如汝聽悟說看悟所見處心地無疑非自姓戒心地無亂 是自姓定心地無癡自姓是惠能大師言汝戒定惠勸小 根諸人吾戒定惠勸上人得吾自亦不立戒定惠志城言請 大師說不立如何大師言自姓無非無亂無癡念念般若 觀照當離法相有何可立自姓頓修立有漸此契次不 立志誠禮拜便不離漕溪山即為門人不離大師左右	□□□□□□□志城請和尚說所見戒定惠大師言如汝 聽吾說看吾所見處心地無疑非自性戒心地無亂是自性 定心地無癡自性是惠大師言汝師戒定惠勸少根智人 吾戒定惠勸上智人得悟自亦不立戒定惠志城言請大 師說不立如何大師言自性無非無亂無癡念念般若 觀照當離法相有何可立自性頓修立有漸次所以不立志 誠禮拜便不離漕溪山即為門人不離大師左右

【錄文】

【校正】

志誠請和尚說所見戒定慧，大師言：「汝①聽吾說，看吾所見處：心地無非是自性戒②，心地無亂是自性定，心地無癡是自性慧。」大師言：「汝師戒定慧勸小根智人③，吾戒定慧勸上智人。得悟自性④，亦不立戒定慧。」志誠言：「請⑤大師說，不立如何？」大師言：「自性無非、無亂、無癡，念念般若觀照，常離法相⑥，有何可立？自性頓修，無有漸次⑦，所以不立。」志誠禮拜，便不離漕溪山，即為門人⑧，不離大師左右。

【校訂】

①汝：敦煌三本皆作「如汝」，其中「如」字為衍字，當刪去。

②心地無非是自性戒：英博本作「心地無疑非自姓戒」，敦博本與旅博本皆作「心地無疑非自性戒」，惠昕五本皆作「心地無非自性戒」，但觀前後文義當作「心地無非是自性戒」為宜。

③小根智人：英博本作「小根諸人」，敦博本作「小根智人」，旅博本作「少根智人」，在此當為「小根智人」。

④得悟自性：英博本作「得吾自」，敦博本與旅博本皆作「得悟自」，惠昕五本皆作「若悟自性」，當補「性」字。

⑤請：英博本與旅博本皆作「請」，敦博本作「清」，當據改。

⑥常離法相：英博本與旅博本皆作「當離法相」，敦博本作「當離法照相」，惠昕五本皆作「常離法相」。從惠昕本以來諸本皆作「常離法相」，但觀前後文義，因為前句提及「念念般若觀照」，所以「當」字是勸勉語，「離法」的「法」為境界的意思，「照」為「觀照」之意，「相」指一切相貌，故「當離法照相」亦可通。但另從「照」字有用功夫的起意，不如「常離法相」來得精簡，所以暫從「常離法相」四字。

⑦無有漸次：英博本作「立有漸此」，敦博本與旅博本作「立有漸次」，郭校本作「立有漸次」（後接「契亦不立」），惠昕五本與楊校本皆作「亦無漸次」，石井校本作「無有漸次」，當為「無有漸次」，文義更能相符。

⑧門人：英博本與旅博本皆作「門人」，敦博本脫「門」字，當據補。

【解釋】

志誠法師禮請惠能大師解說他所認為的戒律、禪定與智慧的修持方法，惠能大師說：「你聽我說明，察看思維我對戒律、禪定與智慧修持方法的見地：眾生的心地沒有是非的對立是自心本性的根本戒律，眾生的心地沒有紛亂的煩惱是自心本性的禪定，眾生的心地沒有昏沈的愚癡是自心本性的智慧。」惠能大師說：「你的老師神秀大師對戒律、禪定與智慧的修持方法是勸導較小根器智慧的人；我對戒律、禪定與智慧的修持方法是勸導上乘智慧的人。一個人可以得到開悟自己的本性，也就不用建立戒律、禪定與智慧的修行次第。」志誠法師說：「恭請大師說明，不建立戒律、禪定與智慧的修行次第是如何的情況？」惠能大師說：「自心本性沒有是非的對立、沒有紛亂的煩惱、沒有昏沈的愚癡，每一個接續的心念都是般若智慧的觀照，經常超越各種境界的相貌與執著，又有哪一種修行階段可以建立呢？自心本性頓悟的修持，是沒有漸進次第的，所以不去建立修行的次第。」志誠法師向惠能大師頂禮朝拜，就不離開漕溪山，也就成為惠能大師的門徒，不離開惠能大師的身旁左右。

【討論】

一、何謂「自性無非、無亂、無癡」？在日常生活中如何達到精神統一、齊一與清澈澄明的境界？

二、如何可以在生活中實踐「念念般若觀照」的修行方法？

	敦博本	英博本	旅博本
【原文圖版——第四十二折五之一】			
【錄文】	□□□□□□[又]一僧名法達[當]誦妙法蓮華經七年心迷不知 正法之處來至漕溪山禮拜問大師言[弟]子常誦[妙法華經]七 年心迷不知正法之處經上有[癡]大師智惠廣大願為[除]疑大師 言法達法即甚達汝心不達經上無[癡]汝心自[邪]而求正法吾 心正定即是持經	□□□□□□□□□□□□□□□□□□□□□[又] [有]一僧名法達[常]誦法華經七年心迷不知正法之處※經上有 [疑]大師智惠廣大願為[時]疑大師言法達法即甚達汝心 不達經上無[癡]汝心自[耶]而求正法吾心正定即是 持經 ※此處有缺文，相對於敦博本漏抄共二十九字，相對於旅博本漏抄共三十字。	□□□□□□□□□□□□□□□□□□□[又有]一僧 名法達[常]誦妙法蓮華經七年心迷不知正法之處來至 漕溪山禮拜問大師言[弟]子常誦[妙法蓮華經]七年心 迷不知正法之處經上有[疑]大師智惠廣大願為[除]疑大 師言法達法即甚達汝心不達經上無[疑]汝心自[邪]而求 正法吾心正定即是持經

【校正】

又有①一僧名法達，常②誦《妙法蓮華經》❶七年，心迷不知正法❷之處③。來至漕溪山禮拜，問大師言：「弟子常誦《妙法蓮華經④》七年，心迷不知正法之處，經上有疑⑤，大師智慧廣大，願為除疑！」大師言：「法達！法即甚達，汝心不達❸！經上無疑⑥，汝心自邪，而求正法，吾心正定，即是持經❹。」

【校訂】

①又有：英博本與旅博本作「又有」，敦博本脫「有」字，當補「有」字。

②常：敦博本作「當」，英博本與旅博本皆作「常」，當作「常」。

③在「心迷不知正法之處」後，英博本相對於敦博本脫漏了「來至漕溪山禮拜問大師言弟子常誦妙法華經七年心迷不知正法之處」二十九字。相對於旅博本則脫漏了三十字，旅博本多了一個「蓮」字。

④妙法蓮華經：敦博本作「妙法華經」，英博本上文作「法華經」，旅博本作「妙法蓮華經」，在此當補「蓮」字，以符上文。

⑤疑：敦博本作「癡」，英博本與旅博本皆作「疑」，當為「疑」。

⑥疑：敦博本與英博本皆作「癡」，旅博本作「疑」，當作「疑」。

【註釋】

❶妙法蓮華經：梵名為Saddharma-puṇḍarīka sūtra，後秦鳩摩羅什譯，共有二十八品，收於大正藏第九冊，是大乘佛教的根本經典之一，此經簡稱為《法華經》或《妙法華經》。

❷正法：此處所謂的正法，是指宇宙人生究竟的實相。

❸法即甚達，汝心不達：這是惠能用一語雙關的語氣，調侃法達法師不能通達佛法，但惠能用心良善，著眼在「心」字，希望法達法師能夠在自心上用功夫。

❹吾心正定，即是持經：這是惠能反對傳統用口誦的方法修持佛教經典，應以本心契合實證佛教經典的內涵。

【解釋】

另外又有一位出家僧人法名為法達，經常誦念《妙法蓮華經》已經有七年的時間，心中迷惑而不知道宇宙人生究竟的實相與佛教正確的修行方法在哪裏。他來到漕溪山頂禮朝拜惠能大師，詢問大師說：「弟子我經常誦念《妙法蓮華經》已經有七年的時間，心中迷惑而不知道宇宙人生究竟的實相與佛教正確的修行方法在哪裏，佛經上有各種的疑問我都不明白，惠能大師您智慧廣大，希望您為我除去疑惑！」惠能大師說：「法達！佛法本身就是很通達的，你的心地並不通達！佛經內容上並沒有任何疑問，是你的心中自己產生了不正確的邪見，以這樣不正確的見解而來追求正確的佛法是不對的，我們眾生的心中正確深入地了解本心的佛性，就是持誦修行這部經典。」

【討論】

一、為何法達「常誦《妙法蓮華經》七年，心迷不知正法之處」？佛教徒誦經是否有其深意，其具體的操作方法為何？

二、為何惠能說法達「法即甚達，汝心不達」？其中有何深意？有何寓意？

	敦博本	英博本	旅博本
【原文圖版——第四十二折五之二】			
【錄文】	□□□□□□□吾一生已來不識文字汝將法華經來對吾 讀一遍吾[聞]即[知]法達[取][經]對大師讀一遍六祖[聞]已即識仏 意便[已]法達說法華經六祖言法達法華經無多語七卷 盡是譬[如][因]緣如來廣說三乘只為世人根鈍[經文分明]無有 餘乘唯[有][一]仏乘	□□吾一生已來不識文字汝將法華經來對 吾讀一遍吾[問]即[之]法達[取經到]對大師讀一 遍六祖[問]已即識仏意便[汝]法達說法華經六 祖言法達法華經無多語七卷盡是譬[喻內]緣 如來廣說三乘只為世人根鈍[經聞公明]無有餘乘 唯[一]佛乘	□□□□□□□□□□吾一生已來不識文字汝將法 華經來對吾讀一遍吾[聞]即[知]法達[取經到]對大師 讀一遍六祖[聞]已即識仏意便[與]法達說法華經六祖言 法達法華經無多語七卷盡是譬[喻因]緣如來廣說三乘 只為世人根鈍[經文分明]無有餘乘唯[一]佛乘

【校正】

「吾一生以來，不識文字❶，汝將《法華經》來，對吾讀一遍，吾聞即知。」法達取經到①，對大師讀一遍，六祖聞已，即識佛意，便與②法達說《法華經》。六祖言：「法達！《法華經》無多語，七卷盡是譬喻③因緣。如來廣說三乘❷，只為世人根鈍。經文分明，無有餘乘，唯有一佛乘。」

【校訂】

①到：英博本與旅博本在「取經」下皆有一「到」字，敦博本脫，當據補。

②便與：英博本作「便汝」，敦博本作「便已」，旅博本作「便與」，當為「便與」。

③譬喻：敦博本作「譬如」，英博本與旅博本作「譬喻」，當為「譬喻」。

【註釋】

❶不識文字：惠能在此明確表示自己不識字，但筆者採取保留的態度，因為「識字」與「不識字」之間的判斷標準為何？認識多少字以上是「識字」？相對認識多少字以下是「不識字」？認識一個字，算不算「識字」？再者，惠能旁徵博引，對經典的通達與熟悉，開示的法語順暢精要，都很難讓人以為惠能是「不識文字」的。雖說如此，吾人尊重惠能自己陳述的態度。另一方面，筆者以為惠能多少是「識字」的，但可能未受過完整的教育，識字不多，但對語言文字的了解是充份掌握的。此外，筆者以為惠能自述其「不識文字」，可能有三項深意及影響：其一，惠能本身的修學過程，正是透過真實的體驗，並非是從佛教經論中研究得來，所以惠能才說不識文字；其二，惠能一直強調「不執著」，基本上學佛的朋友們，都十分容易執著在佛教經論的文字上，反而忽略生活中的修行，惠能以不識文字來強調不應執著文字，這點對佛教宗派教義十分發達的唐代而言，確是一種強烈的震撼；其三，惠能表示不識文字，可能是一種謙詞，表示自己對文字呈現的語義符號，不甚了解。

❷三乘：梵語為 trīṇi yānāni，原意指三種載人的交通工具，佛教則將此比喻為眾生越渡生死輪迴到達彼岸涅槃的三種法門。分別是：聲聞乘、緣覺乘與菩薩乘。

【解釋】

「我這一生從出生以來到現在，不認識文字，你去將《法華經》取來，對我讀誦一遍，我聽聞佛經的內容就會知道《法華經》的宗旨大意。」法達法師取經來到惠能面前，對著惠能大師讀誦了一遍《法華經》，六祖惠能大師聽聞《法華經》的內容後，就洞識了佛陀的心意與《法華經》的內涵，便向法達法師說明《法華經》的大意。六祖惠能說：「法達！《法華經》並沒有太多囉嗦的話，經文七卷都是在講譬喻與因緣的佛法。佛陀廣大的解說聲聞、緣覺與菩薩三乘的法門，只是因為世間的人根器遲鈍。在《法華經》的經文內容分別明白地說明著，沒有其他多餘的法門，只有眾生皆可成佛，匯聚萬法而成為菩薩修持的唯一成佛法門。」

【討論】

一、惠能說他自己是「吾一生以來，不識文字」，惠能真的不識文字嗎？

二、何謂「唯有一佛乘」？佛法是「三乘」還是「一乘」？

	敦博本	英博本	旅博本
【原文圖版——第四十二折五之三】			
【錄文】	□□□□□□□大師法達汝聽一仏乘莫求二仏乘迷即却汝[性]經中何處是一仏乘[吾與汝]說經云諸仏世尊唯[以]一大事因緣故出現於世（已上十六[字]是正法）[法]如何解此法如何修汝聽吾說人心不思本源空寂離却邪見即一[大事]因緣內外不迷即離兩邊外迷[著]相內迷著空於相離相於空離空即是不[迷]	□□□□大師法達汝聽一佛乘莫求二仏乘迷却汝[聖]經中何處是一仏乘[汝與]說經[六]諸仏世尊唯[汝]一大事因緣故出現於世（已上十六[家]是正法）[法]如何解此法如何修汝聽吾說人心不思本源空寂離却邪見即一大[是]因緣內外不迷即離兩邊外迷[看]相內迷著空於相離相於空離空即是不[空]	□□□□□□□□□□□□□□□□□□大師法達汝聽一仏乘莫求二仏乘迷却汝[性]經中何處是一仏乘[吾與汝]說經云諸仏世尊唯[以]一大事因緣故出現於世（已上十六[字]是正法）[法]如何解此法如何修汝聽吾說人心不思本源空寂離却邪見即一[大事]因緣內外不迷即離兩邊外迷[看]相內迷著空於相離相於空離空即是不[空]

【校正】

大師言①：「法達！汝聽一佛乘❶，莫求二佛乘，迷即卻汝性。經中何處是一佛乘？吾與汝說，經云：『諸佛世尊唯以一大事因緣故，出現於世。』（以上十六字是正法）此法②如何解？此法如何修？汝聽吾說，人心不思，本源空寂，離卻邪見，即一大事因緣。內外不迷，即離兩邊。外迷著相，內迷著空，於相離相❷，於空離空，即是不迷。」

【校訂】

①大師言：敦煌三本皆作「大師」，三本皆在「大師」下脫「言」字，當補之。

②此法：敦煌三本皆作「法」而無「此」字，惠昕五本皆作「此法」，當補之。

【註釋】

❶一佛乘：即是佛乘，梵語為buddha-yāna。又譯作大乘、如來乘、菩薩乘。在《妙法蓮華經．方便品》中說：「如來但以一佛乘故，為眾生說法。」這是指一切眾生都可以成佛的法門，這項法門不去分別二乘或是三乘，而說唯一成佛的法門，所以稱為唯一佛乘，或作一佛乘，或作一乘。

❷於相離相：在《金剛經》中說：「凡所有相，皆是虛妄。」既然是虛妄，更不須執著，若執著虛妄不實的事物，自然是造作煩惱輪迴之因。

【解釋】

惠能大師說：「法達！你仔細聽清楚是總歸一種成佛的法門，不要去追求有階段性的兩種成佛的法門，迷惑的時候就會蒙蔽你的本性。在《法華經》的經文中哪裏提到是總歸一種成佛的法門呢？我跟你說，佛經中說：『十方過去、現在與未來的諸佛世尊，都是只有因為一項渡脫眾生大事之因緣的緣故，出現在人世間。』（以上十六個字是正法）這句佛法如何解釋呢？這項法門又如何修持呢？你聽我說明，眾生的心不去作意思維，本性的心源是空幻寂滅的，離開錯誤的見解，就是諸佛出現在世間的一項大事因緣。內心的意念與外在的行為都不被迷惑，就離開及超越了是非對錯與生死兩邊的對立。外在的行為受到內心的疑惑而執著外在的相貌，內心的意念受到迷惑而執著空虛的相貌，外在的行為上離開及超越了相貌的執著，在空虛的意念裡，離開及超越了空虛的執著，就是不被迷惑了。」

【討論】

一、吾人在日常生活中如何可以做到「內外不迷，即離兩邊」的境界？

二、何謂「於相離相，於空離空」？

【原文圖版——第四十二折五之四】

	敦博本	英博本	旅博本
【錄文】	□□□□□□□□□□□□□□□□□□□若吾此法一念心開出現於世心開何物開仏知見仏猶文見也　分為四門開覺知見悟㝵知見入竟知見開示悟入上一處入即覺知見見自本性即得出世　大師言法達吾常願一切世人心地常自開仏知見莫開眾生知見世人心愚迷造惡自開眾生知見世人心正起智惠觀照自開仏知見莫開眾生知見開仏知見即出世	□□□□□□□□□□□□□□迷吾此法一念心開出現於世心開何物開仏知見仏猶如覺也分為四門開覺知見示覺知見悟覺知見入覺知見開示悟入上一處入即覺知見見自本性即得出世大師言法達悟常願一切世人心地常自開仏知見莫開眾生知見世人心愚迷造惡自開眾生知見世人心正起智惠觀照自開佛智見莫開眾生智見開仏智見即出世	□□□□□□□□□□□□□□□迷若悟此法一念心開出現於世心開何物開仏知見仏猶如覺也分為四門開覺知見示覺知見悟覺知見入覺知見開示悟入上一處入即覺知見見自本性即得出世大師言法達吾常願一切世人心地常自開仏知見莫開衆生知見世人心愚迷造惡自開衆生知見世人心正起智惠觀照自開仏知見莫開衆生知見開仏知見即出世

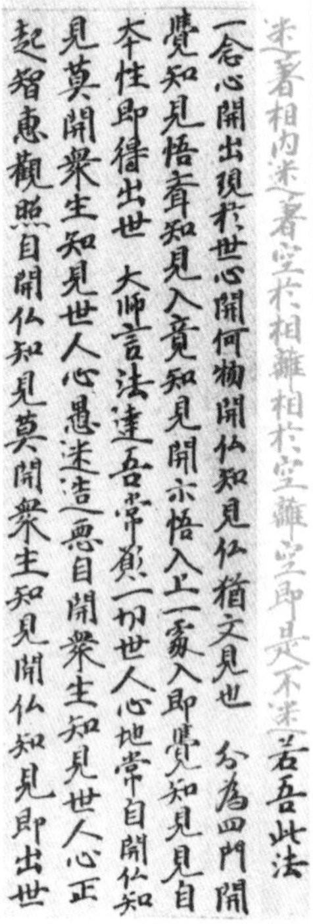

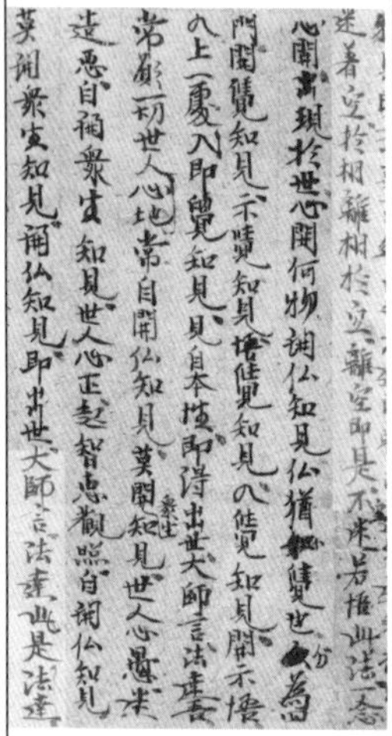

【校正】

「若悟①此法，一念心開，出現於世。心開何物？開佛知見❶。佛猶如②覺③也，分為四門：開覺知見，示覺知見④，悟覺⑤知見，入覺⑥知見，此名⑦開、示、悟、入。從⑧一處入，即覺知見，見自本性，即得出世。」大師言：「法達！吾常願一切世人，心地常自開佛知見，莫開眾生知見。世人心邪⑨，愚迷造惡，自開眾生知見；世人心正，起智慧觀照，自開佛知見。莫開眾生知見，開佛知見即出世。」

【校訂】

①若悟：敦博本作「若吾」，英博本作「迷吾」，旅博本作「迷若悟」，當作「若悟」。

②猶如：英博本作「猶如」，敦博本與旅博本皆脫「如」字，當補之。

③覺：英博本與旅博本皆作「覺」，底本「文見」應為俗寫「覔」字拆成二字，故當作「覺」字。

④示覺知見：英博本與旅博本皆在「開覺知見」後有「示覺知見」四字，敦博本脫，當補之。

⑤悟覺：英博本與旅博本皆作「悟覺」，底本「悟夆」之「夆」為「覺」的俗寫形似，本為「斉」的訛字，當改為「悟覺」。

⑥入覺：英博本與旅博本皆作「入覺」，底本誤作「入竟」，當改為「入覺」。

⑦此名：敦煌三本皆無「此名」，惠昕五本皆在「開」字上列「此名」二字，底本脫，當補之。

⑧從：敦煌三本皆作「上」，與聖本與寬永本皆作「從」，當作「從」字。

⑨世人心邪：敦煌三本皆作「世人心」，惠昕五本皆作「世人心邪」，當補「邪」字。

【註釋】

❶開佛知見：佛知見，梵語為 tathāgatajñāna-darśana，指十方三世諸佛如來澈悟諸法實相所得的知見。開佛知見，即覺悟成佛的意思，也是開啟諸佛與眾生共通的佛性及覺悟生命終究的實相。

【解釋】

「若是覺悟這項總歸一切成佛的法門，在一念間心地開通，就是如同諸佛出現在世間一般。心地開通什麼東西呢？開啟佛陀覺悟的智慧見地。『佛』的意思如同說『覺悟』的意思，可以分為四項門類：開啟佛陀覺悟的智慧見地，呈顯佛陀覺悟的智慧見地，澈悟佛陀覺悟的智慧見地，契入佛陀覺悟的智慧見地，這是稱為開啟、呈顯、澈悟與契入佛陀覺悟的智慧見地。從以上四處中一處進入佛陀覺悟的智慧見地，就是進入了佛陀覺悟的智慧見地，悟見自己的本性，就能超越世間的輪迴。」惠能大師說：「法達！我經常祈願一切世間的眾生，心地經常自己能夠開啟佛陀覺悟的智慧見地，不要開啟眾生輪迴煩惱的知識觀念與見解。世間的人心念不正，愚癡迷惑而造作惡念惡行，自己開啟了眾生輪迴煩惱的知識觀念與見解；世間的人心念正直，生起智慧的觀照，自己開啟了佛陀覺悟的智慧見地。不要開啟眾生輪迴煩惱的知識觀念與見解，開啟佛陀覺悟的智慧見地就超越輪迴的世間。」

【討論】

一、何謂「心開」？「心開」與「開心」有何不同？

二、何謂「開佛知見」？何謂「開眾生知見」？在日常生活中如何開啟智慧的見地？

【原文圖版——第四十二折五之五】

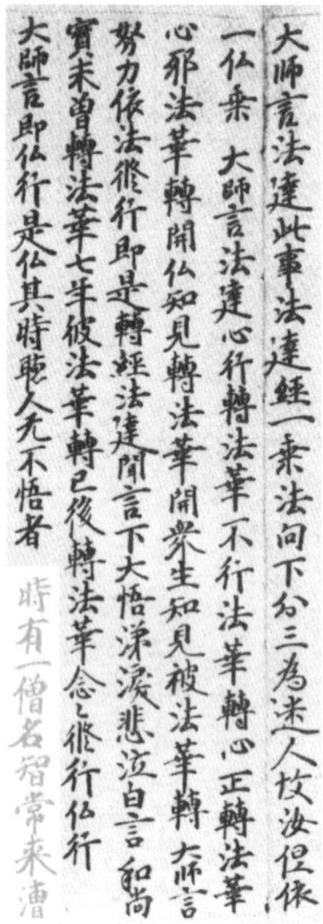

	敦博本	英博本	旅博本
【錄文】	大師言法達此事法達經一乘法向下分三為迷人故汝但依 一仏乘　大師言法達心行轉法華不行法華轉心正轉法華 心邪法華轉開仏知見轉法華開眾生知見被法華轉大師言 努力依法修行即是轉經法達聞言下大悟涕淚悲泣白言和尚 實未曾轉法華七年彼法華轉已後轉法華念念修行仏行 大師言即仏行是仏其時聽人無不悟者	□□□□□□□□□□□□□□□□□□□□大 師言法達此是法達經一乘法向下分三為名人故汝但 於一仏乘大師言法達心行轉法華不行法華轉心 正轉法華心耶法華轉開仏智見轉法華開眾生 智見被法華轉大師言努力依法修行即是轉經 法達一聞言下大悟涕淚悲泣自言和尚實未僧轉 法華七年被法華轉已後轉法華念念修行佛行 大師言即佛行是佛其時聽入元不悟者	□□□□□□□□□□□□□大師言法達此是法達 經一乘法向下分三為迷人故汝但依一仏乘大師言法達心行轉法 華不行法華轉心正轉法華心邪法華轉開仏知見轉 法華開衆生知見被法華轉大師言努力依法修行即是轉 經法達一聞言下大悟涕淚悲泣白言和尚實未曾轉法 華七年被法華轉已後轉法華念念修行佛行大師言 即佛行是佛其時聽人元不悟者

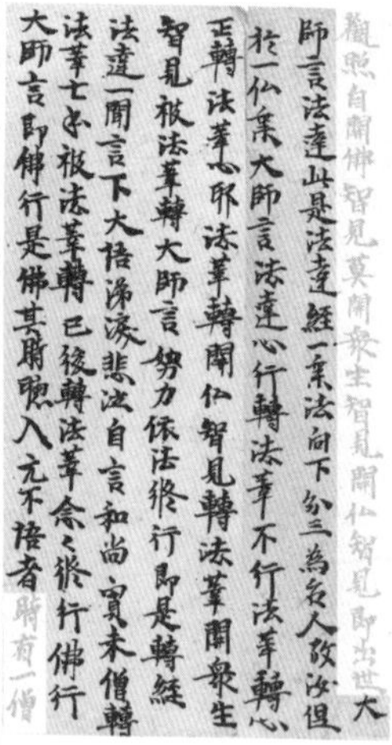

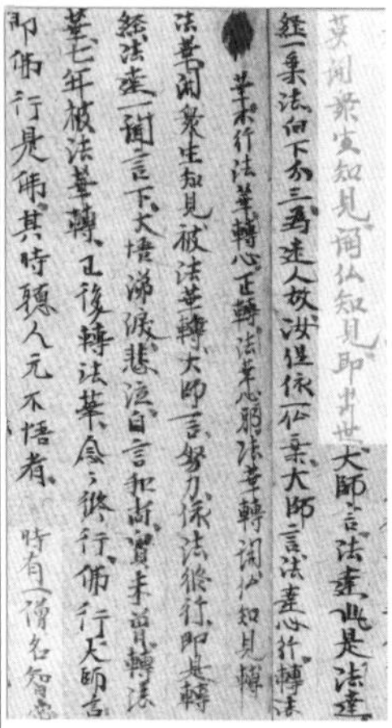

【校正】

大師言：「法達！此是①《法華經》②一乘法。向下分三❶，為迷人故。汝但依一佛乘。」大師言：「法達！心行轉《法華》，不行《法華》轉；心正轉《法華》，心邪《法華》轉。開佛知見轉《法華》，開眾生知見被《法華》轉。」大師言：「努力依法修行，即是轉經❷。」法達一聞③，言下大悟，涕淚悲泣，白言：「和尚！實未曾轉《法華》，七年被④《法華》轉；以後轉《法華》，念念修行佛行。」大師言：「即佛行是佛⑤。」其時聽人，無不悟者。

【校訂】

①是：英博本與旅博本皆作「是」，敦博本誤作「事」，當改之。

②法華經：敦煌三本皆作「法達經」，當作「法華經」。

③一聞：英博本與旅博本在「達」字下皆有「一」字，敦博本脫，當補之。

④被：英博本與旅博本皆作「被」，敦博本誤作「彼」，當改為「被」。

⑤即佛行是佛：敦煌三本皆作「即佛行是佛」，惠昕五本皆作「行佛行是佛」，錄校本以為「寫本誤，當據改」，但觀「行」字作「實踐」解，當隔一層，若是「即」字，作「當下」解，才符合頓悟的意旨。

【註釋】

❶向下分三：惠能說「一佛乘」是唯一成佛的法門，但為了廣大迷惑的眾生，於是由一佛乘向下分出三乘，分別是聲聞乘、緣覺乘與菩薩乘。

❷轉經：即讀誦佛教經典，原義為諷詠經論，又稱為轉讀，若以歌讚的方式則用梵音。另在西藏或韓國高麗朝時的轉經，則分別是修行方式及法會儀式的一種。惠能將讀誦佛教經典的層次，提昇到修持與實證佛教經典的層次，所以轉經即是修行此部經典的意思。

【解釋】

惠能大師說：「法達！這項法門是《法華經》總歸一乘成佛的法門。在此向下分為三乘的階段，因為要教化迷惑眾生的緣故。你只要依照唯一佛乘的修持法門就好了。」惠能大師說：「法達！心地開通覺悟的時候是實際轉動了《法華經》，心地不能開通覺悟的時候是被《法華經》所轉動；心地開通正念清淨的時候是實際轉動了《法華經》，心地邪惡錯誤的時候是被《法華經》所轉動。開啟佛陀智慧見地的時候是轉動了《法華經》，開啟眾生煩惱輪迴知識觀念執著的時候是被《法華經》所轉動。」大師說：「努力依照頓悟的唯一佛乘的法門修行，就是轉動佛經。」法達一時聽聞惠能大師的開示，言語的當下就恍然大悟，流下眼淚悲傷地哭泣，坦誠地說：「和尚！我實際上從來沒有轉動過《法華經》，這七年來都是被《法華經》所轉動；以後的修行我要實際去轉動《法華經》，在念念中修行佛陀的法門。」大師說：「當下的佛行就是佛。」當時在場聽講的其他人，沒有不覺悟的。

【討論】

一、何謂「心正轉《法華》，心邪《法華》轉」？其中的「正」、「邪」應如何正確詮釋？吾人如何在生活中實踐「心正轉《法華》」？

二、何謂「言下大悟」？何謂「即佛行是佛」？

【原文圖版——第四十三折】

敦博本	英博本	旅博本
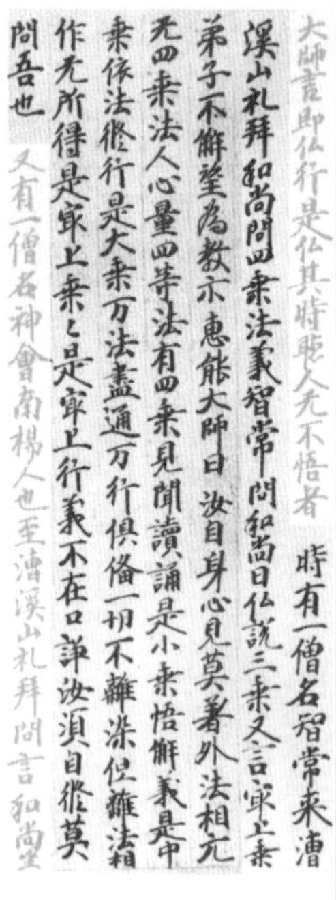	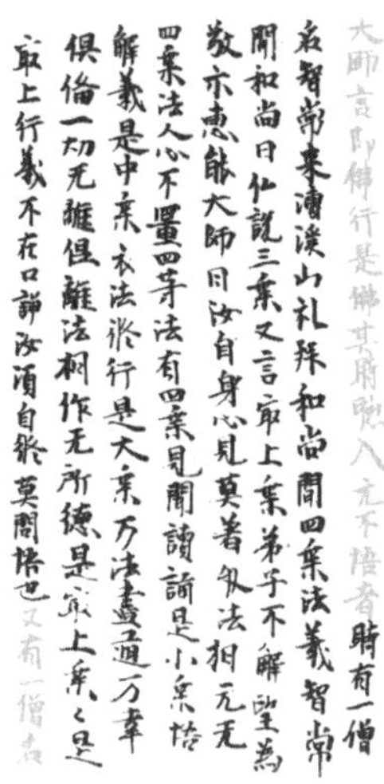	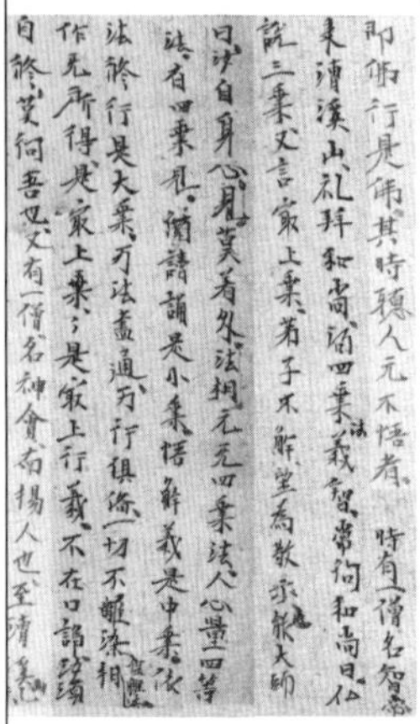

【錄文】

敦博本

□□□□□□□□□□□□□□□□時有一僧名智常來漕溪山禮拜和尚問四乘法義智常問和尚曰仏說三乘又言最上乘弟子不解望為教示惠能大師曰汝自身心見莫著外法相元無四乘法人心量四等法有四乘見聞讀誦是小乘悟解義是中乘依法修行是大乘萬法盡通萬行俱偹一切不離染但離法相作無所得是最上乘乘是最上行義不在口諍汝須自修莫問吾也

英博本

□□□□□□□□□□□□□□□□時有一僧名智常來漕溪山禮拜和尚聞四乘法義智常聞和尚曰仏說三乘又言最上乘弟子不解望為敬示惠能大師曰汝自身心見莫著外法相元無四乘法人心不量四等法有四乘見聞讀誦是小乘悟解義是中乘衣法修行是大乘萬法盡通萬幸俱偹一切無離但離法相作無所德是最上乘乘是最上行義不在口諍汝須自修莫問悟也

旅博本

□□□□□□□□□□□□□時有一僧名智常來漕溪山禮拜和尚問四乘法義智常問和尚曰仏說三乘又言最上乘弟子不解望為敬示惠能大師曰汝自身心見莫著外法相元無四乘法人心量四等法有四乘見聞讀誦是小乘悟解義是中乘依法修行是大乘萬法盡通萬行俱偹一切不離染但離法相作無所得是最上乘乘是最上行義不在口諍汝須自修莫問吾也

【校正】

時有一僧名智常，來漕溪山，禮拜和尚，問四乘❶法義。智常問和尚曰：「佛說三乘，又言最上乘，弟子不解，望為教示。」惠能大師曰：「汝自身心見，莫著外法相，原無四乘法。人心量四等，法有四乘。見聞讀誦是小乘，悟法解義①是中乘，依法修行是大乘。萬法盡通，萬行俱備，一切不離②，但離法相，作無所得，是最上乘，最上乘③是最上行義❷，不在口諍，汝須自修，莫問吾也。」

【校訂】

①悟法解義：敦煌三本皆作「悟解義」，惠昕五本皆作「悟法解義」，當補「法」字。

②一切不離：英博本作「一切無離」，敦博本與旅博本皆作「一切不離染」，惠昕五本皆作「一切不染」，鈴木校本作「一切無離」，當作「一切不離」。針對此句校訂，可參閱楊校本頁五八至五九，其中有詳細深入的說明。

③最上乘：敦煌三本皆作「乘」，但觀上下文義，可補「最上」二字。

【註釋】

❶四乘：乘，是能夠載運眾生從生死輪迴的此岸到達清淨解脫彼岸的法門。本來四乘之說，在佛教中有多種說法，但此處應是指聲聞乘、緣覺乘、菩薩乘三乘，再加上下文所謂的「最上乘」。

❷最上行義：這是指最上乘就是最上修行的意義，也是最高明的意思。

【解釋】

當時有一位出家僧人法名智常，來到漕溪山，頂禮朝拜惠能大師，詢問佛陀解說聲聞乘、緣覺乘、菩薩乘與最上乘四乘的佛法教義。智常法師詢問惠能大師說：「佛陀原本解說聲聞乘、緣覺乘、菩薩乘的三乘法義，另外又說最上乘，弟子我並不了解其中的意思，希望大師為我教誨開示。」惠能大師說：「你只要在自己的身心世界中觀察，不要執著外在的各種相貌，原本就沒有所謂的四乘法門。因為眾生的心量有四種狀況，所以佛法就有四乘的法門。看見聽聞與讀誦佛教的經論是小乘的佛法，覺悟佛法而了解意義是中乘的佛法，依照佛法修行是大乘的佛法。所謂萬種法門都能通達，萬種修行實踐都能俱備，在一切的法門與境界上都不輕易捨離，只是離開對各種法相境界的執著，各種修行作為都是無所求與無所得，這就是最上乘的修行法門，最上乘就是最至高無上最究竟與最高明修行的意義，這個道理不在口頭諍訟辯論，你必須自己修持，不要來問我。」

【討論】

一、何謂「三乘」？何謂「四乘」？吾人在日常生活中如何修持「最上乘」法門？

二、吾人如何在日常生活中做到「萬法盡通，萬行俱備」的境界？

【原文圖版——第四十四折二之一】

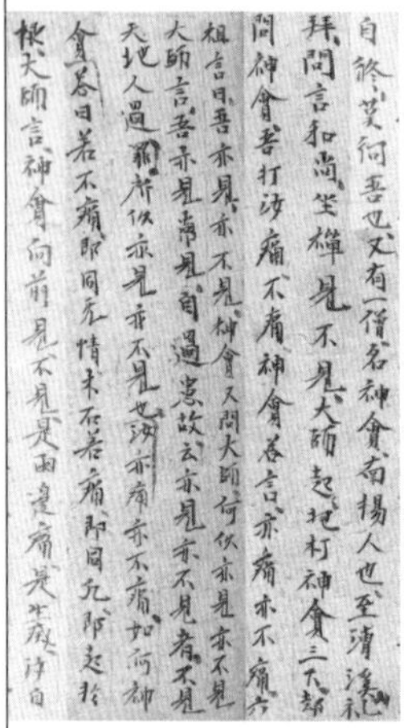

【錄文】

敦博本

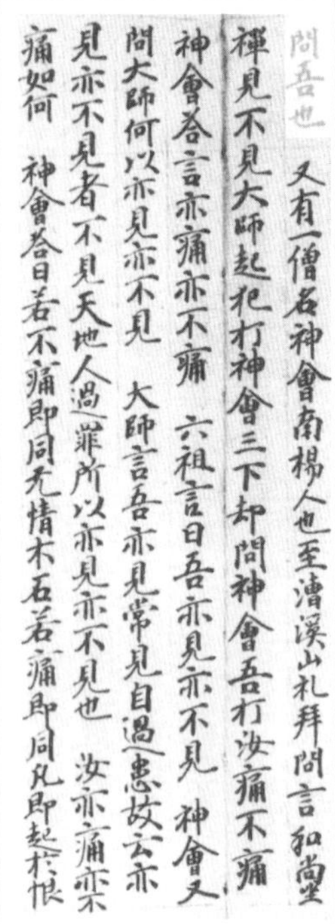

□□□又有一僧名神會南楊人也至漕溪山禮拜問言和尚坐
禪見不見大師起犯打神會三下却問神會吾打汝痛不痛
神會答言亦痛亦不痛　六祖言曰吾亦見亦不見　神會又
問大師何以亦見亦不見　大師言吾亦見常見自過患故云亦
見亦不見者不見天地人過罪所以亦見亦不見也　汝亦痛亦不
痛如何　神會答曰若不痛即同無情木石若痛即同凡即起於恨

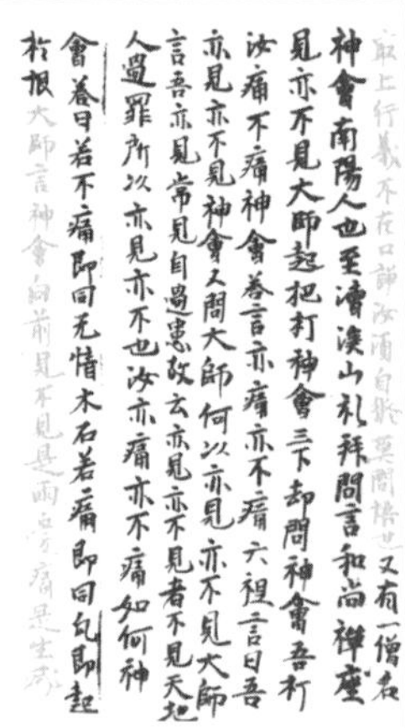

英博本

□□□□□□□□□□□□□□又有一僧名
神會南陽人也至漕溪山禮拜問言和尚座禪
見亦不見大師起把打神會三下却問神會吾打
汝痛不痛神會答言亦痛亦不痛六祖言曰吾
亦見亦不見神會又問大師何以亦見亦不見大師
言吾亦見常見自過患故云亦見亦不見者不見天地
人過罪所以亦見亦不也汝亦痛亦不痛如何神
會答曰若不痛即同無情木石若痛即同凡即起
於恨

旅博本

□□□□□□又有一僧名神會南揚人也至漕溪山禮
拜問言和尚坐禪見不見大師起把打神會三下却
問神會吾打汝痛不痛神會答言亦痛亦不痛六
祖言曰吾亦見亦不見神會又問大師何以亦見亦不見
大師言吾亦見常見自過患故云亦見亦不見者不見
天地人過罪所以亦見亦不見也汝亦痛亦不痛如何神
會答曰若不痛即同無情木石若痛即同凡即起於
恨

【校正】

又有一僧名神會❶，襄陽①人也。至漕溪山禮拜，問言：「和尚坐禪，見亦不見②？」大師起，把③打❷神會三下，卻問神會：「吾打汝，痛不痛？」神會答言：「亦痛亦不痛。」六祖言曰：「吾亦見亦不見。」神會又問：「大師何以亦見亦不見？」大師言：「吾亦見，常見自過患，故云亦見。亦不見者，不見他人④過罪，所以亦見亦不見也。汝亦痛亦不痛如何？」神會答曰：「若不痛，即同無情木石；若痛，即同凡夫⑤，即起於恨。」

【校訂】

①襄陽：敦博本作「南楊」，英博本作「南陽」，旅博本作「南揚」，敦煌三本皆誤。在《宋高僧傳》卷八〈神會傳〉載明神會為「襄陽人」，敦煌兩寫本會誤作「南楊」或「南陽」，主要是因為神會曾住持南陽龍興寺，可參錄校本。

②見亦不見：敦博本與旅博本皆作「見不見」，英博本作「見亦不見」，當補「亦」字。

③把：英博本與旅博本皆作「把」，敦博本形似作「犯」字，亦或「打」字之異體字，當作「把」。

④他人：敦煌三本皆作「天地人」，惠昕五本皆作「他人」，當改為「他人」。

⑤凡夫：敦煌三本皆作「凡」，惠昕五本皆作「凡夫」，當補「夫」字。

【註釋】

❶神會：神會是惠能的弟子，出生與圓寂的時間有多種說法，筆者曾在拙作《宗密的禪學思想》中有詳細的討論及說明，請參看其書頁一一二至一一四，若依一九八三年十二月在洛陽出土的神會塔銘原文記載，神會生於武后光宅元年（六八四），卒於肅宗乾元元年（七五八）。神會是南宗禪荷澤宗的祖師，故又稱荷澤神會，從現存的歷史文獻中，以及近代學者從敦煌兩本《六祖壇經》的記載裡，推論《六祖壇經》是神會或神會徒眾修改以後的版本，此說值得注意及後續的研究。

❷把打：唐代生活口語，是指抓著某人或某物拍打的動作。

【解釋】

又有一位出家僧人法號稱為神會，是襄陽地方的人氏。到漕溪山頂禮朝拜惠能大師，詢問惠能大師說：「和尚您的坐禪，是看得見還是看不見呢？」惠能大師起身，抓著神會法師打了三下，反而問神會說：「我打你，你是會痛還是不會痛？」神會法師回答說：「我會痛也不會痛。」六祖惠能說：「我也是看得見也看不見。」神會法師又詢問惠能大師：「大師您為何會看得見也看不見呢？」大師說：「我看得見，是經常看見自己的過錯弊病，所以說是看得見。也看不見的情況，是看不見別人的過錯弊病，所以說是也看得見也看不見。你說也會痛也不會痛是如何的情況呢？」神會法師回答說：「若是不會感覺到疼痛，就是如同沒有情感的木頭石頭；若是感到會疼痛，就是如同凡夫一般，就會生起怨恨。」

【討論】

一、惠能對神會抓打的動作，算不算是禪宗所謂的「公案」？

二、同時「亦見亦不見」或「亦痛亦不痛」是否有語義邏輯的矛盾呢？如此情況在生活中如何化解？

【原文圖版——第四十四折二之二】

【錄文】

敦博本	英博本	旅博本
大師言神會向前見不見是兩邊痛不痛是生滅汝自性且不見敢來弄人神會禮拜禮拜更不言大師言汝心迷不見問善知識覓路汝心悟自見依法修行汝自迷不見自心却來問惠能見否吾不自知代汝迷不得汝若自見代得吾迷何不自修見否吾不自知　問吾見否　神會作禮便為門人不離漕溪山中常在左右	□□大師言神會向前見不見是兩邊痛是生滅汝自性且不見敢來弄人禮拜禮拜更不言大師言汝心迷不見問善知識覓路以心悟自見依法修行汝自名不見自心却來問惠能見否吾不自知代汝迷不得汝若自見代得吾迷何不自修問吾見否神會作禮便為門人不離漕溪山中常在左右	□大師言神會向前見不見是兩邊痛是生滅汝自性且不見敢來弄人神會禮拜禮拜更不言大師言汝心迷不見問善知識覓路汝心悟自見依法修行汝自迷不見自心却來問惠能見否吾不自知代汝迷不得汝若自見代得吾迷何不自修問吾見否神會作禮便為門人不離漕溪山中常在左右

【校正】

大師言：「神會！向前！見不見是兩邊❶，痛不痛是生滅❷。汝自性且不見，敢來弄人？」神會禮拜，再禮拜①，更不言。大師言：「汝心迷不見，問善知識覓路；汝心悟自見，依法修行。汝自迷不見自心，卻來問惠能見否？吾不自知，代汝迷不得；汝若自見，代得吾迷。何不自修②，問吾見否？」神會作禮，便為門人，不離漕溪山中，常在左右。

【校訂】

①神會禮拜，再禮拜：敦博本與旅博本皆作「神會禮拜，禮拜」，英博本作「禮拜，禮拜」而無「神會」二字，綜觀上下文義，似應加上「再」字，文義接順相合。

②在「何不自修」後，敦博本衍「見否吾不自知」六字，英博本與旅博本皆無此六字，當刪去。

【註釋】

❶見不見是兩邊：惠能指出「看得見」或是「看不見」，其中有一個「我」及「我所看到的事物」或「我所看不到的事物」的相對立的兩邊，自然不是解脫的境界。

❷痛不痛是生滅：惠能指出「會痛」或是「不會痛」，其中有一個「我」及「我已感受到的疼痛」或「我已感受不到的疼痛」的生出與除滅的對立，自然不是解脫的境界。

【解釋】

惠能大師說：「神會！到前面來！看得見與看不見是對立的兩邊，會感到疼痛與不會感到疼痛是生滅的境界。你對自己的自心本性尚且看不見，敢來這裏捉弄別人？」神會向惠能大師頂禮朝拜，再頂禮朝拜，就不再多說了。惠能大師說：「你的本心尚且被迷惑而你自己看不見，只好詢問具有證悟經驗的善知識尋覓解脫的道路；如果你的本心能夠覺悟而自己悟見本心佛性，就依照這個法門修行。你自己被迷惑而看不見自己的本心，反而來這邊詢問惠能是否能看得見或看不見？如果我不能自己了知實相，就無法讓你在迷惑中覺悟；你若是能夠自己覺悟見性，就不用我指出你的迷惑所在。你為何不自己好好修持，來這裏詢問我是否看得見或看不見呢？」神會向惠能頂禮，便成為門下修行的弟子，不再離開漕溪山，經常在惠能的左右身旁親近學習。

【討論】

一、惠能大師為何會叫神會法師「向前」？

二、何謂「兩邊」？何謂「生滅」？

【原文圖版】——第四十五折三之一

敦博本 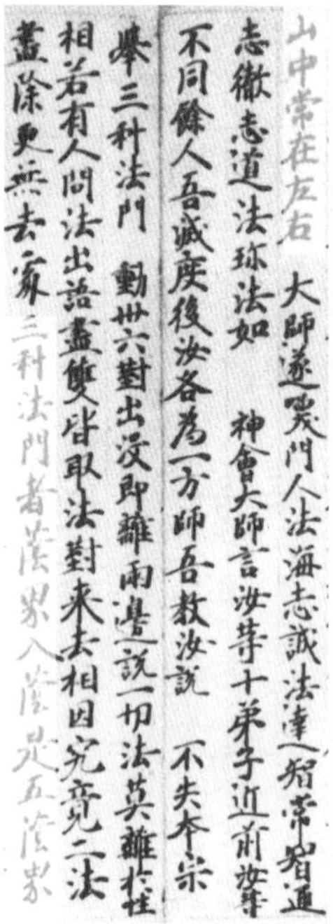	英博本 	旅博本 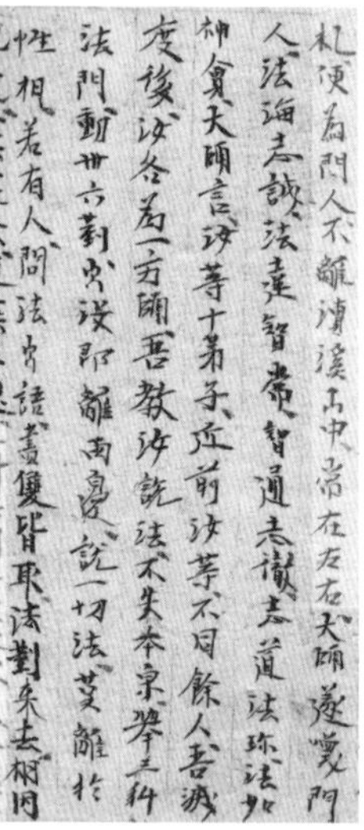

【錄文】

敦博本

□□□□□□大師遂喚門人法海志誠法達智常智通
志徹志道法珎法如　神會大師言汝等十弟子近前汝等
不同餘人吾滅度後汝各為一方師吾教汝說　不失本宗
舉三科法門　動卅六對出沒即離兩邊說一切法莫離於性
相若有人問法出語盡雙皆取法對來去相因究竟二法
盡除更無去處

英博本

□大師遂喚門人法海志誠法達智常志通志徹
志道法珎法如神會大師言汝等拾弟子近前汝等
不同餘人吾滅度後汝各為一方頭吾教汝說法不失
本宗舉科法門動三十六對出沒即離兩邊說一切法莫
離於性相若有人問法出語盡雙皆取法對來去相
因究竟二法盡除更無去處

旅博本

□□□□□□□□□□□□□□□大師遂喚門
人法海志誠法達智常智通志徹志道法珎法如
神會大師言汝等十弟子近前汝等不同餘人吾滅
度後汝各為一方師吾教汝說法不失本宗舉三科
法門動卅六對出沒即離兩邊說一切法莫離於
性相若有人問法出語盡雙皆取法對來去相因
究竟二法盡除更無去處

【校正】

大師遂喚門人法海、志誠、法達、智常、智通、志徹、志道、法珍、法如、神會❶。大師言：「汝等十弟子❷近前，汝等不同餘人，吾滅度後，汝等①各為一方師❸。吾教汝等②說法③，不失本宗。舉三科法門❹，動用④三十六對，出沒即離兩邊，說一切法，莫離於性相。若有人問法，出語盡雙，皆取法對，來去相因，究竟二法盡除，更無去處。」

【校訂】

①汝等：敦煌三本皆作「汝」，但觀上下文義，又參楊校本與錄校本，當作「汝等」。

②汝等：敦煌三本皆作「汝」，但觀上下文義，當作「汝等」。

③說法：英博本、旅博本、與聖本與寬永本皆作「說法」，敦博本作「說」，當補「法」字。

④動用：敦煌三本皆作「動」一字，但惠昕五本皆作「動用」，其他各校本亦同，當補「用」字。

【註釋】

❶神會：在書寫惠能的十弟子中，「神會」一名的書寫位置是特別的，採用了古代書信行文中「挪抬」的用法，空了一個字，這也是古代對自己師長表達尊重的方法之一，由此可以推論敦博本的系統，可能是出自神會弟子的系統，這是一項重要的參考依據。

❷十弟子：惠能的老師五祖弘忍，就有「忍生十子」的說法，在《楞伽師資記》、《曆代法寶記》與宗密的《圓覺經大疏鈔》中皆有記載，敦煌三本《壇經》在此可能受到「忍生十子」說法的影響，尤其神會是排列在最後，值得注意。

❸一方師：英博本作「一方頭」，應是唐代生活中的口語。

❹三科法門：佛教以為一切諸法可以分為蘊、處（入）、界三類，稱為三科。其中，蘊為五蘊，處為十二處（又作十二入），界為十八界，修行這三類的法門，即是三科法門。

【解釋】

惠能大師於是召喚門下弟子法海法師、志誠法師、法達法師、智常法師、智通法師、志徹法師、志道法師、法珍法師、法如法師、神會法師。惠能大師說：「你們這十位我的弟子們靠近前面來，你們不同於其他的人，我滅度圓寂以後，你們各自將成為統領一方的教授法師。我要教導你們解說佛法，不要失去頓教本宗的宗旨與心法。提出列舉五蘊十二處十八界的法門，使用三十六對範疇的相對概念，言語的顯出與隱沒就要離開是非對立的兩邊，以此原則解說一切的佛法，解說佛法不要離開根本體性與相貌境界的範疇。若是有人向你們詢問佛法，你們解說的時候講出的語言都要兩兩雙對，都要取用相對應的佛法來解釋，討論的轉來推去互相因襲相承而顯示其中的相關性，討論到究竟的佛法實相而破除全部相對觀念的對立，讓討論的焦點集中到解脫的目標上，而更加不會偏執在某個地方。」

【討論】

一、惠能說「吾滅度後，汝等各為一方師」，在南宗傳承中有何重要的意義？

二、惠能提示弟子以後說法的原則是「出沒即離兩邊，說一切法，莫離於性相」，主要是提示如何的重點？

三、何謂「來去相因，究竟二法盡除，更無去處」？在生活中如何運用？

四、何謂「三科法門」？

	敦博本	英博本	旅博本
【原文圖版——第四十五折三之二】			
【錄文】	□□□□□三科法門者蔭界入蔭是五蔭界 十八界入十二入何名五蔭色蔭受蔭想蔭行蔭識蔭 是何名十八界六塵六門六識何名十二入外六塵中六門何 名六塵色聲香味觸法是何名六門眼耳鼻舌身意是法性 起六識眼識耳識鼻識舌識身識意識六門六塵	□□□□□□□□□□□三科法門者蔭界入蔭 是五蔭界十八界是十二入何名五蔭色蔭受蔭相蔭行 蔭識蔭是何名十八界六塵六門六識何名十二入外 六塵中六門何名六塵色聲香未獨法是何名六門 眼耳鼻舌身意是法性起六識眼識耳識鼻識 舌識身識意識六門六塵	□□□□□□□□□□三科法門者蔭界入蔭是 五蔭界十八界是十二入何名五蔭色蔭受蔭想蔭行蔭 識蔭是何名十八界六塵六門六識何名十二入外六塵中六 門何名六塵色聲香味觸法是何名六門眼耳鼻舌身 意是法性起六識眼識耳識鼻識身識舌識意識 六門六塵

【校正】

三科法門者，蔭❶、界❷、入❸。蔭，是五蔭；界，是十八界①；入，是十二入②。何名五蔭？色蔭、受蔭、想蔭、行蔭、識蔭是。何名十八界？六塵、六門、六識。何名十二入？外六塵，中六門。何名六塵？色、聲、香、味、觸、法是。何名六門？眼、耳、鼻、舌、身、意是。法性起六識：眼識、耳識、鼻識、舌識、身識、意識，六門、六塵。

【校訂】

①是十八界：敦煌三本皆作「十八界」，與聖本與寬永本皆作「是十八界」，當補「是」字。

②入，是十二入：敦博本作「入十二入」，英博本與旅博本皆作「是十二入」，依興聖本與寬永本補「是」字，並作斷句。

【註釋】

❶蔭：蔭即五蔭，亦作五蘊，梵語為 pañca-skandha，又作五陰、五聚、五眾。蘊，音譯為塞健陀，是積聚與類別的意思。其中，色蘊是一切色法的類聚，受蘊是苦、樂、捨、眼觸等所生的各種感受，想蘊是眼觸等所生的各種感受，行蘊是意志與心的作用，識蘊是眼識等諸識的類聚。

❷界：指法界，在此為分類範疇的種類或元素。十八界梵語為 aṣṭādaśa dhātavaḥ。是指眾生身中，依照能依的六識（眼識、耳識、鼻識、舌識、身識、意識）、所依的六根（眼根、耳根、鼻根、舌根、身根、意根）與所緣的六塵（色塵、聲塵、香塵、味塵、觸塵、法塵）十八種類的法類，因此稱為十八界或十八持。也就是由能夠發生認識功能的六根，相對應認識對象的六塵，以及由六根對應六塵所生的六識，集合共為十八種法界種類，稱為十八界。

❸入：梵語為 āyatana，指六根相應六塵而互相涉入所生的「識」，稱為「入」或「處」。十八界中，除去六識，則為十二入。十八界與十二入皆說明萬法存在的原理及作用。

【解釋】

所謂的「三科法門」，主要是指「蔭、界、入」。蔭，是指五蔭（五蘊），也就是五種身心聚合的類別；界，是指十八項分類範疇的法界；入，是指十二種根境涉入的境界。為何稱為「五蔭」呢？主要是指物質的色蔭、感受的受蔭、想念的想蔭、流動的行蔭與意識集合的識蔭。為何稱為「十八界」呢？主要是六種法塵、六種根門與六種意識。為何稱為「十二入」呢？因為外相有六種法塵，中間有六種根門。為何稱為六種法塵？物質的色塵、音聲的聲塵、鼻嗅的香塵、味覺的味塵、身觸的觸塵、意念的法塵。為何稱為六種根門？具備看見東西能力的眼根、能夠聽到聲音的耳根、能夠嗅聞到各種氣味的鼻根、可以辨別各種味道的舌根、可以觸摸與感受冷暖的身根與具備思念分別功能的意根。從自性中對應各種物質境界而生起六種意識：分別是眼識、耳識、鼻識、舌識、身識與意識，以及六種根門與六種法塵。

【討論】

一、何謂「十八界」？惠能說明「十八界」之目的為何？

二、六根、六塵、六識之間的關係如何？

【原文圖版——第四十五折三之三】

	敦博本	英博本	旅博本
【錄文】	□□□□□□□□□□□□□□□□□□自性含萬法 名為[合]藏識思量即轉識生六識出六門六塵[三][六]十八由自性 邪起十八邪[含]自性十八正[合]惡用即眾生善用即仏用[由]何等 [由]自性	□□□□□□□□□□自性含萬法名為[含] 藏識思量即轉識生六識出六門六塵[是][三][六]十八 由自性邪起十八邪[含]自性十八正[含]惡用即眾生善用 即仏用[油]何等[油]自性	□□□□自性含萬法名為[含]藏識思量即轉識生 六識出六門六塵[是][三][六]十八由自性邪起十八邪[含]自 性十八正[合]惡用即衆生善用即仏用[油]何等[由]自 性

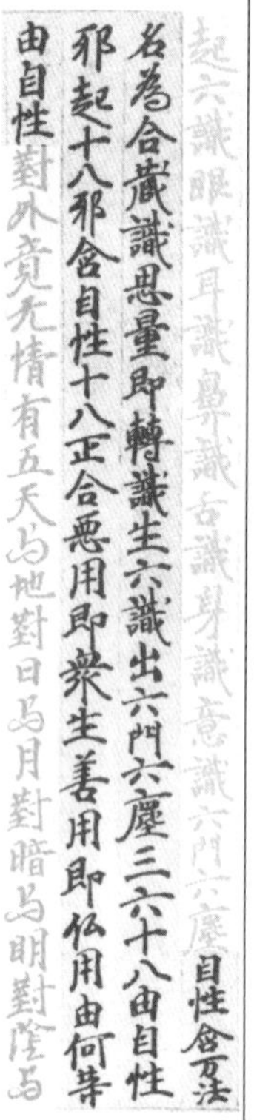

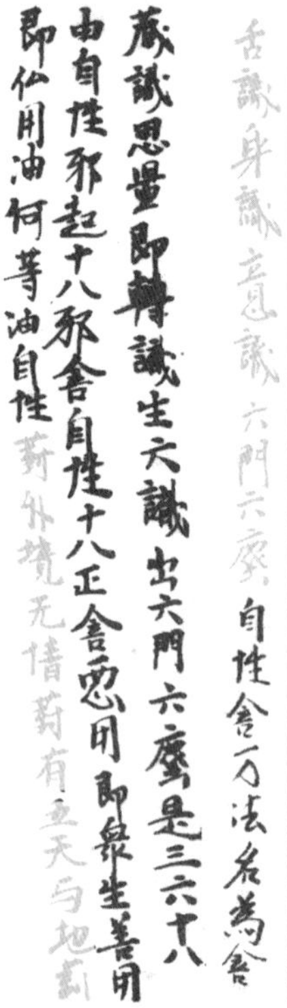

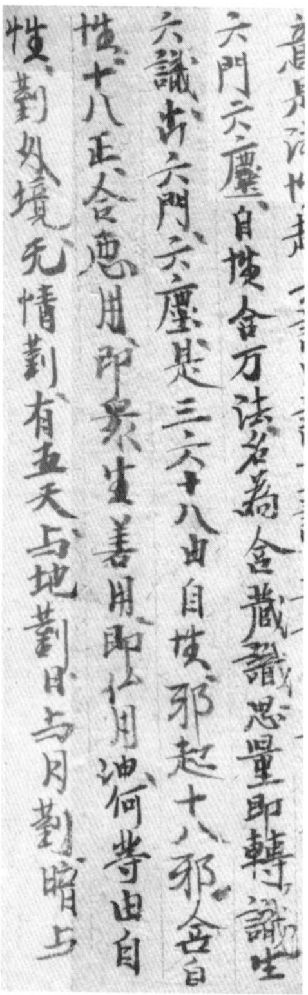

【校正】

自性含萬法❶，名為含藏識①❷。思量即轉識❸，生六識，出六門、六塵，是三六②十八❹。由③自性邪，起十八邪；若自性正，起十八正④。惡用即眾生，善用即佛。用由何等？由自性。

【校訂】

①含藏識：英博本與旅博皆作「含藏識」，敦博本誤作「合藏識」，當改「合」為「含」。「含」與「合」二字形近致訛。

②是三六：英博本與旅博本皆作「是三六」，敦博本脫「是」字。

③由：敦煌三本皆作「由」，但錄校本以為「義不可解」，並引石井校本改作「用」，但觀上下文，「由」字下屬，意義周全。

④若自性正，起十八正：敦博本與旅博本皆作「含自性十八正合」，英博本作「含自性十八正含」，綜觀上下文義，當作「若自性正，起十八正」為宜。

【註釋】

❶自性含萬法：惠能說從法自性或是佛性中是「含藏」萬法的，這與法自性或是佛性「生起」萬法的說法是截然不同的。前者，只在說明萬法存在的實相；後者，卻是有創生宇宙的意思，佛教原理並無創生萬物的思想。

❷含藏識：指眾生的法自性中，含藏著宇宙的萬法。此處所指應是第八識的「阿賴耶識」（ālaya），此識被視為宇宙萬有的根本，因為含藏宇宙萬法，所以被稱為「藏識」或「種子識」。但此說頗有爭議，因為阿賴耶識究竟是清淨的真識，或是染污的妄識，一直是佛學界爭論的大問題。惠能此說，顯然肯定有一超越真心的覺性於阿賴耶識中，所以將「自性」等同或包含於「阿賴耶識」，值得後續深入討論。

❸思量即轉識：由於思量是第七識「末那識」（manas）的分別功能，因此經由思量分別就轉動了第八阿賴耶識。

❹十八：指十八界，梵語為 aṣṭādaśa dhātavaḥ，界為種類、分類的意思。十八界是六根（眼、耳、鼻、舌、身、意）對應六塵（色、聲、香、味、觸、法）而產生的六識（眼、耳、鼻、舌、身、意），故為三六十八界。所謂的「根」，是指「具備能夠認識萬法的功能與本質」；所謂的「塵」（又稱為「境」），是指「認識的客觀對象」；所謂的「識」，是指「具備記憶與識別分析的資料庫功能」。

【解釋】

眾生的自性含藏著宇宙萬法，名稱為含藏萬法心識的第八識阿賴耶識。動念思維第七識的分別考量就能轉動第八識，從其中生出眼識、耳識、鼻識、舌識、身識與意識六識，再轉動生出眼根、耳根、鼻根、舌根、身根與意根六種根門與相對的色塵、聲塵、香塵、味塵、觸塵與法塵六種塵境，所以是六根、六塵與六識等三六一十八種法界，稱為十八界。由於在自性上被蒙蔽而生起邪念，就會生起十八界的邪念惡行；若是自性清淨正確，就會生起十八界的正念正行。錯誤地使用十八界而蒙蔽自性就是眾生，正確地使用十八界而不被蒙蔽自性就是成佛。這種種的使用是因為何種因素呢？就是由於眾生人人本具的自性，也就是佛性。

【討論】

一、「自性含萬法」與「自性生萬法」是否相同？

二、如何在日常生活中運用「十八界」良善與得宜？

【原文圖版——第四十六折三之一】

敦博本	英博本	旅博本

【錄文】

敦博本

□□□對外竟無情有五天與地對日與月對暗與明對陰與陽對水與火對語與言對法與相對有十二對有為無為對有色無色對有相無相對有漏無漏對色與空對動與淨對清與濁對亂與聖對僧與俗對老與小對長與矩對高與下對自性居起用對有十九對

英博本

□□□□□□□□□對外境無情對有五天與地對日與月對暗與明對陰與陽對水與大對語與言對法與相對有十二對有為無為有色無色對有相無相對有漏無漏對色與空對動與淨對清與濁對凡與性對僧與俗對老與少對大大與少少對長與短對高與下對自性居起用對有十九對

旅博本

□對外境無情對有五天與地對日與月對暗與朋對陰與陽對水與火對語與言對法與相對有十二對有為無為對有色無色對有相無相對有漏無漏對色與空對動與淨對清與濁對凡與聖對僧與俗對老與少對大大與少少對長與短對高與下對自性居起用對有十九對

【校正】

對❶。外境①無情對②有五：天與地對，日與月對，暗與明對，陰與陽對，水與火對。語言法相對③，有十二對：有為無為對，有色無色對，有相無相對，有漏無漏對，色與空對，動與靜④對，清與濁對，凡⑤與聖對，僧與俗對，老與少⑥對，長與短⑦對，高與下對。自性起用⑧對，有十九對。

【校訂】

①境：敦博本作「竟」，英博本與旅博本皆作「境」，當作「境」。

②無情對：英博本與旅博本皆有「對」字，敦博本脫，當補之。

③語言法相對：敦煌三本皆作「語與言對，法與相對」，惠昕五本皆作「法相語言」，鈴木校本改為「語言法相對」，觀上下文義，應作「語言法相對」。

④靜：敦煌三本皆作「淨」，當為「靜」字。

⑤凡：敦博本作「亂」，英博本與旅博本皆作「凡」，當作「凡」。

⑥少：敦博本作「小」，英博本與旅博本皆作「少」，當作「少」。

⑦長與短：敦博本作「長與矩」，英博本與旅博本皆作「長與短」，當改之。錄校本未出校，亦作「長與短」。

⑧自性起用：敦煌三本皆作「自性居起用」，其中「居」為衍字，當刪去。

【註釋】

❶對：指相對性的哲學範疇。其中包含了惠能所說的三科法門（蔭、界、入）及動用三十六對。然而近代許多學者以「相對概念」來詮釋惠能所謂的「對」，這樣的說法是不正確的，應將「對」詮釋為「哲學範疇」才是。所謂的「範疇」（category），是從邏輯的角度建立的哲學思維，演變成為分析事物的憑藉與分類的法類，如中國古代談的「陰陽」、「體用」等相對性的範疇，都是幫助吾人了解宇宙萬法的思考分類。換句話說，筆者以為惠能是以相對性的分類範疇建構一套詮釋及說法的系統，並且透過這套系統以「扣其兩端而竭之」的方式，傳授頓悟教法的精華。有關「範疇」與佛教思想之間的關係，請參閱拙作：《禪宗公案體相用思想之研究》中第三章，台灣學生書局 2002 年出版。

【解釋】

三十六對相對範疇的哲學。主要的內容有：外在的境界而沒有情識的相對哲學範疇，共有五對：天與地相對，日與月相對，黑暗與光明相對，陰與陽相對，水與火相對。另外，在語言及法相方面的相對哲學，共有十二對：有為與無為的相對，有色與無色的相對，有相與無相的相對，有漏與無漏的相對，物質與虛空的相對，運動與靜止的相對，清淨與混濁的相對，凡與聖的相對，出家僧人與在家居士的相對，老與少的相對，長與短的相對，高與下的相對。在自己的本性中，生起作用的相對哲學，共有十九對。

【討論】

一、惠能為何會教導徒眾兩兩相對的哲學範疇？這些相對的哲學範疇對學佛或禪修有何助益？

二、外境無情、語言法相與自性起用之間，是否有必然的關聯？在分類上又具備何種意義？

【原文圖版——第四十六折三之二】

	敦博本	英博本	旅博本
【原文圖版——第四十六折三之二】			
【錄文】	□□□□□□□□邪與正對癡與惠對愚與智對亂與空對戒與非對直與曲對實與虛對嶮與平對煩惱與菩提對慈與害對喜與順對捨與慳對進與退對生與滅對常與無常對法身與色身對化身與報身對躰與用對性與相對有情與無親對言語與法相對有十二對內外境有無五對三身有三對都合成三十六對也	□□□□□□□□□□□□□□□□邪與正對癡與惠對愚與智對亂與定對戒與非對直與典對實與虛對嶮與平對煩惱與菩提對慈與空對喜與順對捨與慳對進與退對生與滅對常與無常對法身與色身對化身與報身對躰與用對性與相有清無親對言語與法相有十二對內外境有無五對三身有三對都合成三十六對法也	邪與正對癡與惠對愚與智對亂與定對戒與非對直與曲對實與虛對嶮與平對煩惱菩提對慈與害對喜與順對捨與慳對進與退對生與滅對常與無常對法身與色身對化身與報身對躰與用對性與相對有清與無親對言語與法相對有十二對內外境有無五對三身有三對都合成三十六對也

【校正】

邪與正對，癡與慧對，愚與智對，亂與定①對，戒與非對，直與曲對，實與虛對，嶮與平❶對，煩惱與菩提對，慈與害對，喜與嗔②❷對，捨與慳❸對，進與退對，生與滅對，常與無常對，法身與色身對，化身與報身對，體與用對，性與相對③。語言④與法相對有十二對，外境無情對有五對⑤，自性起用對有十九對⑥，都合成三十六對也。

【校訂】

①定：敦博本作「空」，英博本與旅博本皆作「定」，當作「定」。

②嗔：敦煌三本皆作「順」，興聖本與寬永本皆作「嗔」，當作「嗔」。

③在此「自性起用對」為十九對，但敦煌三本內容皆有二十對，敦博本作「有情與無親對」，英博本作「有清無親對」，旅博本作「有清與無親對」，當為「有情與無情對」，相對惠昕五本皆無「有情與無情對」這一對，觀上下文義，當刪去此對。

④語言：敦煌三本皆作「言語」，據前文校訂，此處「言語」當改為「語言」。

⑤外境無情對有五對：敦煌三本在此皆作「內外境有無五對」，當依敦博本前文而改為「外境無情對有五對」，上下文義才能相合。

⑥自性起用對有十九對：敦煌三本皆作「三身有三對」，但依前文校訂，當改成「自性起用對有十九對」。

【註釋】

❶嶮與平：嶮，指危險、陰險、奸邪或是乖僻、怪僻等意思；平，在此指平安、平和、寧靜或是正直、平實的意思。

❷喜與嗔：喜，指歡喜、高興；嗔，指發怒、生氣。

❸捨與慳：捨，指布施、施捨、不執著；慳，指節約、吝嗇。

【解釋】

邪惡與正義是相對的，愚癡與智慧是相對的，愚昧與智巧是相對的，混亂與安定是相對的，戒律與非法是相對的，正直與曲折是相對的，實在與虛假是相對的，危險奸邪與平安正直是相對的，煩惱與菩提是相對的，慈悲與傷害是相對的，歡喜與嗔怒是相對的，布施與吝嗇是相對的，前進與後退是相對的，發生與毀滅是相對的，經常與無常是相對的，法身與色身是相對的，化身與報身是相對的，本體與作用是相對的，本性與相貌是相對的。語言與法相的相對哲學範疇共有十二對，外境與無情的相對哲學範疇有五對，自性上起用的相對哲學範疇共有十九對，總共合成三十六對的相對哲學範疇。

【討論】

一、在相對哲學範疇中，吾人應如何看待超越二元對立的思考模式？

二、在其他的佛經中，是否也提到相對範疇的哲學思維？

【原文圖版——第四十六折三之三】

敦博本	英博本	旅博本

【錄文】

敦博本

□□□□□此三十六對法能用通一切經出入即離兩邊如何
自性起用三十六對共人言語出外於離相入內於離空著空則惟
長無明著相惟邪見謗法直言不用文字既云不用文字人不合
言語言語即是文字自性上說空正語言本性不空迷自惑語言
除故暗不自暗以明故暗暗不自暗以明變暗以暗現現明來去
相因三十六對亦復如是

英博本

此三十六對法解用通一切經出入即離兩邊如何自性
起用三十六對共人言語出外於離相入內於空離空著空
即惟長無名著相惟邪見謗法直言不用文字既云不
用文字人不合言語言語即是文字自性上說空正語
言本性不空迷自惑語言□□暗不自暗以名故暗
暗不自暗以名變暗以暗現明來去相因三十六對亦復
如是

旅博本

□□□□□□□□□□□□□□此三十六對法解用通一切經出
入即離兩邊如何自性起用三十卄六對共人言語出外於離相
入內於空離空著空則惟長無明著相惟邪見謗法直言不
用文字既云不用文字人不合言語言語即是文字自性上說空
正語言本性不空迷自惑語言除故暗不自暗以明故暗暗不
自暗以明變暗以暗現明來去相因三十六對亦復如是

【校正】

此三十六對法，解用①通一切經，出入即離兩邊。如何自性起用三十六對共人言語？出外，於相離相②；入內，於空離空③。著空，則惟長無明❶；著相，則惟長邪見④。秉法⑤直言❷，不用文字。既云不用文字？人不合言語，言語即是文字。自性上說空，正語言本性不空。迷自惑，語言除故。暗不自暗，以明故暗；暗不自暗，以明變暗。以暗現明，來去相因❸，三十六對，亦復如是。

【校訂】

①解用：敦博本作「能用」，英博本與旅博本皆作「解用」，錄校本以為是同義異文，可參，當改為「解用」。

②於相離相：敦煌三本皆作「於離相」，惠昕五本皆作「於相離相」，當改為「於相離相」。

③於空離空：英博本與旅博本皆作「於空離空」，敦博本脫「於」字下「空」字，當補之。

④則惟長邪見：敦煌三本皆作「惟邪見」，依上下文義及參考惠昕本等，當作「則惟長邪見」。

⑤秉法：敦煌三本皆作「謗法」，但文義不通，若依《管子．小匡》：「其稱秉言，則足以補官之不善政。」，可知「謗」與「秉」相通，本來「謗言」即「秉言」，是指民間的非議，但在此可能是方音通假，故當作「秉法」，其義為秉持承受了禪宗心法的體悟。

【註釋】

❶無明：梵語為 avidyā，是佛教說明煩惱的體性及狀態的專有名詞，也指不能明白世間或出世間事物的情形。無明有根本煩惱、生死輪迴的終極原因與愚癡沒有智慧等多重涵義，惠能在此指愚癡及煩惱。

❷秉法直言：秉持著真實頓悟的心法及悟境，直接當下的用言語點撥弟子的迷執。

❸來去相因：指相就、相襲、相承與互相憑藉等綜合涵義。惠能在此指出三十六對的相對範疇，可以互相憑藉或是互相承襲的推論以彰顯頓悟的教法。

【解釋】

這裡三十六種相對的哲學範疇，通解達用能夠貫通一切佛經，使用的時候推出或退入解說的相對哲學就超越了生死二元對立的兩邊。如何在自己的本性上，生起作用三十六種相對的哲學再與別人交談呢？在言語表述出來的展現在外，在外相上就超越相貌的執著；進入內心，在虛空的相貌上就超越對虛空的執著。執著空相，則是只有增長無明的煩惱；執著外相，則是只有增長邪惡的見解。秉持著真實體悟的佛法直截了當地說明，不使用文字的敘述。為什麼說不使用文字呢？因為人與人之間，言語不能相合於真實的意思，言語的表述就是文字的說明。在自己的本性上說明空相，可是語言的本性就不是空相。迷惑是自己產生的，除去語言就能了解實相。黑暗並不是自己本身的黑暗，是因為相對於光明的緣故；黑暗並不是自己本身的黑暗，是因為相對於光明而顯示黑暗。以黑暗相對顯現光明，論證的推來往去互相憑藉或是互相承襲以彰顯頓悟的教法，三十六種相對的哲學範疇與推論，也都是如此的。

【討論】

一、惠能對於言語文字的看法如何？

二、人生是相對的嗎？

三、惠能說「此三十六對法，解用通一切經」，三十六對法如何可以解說一切佛經呢？

	敦博本	英博本	旅博本
【原文圖版——第四十七折】			
【錄文】	□□□□□□□□□□大師言十[弟]子已後傳法[递]相教授 一卷[壇]經不失本宗不稟[受][壇]經非我宗旨如今得了[递] 代流行得遇[壇]經者如見吾親授[十]僧得教授已寫為[壇]經 [遞][代]流行[得]者必當見性	□□大師言十[弟]子已後傳法[迎]相教授一卷[檀]經不失 本宗不稟[授][檀]經非我宗旨如今得了[遞]代流行得 遇[檀]經者如見吾親授[拾]僧得教授[已]寫為[檀]經 [迎][代]流行[得]者必當見性	□□□□□□□□□□□□□□□□□□□□□大師言 十[苐]子已後傳法[遞]相教授一卷[擅]經不失本宗不稟[受][擅] 經非我宗旨如今得了[遞]代流行得遇[擅]經者如見吾親 授[十]僧得教授已寫為[擅]經[遞][代]流行得[德]者必當見性

【校正】

大師言：「十弟子！以後傳法，遞①相教授一卷《壇②經》，不失本宗。不稟受《壇經》，非我宗旨❶。如今得了，遞代流行。得遇《壇經》者，如見吾親授。」十僧得教授已，寫為《壇經》，遞代流行，得者必當見性。

【校訂】

①遞：英博本作「迎」字，形近似「遞」之俗寫字，旅博本與敦博本皆作俗寫「遞」字，當作「遞」字。下不出校。

②壇：英博本作「檀」字，旅博本作「擅」，敦博本是，當作「壇」字。下不出校。

【註釋】

❶非我宗旨：在此是指惠能弟子必須稟受《壇經》，才能真正掌握惠能頓悟禪法的要旨。但是此段話的真實性，筆者或有保留，因為惠能一再強調是要不執著，為何在此會說必須得到《壇經》，才能得到禪悟的心法呢？況且，惠能本身得到五祖弘忍的心法，並非五祖傳授了什麼經典或語錄，或是那時就有五祖說法的實錄傳給惠能。因此，筆者推斷可能是惠能的弟子或再傳弟子，為了取得弘法或是特殊身分的一種憑藉，進而保障其地位，才增加此一說法，就如同六祖惠能得到達摩袈裟一般，算是禪宗傳宗的一種信物罷了。

【解釋】

惠能大師說：「你們這十位弟子們！以後傳授頓悟的禪法，依照次第教授一卷《壇經》，就不會失去本宗的心法與傳承。不去稟持傳授《壇經》，就不是我惠能頓悟禪法的宗旨。如今你們都得到了《壇經》，就依照傳承的世系流通推行。後世能夠遇到這部《壇經》的人，就如同得到我親自的傳授。」十位出家僧人得到惠能大師的教授之後，就寫成了這部《壇經》，依照傳承的世系流通推行，得到《壇經》的人必定會悟見自己的本性。

【討論】

一、惠能大師會自稱自己講述的開示為《壇經》嗎？

二、究竟是《壇經》傳承惠能禪法，還是頓悟的心法傳承惠能禪法？還是其他的方式呢？

【原文圖版——第四十八折四之一】

【錄文】

敦博本	英博本	旅博本
□□□□□□□□□□大先天二年八月三日七月八日喚門人 告別　大師先天元年於鄚州國因寺造塔至先天二年七月告 別　大師言汝眾近前吾至八月欲離世間汝等有疑早問為汝 破疑當今迷者盡使汝安樂吾若去後無人教汝	□□□□□□□□□□大師先天二年八月三日滅 度七月八日喚門人告別大師天无年於樿州國 恩寺造塔至先天二年七月告別大師言汝眾近前 五至八月欲離世間汝等有疑早問為外破疑當令 迷者盡使與安樂吾若去後無入教與	□□□□□□□□□□□□□□□□□□□□大師先 天二年八月三日滅度七月八日喚門人告別大師光天元年於鄚 州國恩寺造塔至先天二年七月告別大師言汝衆近前 吾至八月欲離世間汝等有疑早問為汝破疑當令迷者 盡使汝安樂吾若去後無人教汝

【校正】

大師①先天二年❶八月三日滅度②❷。七月八日，喚門人告別。大師先天元年於新州③國恩寺④造塔，至先天二年七月告別。大師言：「汝眾近前，吾至八月，欲離世間，汝等有疑早問，為汝破疑，當令迷者盡悟⑤，使汝安樂。吾若去後，無人教汝。」

【校訂】

①大師：英博本與旅博本皆在「大」字下有「師」字，敦博本脫，當補之。

②滅度：英博本與旅博本皆在「八月三日」下有「滅度」二字，敦博本脫，當補之。

③新州：敦博本與旅博本皆作「鄣州」，英博本作「樿州」，惠昕五本皆作「新州」，當為「新州」。

④國恩寺：英博本與旅博本皆作「國恩寺」，敦博本誤作「國因寺」，當改之。

⑤當令迷者盡悟：敦博本作「當令迷者盡」，英博本與旅博本皆作「當令迷者盡」，惠昕五本皆作「當令迷盡」，並無「者」字，大正本作「令汝迷盡」，但觀上下文義，應作「當令迷者盡悟」。

【註釋】

❶先天二年：此年號為唐玄宗年號，時值西元七一三年。

❷滅度：即涅槃，梵語為nirvāṇa，亦作圓寂、遷化的意譯，原義是解脫生滅輪迴，進入不生不滅的境界，而且並不限定在命終或是在任何生活現場中，都可以體證涅槃，但一般使用這項詞語時，多用於佛教法師死亡的說明，尊稱其死亡為涅槃或是圓寂、滅度之類。

【解釋】

惠能大師在唐代玄宗先天二年（西元七一三年）八月三日圓寂。在之前七月八日的時候，召喚門下的徒眾與他們告別。大師在先天元年的時候在新州的國恩寺建造高塔，到先天二年七月的時候宣告即將離別。大師說：「你們大家都靠近前來，我到下個月八月份，準備離開世間，你們若是還有疑惑就趁早發問，我會為你們破除疑惑，應當讓迷惑的人都能覺悟，讓你們安心快樂。我若是往生之後，就沒有人能夠教導你們了。」

【討論】

一、為何佛門高僧在臨終前會「預知時至」地知道自己死亡的時間？

二、惠能在圓寂前，表現出如何的風範？

敦博本	英博本	旅博本

【原文圖版——第四十八折四之二】

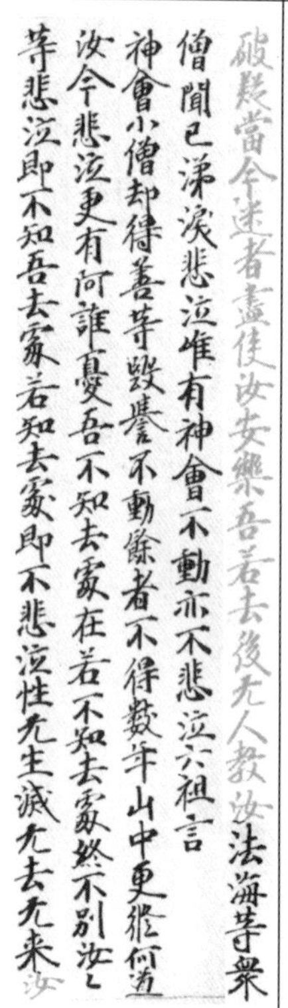

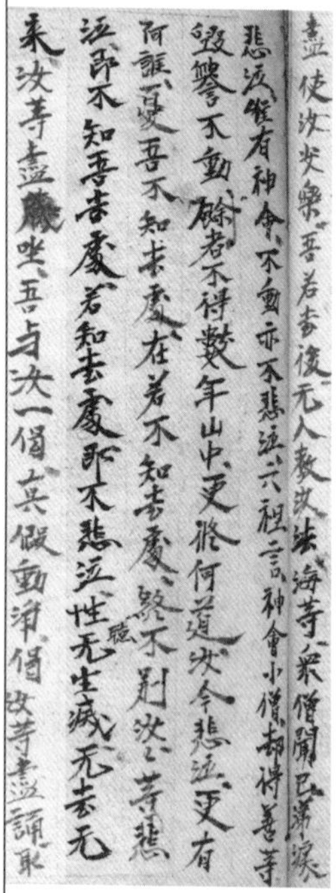

【錄文】

敦博本

□□□□□□□□□□□□□□□□□法海等眾
僧聞已涕淚悲泣唯有神會不動亦不悲泣六祖言
神會小僧却得善等毀譽不動餘者不得數年山中更修何道
汝今悲泣更有阿誰憂吾不知去處在若不知去處終不別汝汝
等悲泣即不知吾去處若知去處即不悲泣性無生無滅無去無來

英博本

□□□□□□□□□□□□□□□法海等眾僧
聞已涕淚悲泣唯有神會不動亦不悲泣六祖言神
會小僧却得善等毀譽不動除者不得數年山
中更修何道汝今悲泣更有阿誰憂吾不知去處在
若不知去處終不別汝汝等悲泣即不知吾處若知去
處即不悲泣性聽無生無滅無去無來

旅博本

□□□□□□□□□□□□□法海等衆僧聞已涕淚
悲泣唯有神會不動亦不悲泣六祖言神會小僧却得善等
毀譽不動餘者不得數年山中更修何道汝今悲泣更有
阿誰憂吾不知去處在若不知去處終不別汝汝等悲
泣即不知吾去處若知去處即不悲泣性聽無生無滅無去無
來

【校正】

法海等眾僧聞已，涕淚悲泣。唯有神會不動，亦不悲泣。六祖言：「神會小僧，卻得善不善等①❶，毀譽不動。餘者不得，數年山中，更修何道❷？汝今悲泣，更憂②阿誰？憂吾不知去處在？若不知去處，終不別汝。汝等悲泣，即不知吾去處；若知去處，即不悲泣。性體無生無滅③，無去無來。」

【校訂】

①善不善等：敦煌三本皆作「善等」，惠昕五本皆作「善不善等」，文義亦能相符，當改之。

②憂：敦煌三本皆作「有」，惠昕五本皆作「憂」，當改作「憂」。

③性體無生無滅：英博本作「性聽無生無滅」，旅博本作「性聽無生滅」，其中「聽」字，當為「體」字，敦博本脫「體」與「生」字下「無」字，故當作「性體無生無滅」。

【註釋】

❶善不善等：善，即是好的；不善，即是不好的。等，作「平等」的解釋，換言之，善不善等是指好與不好都能平等對待，也就是超越了善惡與世俗對立的思考角度。惠能這句話是在《壇經》中唯一稱讚弟子的記載，同時在敦博本中亦看到此行用平抬的書寫模式，可以看出抄寫者視神會為師長的層級，所以《壇經》的成立與流傳，可能與神會一系有密切的關係。

❷數年山中，更修何道：惠能教誨其徒眾應超越世俗生死對立的俗情，解脫生滅對立的束縛。

【解釋】

法海等徒眾出家僧人們聽聞惠能準備離別的宣告之後，都流下了眼淚而悲傷哭泣。只有神會法師沒有任何動靜，也沒有悲傷哭泣。六祖惠能說：「神會這位小法師，反而達到好與不好都平等不二的境界，對於別人的毀謗與讚譽都不會動搖自己的心念。其他的人都沒有達到如此的境界，這幾年在山中修行，又是修持哪一種法門得到何種境界呢？你們現在悲傷哭泣，又是憂慮誰呢？是憂慮我不知道往生到哪裡去嗎？我若是不知道往生到哪裡，終究不會向你們預告離別的日子。你們的悲傷哭泣，就是不知道我往生到哪裡；若是知道我往生到哪裡去，就不會再悲傷哭泣了。眾生的佛性本體是無生無滅的，沒有往去也沒有歸來的。」

【討論】

一、傳世的《六祖壇經》究竟是不是神會或神會徒眾的修改本？

二、惠能稱讚「神會小僧，卻得善不善等，毀譽不動」，神會是否不近人情？

三、從生死輪迴的角度來看，惠能是否解脫生死？是否達到「生死達觀」或是「超越生死」的境界？

【原文圖版——第四十八折四之三】

敦博本　英博本　旅博本

【錄文】

敦博本

□□□□□□□□□□□□□□□□□□□□□□□□□汝
等盡坐吾與汝一偈真假動淨偈汝等盡誦取見此偈意與吾
同依此修行不失宗旨僧眾禮拜請　大師留偈敬心受持偈曰
一切無有真　不以見於真　若見於真者　是見盡非真　若能自有真
離假即心真　自心不離假　無真何處真

英博本

□□□□□□□□□□□□□□□汝等盡座吾
與如一偈真假動淨偈與等盡誦取見此偈意汝吾
同於此修行不失宗旨僧眾禮拜請大師留偈敬心受
持偈曰　一切無有真　不以見於真　若見衣真者　是見盡非真
若能自有真　離假即心真　自心不離假　無真何處□

旅博本

□汝等盡藏坐吾與汝一偈真假動淨偈汝等盡誦取
見此偈意與吾同依此修行不失宗旨僧眾禮拜請大師
留偈敬心受持偈曰
一切無有真　不以見於真　若見於真者　是見盡非真
若能自有真　離假即心真　自心不離假　無真何處真

【校正】

「汝等盡坐，吾與汝一偈：〈真假動靜①偈〉，汝等盡誦取，見此偈意，與吾意同②。依此修行，不失宗旨。」

僧眾③禮拜，請大師留偈，敬心受持。偈曰：

一切無有真❶，不以見於真。若見於真者，是見盡非真❷。

若能自有真，離假即心真。自心不離假，無真何處真？

【校訂】

①靜：敦煌三本皆作「淨」，當作「靜」。

②與吾意同：敦博本與旅博本皆作「與吾同」，英博本作「汝吾同」，依上下文義，應作「與吾意同」為宜。

③僧眾：敦煌三本皆作「僧衆」，錄校本以為二字為顛倒，並引惠昕本為證，但觀上下文義，以及佛教常用術語，亦可作「僧眾」，故尊重原文為宜。

【註釋】

❶一切無有真：此思想應是《金剛經》的「凡所有相，皆是虛幻」的引述詮釋，也與惠能一再強調的「不執著」相呼應，說明世間萬法無有真實，所以無須執著。

❷是見盡非真：惠能以為凡是耳目感官之所見，都不是真實的，唯有體證實相才能真實地了解一切法，這與莊子的「無聽之以耳」與「無聽之以心」（人間世）意旨頗為類似。此外，十八世紀德國哲學家康德（Immanuel Kant，1724–1804）也以為凡人是無法認識或真實地看到「物自身」（實相），也值得吾人深入研究與對比討論。

【解釋】

「你們都坐下來吧！我送給你們一首偈頌：〈真假動靜偈〉，你們都盡量地讀誦修持，聽見與明白這首偈語的含意，與我的想法是相同的。依照這首偈語修行，就不會失去我惠能頓悟禪法的宗旨。」出家的僧人大眾向惠能頂禮朝拜，恭請惠能大師留下這首偈頌，以誠敬的心情接受並用心修持。偈頌說：

世間的一切都不是永恆的真實，不要以眼睛所看到的就以為是真的。

若是眼睛所看到的就以為是真的，所看見的並不是所有都是真實的。

若是討論什麼事物是真實的，離開了外相的虛假空幻而在此當下的本心才是真實的。

自己的本心不曾離開虛假空幻，沒有本心的真實又有世間何處的真實呢？

【討論】

一、惠能為何說「一切無有真」？為何又說「不以見於真」？

二、何謂「離假即心真」？

【原文圖版——第四十八折四之四】

敦博本 ／ 英博本 ／ 旅博本

【錄文】

敦博本

□□□□□　□□□□□　□□□□□　有性即解動　無情即無動
若修不動行　同無情不動　若見真不動　動上有不動　不動是不動
無情無仏種　能善分別相　第一義不動　若悟作此見　則是真如用
報諸孝道者　努力須用意　莫於大乘門　却執生死智　前頭人相應
即共論仏義　若實不相應　合掌禮勸善　此教本無淨　若道失道意
執迷淨法門　自性入生死

英博本

有性即解動　無性即不動　若修不動行　同無情不動
若見真不動　動上有不動　不動是不動　無情無佛眾
能善分別相　第一義不動　若悟作此見　則是真如用
報諸孝道者　努力須用意　莫於大乘門　却執生死智
前頭人相應　即共論仏語　若實不相應　合掌令勸善
此教本無諍　無諍失道意　執迷諍法門　自性入生死

旅博本

有性即解動　無情即不動　若修不動行　同無情不動
若見真不動　動上有不動　不動是不動　無情無佛種
能善分別相　第一義不動　若悟作此見　則是真如用
報諸學道者　努力須用意　莫於大乘門　却執生死智
前頭人相應　即共論佛義　若實不相應　合掌令勸善
此教本無諍　若諍失道意　執迷諍法門　自性入生死

【校正】

有情①即解動❶，無情即無動。若修不動行，同無情不動。若見真不動，動上有不動❷。不動是不動，無情無佛種。能善分別相，第一義❸不動。若悟作此見，則是真如用。報諸學道者，努力須用意。莫於大乘門，卻執生死智。前頭人相應，即共論佛義。若實不相應，合掌禮勸善。此教本無諍②❹，若諍③失道意。執迷諍④法門，自性入生死。

【校訂】

①情：敦煌三本皆作「性」字，惠昕五本皆作「情」字，當作「情」，作「有情」解。
②諍：英博本與旅博本皆作「諍」，敦博本作「淨」，當作「諍」。
③諍：英博本與旅博本皆作「諍」，敦博本作「道」，當作「諍」。
④諍：英博本與旅博本皆作「諍」，敦博本作「淨」，當作「諍」。

【註釋】

❶解動：指化解及運動。
❷動上有不動：這是指在實相的境界中，心念的發動運行中有不動的佛性。
❸第一義：是指第一義諦（梵語 paramārtha-satya），乃指超越一切的究竟真理，也就是所謂的實相。
❹無諍：指沒有爭訟或爭奪，或是指沒有因觀念不同而引起的無謂爭辯。

【解釋】

擁有情識的作用就能化解及運動，沒有情識的作用就沒有轉動的基礎。

若是修持不動心念的法門，就如同無情的草木石頭的不動。

若是悟見真正的不動心，就會體會心念在運動中有不動的心性本體。

不動心念就是一切都不會運動，這是沒有情識也就沒有成佛的佛性種子在其中。

學佛的人應該能夠善加分別一切的相貌，但是在究竟的第一義體悟上是不會動搖的。

若是能夠體悟而且修持這樣的見地，則是真如的作用真正的顯發。

報告各位學習佛法大道的人，精進努力修持佛法必須使用正確觀察的意念。

不要在大乘佛教的法門修持中，反而執著在生死輪迴的世俗智慧。

若是遇到修行的人能夠與我們的正法相應，就與他共同討論佛法的意義。

若是實在不能相應，就微笑地合掌向他作禮勸導他向善。

我的頓悟教義與法門本來就無須爭論，若是還要爭論誰勝誰負就失去了佛道解脫的真意。

執著迷惑而爭論法門的勝負優劣，原本的清淨自性就轉入了生死的輪迴之中。

【討論】

一、惠能是贊成「不動」，還是「動」？
二、吾人在日常生活中如何「不動」或是「動」？

【原文圖版——第四十九折二之一】

【錄文】

敦博本	英博本	旅博本
眾僧既聞識　大師意更不敢諍依法修行一時禮拜即知大師不久 住世上座法海向前言大師大師去後衣法當付何人　大師言法即付 了汝不須問吾滅後二十餘年邪法遼亂惑我宗旨有人出來不 惜身命定仏教是非豎立宗旨即是吾正法衣不合傳汝不 信吾與誦先代五祖傳衣付法誦若據　第一祖達磨頌意即 不合傳衣聽吾與汝頌曰	眾僧既聞識大師意更不敢諍依法修行一時禮拜即之大 師不求住世上座法海向前言大師大師去後衣法當 付何人大師言法即付了汝不須問吾滅後二十餘年 邪法遼亂惑我宗旨有人出來不惜身命弟仏教 是非豎立宗旨即是吾正法衣不合轉汝不信吾與誦 先代五祖傳衣付法誦若據弟一祖達摩頌意即不 合傳衣聽五與汝頌頌曰	眾僧既聞識大師意更不敢諍依法修行一時禮拜 即知大師不久住世上座法海向前言大師大師去後衣 法當付何人大師言法即付了汝不須問吾滅後二十 餘年邪法遼亂惑我宗旨有人出來不惜身命 定仏教是非豎立宗旨即是吾正法衣不合轉汝 不信吾與誦先代五祖傳衣付法誦若據弟一祖達 摩頌意即不合傳衣聽吾與汝頌頌曰

【校正】

眾僧既聞，識大師意，更不敢諍，依法修行。一時禮拜，即知大師不久住世❶。上座法海向前言：「大師！大師去後，衣法❷當付何人？」大師言：「法即付了，汝不須問。吾滅後二十餘年，邪法撩亂①❸，惑我宗旨。有人出來，不惜身命，定❹佛教是非，豎立宗旨，即是吾正法。衣不合傳，汝不信，吾與誦先代〈五祖傳衣付法頌②〉。若據第一祖達摩頌意，即不合傳衣。聽吾與汝誦③。」頌曰：

【校訂】

①撩亂：敦煌三本皆作「遼亂」，與聖本與寬永本皆作「撩亂」，當改之。

②五祖傳衣付法頌：敦煌三本皆作「五祖傳衣付法誦」，當改「誦」為「頌」作「五祖傳衣付法頌」。

③聽吾與汝誦：英博本作「聽五與汝頌」，旅博本作「聽吾與汝頌」，敦博本作「聽吾與汝」。其中英博本的「五」應為「吾」字，敦博本漏「頌」字，英博本與旅博本的「頌」應為「誦」字，當改為「聽吾與汝誦」。

【註釋】

❶住世：指身居現實的人間世界，佛教常以佛性或法身的不生不滅來對應菩薩化身人間的形軀是有生有滅的，故用以說明佛門高僧法體無生但留形人間的示現。

❷衣法：指象徵禪宗祖師傳承的達摩袈裟（衣）與釋迦牟尼佛的頓悟心法（法），在此說明惠能從五祖弘忍處得到了禪宗祖師的正式傳承。

❸撩亂：指紛亂或雜亂的情形。

❹定：指訂正或修訂了紛亂的情形。

【解釋】

在場的各位法師已經聽聞大師的〈真假動靜偈〉，深刻地認識了惠能大師的意旨，更不敢表示任何異議，就依照惠能大師傳授的禪法修行。大家後來都向惠能大師頂禮朝拜，也知道惠能大師的色身住在世間的時間已經不久了。上座法海法師向前詢問惠能說：「大師！大師往生以後，象徵傳法的達摩袈裟與祖師頓悟的心法應當付託給什麼人呢？」大師說：「頓悟的心法已經付託傳授，你就不須要多問了。我往生以後二十多年，邪惡的法門紛雜擾亂，將會使世人迷惑於我所說的頓悟宗旨。這個時候有人會出來，不惜犧牲身軀性命，論定佛教的大是大非，豎立頓悟心法與南宗的宗旨，這就是我的正法。象徵傳法的達摩袈裟已經不適合再傳授，你要是不相信，我向你誦讀前面幾代〈五祖傳衣付法頌〉。若是根據第一祖達摩祖師偈頌的意思，就不適合再傳授象徵傳法的達摩袈裟。仔細聆聽我為你誦讀。」偈頌的內容是：

【討論】

一、法海法師問惠能大師「衣法當付何人」，是否具有特別的涵義？

二、惠能預言其往生二十餘年後，將會有人「不惜身命，定佛教是非」，後世學者以為是神會或是其徒眾篡改《壇經》的證據之一，果其然否？

【原文圖版——第四十九折二之二】

【錄文】

敦博本

第一祖達磨和尚頌曰　吾大來唐國　傳教救迷情　一花開五葉　結菓自然成
第二祖惠可和尚頌曰　本來緣有地　從地種花生　當來元無地　花從何處生
第三祖僧璨和尚頌曰　花種須因地　地上種花生　花種無生性　於地亦無生
第四祖道信和尚頌曰　花種有生性　因地種花生　先緣不和合　一切盡無生
第五祖弘忍和尚頌曰　有情來下種　無情花即生　無情又無種　心地亦無生
第六祖惠能和尚頌曰　心地含情種　法雨即化生　自悟花情種　菩提果自成

英博本

第一祖達摩和尚頌曰　吾大來唐國　傳教救名清　一花開五葉　結菓自然成
第二祖惠可和尚頌曰　本來緣有地　從地種花生　當本願無地　花從何處生
第三祖僧璨和尚頌曰　花種雖因地　地上種化生　花種無性生　於地亦無生
第四祖道信和尚頌曰　花種有生性　因地種花生　先緣不和合　一切盡無生
第五祖弘忍和尚頌曰　有情來下種　無情花即生　無情又無種　心地亦無生
第六祖惠能和尚頌曰　心地含情種　法雨即花生　自吾花情種　菩提菓自成

旅博本

第一祖達摩和尚頌曰　吾大來唐國　傳教救迷情　一花開五葉　結菓自然成
第二祖惠可和尚頌曰　本來緣有地　從地種花生　當本元無地　花從何處生
第三祖僧璨和尚頌曰　花種雖因地　地上種花生　花種無生性　於地亦無生
第四祖道信和尚頌曰　花種有生性　因地種花生　先緣不和合　一切盡無生
第五祖弘忍和尚頌曰　有情來下種　無情花即生　無情又無種　心地亦無生
第六祖惠能和尚頌曰　心地含情種　法雨即花生　自悟花情種　菩提果自成

【校正】

第一祖達摩和尚頌曰：「吾本來東土①❶，傳教救迷情❷。一花開五葉❸，結果自然成。」

第二祖惠可和尚頌曰：「本來緣有地，從地種花生。當本②元無地，花從何處生？」

第三祖僧璨和尚頌曰：「花種須因地❹，地上種花生。花種無生性，於地亦無生。」

第四祖道信和尚頌曰：「花種有生性，因地種花生。先緣不和合，一切盡無生。」

第五祖弘忍和尚頌曰：「有情來下種，無情花即生。無情又無種，心地亦無生。」

第六祖惠能和尚頌曰：「心地含③情種，法雨即花④生。自悟花情種，菩提果自成。」

【校訂】

①吾本來東土：敦煌三本皆作「吾大來唐國」，惠昕五本皆作「吾本來東土」，大正本作「吾本來茲土」，達摩祖師相傳於北魏南梁朝時來到中國，故當作「吾本來東土」。

②當本：英博本與旅博本皆作「當本」，敦博本誤作「當來」，當改之。

③含：英博本與旅博本皆作「含」，敦博本誤作「舍」，當改之。

④花：英博本與旅博本皆作「花」，敦博本作「化」，當改作「花」。

【註釋】

❶東土：指古代的中國，主要是相對於印度或西域諸國的地理位置而言。

❷迷情：主要是指迷戀世俗情感愛戀情仇意念的人。

❸一花開五葉：主要是指達摩傳承佛陀頓悟的心法為心花，開出惠可、僧璨、道信、弘忍與惠能五朵法葉。

❹因地：本來是指與果地的對稱，但此處亦指具有大乘佛法傳播的基礎條件，表示中國已經具備接受禪宗心法的因緣。

【解釋】

第一祖達摩和尚的偈頌說：「我從西方來到東方的國度，傳授教外別傳的禪宗心法。救渡迷惑的有情眾生，傳教的結果是一朵心花中開出五片葉子，結成的悟道果實是自然而然形成的。」

第二祖惠可和尚的偈頌說：「開悟的種子本來就是因為有因緣的田地，從因緣的田地種下心花種子就會開花。如果本來就沒有因緣的田地，開悟的心花又從哪裏發生呢？」

第三祖僧璨和尚的偈頌說：「開悟的心花種子必須要有因緣的田地，在因緣的田地上，種下開悟心花的種子，自然就會出生。開悟的心花種子並沒有常住不變的本性，因緣的田地也是從來都不曾出生，一切都是本來如此的。」

第四祖道信和尚的偈頌說：「開悟心花的種子有出生的本性，在因緣的田地上種下開悟的心花出生。但是如果之前因緣不夠具足的時候，一切的開悟都變得不可能了。」

第五祖弘忍和尚的偈頌說：「含有情識的眾生來種下開悟的種子，若是超越世間的情欲，開悟的心花就會綻放。超越世間的情欲，又超越對開悟種子的執著，眾生的本心也是本來無生的。」

第六祖惠能和尚的偈頌說：「心地含有情識的種子，受到佛法的法雨滋潤，就會讓開悟的心花綻放。如果能夠自己體悟到開悟的心花種子含藏在情識的種子裏，菩提覺悟的成佛佛果自然就能成就了。」

【討論】

一、何謂「一花開五葉，結果自然成」？

二、何謂「自悟花情種，菩提果自成」？

	敦博本	英博本	旅博本
【原文圖版——第五十折】			
【錄文】	能大師言汝等聽吾作二頌取達磨和尚頌意汝迷人依法頌修行必當見性 第一頌 心地邪花放 五葉逐根隨 共造無明葉 見被葉風吹 第二頌 心地正花放 五葉逐根隨 共修般若惠 當來仏菩提 六祖說偈已了放衆生散門人出外思惟即知 大師不久住世	能大師言汝等聽吾作二頌取達摩和尚頌意汝迷人依此頌修行必當見性 第一頌曰 心地邪花放 五葉逐根隨 共造無明葉 見被葉風吹 第二頌曰 心地正花放 五葉逐根隨 共修般若惠 當來佛菩提 六祖說偈已了放衆生散門人出外思惟即知大師不久住世	能大師言汝等聽五作二頌取達摩和尚頌意汝迷人依此頌修行必當見性 第一頌 心地邪花放 五葉逐根隨 共造無明葉 見被葉風吹 第二頌 心地正花放 五葉逐根隨 共修般若惠 當來佛菩提 六祖說偈已了放衆生散門人出外思惟即知大師不久住世

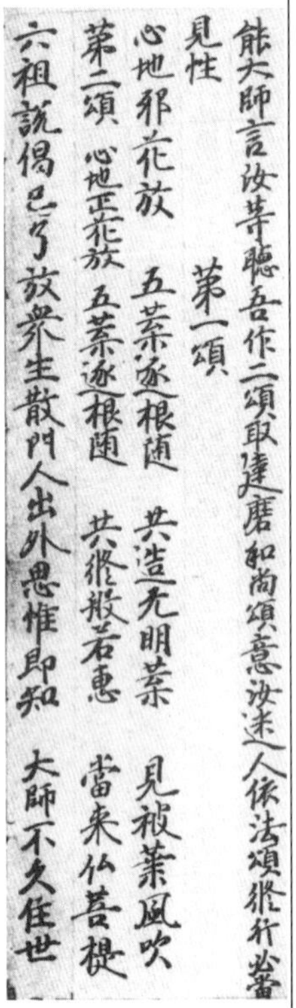

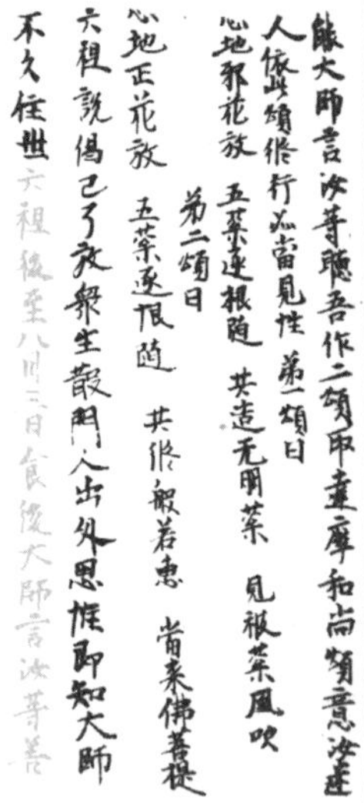

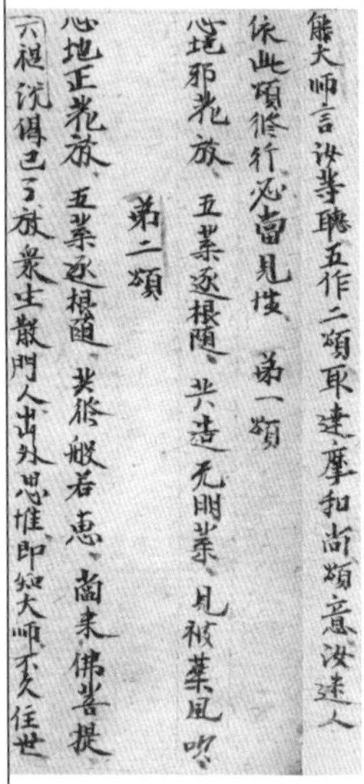

【校正】

能大師言：「汝等聽吾作二頌，取達摩和尚頌意。汝迷人依此①頌修行，必當見性。」第一頌曰②：「心地邪花❶放，五葉逐根隨❷。共造無明業③，見被業風❸吹。」第二頌曰④：「心地正花放，五葉逐根隨。共修般若慧，當來佛菩提。」

六祖說偈已了，放眾僧⑤散。門人出外思惟，即知大師不久住世。

【校訂】

①此：英博本與旅博本皆作「此」，敦博本作「法」，「法」與「此」皆可通，但筆者以為「此」字較為適宜，故改之。

②曰：英博本在「頌」字下有一「曰」字，敦博本與旅博本皆脫，當補之。

③無明業：敦煌三本皆作「無明葉」，應作「無明業」，「業」作「業力」解，當改之。下不出校。

④曰：英博本在「頌」字下有一「曰」字，敦博本與旅博本皆脫，當補之。

⑤眾僧：敦煌三本皆作「眾生」，但現場為惠能十弟子們，當為「眾僧」或「眾人」，在此作「眾僧」為宜。

【註釋】

❶邪花：比喻眾生皆有佛性如心花，但若以邪惡或不正確的觀念綻放，必然招致相對應的惡果，不可不慎。

❷五葉逐根隨：在此所謂的「五葉」，應是指眼耳鼻舌身的五種感官，「根」是指第六種感官「意根」的根性，如果「意根」以邪惡或不正確的觀念導引，致使五根追隨，就會造就無明的業果。

❸業風：梵語為 karma-vāyu。在此以「風」比喻業力的作用，主要是說眾生因為造就善惡的業力而飄流於生死的大海之中，就好像大風吹動船帆或者是枯葉，眾生已不能自由選擇而被迫流轉於痛苦與輪迴之中。

【解釋】

惠能大師說：「你們仔細聆聽我所作的兩首偈頌，其中吸取達摩和尚偈頌的深意。若是你們之中還有迷惑的人就依照這首偈頌來修行，必定會悟見自己的本性。」第一首偈頌說：「心地的意識如果像是邪惡的花朵綻放，眼耳鼻舌身五根就會追逐意根的意識而相隨，共同創造無明的惡業，見地也會被惡業的狂風吹散而墮入輪迴。」第二首偈頌說：「心地的意識如果像是正確圓滿的花朵綻放，眼耳鼻舌身五根也會追逐意根的意識而相隨，共同修持般若的妙智慧，將來得到圓滿成佛的覺悟菩提。」

六祖惠能解說偈頌完畢，就放任眾多的僧人散去。門下的徒眾到外面思惟惠能所說的話，就知道惠能大師在不久之後會圓寂往生。

【討論】

一、「共造無明業」與「共修般若慧」之間，吾人在現代生活中應如何抉擇？

二、吾人心地經常綻放的是「邪花」還是「正花」？

【原文圖版——第五十一折三之一】

【錄文】

敦博本

六祖後至八月三日食後　大師言汝等若位坐吾今共汝等別
法海問言此頓教法傜傳受從上已來至今幾代　六祖言初
傳受七仏釋迦牟尼仏　第七大迦葉　第八阿難　第九末因地
第十商郍和修　第十一優婆鞠多　第十二提多迦　第十三仏陁難提
第十四

英博本

□□□□六祖後至八月三日食後大師言汝等善
位座五今共與等別法海聞言此頓教法傳受從上
已來至今幾代六祖言初傳受七仏釋迦牟尼佛第七
大迦葉第八阿難第九末因地第十商郍和修第十一
優婆掬多第十二提多迦第十三仏陁難提第十四

旅博本

六祖後至八月三日食後大師言汝等善位坐五今共汝
等別法海問言此頓教法傳受從上已來至今幾代六
祖言初傳受七仏釋迦牟尼仏第七大迦葉第八阿難
第九末因地第十商郍和修第十一優婆掬多第十二提
多迦第十三仏陁難提第十四

【校正】

六祖後至八月三日食後❶，大師言：「汝等著位坐①，吾今共汝等別！」法海問言：「此頓教法傳授，從上以來至今幾代？」六祖言：「初，傳授七佛❷，釋迦牟尼佛第七②，大迦葉第八，阿難第九，末田地③第十，商那和修第十一，優婆鞠多第十二，提多迦第十三，佛陀難提第十四。」

【校訂】

①著位坐：敦博本作「若位坐」，英博本作「善位座」，旅博本作「善位坐」，惠昕五本皆作「各著位坐」，當作「著位坐」。

②釋迦牟尼佛第七：「第」字，敦博本作「茀」而與大迦葉連寫，英博本與旅博本皆作「弟」。在賢劫七佛中，釋迦牟尼佛為第七佛，由於抄者不明究竟而將連屬錯置，在此以下重新離斷。

③末田地：敦博本作「末因地」，英博本與旅博本皆作「未因地」，真福本、與聖本與寬永本皆作「末田地」，當作「末田地」。末田地的梵名為Madhyantika，巴利名為Majjhantika。又作末田底迦、末田、末田提、末闡提、末田鐸迦、末田地那、末彈地與摩禪提等譯名。意譯作日中、中、水中、金地、河中。古印度陀頗羅人，相傳為阿難的最後弟子，在敦煌三本中列為印度禪宗的第三祖。

【註釋】

❶食後：應是指中午用餐以後，古代僧侶多日中一食，而且是過午不食，故應是指早上至中午用餐之後的開示。

❷七佛：佛教指當今地球世界處於「賢劫」這個時代，所謂的「賢劫」，梵語為 bhadrakalpa。音譯為波陀劫，指三劫中的現在住劫，據《悲華經》卷五、《賢劫千佛名經》及多部佛經中記載，賢劫其中有千佛出世，以當今世界時間而言，已經過去的有七位佛陀，分別是㈠毘婆尸佛（梵語Vipaśyin），㈡尸棄佛（梵語Śikhin），㈢毘舍浮佛（梵語Viśvabhū），㈣拘留孫佛（梵語Krakucchanda），㈤拘那含牟尼佛（梵語Kanakamuni），㈥迦葉佛（梵語Kāśyapa），㈦釋迦牟尼佛（梵語Śākya-muni），換句話說，賢劫尚有九百九十三位佛陀尚未出世。

【解釋】

六祖惠能後來到了八月三日中午吃完飯後，大師說：「你們各自找位子坐，我現在與你們道別離！」法海法師詢問惠能大師說：「您的這項頓悟佛教的法門傳授，從過去以來到今天總共歷經幾代呢？」六祖惠能說：「剛開始，傳承了七位佛陀，其中釋迦牟尼佛是第七佛，大迦葉是第八位祖師，阿難是第九位祖師，末田地是第十位祖師，商那和修是第十一位祖師，優婆鞠多是第十二位祖師，提多迦是第十三位祖師，佛陀難提是第十四位祖師。」

【討論】

一、為何法海法師會在惠能臨終前詢問惠能的傳承呢？

二、為何「七佛」之後直接連接禪宗的歷代祖師呢？

	敦博本	英博本	旅博本
【原文圖版——第五十一折三之二】	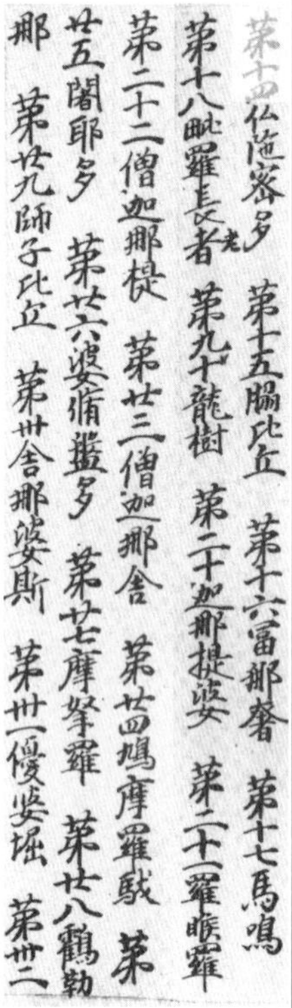	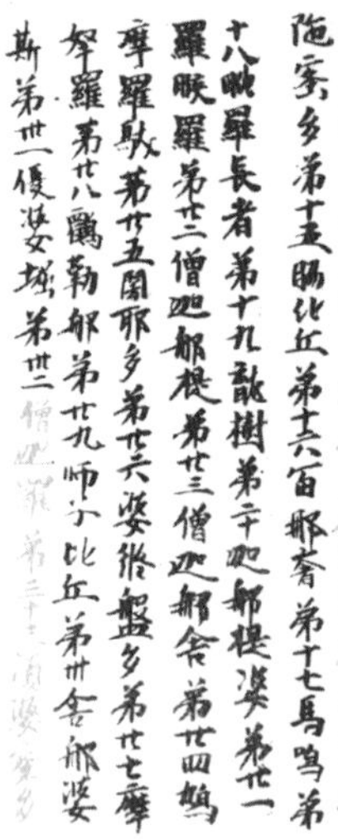	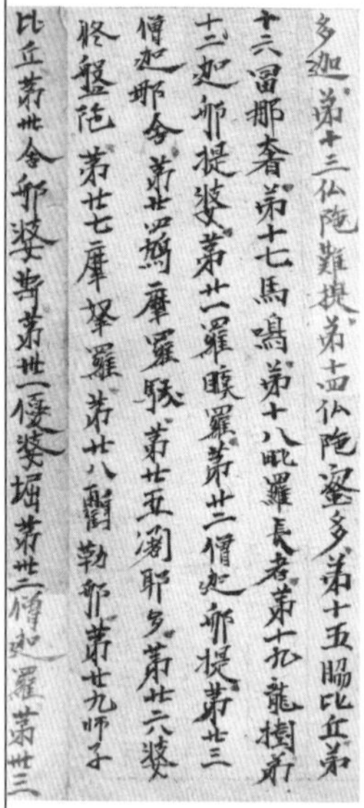
【錄文】	□□□仏陁密多 苐十五脇比丘 苐十六富郍奢 苐十七馬鳴 苐十八毗羅長老者 苐十九龍樹 苐二十迦郍提婆 苐二十一羅睺羅 苐二十二僧迦郍提 苐廿三僧迦郍舍 苐廿四鳩摩羅馱 苐 廿五闍耶多 苐廿六婆修盤多 苐廿七摩拏羅 苐廿八鶴勒 郍 苐廿九師子比丘 苐卅舍郍婆斯 苐卅一優婆堀 苐卅二	□□□□□□□□□□□□□□□□□□□□仏 陁蜜多弟十五脇比丘弟十六富郍奢弟十七馬鳴弟 十八毗羅長者弟十九龍樹弟二十迦郍提婆弟廿一 羅睺羅弟廿二僧迦郍提弟廿三僧迦郍舍弟廿四鳩 摩羅馱弟廿五闍耶多弟廿六婆修盤多弟廿七摩 拏羅苐廿八鶴勒郍弟廿九師子比丘弟卅舍郍婆 斯弟卅一優婆堀弟卅二	□□□□□□□□□□□□仏陁蜜多弟十五脇比丘弟 十六富郍奢弟十七馬鳴弟十八毗羅長者苐十九龍樹弟 二十迦郍提婆苐廿一羅睺羅苐廿二僧迦郍提苐廿三 僧迦郍舍苐廿四鳩摩羅馱苐廿五闍耶多苐廿六婆 修盤陁苐廿七摩拏羅苐廿八鶴勒郍苐廿九師子 比丘苐卅舍郍婆斯苐卅一優婆堀苐卅二

【校正】

「佛陀蜜①多第十五，脇比丘第十六，富那②奢第十七，馬鳴❶第十八，毗羅長者③第十九，龍樹❷第二十，迦那提婆第二十一，羅睺羅第二十二，僧迦那提第二十三，僧迦耶④舍第二十四，鳩摩羅馱第二十五，闍耶多第二十六，婆修盤多第二十七，摩拏羅第二十八，鶴勒那第二十九，師子比丘第三十，舍那婆斯第三十一，優婆堀第三十二。」

【校訂】

①蜜：敦博本作「密」字，英博本、旅博本與《曆代法寶記》皆作「蜜」字，當據改之。

②那：敦煌三本皆作「郍」字，古同「那」字，依現代寫例作「那」字，下不出校。

③毗羅長者：敦博本在「毗羅長者」的「者」字旁，有一「老」字，英博本與旅博本皆作「毗羅長者」，鈴木校本作「毗羅尊者」，楊校本以為保持原貌為佳，此名不改為宜。

④耶：敦煌三本皆作「郍」字，《付法藏因緣傳》與《曆代法寶記》皆作「耶」字，當據改之。

【註釋】

❶馬鳴：（約100-160）梵名為Aśvaghoṣa。馬鳴在佛教有菩薩之稱，也是佛教史上著名的詩人。出生於中印度舍衛國娑枳多城婆羅門家族，家學淵源廣博，與貴霜王朝迦膩色迦王有著深厚的關係。馬鳴也是卓越的論師，通習內外典，以及佛教的三藏，並且得到禪宗的傳承而成為印度禪宗的祖師。

❷龍樹：梵名為Nāgārjuna，是印度大乘佛教中觀學派的創始師祖。又稱龍勝或龍猛，與馬鳴同受有菩薩之稱，博習三藏，通內外典，著作甚豐，為大乘佛教諸宗共尊的祖師。

【解釋】

「佛陀蜜多是第十五位祖師，脇比丘是第十六位祖師，富那奢是第十七位祖師，馬鳴是第十八位祖師，毗羅長者是第十九位祖師，龍樹是第二十位祖師，迦那提婆是第二十一位祖師，羅睺羅是第二十二位祖師，僧迦那提是第二十三位祖師，僧迦耶舍是第二十四位祖師，鳩摩羅馱是第二十五位祖師，闍耶多是第二十六位祖師，婆修盤多是第二十七位祖師，摩拏羅是第二十八位祖師，鶴勒那是第二十九位祖師，師子比丘是第三十位祖師，舍那婆斯是第三十一位祖師，優婆堀是第三十二位祖師。」

【討論】

一、禪宗的祖師相承與密宗的傳承是否有一致或不同的地方？

二、在今天的這個時代裡，學佛是否須要傳承呢？

【原文圖版——第五十一折三之三】

【錄文】

敦博本	英博本	旅博本
僧迦羅　第卅三須婆蜜多　第卅四南天竺國王子　第三太子 菩提達摩　第卅五唐國僧惠可　第卅六僧璨　第卅七道信 第卅八弘忍　第卅九惠能自今當今受法　第四十　大師言 今日已後遞相傳受須有依約莫失宗旨	□□□□□□□□□□僧迦羅第三十三須婆蜜多 第三十四南天竹國王子第三子菩提達摩第三十五唐 國僧惠可第三十六僧璨第三十七道信第三十八弘忍第 三十九惠能自身當今受法第十四大師言今日已後遞 相傳受須有依約莫失宗旨	□□□□□□□□□□□□□□□□□僧迦羅第卅三 須婆蜜多第卅四南天竺國王子第三太子菩提達摩第 三十五唐國僧惠可第卅六僧璨第卅七道信第卅八弘忍第 卅九惠能自身當今受法第四十大師言今日已後遞相傳 受須有依約莫失宗旨

【校正】

「僧迦羅第三十三，須婆蜜多①第三十四，南天竺國王子第三子②菩提達摩第三十五❶，唐國僧惠可第三十六，僧璨第三十七，道信第三十八，弘忍第三十九，惠能自身③當今受法第四十。」大師言：「今日以後，遞相傳授，須有依約，莫失宗旨。」

【校訂】

①須婆蜜多：敦煌三本皆作「須婆蜜多」，錄校本以為當作「婆須蜜」，若為婆須蜜，則是佛陀入滅四百年後（約西元前一百年）的大論師「世友」（梵名為Vasumitra），這與西元五百年左右的達摩前後時代並不相符，錄校本依胡適校訂以為是「婆須蜜」是不正確的，鈴木校本、郭校本、潘校本與楊校本皆作原文「須婆蜜多」而不校改，當從之。

②第三子：敦博本與旅博本皆作「第三太子」，英博本作「第三子」，又依《南宗定是非論》亦無「太」字，當據刪「太」字。

③自身：英博本與旅博本皆作「自身」，敦博本誤作「自今」，當改之。

【註釋】

❶菩提達摩第三十五：達摩排序為第三十五的計算方法，是惠能從賢劫的前七佛開始算起，因此西天第二十八祖的達摩加上七佛，所以為第三十五位祖師。

【解釋】

「僧迦羅是第三十三位祖師，須婆蜜多是第三十四位祖師，南天竺國王的第三個兒子菩提達摩是第三十五位祖師，中國唐朝僧人惠可法師是第三十六位祖師，僧璨是第三十七位祖師，道信是第三十八位祖師，弘忍是第三十九位祖師，惠能自己現在接受的禪宗祖位是第四十位。」惠能大師說：「從今天開始到未來，以後傳法，依照順序傳授頓教的傳承與心法，必須要有依憑的規約，不要失去禪宗頓悟佛教心法的根本宗旨。」

【討論】

一、西天二十八祖與中國禪宗六祖之間，其中惠能扮演的角色為何？

二、惠能說的「遞相傳授，須有依約」中的「依約」為何物？

【原文圖版】——第五十二折二之一

敦博本	英博本	旅博本
【錄文】 □□□□□□□□□□□□□□□□法海又自大師今去 留付何法今後代人如何見仏　六祖言汝聽後代迷人但識衆生 即能見仏若不識衆生覓仏萬劫不可得也　吾今教汝識衆 生見仏更留見真仏解脫頌迷即不見仏悟者即見法海願聞 代代流傳世世不絕　六祖言汝聽吾與汝說後代世人若欲覓仏但 識衆生即能識仏即緣有衆生離衆生無仏心	□□□□□□□□□□□法海又白大師今去留付何 法今後代人如何見佛六祖言汝聽後代迷人但識衆 生即能見仏若不識衆生覓仏萬劫不得見也五今 教汝識衆生見仏更留見真仏解脫頌迷即不見 佛悟者即見法海願聞代代流傳世世不絕六祖言汝 聽吾汝與說後代世人若欲覓仏但識佛心衆生即能識 仏即緣有衆離衆生無仏心	□□□□□□□□□法海又白大師今去留付何法今後 代人如何見仏六祖言汝聽後代迷人但識衆生即能見 仏若不識衆生覓仏萬劫不得也吾今教汝識衆生見仏 更留見真仏解脫頌迷即不見仏悟者即見法海願聞 代代流傳世世不絕六祖言汝聽吾與汝說後代世人若欲覓 仏但識衆生即能識仏即緣有衆生離衆生無仏心

【校正】

法海又白①：「大師今去，留付何法，今後代人如何見佛？」六祖言：「汝聽！後代迷人，但識眾生，即能見佛；若不識眾生，覓佛萬劫❶不可得見也②。吾今教汝識眾生見佛，更留〈見真佛解脫頌〉，迷即不見佛，悟者即見。」法海願聞，代代流傳，世世不絕。六祖言：「汝聽！吾與汝說。後代世人，若欲覓佛，但識眾生，即能識佛❷，即緣佛心有眾生③，離眾生無佛心。」

【校訂】

①白：英博本與旅博本皆作「白」，敦博本誤作「自」，當作「白」。

②不可得見也：敦博本作「不可得也」，旅博本作「不得也」，英博本作「不得見也」，俱通，若「不可得見也」則文義更為清楚，當改之。

③即緣佛心有眾生：敦博本與旅博本皆作「即緣有眾生」，英博本作「即緣有眾」，但觀上下文義，當增補「佛心」二字而作「即緣佛心有眾生」。

【註釋】

❶萬劫：劫，本來是古印度婆羅門教量度時間的最大單位，梵語為kalpa，後來佛教延用這項說法，藉以說明世界從生成到毀滅的過程，至於時間的衡量及分類，佛經中有不同的說明，一劫約有人間的四十三億二千萬年，所以萬劫是比喻極長的時間。

❷但識眾生，即能識佛：惠能是說吾人如果可以認識自性中的心中眾生，就能認識根本的佛性與解脫的佛陀，這是從根本的道理而加以詮釋的。

【解釋】

法海法師又向惠能大師發問：「大師如今往生而去，您留下傳付了何種法門，能夠讓後代的人如何悟見佛性而見佛呢？」六祖惠能說：「你們仔細聆聽！後代迷惑的人，只要能夠深刻地認識眾生，就能夠悟見佛性而見佛；若是不能夠深刻地認識眾生，尋覓佛陀就算經過萬劫這麼長的時間都無法得見。我現在教導你們認識眾生以悟見佛性與佛陀，更留下了〈見真佛解脫頌〉的偈頌給你們，迷惑的心是看不見佛陀的，覺悟的人就能看見。」法海法師表示願意深心地聽聞，代代流傳下去，每一世都不會斷絕。六祖惠能說：「你們仔細聆聽！我向你們解說。後代世間的人，若是希望尋覓到佛陀，只要能夠深刻地認識心中自性的眾生，就能夠認識佛性與佛陀，那是因為佛心中有眾生的緣故，離開了眾生就沒有佛心。」

【討論】

一、惠能說「後代迷人，但識眾生，即能見佛」，何以「識眾生」即可見佛呢？

二、為何惠能會說「離眾生無佛心」？在生活中是否也能如此體會？

【原文圖版——第五十二折二之二】

【錄文】

敦博本

迷即仏眾生　悟即眾生仏　愚癡仏眾生　智惠眾生仏　心[嶮]仏眾生
平等眾生仏　一生心若[嶮]　仏在眾生[心]　一念[悟]若平　即眾生自仏
我心自有仏　自仏是真仏　自若無仏心　向何處求仏

英博本

迷即仏眾生　悟即眾生仏　愚癡仏眾生　智惠眾生仏
心[劍]仏眾生　平等眾生仏　一生心若[劍]　仏在眾生[中]
一念[吾]若平　即眾生自仏　我心自有仏　自仏是真佛
自若無仏心　向何處求仏

旅博本

迷即仏衆生　悟即衆生仏　愚癡仏衆生　智惠衆生仏
心[嶮]仏衆生　平等衆生仏　一生心若[嶮]　仏在衆生[中]
一念[悟]若平　即衆生自仏　我心自有仏　自仏是真仏
自若無仏心　向何處求仏

【校正】

迷即佛眾生，悟即眾生佛。愚癡佛眾生，智慧眾生佛。
心嶮①❶佛眾生，平等眾生佛。一生心若嶮，佛在眾生中②。
一念悟若平❷，即眾生自佛。我心自有佛，自佛是真佛。
自若無佛心，向何處求佛？

【校訂】

①嶮：敦博本與旅博本皆作「嶮」，英博本似作「劍」，當為訛誤字，應作「嶮」字。下不出校。

②眾生中：英博本與旅博本皆作「眾生中」，敦博本誤作「眾生心」，當改之。

【註釋】

❶嶮：同「險」字，本指險要、險阻或危險，但亦指陰險、奸邪或乖僻之意，在此應作奸邪乖僻而不正的意思，或是心中太過扭曲造作的意思，並不合「直心是道場」或「平常心是道」的修行原則。

❷一念悟若平：惠能以為吾人在一念間，若是能夠頓悟到眾生與我們自己的佛性是平等的，或者是說眾生都是平等的，就能體悟人生宇宙的實相。

【解釋】

迷惑的時候就是具有佛性的人被煩惱所覆蓋而成為眾生，覺悟的時候破除煩惱就是具有佛性的眾生因此成佛。愚癡的時候就是具有佛性的人被煩惱所覆蓋而成為眾生，生起解脫智慧的時候本來煩惱覆蓋的眾生就成佛了。

心地崎嶇的時候本來具有佛性的人就成為煩惱的眾生，心地平等的時候本來煩惱的眾生就成佛了。在人的一生之中若是心地崎嶇，本來應該成佛的人就在眾生之中了。

心中一念覺悟，若是體悟眾生平等，就是本來煩惱的眾生自己體悟而成佛。我們眾生的心中本來自然有佛性，自己心中的佛性就是真正的佛。自己若是沒有慈悲智慧的佛心，又要向何處去追求佛陀呢？

【討論】

一、惠能以為「佛」與「眾生」的關係為何？

二、「悟」、「智慧」與「平等」三者是相等的嗎？

【原文圖版——第五十三折四之一】

敦博本	英博本	旅博本

【錄文】

敦博本

大師言汝等門人好住吾留一頌名自性見真仏解脱頌後代迷門
此頌意意即見自心自性真仏與汝此頌吾共汝別頌曰
真如淨性是真仏　邪見三毒是真魔　邪見之人魔在舍
正見之人仏即過　性中邪見三毒生　即是魔王來住舍
正見忽除三毒心　魔變成仏真無假　化身報身及淨身
三身元本是一身　若向身中覓自見　即是成仏菩提因

英博本

□□□□□　□□□□□　大師言汝等門人好住吾
留一頌名自性真仏解脱頌後代迷門此頌意意即見自心自
性真佛與汝此頌吾共汝別頌曰
真如淨性是真仏　邪見三毒是真摩　邪見之人摩在舍　正見知人仏則過
性眾邪見三毒生　即是摩王來住舍　正見忽則三毒生　摩變成仏真無假
化身報身及淨身　三身元本是一身　若向身中覓自見　即是佛菩提因

旅博本

□□□□□　□□□□□大師言汝等門人好住吾留
一頌名自性見真仏解脱頌後代迷門此頌意意即見
自心自姓真仏與汝此頌吾共汝別頌曰
真如淨性是真佛　邪見三毒是真摩　邪見之人魔在舍　正見之人仏即過
性中邪見三毒生　即是魔王來住舍　正見忽除三毒心　魔變成仏真無假
化身報身及淨身　三身元本是一身　若向身中覓自見　即是成仏菩提因

【校正】

大師言：「汝等門人好住❶！吾留一頌，名〈自性見真佛解脫頌〉。後代迷人①，聞②此頌意，即見③自心自性真佛。與汝此頌，吾共汝別❷。」頌曰：

真如淨性❸是真佛，邪見三毒❹是真魔。邪見之人魔在舍，正見之人佛在堂④。
性中邪見三毒生，即是魔王來住舍。正見忽除三毒心，魔變成佛真無假。
化身報身及法身⑤，三身原本是一身。若向性中⑥覓自見，即是成佛菩提因。

【校訂】

①後代迷人：敦博本、英博本與旅博本皆作「後代迷」，惠昕五本皆作「後代迷人」，當作「後代迷人」。

②聞：敦煌三本皆作「門」字，皆為「聞」字之訛，當改之。

③即見：敦煌三本皆作「意即見」，其中「意」為衍字，當刪。

④佛在堂：敦博本與旅博本皆作「佛即過」，英博本作「佛則過」，觀上下文義，可依真福本、天寧本、興聖本與寬永本的「佛在堂」改之，文義才相符。

⑤法身：敦煌三本皆作「淨身」，依佛教三身說，當改「淨身」為「法身」。

⑥性中：敦煌三本皆作「身中」，真福本、天寧本、興聖本與寬永本皆作「性中」，當為「性中」。

【註釋】

❶好住：古代對行人臨別時的慰問告囑往後居留的詞語，猶言現代「多加保重」之類的話，在此惠能以老師的身份與慈悲，勸勉其門徒在惠能往生以後，也要好好安住於修持佛道與弘揚佛法。

❷吾共汝別：惠能說明與大家共同告別的意思。

❸淨性：在此指清淨的佛性。

❹三毒：主要是指貪欲、瞋恚與愚癡三種造作生死輪迴習性的煩惱。

【解釋】

惠能大師說：「你們這些門下的徒眾們都好好地修持與安住於佛道！我留下一首偈頌，名稱為〈自性見真佛解脫頌〉。後代迷惑的人，聽聞到這首偈頌的涵意，就能悟見自己心中自性的真佛。給你們這首偈頌，我與大家告別。」偈頌的內容是：

真如佛性是真正的佛，邪見貪瞋癡三毒是真正的魔。充滿邪見的人，就好像魔王與你同住一間房子，充滿正見的人，就好像佛陀與你同在一個廳堂中。如果自性中生起邪見貪瞋癡的三毒，就是魔王與你同住一間房子。正確的知見忽然之間滅除貪瞋癡三毒的心念，本來的魔王就會變成真實無假的佛陀了。化身報身及法身，佛的三身原本就是當下這一身。若是能夠向自身的佛性中覓求自性成佛的見地，就是覺悟成佛的菩提因緣了。

【討論】

一、「邪見」與「正見」的差別在哪裡？吾人在日常生活中如何時時保持「正見」呢？

二、何為「魔」？何為「佛」？

	敦博本	英博本	旅博本
【原文圖版——第五十三折四之二】	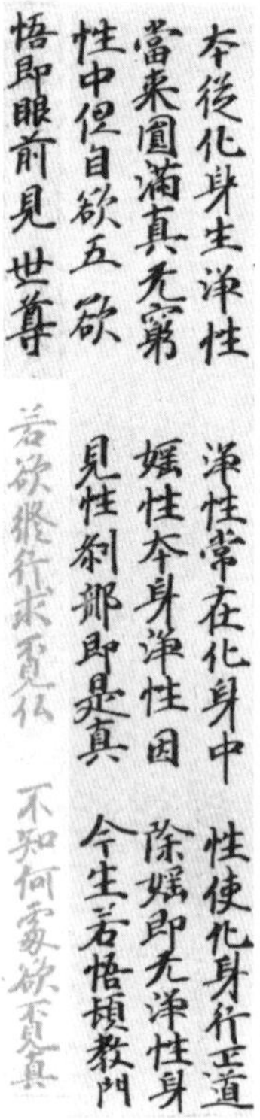 本從化身生淨性　淨性常在化身中　性使化身行正道 當來圓滿真无窮　婬性本身淨性因　除婬即无淨性身 性中但自欲五欲　見性剎鄅即是真　今生若悟頓教門 悟即眼前見世尊 若欲修行求覓佛　不知何處欲求真	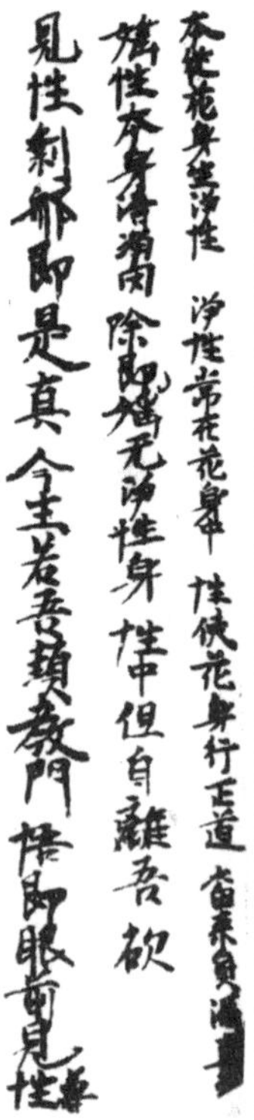 本從花身生淨性　淨性常花身中　性使花身行正道　當來員滿真無窮 婬性本身清淨因　除婬即无淨性身　性中但自離吾欲 見性剎鄅即是真　今生若吾頓教門　悟即眼前見性尊	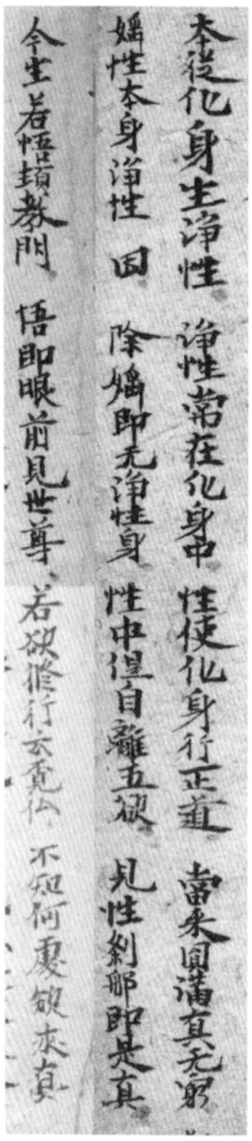 本從化身生淨性　淨性常在化身中　性使化身行正道　當來圓滿真无窮 婬性本身淨性因　除婬即无淨性身　性中但自離五欲　見性剎鄅即是真 今生若悟頓教門　悟即眼前見世尊　若欲修行求覓佛　不知何處欲求真
【錄文】	本從化身生淨性　淨性常在化身中　性使化身行正道 當來圓滿真無窮　婬性本身淨性因　除婬即無淨性身 性中但自欲五欲　見性剎鄅即是真　今生若悟頓教門 悟即眼前見世尊	本從花身生淨性　淨性常在花身中　性使花身行正道　當來員滿真無窮 婬性本身清淨因　除婬即無淨性身　性中但自離吾欲 見性剎鄅即是真　今生若吾頓教門　悟即眼前見性尊	本從化身生淨性　淨性常在化身中　性使化身行正道　當來圓滿真無窮 婬性本身淨性因　除婬即無淨性身　性中但自離五欲　見性剎鄅即是真 今生若悟頓教門　悟即眼前見世尊

【校正】

本從化身生淨性❶，淨性常在化身中。性❷使化身行正道，當來圓滿真無窮。

淫性❸本是①淨性因，除淫即無淨性身。性中但自離②五欲❹，見性剎那即是真。

今生若悟頓教門，悟即眼前見世尊。

【校訂】

①本是：敦煌三本皆作「本身」，真福本、天寧本、興聖本與寬永本皆作「本是」，當為「本是」，請參閱楊校本。

②離：敦博本作「欲」，英博本與旅博本皆作「離」，當作「離」。

【註釋】

❶本從化身生淨性：此處的化身是指吾人現在應化人間的肉身，本來眾生亦具有佛陀的法、報、化三身，但因煩惱執著而不能彰顯，所以在理論上眾生也可以說是具備了三身。淨性則是指清淨的佛性，惠能此處有肯定吾人當下這個物質身的意思，意即從生滅的物質身中可以悟見離生滅的法性身，實有「色即是空」的思想意涵。

❷性：在此處的「性」，是指清淨的佛性。

❸淫性：指貪愛男女色欲的本性。淫，有過度無節制、放縱、奸邪與渙散浮蕩等多重的涵義。

❹五欲：梵語為 pañca kāmāḥ，佛教說明由眼、耳、鼻、舌、身五種感官對應色、聲、香、味、觸五種境界生起的情欲。或是指財欲、色欲、名欲、飲食欲、睡眠欲五種眾生基本的欲望。

【解釋】

本來就從化身中生出清淨的佛性，清淨的佛性也常在化身之中。清淨的佛性使化身常行正確的修行道路，將來圓滿成佛真實而沒有邊際。淫欲的本性本來與清淨的佛性，具有共同的因地根本，除去淫欲的色身，就沒有清淨佛性的化身。只要在自性中自己能夠超越脫離五欲的執著與煩惱，悟見清淨佛性的剎那，就是真實的佛法。在這一世的今生，若是能夠覺悟頓悟教義的法門，覺悟的當下，就能親證悟見佛陀的法身。

【討論】

一、惠能如何看待「淫」？佛教對「淫」的看法又如何？

二、吾人如何在日常生活中「離五欲」呢？

	敦博本	英博本	旅博本
【原文圖版——第五十三折四之三】			
【錄文】	□□□□□□□ 若欲修行求覓仏 不知何處欲覓真 若能身中自有真 有真即是成仏因 自不求真外覓仏 去覓惣是大癡人 頓教法者是西流 救度世人須自修 今保世間李道者 不於此是大悠悠	若欲修行云覓佛 不知何處欲求真 若能身中自有真 有真即是成仏因 自不求真外覓佛 去覓惣是大癡人 頓教法者是西流 求度世人須自修 今保世間李道者 不於此是大悠悠	□□□□□□□ □□□□□□□ 若欲修行云覓仏 不知何處欲求真 若能身中自有真 有真即是成仏因 自不求真外覓仏 去覓惣是大癡人 頓教法者是西流 救度世人須自修 今保世間學道者 不於此是大悠悠

【校正】

若欲修行求覓佛，不知何處欲覓真❶？若能心中①自有真②❷，有真即是成佛因。

自不求真外覓佛，去覓總是大癡人。頓教法者是西流❸，救度世人須自修。

今報世間學道者③，不依此見④大悠悠❹。

【校訂】

①心中：敦煌三本皆作「身中」，真福本、天寧本、興聖本與寬永本皆作「心中」，當為「心中」。

②自有真：敦煌三本皆作「自有真」，鈴木校本據惠昕本改為「自見真」，但楊校本以為下句作「有真」，建議以不改為宜，可從，參楊校本。

③今報世間學道者：敦煌三本皆作「今保世間學道者」，真福本、天寧本、興聖本與寬永本皆作「報汝當來學道者」，故底本當校改為「今報世間學道者」。

④不依此見：敦煌三本皆作「不於此是」，錄校本以為唐五代河西方音「於」通「依」，可從，當作「依」。但這四字鈴木校本參惠昕本則改為「不於此見」，錄校本則以為應作「不依此是」，楊校本亦同，故綜合三者校本，筆者認為應作「不依此見」四字為宜。

【註釋】

❶真：指眾生本來具足的真如本性，亦是佛性，亦可作為佛的代稱，或是真實的佛法，在此簡稱為「真」。

❷自有真：指自己具備本有真如的佛性。

❸西流：語義不明，諸校本皆未出校，惠昕本改為「頓教法門今已留」。筆者依前後文義及各種資料研判，以尊重原文為前提，勉為其難地解釋為「頓悟教義的法門像是落日長河般地往西流去」，以承接下句，表示惠能鼓勵徒眾必須好好自修頓悟的法門。

❹悠悠：指世俗人庸俗、荒謬、游蕩或懶散不盡心的樣子。

【解釋】

若是希望修行求覓真實覺悟的佛陀，不知道哪裡可以求得真如實相與真實的佛法呢？若是能夠在自己的心中體悟自己本有的真如佛性，本有的真如佛性，就是成佛的根本因素。自己不去追求自己本來具有的真如佛性，而向自心以外求覓佛陀，來來去去地追求，總是一個非常愚癡的人。頓悟教義的法門，像是落日長河般地往西流去，在長河中救度世人，必須要能自我修持。如今我向大家報告世間學道的人，若是不依照這個偈頌所開示的見地，好好去修持，就會在悠悠的歲月中，浪費寶貴的生命時光。

【討論】

一、惠能所說的「自有真」，所指為何？

二、惠能以為「救度世人須自修」，請問如何在日常生活中「自修」？

【原文圖版——第五十三折四之四】

【錄文】

	敦博本	英博本	旅博本
【錄文】	大師說偈已了道告門人曰汝等好住今共汝別吾去已後莫作 世情悲泣而受人弔門錢帛著孝衣即非聖法非我弟子 如吾在日一種一時端坐但無動無靜無生無滅無去無來無是 無非無住坦然寂淨即是大道吾去後坦依法修行共吾在日 一種吾若在世汝違教法吾住無益　大師云此語已夜至三更 奄然遷化　大師春秋七十省六	大師說偈已了遂告門人曰汝等好住今共汝 別吾去已後莫作世情悲泣而受人弔門錢帛著 孝衣即非聖法非我弟子如吾在日一種一時端 坐但無動無淨無生無滅無去無來無是無非 無住但然寂淨即是大道吾去已後但衣法 修行共吾在日一種吾若在世汝違教法吾住 無益大師云此語已夜至三更奄然遷花大 師春秋七十有六	大師說偈已了遂遂告門人曰汝等好住今共汝別五去已後 莫作世情悲泣而受人吊門錢帛著孝衣即非聖法非我 弟子如五在日一種一時端坐但無動無靜無生無滅無去無來 無是無非無住但然寂淨即是大道吾去後但依法修行 共吾在日一種吾若在世汝違教法吾住無益　大師云此語已夜 至三更奄然遷化　大師春秋七十有六

【校正】

大師說偈已了，遂①告門人曰：「汝等好住，今共汝別，吾去以後，莫作世情悲泣，而受人弔問②錢帛❶，著孝衣❷，即非聖法，非我弟子。如吾在日一種❸，一時端坐，但無動無靜，無生無滅，無去無來，無是無非，無住，坦然寂靜③，即是大道。吾去以後④，但⑤依法修行，共吾在日一種；吾若在世，汝違教法，吾住無益。」大師云此語已，夜至三更，奄然❹遷化❺。大師春秋❻七十有⑥六。

【校訂】

①遂：英博本與旅博本皆作「遂」，敦博本誤作「道」，當改之。

②弔問：敦博本與英博本皆作「弔門」，旅博本作「吊門」，應為「弔問」，當改之。「弔」字，亦作「吊」。

③寂靜：敦煌三本皆作「寂淨」，當作「寂靜」。

④吾去以後：敦博本與旅博本皆作「吾去後」，英博本作「吾去已後」，敦博本脫「已」(「以」)字，當補之。

⑤但：英博本與旅博本皆作「但」，敦博本作「坦」，當改之。

⑥有：英博本與旅博本皆作「有」，敦博本誤作「省」，當改之。

【註釋】

❶弔問錢帛：古代弔祭死者慰問其家屬而致贈的金錢與縑帛。

❷孝衣：古代至今居喪時穿的麻衣或白色布衣，古代因禮制繁複及各地風俗不同，孝衣亦呈多種樣貌及材質，現代因工商業社會的背景因素，多有從簡的情形。

❸一種：指一種樣子。

❹奄然：指忽然的樣子。

❺遷化：指佛教僧侶往生示寂，有遷移滅化的意義，或者說是此位高僧遷移到他方的世界繼續度化眾生，與圓寂、滅度、涅槃、順世、歸真等都是同義詞。

❻春秋：指一個人的年紀或歲數。

【解釋】

惠能大師解說偈頌完畢，於是告訴門下的徒眾說：「你們好好地常住修持，如今一同與大家道別，我往生以後，不要作出世間親屬往生時的感情悲傷哭泣，而接受別人弔喪慰問與收取金錢布帛，不要穿著儒家守喪的孝衣，這些都不是真正的佛法，也不是我惠能的弟子。你們在我往生以後，還要如同我平常生活一樣，在每一個修持的時間，正襟端坐，心中保持超越動與靜的區分，超越生與滅的對立，超越去與來的分別，超越是與非的爭論，沒有任何的執著，心中坦蕩，自然寂寥沉靜，就是佛法的大道。我往生以後，只要依照頓教的法門修行，就好像與我在平日一模一樣；反過來說，我若是還在世間，而你們違背了頓悟教義的法門，我常住在世間也是對你們沒有利益的。」大師說完這些話語以後，到了三更約晚上十一點到凌晨一點的時間中，忽然之間就圓寂了。惠能大師在世間的壽命是七十六歲。

【討論】

一、惠能臨終前交待的「吾去以後，莫作世情悲泣」，他的生死觀為何？

二、為何說「無動無靜，無生無滅，無去無來，無是無非，無住，坦然寂靜」即是大道？

	敦博本	英博本	旅博本
【原文圖版——第五十四折】			
【錄文】	□□□□ □□□□□□□□大師 滅度[之]日寺內異[年日氛] [氛數]日不散山[崩]地動林木變白日月無光風雲失色八月三日滅 度至十一月迎和尚神[坐]於漕溪山葬在龍龕之內白光出現直 上衝天[三]日始散 韶州刺[史]韋[據]立碑至今供養	□□□□□□□□大師滅度[諸]日寺內異[香] [氳氳經數]日不散山[朋]地動林木變白日月 無光風雲失色八月三日滅度至十一月迎和尚 神[座]於漕溪山葬在龍龕之內白光出現 直上衝天[二]日始散韶州刺[使]韋[處]立碑至今 供養	□□□□□□□□□□□□□□□大師滅度[之]日寺內異 [香氳氳經數]日不散山[崩]地動林木變白日月無光風雲失 色八月三日滅度至十一月迎和尚神[坐]於漕溪山葬在 龍龕之內白光出現㶚直上衝天[三]日始散韶州刺[使] 韋[據]立碑至今供養

【校正】

大師滅度❶之日，寺內異香①❷氛氳②❸，經③數日不散。山崩④地動，林木變白，日月無光，風雲失色。八月三日滅度，至十一月迎和尚神座⑤於漕溪山，葬在龍龕❹之內，白光出現，直上衝天，三日始散。韶州刺史韋據立碑❺，至今供養。

【校訂】

①異香：英博本與旅博本皆作「異香」，敦博本誤抄「香」為「年日」而成「異年日」，當改之。

②氛氳：敦博本作「氛氛」，英博本與旅博本皆作「氳氳」，惠昕五本皆作「氛氳」，當作「氛氳」。

③經：英博本與旅博本皆在「數日」之前有一「經」字，敦博本脫，當補之。

④崩：敦博本與旅博本皆作「崩」字，英博本作「朋」字，形似現代「用」字，實為俗寫「朋」字，依上下文義，當為「崩」字。

⑤神座：英博本作「神座」，敦博本與旅博本皆作「神坐」，「坐」與「座」字互通，但以「座」為宜，故改之。

【註釋】

❶滅度：梵語為nirvāṇa，指解脫生死的不生不滅的境界，與圓寂、遷化、涅槃是同義詞。

❷異香：指香氣的氣味異常濃烈，或是不明的香氣的氣味十分濃郁，或是奇異的香氣。

❸氛氳：指濃郁的香氣。

❹龍龕：指嵌有佛像的石室或神櫝，以為放置聖賢般的佛教法師遺骸的棺槨，因為聖賢般的佛教法師威德如龍，所以尊稱為龍龕。

❺韋據立碑：在《曹溪大師傳》中亦提及殿中侍御史韋據為大師立碑，與獨孤沛撰的《菩提達摩南宗定是非論》中皆提到開元七年遭北宗俗弟子武平一磨卻碑文之事。

【解釋】

惠能大師圓寂往生的那一天，佛寺裏充滿了奇異濃郁的香氣，經過好幾天都沒有消散。山巒崩搖大地震動，山中的森林樹木都轉變為白色，太陽月亮都沒有了光明，大風與浮雲都失去原本的顏色。八月三日圓寂往生進入涅槃，到了十一月的時候迎接惠能和尚的法體神座於漕溪山，同時葬在嵌有佛像的神櫝龍龕之中，這個時候龍龕中出現了白光，直上雲霄衝上天際，經過三天的時間才散去。韶州刺史韋據為惠能大師樹立了墓碑，到今天還接受各界的供養與禮拜。

【討論】

一、惠能過世時用「奄然遷化」及「滅度」等名詞形容其往生，有何特殊的意義？

二、惠能滅度的時候，為何會出現如此多的「異象」？有何深意？

【原文圖版——第五十五折、第五十六折】

	敦博本	英博本	旅博本
【錄文】	□□□□□□□ □□□□□□□□此壇經法海 上座集上座無常付同孝道際道際無常付門人悟真在嶺南漕 溪山法興寺見今傳受此法如付此法須得上根智深信仏 法立於大悲持此經以為稟承於今不絕	□□此壇經法海上座集上座無常付同 孝道潒道潒無常付門人悟真悟真在嶺南 漕山法興寺見今傳受此法如付山法須德座上 恨知心信佛法立大悲持此經以為衣承於今 不絕	□□□□□□□□此壇經法海上座集上座無常付 同學道潒道潒無常付門人悟真悟真在嶺南漕溪山法興 寺見今傳受此法如付此法須得上根知深信仏法立 大悲持此經以為稟承於今不絕

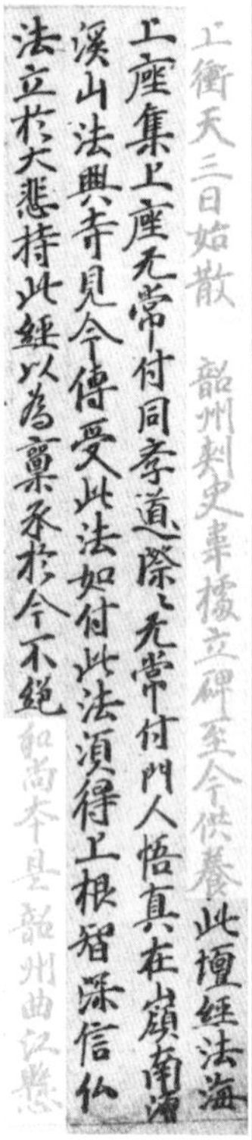

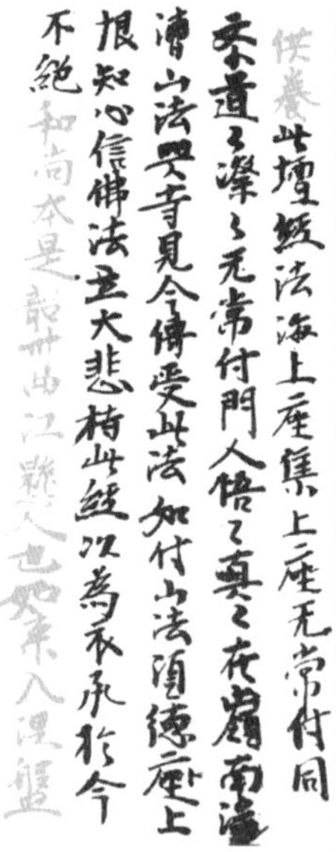

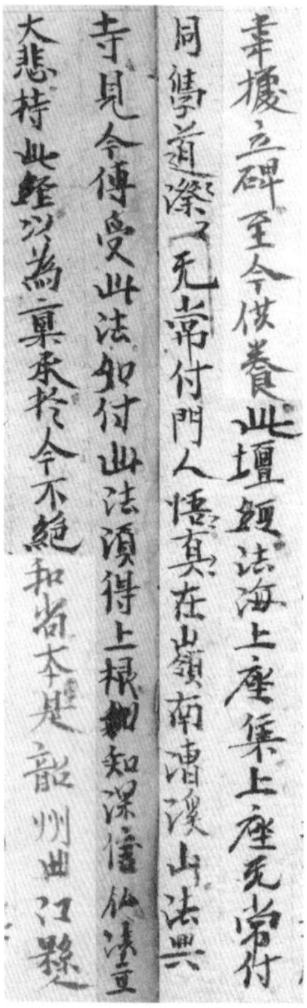

【校正】

此《壇經》，法海上座集。上座無常❶，付同學❷道際。道際無常，付門人悟真。悟真①在嶺南漕溪山法興寺，現②今傳授此法。如付此法，須得上根智，深信佛法，立於大悲，持此經，以為稟承，於今不絕。

【校訂】

①悟真：英博本與旅博本皆在「在」字上有「悟真」二字，敦博本脫，當補之。

②現：敦煌三本皆作「見」，同「現」，當改作「現」。

【註釋】

❶無常：梵語為 anitya，或是 anityatā，本來是指世間一切有為法或事物遷流生滅而不能常住，在此指人死的代稱。

❷同學：本指同一師門接受學業，在此指共同接受惠能指導禪法的同門弟子。

【解釋】

這部《壇經》的成立與流傳，是由法海上座法師抄錄集結的。上座法海法師圓寂，付託給他的同學道際法師。道際法師圓寂，付託給門下的徒弟悟真法師。悟真法師在嶺南漕溪山法興寺修持，現在仍然傳授這部《壇經》的教法。後來的禪師如果想要付託這項法門，必須得到上乘根器智慧的人，他是深信佛法，凡事立於大悲心以為生活的準則，修持這部經典，以為是南宗惠能大師親自教授的傳承，即使到了今天也不會斷絕如此的信念。

【討論】

一、「深信佛法，立於大悲」是否可以成為吾人日常生活的根本信念呢？

二、何謂「稟承」？

【原文圖版——第五十七折】

敦博本　英博本 　旅博本

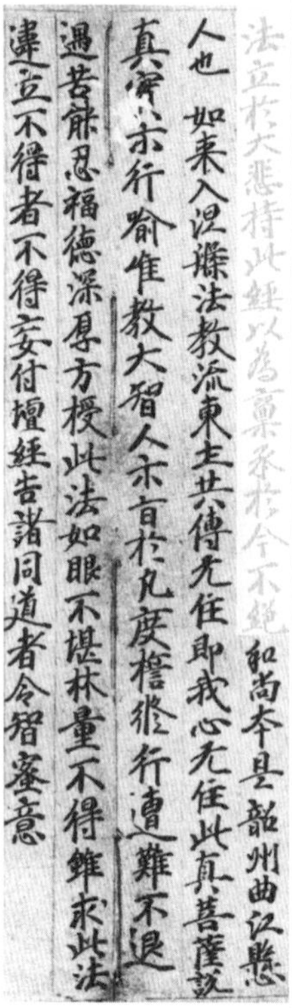

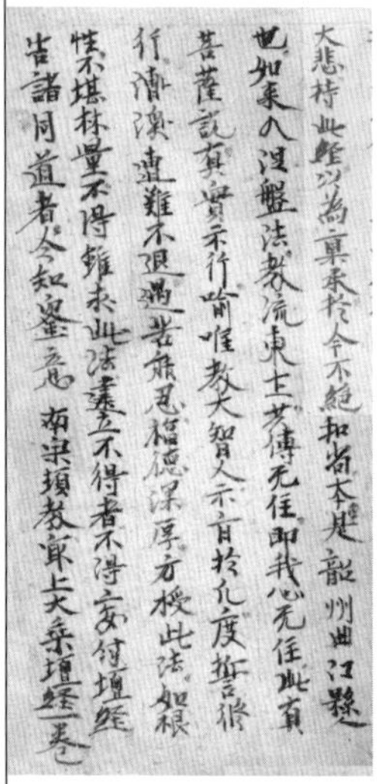

【錄文】

敦博本

□□□□□□□□□□□□□□□□□和尚本是韶州曲江懸
人也　如來入涅槃法教流東土共傳無住即我心無住此真菩薩說
真實示行喻唯教大智人示旨於凡度誓修行遭難不退
遇苦能忍福德深厚方授此法如眼不堪林量不得雖求此法
違立不得者不得妄付壇經告諸同道者令智蜜意

英博本

□□和尚本是韶州曲江懸人也如來入涅盤
法教流東土共傳無住即我心無住此真菩
薩說真示行實喻唯教大智人是旨衣凡
度誓修行修行遭難不退遇苦能忍福德
深厚方授此法如根性不堪林量不得須求此法
違立不德者不得妄付壇經告諸同道者令諸
蜜意　南宗頓教最上大乘壇經法一卷

旅博本

□□□□□□□□□□□□□□和尚本是韶州曲江縣人
也如來入涅盤法教流東土共傳無住即我心無住此真
菩薩說真實示行喻唯教大智人示旨於凡度誓修
行遭溪遭難不退遇苦能忍福德深厚方授此法如根
性不堪林量不得雖求此法違立不得者不得妄付壇經
告諸同道者今知蜜意　南宗頓教最上大乘壇經一卷

【校正】

和尚本是韶州曲江縣①人也。如來入涅槃，法教流東土。共傳無住心②，即我心無住。此真菩薩說，真實亦譬喻③。唯教大智人，無住是旨依④。凡發誓⑤修行，遭難不退，遇苦能忍，福德深厚，方授此法。如根性⑥不堪，裁量⑦❶不得，雖求此法，建立⑧不得者，不得妄付《壇經》。告諸同道者，令知⑨密⑩意。

【校訂】

①縣：敦博本與英博本皆作「懸」，旅博本作「縣」，古今字，當作「縣」。

②心：錄校本以為敦煌三本皆脫「心」字，且依上下文義對照，當補「心」字，可從。

③真實亦譬喻：敦博本與旅博本皆作「真實示行喻」，英博本作「真示行實喻」，錄校本以為「示」可能為「亦」字形訛，「行」為「辟」草書形訛，以為似作「真實亦譬喻」，筆者以為其義可通，符合佛法「實」與「權」相應的觀念，故改之。

④無住是旨依：英博本作「是旨衣」，旅博本與敦博本皆作「示旨於」，錄校本以為敦博本與英博本兩本皆有訛脫，筆者綜觀上下文義，以為可暫補「無住」二字，文義相符。

⑤發誓：敦煌三本皆作「度誓」，「度」與「發」的俗寫甚為接近，應為「發誓」之誤，故改之。

⑥根性：英博本與旅博本皆作「根性」，敦博本誤作「眼」，當改之。

⑦裁量：敦煌三本皆作「林量」，當為「材量」之誤，依現代寫例作「裁量」，作「鑒別衡量」解，故改之。

⑧建立：敦煌三本皆作「違立」，皆誤，當改為「建立」。

⑨知：敦博本作「智」，英博本作「諸」，旅博本作「知」，當作「知」。

⑩密：敦煌三本皆作「蜜」，同音借字，當改作「密」。

【註釋】

❶裁量：指鑒別、衡量、裁度的意思。

【解釋】

惠能大師本來是韶州曲江縣的人氏。在釋迦牟尼佛進入涅槃圓寂之後，佛法的教義流入東方中國的國度，共同傳授沒有任何執著的無住心，也就是我們眾生的心，都本來是沒有任何執著的。這是菩薩真實的說法，真實的說法與譬喻的言辭是究竟即是方便的，只有教導大智慧的人，沒有任何執著的無住心是根本宗旨的依據。凡是發起誓願修行佛法，在修行的過程中，遭遇困難而不退卻，遇到痛苦而能夠忍耐，福報與道德都非常深切厚實的人，才可以傳授這部《壇經》頓悟的法門。如果這個人的根性不好，經過鑒別衡量都顯示福慧不足，雖然他要求承受這項法門，可是都無法成立傳法的根本條件，就不可以私自地付託《壇經》給這位根性不好的人。希望告訴各位修行的同門道友，讓大家都知道這項傳承與法門深刻的涵意。

【討論】

一、何謂「大智人」？如何在吾人的生命中體現「大智人」的生活風姿？

二、《六祖壇經》對吾人現代生活有哪些重要的智慧啟發？

附錄一：敦煌市博物館〇七七號禪籍六祖壇經原文圖版編號

（本書圖版係取自周紹良編著之《敦煌寫本壇經原本》中公開的照相圖版）

南宗頓教最上大乘摩訶般若波羅蜜經六祖惠能大師於韶

州大梵寺施法壇經一卷兼受無相戒弘法弟子法海集記

1 惠能大師於大梵寺講堂中昇高座說摩訶般若波羅蜜法受无

2 相戒其時座下僧尼道俗一万餘人韶州刺史韋璩及諸官寮三十餘

3 人儒士餘人同請大師說摩訶般若波羅蜜法刺史遂令門人僧法海

4 集記流行後代與學道者承此宗旨遞相傳受有所依約以為稟承

5 說此壇經能大師言善知識淨心念摩訶般若波羅蜜法大師不語自淨

【敦博本六祖壇經原文圖版——第一頁】

【敦博本六祖壇經原文圖版——第二頁】

心神良久乃言善知識淨聽惠能慈父本官范陽左降遷流嶺南
新州百姓惠能幼少父又早亡老母孤遺移來南海艱辛貧乏於
市賣柴忽有一客買柴遂領惠能至於官店客將柴去
惠能得錢却向門前忽見一客讀金剛經惠能一聞心明便悟
乃問客曰從何處來持此經典客答曰我於新州黃梅縣東馮
墓山礼拜五祖弘忍和尚見今在彼門人有千餘衆我於彼聽見
大師勸道俗但持金剛經一卷即得見性直了成佛惠能聞說宿
業有緣便即辭親往黃梅馮墓山礼拜五祖弘忍和尚問惠能曰汝何
方人來此山礼拜吾汝今向吾邊復求何物惠能答曰弟子是
嶺南人新州百姓今故遠來礼拜和尚不求餘物唯求佛法作大
師遂責惠能曰汝是嶺南人又是獦獠若為堪作佛法惠能答
人即有南北佛性即無南北獦獠身與和尚不同佛性有何差別

【敦博本六祖壇經原文圖版——第三頁】

大師欲更共議見左右在傍邊大師更便不言遂發遣惠能令隨衆作務發時有一行者遂著惠能於碓坊踏碓八箇餘月五祖忽於一日喚門人盡來門人集記五祖曰吾向汝說世人生死事大汝等門人終日供養只求福田不求出離生死苦海汝等自性迷福門何可求汝汝惣且歸房自看有智惠者自取本性般若之知各作一偈呈吾吾看汝偈若悟大意者付汝衣法稟為六代大息（作）門人得處分却來各至自房遞相謂言我等不須呈心用意作偈將呈和尚神秀上座是教授師秀上座得法後自可依止請不用作諸人識心盡不敢呈偈大師堂前有三間房廊於此廊下供養欲畫楞伽變并畫五祖大師傳授於法流行後代為記畫人唐玲看壁了明日下手上座神秀思惟諸人不呈心偈緣我為教授師我若不呈心偈

五祖如何得見我心中見解深淺我將心偈上五祖呈意即
善求法覓祖不善却同凡心奪其聖位若不呈心修不得
法良久思惟甚難〻夜至三更不令人見遂向南廊下中間
壁上題作呈心偈欲求衣法若五祖見偈言此偈語若訪
覓我〻見和尚即云是秀作五祖見偈言不堪自是我迷
宿業鄣重不合得法聖意難測我心自息秀上座三更於
南廊中間壁上秉燭題作偈人盡不知偈曰
身是菩提樹　心如明鏡臺　時〻勤拂拭　莫使有塵埃
神秀上座題此偈畢却歸房臥並無人見
五祖平旦遂喚盧供奉來南廊下畫楞伽變
五祖忽見此偈請記乃謂供奉曰　弘忍与供奉錢三十千深
勞遠來不畫變相也　金剛經云凡所有相皆是虛妄不如留

【敦博本六祖壇經原文圖版——第五頁】

此偈令迷人誦依此修行不墮三惡依法修行有大利益大師
遂喚門人盡來焚香偈前衆人見已皆生敬心汝等盡誦此
偈者方得見性依此修行即不墮落門人盡誦皆生敬心喚言
善哉　五祖遂喚秀上座於堂內門是汝作偈否若是汝
作應得我法秀上言罪過實是神秀作不敢求但願和尚
慈悲看弟子有少智惠識大意否　五祖曰汝作此偈見
解只到門前尚未得入凡夫依此偈修行即不墮落作此見解
若覓無上菩提即不可得要入得門見自本性汝且去一兩
日思惟更作一偈來呈吾若入得門自本性當付汝衣法秀
上座去數日作偈不得有一童子於碓坊邊過此　誦此偈惠能
及一聞知未見性即識大意能問童子適來誦者是何言偈童
子答能曰你不知大師言生死事大欲傳衣法令門人等各作一偈

來呈吾看吾大意即付衣法禀為六代祖有一上座名神秀忽
於南廊下書无相偈一首五祖令諸門人盡誦悟此偈者即見自性
依此脩行即得出離　惠能答曰我此踏碓八箇餘月未至堂前
望上人引惠能至南廊下見此偈礼拜亦願誦取結來生緣願
生仏地童子引能至南廊能即礼拜此偈為不識字請一人讀
惠能聞已即識大意　惠能亦作一偈又請得一解書人於西間壁
上題著呈自本心不識本心學法無益識心見性即吾大意
惠能偈曰　菩提本无樹　明鏡亦无臺　仏性常清淨　何處有塵
埃　又偈曰
心是菩提樹　身為明鏡臺　明鏡本清淨　何處染塵埃
院內徒衆見能作此偈盡怪惠能却入碓坊
五祖忽來廊下見惠能偈即知識大意恐衆人知五祖

【敦博本六祖壇經原文圖版——第七頁】

乃謂衆人曰　此亦未得了
五祖夜至三更喚惠能堂內說金剛經惠能一聞言下便
吾其夜法受人盡不知便傳頓教及衣以為六代祖將
衣為信禀代々相傳法以心傳心當令自悟五祖言惠
能自古傳去氣如懸絲若住此間有人害汝即須速去
能得衣法三更發去五祖自送能生九江驛登時便別五
祖處分汝去努力將法向南三年勿弘此法難起在後
弘化善誘迷人若得心開與悟无別辭違已了便發南兩
月中間至大庾嶺不知向後有數百人來欲擬捉　惠能
奪衣法來至半路盡惣却廻唯有一僧姓陳名惠順先是
三品將軍性行麁惡直至嶺上來趁把著惠能即還法
衣又不肯取我故遠來求法不要其衣能於嶺上便

傳法買惠、順、得聞言下心開能使　惠順即却向北化人
惠能來於此地与諸官寮道俗亦有累劫之因教是先聖
所傳不是惠能自知願聞先聖教者各須淨心聞了願自
除迷如先代悟（下是法）　惠能大師喚言善知識菩提般若之智世
人本自有之即緣心迷不能自悟須求大善知識示道見
性善知識愚人知人仏性本亦无差別只緣迷悟迷即為
愚悟即成智善知識我此法門以定惠為本第一勿迷言
惠定別惠定體不一不二即定是惠體即惠是定用即
惠之時定在惠即定之時惠在定善知識此義即是惠
等學道之人作意莫言先定發惠先惠發定、惠各別作此
見者法有二相口說善心不善惠定不等心口俱善內外一種
定惠即等自悟脩行不在口諍若諍先後即是迷人不斷勝

【敦博本六祖壇經原文圖版——第九頁】

員却生法我不離四相一行三昧者於一切時中行住坐卧常行真心是淨名經云真心是道場真心是淨土莫行心諂曲口說法直口說一行三昧不行真心非仏弟子但行真心於一切法上无有執著名一行三昧迷人著法相執一行三昧真心坐不動除妄不起心即是一行三昧若如是此法同無情却是鄣道因緣道須通流何以却滯心在住即通流住即彼縛若坐不動是維摩詰不合呵舍利弗宴坐林中善知識又見有人教人坐看心淨不動不起從此置功迷人不悟便執成顛倒即有數百般如此教道者故知大錯善知識定惠猶如何等如燈光有燈即有光无燈即无光燈是光之體光是燈之用名即有二體無兩般此定惠法亦復如是善知識法无頓漸人有利鈍迷即漸勸悟人頓修識自本心是見本性悟即元无差別不悟即長劫輪迴善知

識我自法門從上已來頓漸皆立无念為宗无相為體无住為本何名為相无相於相而離相无念者於念而不念无住者為人本性念念不住前念念念後念念念相續無有斷絕若一念斷絕法身即離色身念念時中於一切法上无住一念若住念念即住名繫縛於一切法上念念不住即无縛也以无住為本善知識外離一切相但能離相性體清淨是以无相為體於一切境上不染名為无念於自念上離境不於法上念生莫百物不思念盡除却一念斷即无別處受生學道者用心莫不識法意自錯尚可更勸他人迷不自見迷又謗經法是以立无念為宗即緣迷人於境上有念念上便起耶見一切塵勞妄念從此而生然此教門立无念為宗世人離境不起於念若无有念无念亦不立无者无何事念者何物无者離二相諸塵勞真如是念之體念是真如之用性

【敦博本六祖壇經原文圖版——第十一頁】

起念雖即見聞覺知不染万境而常自在維摩經云外能善分別
諸法相內於第一義而不動善知識此法門中座禪元不著心亦
不著淨亦不言動若看心心元是妄妄如幻故无所看也 若言
看淨人性本淨為妄念故蓋覆真如離妄念本性淨不見自性
本淨起心看淨却生淨妄妄无處所故知看者看却是妄也 淨
无形相却立淨相言是功夫作此見者障自本性却被淨縛若
不動者見一切人過患是性不動迷人自身不動開口即說人是非
與道違背看心看淨却是障道因緣今記如是此法門中何
名座禪此法門中一切无礙外於一切境界上念不起為座見本
性不乱為禪何名為禪定外離相曰禪內不乱曰定外若有相內性
不乱本性自淨曰定只緣境觸觸即乱離相不乱即定外離相即禪
內外不乱即定外禪內定故名禪定維摩經云即時豁然還得本心

菩薩戒云本原自性清淨善知識見自性自淨自修自作自性法身自行仏行作自成仏道善知識惣須自聽与受无相戒一時逐惠能口道令善知識見自三身自色身歸依清淨法身仏於自色身歸依千百億化身仏於自色身歸依當身圓滿報身仏已上三唱色身是舍宅不可言歸向者三身自在法性世人盡有為迷不見外覓三世如来不見自色身中三世仏善知識聽与善知識說令善知識於自色身見自法性有三世仏此三身仏從此自性上生何名清淨身仏善知識世人性本自淨万法自性在思惟一切惡事即行於惡行思量一切善事便修於善行知如是一切法盡在自性常清淨日月常明只為雲覆蓋上明下暗不能了見日月星辰忽遇惠風吹散卷盡雲霧万像參羅一時皆現世人性淨猶如清天惠如日智如

【敦博本六祖壇經原文圖版——第十三頁】

月智惠常明於外看境妄念浮雲蓋覆自性不能明故遇善
知識開真正法吹却迷妄內外明徹於自性中万法皆現一切法
在自性名為清淨法身自歸依者除不善心及不善行是名歸
依何名為千百億化身仏不思量性即空寂思量即是自化
思量惡法化為地獄思量善法化為天堂毒害化為畜生慈
悲化為菩薩智惠化為上界愚癡化為下方自性變化甚多
迷人自不知見一念善智惠即生一燈能除千年闇一智能滅
万年愚莫思向前常思於後常後念善名為報身一
念惡報却千年善心一念善報却千年惡滅无常已來後
念善名為報身從法身思量即是化身念念善即是報身
自悟自修即名歸依也皮肉是色身舍宅不在歸也但悟三身
即識大意今既自歸依三身仏已与善知識發四弘大願善知

識一時逐惠能道

衆生无邊誓願度　煩惱无邊誓願斷

法門无邊誓願學　无上仏道誓願成

三唱　善知識衆生无邊誓願度不是惠能度善知識心中衆生各於自身自性自何名自性自度自色身中邪見煩惱愚癡迷妄自有本覺性只本覺性將正見度既悟正見般若之智除却愚癡迷妄衆生各〻自度迷來悟度愚來智度惡來善度煩惱來菩提度如是度者是名真度

煩惱无邊誓願斷自心除虛妄　法門无邊誓願學〻无上正法无上仏道誓願成常下心行恭敬一切遠離迷執覺智生般若除却迷妄即自悟仏道成行誓願力今即發四弘誓願說与善知識无相懺悔三世罪障大師言善知識前念後念及今念〻不

被愚迷染從何西行一時自性若除即是懺悔前念後念及念々不被愚癡染除却從前矯雜心永斷名為自性懺前念後念及今念念々不被疽疫染除却從前疾垢心自性若除即是懺（已上三唱）善知識何名懺悔者終身不作悔者知於前非惡業恒不離心諸仏前口說无益我此法門中永斷不作名為懺悔今既懺已与善知識受无相三歸依戒大師言善知識歸依覺兩足尊歸依正離欲尊歸依淨眾中尊從今已後稱仏為師更不歸依邪迷外道願自三寶慈悲證明善知識惠能勸善知識歸依身三寶者仏覺也法者正也僧者淨也自心歸依覺邪迷不生少欲知足離財離色名兩足尊自心歸依正念念无邪故即无愛著以无愛著名離欲尊自心歸依淨一切塵勞妄念雖在自性々不染著名眾中尊凡夫解從日至日

【敦博本六祖壇經原文圖版——第十六頁】

受三歸依戒若言歸仏仏在何處若不見仏即无所歸既无所歸言却是妄善知識各自觀察莫錯用意經中只言自歸依仏不言歸依他仏自性不歸无所處今既自歸依三寶總各各至心与善知識說摩訶般若波羅蜜法善知識雖念不解惠能与說各各聽摩訶般若波羅蜜者西國梵語唐言大智惠彼岸到此法須行不在口念口念不行如如化脩行者法身与仏等也何名摩訶摩訶者是大心量廣大由如虛空莫定心禪即落无記空能含日月星辰大地山河一切草木惡人善人惡法善法天堂地獄盡在空中世人性空亦復如是性含万法是大万法盡是自性見一切人及非人惡之与善惡法善法盡皆不捨不可染著由如虛空名之為大此是摩訶行迷人口念智者心又有迷人空心不思名之為大此亦不是心量廣大不行是小莫口空之

說不修此行非我弟子何名般若〻〻是智惠一時中念〻不愚常行智惠即名般若行一念愚即般若絕一念智即般若生心中常愚我修般若无形相智惠性即是何名波羅蜜此是西國梵音唐言彼岸到解義離生滅著境生滅起如水有波浪即是於此岸離境無生滅如水永長流故即名到彼岸故名波羅蜜迷人口念智者心行當念時有〻妄〻即非真有念〻若不行是名真有悟此法者悟般若法修般若行不修即凡一念修行法身等仏善知識即煩惱是菩提前念迷即凡後念悟即仏善知識摩訶般若波羅蜜最尊最上第一无住无去无來三世諸仏從口出將大智惠到彼岸打破五陰煩惱塵勞最尊最上第一讚最上乘法修行定成仏无去无住无來往是定惠等不染一切法三世諸仏從中變三毒為戒定惠善知

識我此法門從八万四千智惠何以故為世人有八万四千塵勞
若无塵勞般若常在不離自性悟此法者即是无念无憶无著
莫起雜妄即自是真如性用智惠觀照於一切法不取不捨
即見性成佛道　善知識若欲入甚深法界入般若三昧者直
須修般若波羅蜜行但持金剛般若波羅蜜經一卷即得見性
入般若三昧當知此人功德无量經中分明讚嘆不能具說此是
最上乘法為大智上根人說少根智人若聞法心不生信何以故
譬如大龍若下大雨々提閻浮提如漂草葉若下大雨々放大海
不增不減若大乘者聞說金剛經心開悟解故知本性自有本
性之智自用智惠觀照不假文字譬如其雨水不從天有元是
龍王於江海中將身引此水令一切眾生一切草木一切有情无
情悉皆蒙潤諸水眾流卻入大海々納眾水合為一體眾生

【敦博本六祖壇經原文圖版——第十九頁】

本性般若之智亦復如是少根之人聞說此頓教猶如大地草
木根性自少者若被大雨一沃迷皆自到不能增長少根之人亦
復如是有般若之智与大智之人亦无差別因何聞法即不悟
緣邪見鄣重煩惱根深猶如大雲蓋覆於日不得風吹日無
能現般若之智亦无大小為一切衆生自有迷心外脩覓仏未悟
自性即是小根人聞其頓教不信外脩但於自心令自本性常
起正見一切邪見煩惱塵勞衆生當時盡悟猶如大海納於
衆生流小水大水合為一體即是見性內外不住來去自由能除
執心通達无㝵心脩此行即与般若波羅蜜經本无差別一切經
書及文字小大二乘十二部經皆因人置因智惠性故〻然能建立我
若无智人一切万法本亦不有故知万法本從人興一切經書因人
說有緣在人中有愚有智愚為小故智為大人問迷人於智者

智人与愚人說法令使愚者悟解心開迷人若悟心開与大智人
无別故知不悟即仏是衆生一念若悟即衆生是仏故知一切万
法盡在自身心中何不從於自心頓見真如本性菩薩戒經云
我本源自性清淨識心見性自成仏道　即時豁然還得本心
善知識我於忍和尚處一聞言下大悟頓見真如本性是頓
以教法流行後代令學道者頓悟菩提各自觀心令自本性頓
悟若能自悟者須覓大善知識示　道見性何名大善知識解
最上乘法直示正路是大善知識是大因緣所為化道令得見
仏一切善法皆因大善知識能發起故三世諸仏十二部經在人性
中本自具有不能自悟須得善知識示道見性若自悟者不假
外求善知識若取外求善知識望得解脫无有是處識自心內
善知識即得解脫若自心邪迷妄念顛倒外善知識即有教授

【敦博本六祖壇經原文圖版——第二十一頁】

波若不得自悟當起般若觀照刹那間妄念俱滅即是自真
正善知識一悟即至仏地自性心地以智惠觀照内外明徹識自本
心若識本心即是解脫既得解脫即是般若三昧悟般若三昧即
是无念何名无念无念法者見一切法遍一切處不著一切處常
淨自性使六賊從六門走出於六塵中不離不染來去自由即
是般若三昧自在解脫名无念行莫百物不思當令念絶即是
法縛即名邊見悟无念法者万法盡通悟无念法者見諸
仏境界悟无念頓法者至仏位地善知識後代得吾法者常見
吾法身不離汝左右善知識將此頓教法門同見同行發願
受持如是仏教終身受持而不退者欲入聖位然須傳受從上
來嘿然而付衣法發大誓願不退菩提即須分付若不同見解
无有志願在々處々勿妄宣傳損彼前人究竟无益若愚人不

解謗此法門百劫千生斷仏種性　大師言善知識聽吾
說无相頌令汝迷者罪滅亦名滅罪頌〻曰
愚人修福不修道　謂言修福如是道　布施供養福无邊
心中三業元來在　若將修福欲滅罪　後世得福罪元造
若解向心除罪緣　各自性中真懺悔　若悟大乘真懺悔
除邪行正即无罪　學道之人能自觀　即与悟人同一例
大師今傳此頓教　願學之人同一體　若欲當來覓本身
三毒惡緣心裏洗　努力修道莫悠〻　忽然虛度一世休
若遇大乘頓教法　虔誠合掌志心求
大師說法了韋使君官寮僧衆道俗讚言无盡昔所未聞
使君礼拜白言和尚說法實不思議　弟子當有少疑欲問
和尚望意和尚大慈大悲為弟子說大師言有疑即問須〻再三使

【敦博本六祖壇經原文圖版——第二十三頁】

君聞法可不如是 西國第一師達摩祖師宗旨大師言是弟弟子見說達摩大師代梁武帝問達摩朕一生已來造寺布施供養有功德否達摩荅言並無功德武帝惆悵遂遣達摩出境未審此言請和尚說六祖言實无功德使君勿疑達摩大師言武帝著邪道不識正法使君問何以无功德 和尚言造寺布施供養只是修福不可將福以為功德 功德在法身非在於福田自法性有功德平直是仏性外行恭敬若輕一切人吾我不斷即自无功德自性无功德法身无功德 念念行平等真心德即不輕常行於敬自修身即功自修心即德功德自心作福與功德別武帝不識正理非祖大師有過 使君禮拜 又問弟子見僧俗常念阿彌陀仏願生西方請 和尚說得生彼否望為破疑大師言使君聽惠能與說世尊在舍衛城說西方引化經

文分明去此不遠只為下根說近說遠只為上智人自兩種法无般迷悟有殊見有遲疾迷人念仏生彼悟者自淨其心所以仏言隨其心淨則仏土淨使君東方但淨心无罪西方心不淨有愆迷人願生東方西者所在處並皆一種心地但无不淨西方去此不遠心起不淨之心念仏往生難到除惡即行十万无八邪即過八千但行真心到如禪指　使君但行十善何須更願往生不斷十惡之心何仏即來迎請若悟无生頓法見西方只在剎那不悟頓教大乘念仏往生路遠如何得但六祖言惠能与使君移西方剎那間目前便見使君願見否使君礼拜若此得見何須往生願和尚慈悲為現西方大善大師言一時見西方无疑即散大衆愕然莫知何事　大師曰大衆衆衆作意聽世人自色身是城眼耳鼻舌身即是城門外

有六門內有意門心即是地性即是王性在王在性去王無性
在身心存性去身壞仏是自性作莫向身求自性迷仏即是
衆生自性悟衆衆生即是仏慈悲即是觀音喜捨名為勢
至能淨是釋迦平直即是彌勒人我即是須彌邪心即是
海水煩惱即是波浪毒心即是惡龍塵勞即是魚鼈虛妄即
是鬼神三毒即是地獄愚癡即是畜生十善即是天堂无我人
須彌自到除邪心海水竭煩惱无波浪滅毒害除魚龍絕自心
地上覺性如來施大智惠光明照曜六門清淨照破六欲天下照
三毒若除地獄一時消滅內外明徹不異西方不作此修如何到
彼座下聞說讚聲徹天應是迷人了然便見使君禮拜讚言善
哉善哉普願法界衆生聞者一時悟解大師言善知識若欲修
行在家亦得不由在寺ゝゝ不修如西方心惡之人在家若修行如

【敦博本六祖壇經原文圖版——第二十五頁】

東方人修善但願自家修清淨即是西方　使君問和尚在家
如何修願為指授大師言善知識惠能与道俗作无相頌取依此修
行　常与惠能說一處无別頌曰
說通及心通　如日處虛空　惟傳頓教法　出世破邪宗　教即无頓漸
迷悟有遲疾　若學頓法門　愚人不可迷　說即雖万般　合理還歸一
煩惱闇宅中　常須生惠日　邪來因煩惱　正來煩惱除　邪正悉不用
清淨至无餘　菩提本清淨　起心即是妄　淨性於妄中　但正除三障
世間若修道　一切盡不妨　常現在已過　与道即相當　色類自有道
離道別覓道　覓道不見道　到頭還自懊　若欲覓真道　行正即是道
自若无正心　暗行不見道　若真修道人　不見世間過　若見世間非
自非却是左　他非我不罪　我非自有罪　但自去非心　打破煩惱碎
若欲化愚人　事須有方便　勿令破彼疑　即是菩提見　法元在世間

【敦博本六祖壇經原文圖版——第二十七頁】

於世出世間　勿離世間上　外求出世間　邪見在世間　正見出世間
邪正迷打却　此但是頓教　亦名為大乘　迷來經累劫　悟即剎那間
大師言善知識汝等盡誦取依此偈修行去惠能千里常在能邊
依此不修對面底千里遠各々自修法不相待眾人且散惠能歸
漕溪山眾生若有大疑來彼山間為汝破疑同見仏性合座官
寮道俗礼拜和尚无不嗟嘆善哉大悟昔所未聞嶺南有福
生仏在此誰能得知一時散盡大師往漕溪山韶廣二州
行化四十餘年若論門人僧之与俗約有三五千說不可盡
若論宗旨傳授壇經以此為約若不得壇經即无稟受須知法
處年月日姓名遍相付囑无壇經稟承非南宗弟子也未得
稟承者雖說頓教法未知根本修不免諍但得法者只勸修
行諍是勝負之心与仏道違背世人盡傳南宗能比秀未知

根本事由且秀　禪師於南荆府堂楊懸玉泉寺住持修行惠能大師於韶州城東三十五里漕溪山住法即一宗人有南北因此便立南北何以漸頓法即一種見有遲疾見遲即漸見疾即頓法无頓漸人有利鈍故名漸頓神秀師常見人說惠能法疾直旨見路秀師遂喚門人僧志誠曰汝聰明多智汝与吾至漕溪山到惠能所礼拜但聽莫言吾使汝來所聽得意旨記取却來与吾說看惠能見解与吾誰疾遲汝第一早來勿令吾恠志誠奉使歡喜遂行半月中間即至漕溪山見惠能和尚礼拜即聽不言來處志誠聞法言下便吾即啓本心起立即礼拜白言和尚弟子從玉泉寺來秀師處不得啓悟聞和尚說便啓本心和尚慈悲願當教示惠能大師曰汝從彼來應是細作志誠曰不是六祖曰何以不是志誠曰未說時即是說了即

【敦博本六祖壇經原文圖版——第二十九頁】

不是六祖言煩惱即是菩提亦復如是大师謂志誠曰吾聞汝禪师教人唯傳戒定惠 汝和尚教人戒定惠如何當為吾說志誠曰秀和尚言戒定惠諸惡不作名為戒諸善奉行名為惠自淨其意名為定此即名為戒定惠彼作如是說不知和尚所見如何惠能和尚荅曰此說不可思議惠能所見又別志誠問何以別惠能荅曰見有遲疾志誠請和尚說所見戒定惠 大師言如汝聽吾說看吾所見處心地无疑非自性戒心地无乱是自性定心地无癡是自性惠 大师言汝师戒定惠勸小根智人吾戒定惠勸上智人得悟自亦不立戒定惠志誠言請 大师說不立如何大师言自性无非无乱无癡念念般若觀照當離法相有何可立自性頓修立有漸次所以不立志誠礼拜便不離漕溪山即為人不離大师左右又一僧名法達當誦妙法蓮華經七年心迷不知

正法之處來至漕溪山礼拜問大师言弟子常誦妙法華經七年心迷不知正法之處經上有疑大师智惠廣大願為除疑大师言法達法即甚達汝心不達經上无疑汝心自邪而求正法吾心正定即是持經吾一生已来不識文字汝将法華經来對吾讀一遍吾聞即知法達取經對大师讀一遍六祖聞已即識仏意便已法達說法華經六祖言法達法華經无多語七卷盡是譬如因緣如來廣說三乘只為世人根鈍經文分明无有餘乘唯有一仏乘大師法達汝聽一仏乘莫求二仏乘迷卻汝性經中何處是一仏乘吾与汝說經云諸仏世尊唯以一大事因緣故出現於世已上十六字是正法法如何解此法如何修汝聽吾說人心不思本源空寂離卻邪見即一大事因緣內外不迷即離兩邊外迷著相內迷著空於相離相於空離空即是不迷若吾此法

【敦博本六祖壇經原文圖版——第三十一頁】

一念心開出現於世心開何物開仏知見仏猶文見世　分為四門開
覺知見悟覺知見入覺知見開示悟入上一處入即覺知見見自
本性即得出世　大師言法達吾常願一切世人心地常自開仏知
見莫開衆生知見世人心愚迷造惡自開衆生知見世人心正
起智惠觀照自開仏知見莫開衆生知見開仏知見即出世
大師言法達此事法達經一乘法向下分三為迷人故汝但依
一仏乘　大師言法達心行轉法華不行法華轉心正轉法華
心邪法華轉開仏知見轉法華開衆生知見被法華轉　大師言
努力依法脩行即是轉經法達一聞言下大悟涕淚悲泣白言和尚
實未曾轉法華七年被法華轉已後轉法華念念脩行仏行
大師言即仏行是仏其時聽人無不悟者　時有一僧名智常來漕
溪山礼拜和尚問四乘法義智常問和尚曰仏說三乘又言最上乘

弟子不解望為教示 惠能大師曰 汝自身心見莫著外法相无四乘法人心量四等法有四乘見聞讀誦是小乘悟解義是中乘依法修行是大乘万法盡通万行俱備一切不離染但離法相作无所得是最上乘乘是最上行義不在口諍汝須自修莫問吾也 又有一僧名神會南陽人也至漕溪山礼拜問言和尚坐禪見不見大師起把打神會三下却問神會吾打汝痛不痛神會荅言亦痛亦不痛 六祖言曰吾亦見亦不見 神會又問大師何以亦見亦不見 大師言吾亦見常見自過患故云亦見亦不見者不見天地人過罪所以亦見亦不見也 汝亦痛亦不痛如何 神會荅曰若不痛即同无情木石若痛即同凡即起於恨大師言神會向前見不見是兩邊痛不痛是生滅汝自性且不見敢來弄人神會礼拜礼拜更不言大師言汝心迷不見問善知識

【敦博本六祖壇經原文圖版——第三十三頁】

覓路汝心悟自見依法從行汝自迷不見自心却來問惠能
見否吾不自知代汝迷不得汝若自見代得吾迷何不自從
見否吾不自知　問吾見否　神會作礼便為門人不離漕溪
山中常在左右　大師遂喚門人法海志誠法達智常智通
志徹志道法珎法如　神會大師言汝等十弟子近前汝等
不同餘人吾滅度後汝各為一方師吾教汝說　不失本宗
舉三科法門　動卅六對出沒即離兩邊說一切法莫離於性
相若有人問法出語盡雙皆取法對來去相因究竟二法
盡除更無去處三科法門者蔭界入蔭是五蔭界
十八界入十二入何名五蔭色蔭受蔭想蔭行蔭識蔭
是何名十八界六塵六門六識何名十二入外六塵中六門何
名六塵色聲香味觸法是何名六門眼耳鼻舌身意法性

起六識眼識耳識鼻識舌識身識意識六門六塵自性含万法名為合藏識思量即轉識生六識出六門六塵三六十八由自性邪起十八邪含自性十八正含惡用即衆生善用即佛用由何等由自性對外境无情有五天与地對日与月對暗与明對陰与陽對水与火對語与言對法与相對有十二對有為无為對有色无色對有相无相對有漏无漏對色与空對動与淨對清与濁對乱与聖對僧与俗對老与小對長与矩對高与下對自性居起用對有十九對邪与正對癡与惠對愚与智對乱与空對戒与非對直与曲對實与虛對嶮与平對煩惱与菩提對慈与害對喜与順對捨与慳對進与退對生与滅對常与无常對法身与色身對化身与報身對體与用對性与相對有情与无親對言語与法相對有十二對内外境有无五對三身有三對都合

【敦博本六祖壇經原文圖版——第三十五頁】

成三十六對也　此三十六對法能用通一切經出入即離兩邊如何
自性起用三十六對共人言語出外於離相入內於離空著空則惟
長无明著相惟邪見謗法直言不用文字既云不用文字人不合
言語ㄑㄑ即是文字自性上說空正語言本性不空迷自惑語言
除故暗不自暗以明故暗ㄑ不自暗以明變暗以暗現ㄑ明來去
相因三十六對亦復如是　大師言十弟子已後傳法遞相教授
一卷壇經不失本宗不稟受壇經非我宗旨如今得了遞
代流行得遇壇經者如見吾親授十僧得教授已寫為壇經
遞代流行得者必當見性大先天二年八月三日七月八日喚門人
告別　大師先天元年於新州國恩寺造塔至先天二年七月告
別　大師言汝衆近前吾至八月欲離世間汝等有疑早問為汝
破疑當令迷者盡使汝安樂吾若去後无人教汝法海等衆

僧聞已涕淚悲泣唯有神會不動亦不悲泣六祖言
神會小僧却得善等毀譽不動餘者不得數年山中更修何道
汝今悲泣更有阿誰憂吾不知去處在若不知去處終不別汝
等悲泣即不知吾去處若知去處即不悲泣性无生滅无去无来汝
等盡坐吾与汝一偈真假動淨偈汝等盡誦取見此偈意与吾
同依此修行不失宗旨僧衆礼拜請　大師留偈敬心受持偈曰
一切无有真　不以見於真　若見於真者　是見盡非真　若能自有真
離假即心真　自心不離假　无真何處真　有性即解動　无情即无動
若修不動行　同无情不動　若見真不動　動上有不動　不動是不動
无情无仏種　能善分別相　第一義不動　若悟作此見　則是真如用
報諸學道者　努力須用意　莫於大乘門　却執生死智　前頭人相應
即共論仏義　若實不相應　合掌礼勸善　此教本无諍　道若失道意

執迷淨法門　自性入生死
衆僧既聞識　大師意更不敢諍依法脩行一時礼拜即知大師不久
住世上座法海向前言大師大師去後衣法當付何人　大師言法即付
了汝不須問吾滅後二十餘年邪法遼乱惑我宗旨有人出來不
惜身命定仏教是非竪立宗旨即是吾正法衣不合傳汝不
信吾与誦先代五祖傳衣付法誦若據　第一祖達磨頌意即
不合傳衣聽吾汝与頌曰
第一祖達磨和尚頌曰　吾大来唐國　傳教救迷情　一花開五葉　結菓自然成
第二祖惠可和尚頌曰　本来緣有地　從地種花生　當来元无地　花從何處生
第三祖僧璨和尚頌曰　花種須因地　地上種花生　花種无生性　於地亦无生
第四祖道信和尚頌曰　花種有生性　因地種花生　先緣不和合　一切盡无生
第五祖弘忍和尚頌曰　有情来下種　无情花即生　无情又无種　心地亦无生

438 第六祖惠能和尚頌曰 心地含情種 法雨即花生 自悟花情種 菩提果自成
439 能大師言汝等聽吾作二頌取達磨和尚頌意汝迷人依法頌修行必當
440 見性 第一頌
441 心地邪花放 五葉逐根隨 共造无明葉 見被葉風吹
442 第二頌 心地正花放 五葉逐根隨 共修般若惠 當來仏菩提
443 六祖說偈已了放衆生散門人出外思惟即知 大師不久住世
444 六祖後至八月三日食後 大師言汝等著位坐吾今共汝等別
445 法海問言此頓教法傳受從上已來至今幾代 六祖言初
446 傳受七仏釋迦牟尼仏 第七大迦葉 第八阿難 第九末田地
447 第十商那和修 第十一優婆鞠多 第十二提多迦 第十三仏陁難提
448 第十四仏陁蜜多 第十五脇比丘 第十六富那奢 第十七馬鳴
449 第十八毗羅長者老 第十九龍樹 第二十迦那提婆 第二十一羅睺羅

第二十二僧迦那提　第廿三僧迦那舍　第廿四鳩摩羅馱　第
廿五闍耶多　第廿六婆脩盤多　第廿七摩拏羅　第廿八鶴勒
那　第廿九師子比丘　第卅舍那婆斯　第卅一優婆堀　第卅二
僧迦羅　第卅三須婆蜜多　第卅四南天竺國王子　第三太子
菩提達摩　第卅五唐國僧惠可　第卅六僧璨　第卅七道信
第卅八弘忍　第卅九惠能自今當今受法　第四十　大師言
今日已後遞相傳受須有依約莫失宗旨　法海又白大師今去
留付何法令後代人如何見仏　六祖言汝聽後代迷人但識衆生
即能見仏若不識衆生覓仏万劫不可得也　吾今教汝識衆
生見仏更留見真仏解脫頌迷即不見仏悟者即見法海願聞
代代流傳世世不絕　六祖言汝聽吾与汝說後代世人若欲覓仏但
識衆生即能識仏即緣有衆生離衆生无仏心

迷即仏衆生　悟即衆生仏　愚癡仏衆生　智惠衆生仏　心嶮仏衆生
平等衆生仏　一生心若嶮　仏在衆生心　一念悟若平　即衆生自仏
我心自有仏　自仏是真仏　自若无仏心　向何處求仏
大師言汝等門人好住吾留一頌名自性見真仏觧脱頌後代迷乃
此頌〻意〻即見自心自性真仏与汝此頌吾共汝别頌曰
真如淨性是真仏　邪見三毒是真魔　邪見之人魔在舍
正見之人仏即過　性中邪見三毒生　即是魔王来住舍
正見忽除三毒心　魔變成仏真无假　化身報身及淨身
三身元本是一身　若向身中覔自見　即是成仏菩提因
本從化身生淨性　淨性常在化身中　性使化身行正道
當来圓滿真无窮　婬性本身淨性因　除婬即无淨性身
性中但自欲五欲　見性刹那即是真　今生若悟頓教門

悟即眼前見世尊　若欲修行求覓仏　不知何處欲覓真
若能身中自有真　有真即是成仏因　自不求真外覓仏
去覓惣是大癡人　頓教法者是西流　救度世人須自修
今保世間學道者　不於此是大悠々
大師說偈已了道告門人曰汝等好住今共汝別吾去已後莫作
世情悲泣而受人弔問錢帛著孝衣即非聖法非我弟子
如吾在日一種一時端坐但无動无靜无生无滅无去无來无是
无非无住坦然寂淨即是大道吾去已後但依法修行共吾在日
一種吾若在世汝違教法吾住无益　大師云此語已夜至三更
奄然遷化　大師春秋七十有六大師　滅度之日寺內異香氛
氛數日不散山崩地動林木變白日月无光風雲失色八月三日滅
度至十一月迎和尚神坐於漕溪山葬在龍龕之內白光出現直

上衡天三日始散　韶州刺史韋璩立碑至今供養此壇經法海
上座集上座无常付同學道際々々无常付門人悟真在嶺南漕
溪山法興寺見今傳受此法如付此法須得上根智深信仏
法立於大悲持此經以為稟承於今不絕和尚本是韶州曲江縣
人也　如來入涅槃法教流東土共傳无住即我心无住此真菩薩說
真實示行喻唯教大智人示旨於凡度誓修行遭難不退
遇苦能忍福德深厚方授此法如眼不堪林量不得雖求此法
違立不得者不得妄付壇經告諸同道者令智密意

南宗頓教最上大乘壇經一卷

大乘志卅　大聖志卅　大通志五十　大寶志六十　大法志七十　大德志八十　清々藏四十
清持藏四十　清寶藏五十　清蓮藏六十　清海藏七十　大法藏八十　此是菩法号

附錄二：敦博本六祖壇經原文圖版字數統計表

頁													合計
第1頁	經題 47字	第1行 25	第2行 27	第3行 27	第4行 26	第5行 28							180
第2頁	第6行 25	第7行 25	第8行 21	第9行 24	第10行 24	第11行 25	第12行 25	第13行 31	第14行 24	第15行 25	第16行 25	第17行 25	299
第3頁	第18行 24	第19行 23	第20行 24	第21行 26	第22行 24	第23行 24	第24行 24	第25行 23	第26行 23	第27行 23	第28行 23	第29行 21	282
第4頁	第30行 23	第31行 22	第32行 24	第33行 22	第34行 22	第35行 22	第36行 17	第37行 20	第38行 16	第39行 17	第40行 23	第41行 23	251
第5頁	第42行 24	第43行 23	第44行 24	第45行 21	第46行 22	第47行 21	第48行 24	第49行 23	第50行 23	第51行 24	第52行 24	第53行 26	279
第6頁	第54行 24	第55行 26	第56行 24	第57行 24	第58行 24	第59行 25	第60行 23	第61行 23	第62行 4	第63行 20	第64行 17	第65行 21	255
第7頁	第66行 10	第67行 22	第68行 21	第69行 21	第70行 21	第71行 22	第72行 21	第73行 22	第74行 21	第75行 22	第76行 21	第77行 20	244
第8頁	第78行 23	第79行 22	第80行 22	第81行 25	第82行 22	第83行 22	第84行 22	第85行 21	第86行 21	第87行 23	第88行 24	第89行 23	270
第9頁	第90行 23	第91行 23	第92行 26	第93行 27	第94行 24	第95行 24	第96行 23	第97行 23	第98行 25	第99行 26	第100行 25	第101行 24	293
第10頁	第102行 25	第103行 25	第104行 24	第105行 25	第106行 26	第107行 24	第108行 23	第109行 24	第110行 26	第111行 26	第112行 25	第113行 25	298

第21頁		第20頁		第19頁		第18頁		第17頁		第16頁		第15頁		第14頁		第13頁		第12頁		第11頁	
23	第234行	25	第222行	24	第210行	25	第198行	23	第186行	24	第174行	26	第162行	7	第150行	23	第138行	24	第126行	25	第114行
26	第235行	25	第223行	25	第211行	24	第199行	23	第187行	23	第175行	23	第163行	14	第151行	25	第139行	25	第127行	25	第115行
25	第236行	24	第224行	24	第212行	23	第200行	24	第188行	24	第176行	23	第164行	14	第152行	24	第140行	23	第128行	24	第116行
25	第237行	23	第225行	23	第213行	23	第201行	23	第189行	24	第177行	26	第165行	22	第153行	23	第141行	24	第129行	24	第117行
24	第238行	23	第226行	25	第214行	24	第202行	23	第190行	25	第178行	23	第166行	23	第154行	23	第142行	24	第130行	23	第118行
24	第239行	24	第227行	24	第215行	25	第203行	24	第191行	26	第179行	24	第167行	23	第155行	23	第143行	23	第131行	24	第119行
22	第240行	23	第228行	23	第216行	25	第204行	23	第192行	23	第180行	22	第168行	22	第156行	24	第144行	23	第132行	26	第120行
23	第241行	24	第229行	24	第217行	25	第205行	24	第193行	26	第181行	23	第169行	18	第157行	20	第145行	23	第133行	23	第121行
23	第242行	26	第230行	25	第218行	24	第206行	24	第194行	23	第182行	24	第170行	23	第158行	22	第146行	23	第134行	25	第122行
25	第243行	24	第231行	27	第219行	24	第207行	26	第195行	25	第183行	24	第171行	25	第159行	22	第147行	23	第135行	26	第123行
24	第244行	24	第232行	26	第220行	25	第208行	24	第196行	24	第184行	23	第172行	24	第160行	24	第148行	23	第136行	26	第124行
24	第245行	24	第233行	24	第221行	23	第209行	24	第197行	22	第185行	23	第173行	25	第161行	24	第149行	24	第137行	26	第125行
288		289		294		290		285		289		284		240		277		282		297	

第32頁		第31頁		第30頁		第29頁		第28頁		第27頁		第26頁		第25頁		第24頁		第23頁		第22頁	
24	第366行	26	第354行	24	第342行	24	第330行	22	第318行	25	第306行	23	第294行	24	第282行	23	第270行	22	第258行	21	第246行
25	第367行	25	第355行	25	第343行	24	第331行	26	第319行	25	第307行	26	第295行	23	第283行	24	第271行	23	第259行	17	第247行
25	第368行	25	第356行	24	第344行	23	第332行	24	第320行	25	第308行	12	第296行	21	第284行	25	第272行	23	第260行	21	第248行
23	第369行	24	第357行	24	第345行	25	第333行	24	第321行	25	第309行	25	第297行	22	第285行	24	第273行	24	第261行	21	第249行
25	第370行	23	第358行	24	第346行	26	第334行	24	第322行	24	第310行	25	第298行	23	第286行	24	第274行	23	第262行	21	第250行
23	第371行	24	第359行	22	第347行	24	第335行	23	第323行	23	第311行	25	第299行	24	第287行	23	第275行	23	第263行	21	第251行
22	第372行	23	第360行	24	第348行	25	第336行	23	第324行	22	第312行	25	第300行	24	第288行	24	第276行	23	第264行	21	第252行
24	第373行	24	第361行	24	第349行	24	第337行	23	第325行	24	第313行	25	第301行	25	第289行	20	第277行	25	第265行	21	第253行
25	第374行	25	第362行	25	第350行	24	第338行	23	第326行	24	第314行	25	第302行	25	第290行	23	第278行	25	第266行	14	第254行
25	第375行	23	第363行	31	第351行	26	第339行	23	第327行	23	第315行	25	第303行	24	第291行	23	第279行	23	第267行	22	第255行
26	第376行	25	第364行	24	第352行	25	第340行	24	第328行	23	第316行	25	第304行	24	第292行	25	第280行	25	第268行	22	第256行
24	第377行	26	第365行	23	第353行	25	第341行	25	第329行	23	第317行	25	第305行	26	第293行	22	第281行	23	第269行	25	第257行
291		293		294		295		284		286		286		285		280		282		247	

頁	行	字數	行	字數	行	字數	行	字數	行	字數	行	字數	行	字數	行	字數	行	字數	行	字數	行	字數	行	字數	合計
第33頁	第378行	23	第379行	23	第380行	22	第381行	22	第382行	22	第383行	22	第384行	23	第385行	22	第386行	19	第387行	21	第388行	24	第389行	23	266
第34頁	第390行	24	第391行	25	第392行	25	第393行	24	第394行	24	第395行	24	第396行	24	第397行	23	第398行	24	第399行	23	第400行	24	第401行	27	291
第35頁	第402行	26	第403行	26	第404行	25	第405行	25	第406行	24	第407行	24	第408行	22	第409行	23	第410行	26	第411行	24	第412行	24	第413行	23	292
第36頁	第414行	20	第415行	24	第416行	25	第417行	26	第418行	24	第419行	24	第420行	25	第421行	25	第422行	25	第423行	25	第424行	25	第425行	25	293
第37頁	第426行	10	第427行	26	第428行	27	第429行	25	第430行	23	第431行	23	第432行	10	第433行	29	第434行	29	第435行	29	第436行	29	第437行	29	289
第38頁	第438行	29	第439行	28	第440行	5	第441行	20	第442行	23	第443行	24	第444行	24	第445行	22	第446行	23	第447行	26	第448行	24	第449行	27	275
第39頁	第450行	23	第451行	23	第452行	23	第453行	23	第454行	22	第455行	22	第456行	24	第457行	25	第458行	23	第459行	24	第460行	26	第461行	18	276
第40頁	第462行	25	第463行	25	第464行	20	第465行	26	第466行	22	第467行	21	第468行	21	第469行	21	第470行	21	第471行	21	第472行	21	第473行	21	265
第41頁	第474行	21	第475行	21	第476行	21	第477行	14	第478行	25	第479行	22	第480行	25	第481行	24	第482行	24	第483行	24	第484行	26	第485行	25	272
第42頁	第486行	24	第487行	25	第488行	23	第489行	25	第490行	26	第491行	22	第492行	24	第493行	20	末經題	12	附錄	64					265

※敦博本《六祖壇經》全文共四百九十三行，另含經題、末經題與附錄文字，全文合計共一萬一千六百七十三字（11673）。

附錄三：英博本六祖壇經原文圖版字數統計表

頁	行	字數
第1頁	經題	47
第1頁	第1行	17
第1頁	合計	64
第2頁	第2行	23
第2頁	第3行	23
第2頁	第4行	21
第2頁	第5行	20
第2頁	第6行	22
第2頁	第7行	21
第2頁	第8行	22
第2頁	第9行	21
第2頁	第10行	20
第2頁	第11行	23
第2頁	第12行	20
第2頁	合計	236
第3頁	第13行	24
第3頁	第14行	23
第3頁	第15行	23
第3頁	第16行	22
第3頁	第17行	21
第3頁	第18行	21
第3頁	第19行	21
第3頁	第20行	21
第3頁	第21行	21
第3頁	第22行	21
第3頁	第23行	22
第3頁	第24行	21
第3頁	合計	261
第4頁	第25行	21
第4頁	第26行	21
第4頁	第27行	20
第4頁	第28行	22
第4頁	第29行	20
第4頁	第30行	21
第4頁	第31行	21
第4頁	第32行	21
第4頁	第33行	22
第4頁	第34行	21
第4頁	第35行	19
第4頁	第36行	19
第4頁	合計	248
第5頁	第37行	21
第5頁	第38行	20
第5頁	第39行	18
第5頁	第40行	19
第5頁	第41行	8
第5頁	第42行	20
第5頁	第43行	21
第5頁	第44行	21
第5頁	第45行	20
第5頁	第46行	22
第5頁	第47行	22
第5頁	第48行	20
第5頁	合計	232
第6頁	第49行	20
第6頁	第50行	20
第6頁	第51行	19
第6頁	第52行	19
第6頁	第53行	21
第6頁	第54行	20
第6頁	第55行	22
第6頁	第56行	22
第6頁	第57行	20
第6頁	第58行	20
第6頁	第59行	20
第6頁	第60行	19
第6頁	合計	242
第7頁	第61行	20
第7頁	第62行	21
第7頁	第63行	21
第7頁	第64行	20
第7頁	第65行	19
第7頁	第66行	19
第7頁	第67行	20
第7頁	第68行	22
第7頁	第69行	4
第7頁	第70行	20
第7頁	第71行	3
第7頁	第72行	20
第7頁	合計	209
第8頁	第73行	19
第8頁	第74行	21
第8頁	第75行	21
第8頁	第76行	20
第8頁	第77行	19
第8頁	第78行	18
第8頁	第79行	20
第8頁	第80行	21
第8頁	第81行	22
第8頁	第82行	20
第8頁	第83行	19
第8頁	第84行	18
第8頁	合計	238
第9頁	第85行	19
第9頁	第86行	19
第9頁	第87行	20
第9頁	第88行	18
第9頁	第89行	19
第9頁	第90行	19
第9頁	第91行	23
第9頁	第92行	21
第9頁	第93行	20
第9頁	第94行	21
第9頁	第95行	20
第9頁	第96行	17
第9頁	合計	236
第10頁	第97行	20
第10頁	第98行	22
第10頁	第99行	20
第10頁	第100行	21
第10頁	第101行	20
第10頁	第102行	21
第10頁	第103行	23
第10頁	第104行	22
第10頁	第105行	20
第10頁	第106行	20
第10頁	第107行	20
第10頁	第108行	17
第10頁	合計	246

第22頁		第21頁		第20頁		第19頁		第18頁		第17頁		第16頁		第15頁		第14頁		第13頁		第12頁		第11頁	
23	第260行	24	第247行	23	第231行	23	第217行	25	第202行	21	第188行	21	第174行	19	第159行	22	第145行	23	第133行	22	第121行	19	第109行
23	第261行	25	第248行	23	第232行	23	第218行	25	第203行	22	第189行	23	第175行	22	第160行	22	第146行	23	第134行	21	第122行	20	第110行
23	第262行	25	第249行	25	第233行	22	第219行	23	第204行	23	第190行	21	第176行	25	第161行	25	第147行	21	第135行	20	第123行	21	第111行
22	第263行	23	第250行	24	第234行	20	第220行	24	第205行	21	第191行	22	第177行	24	第162行	25	第148行	21	第136行	21	第124行	20	第112行
21	第264行	22	第251行	25	第235行	23	第221行	24	第206行	21	第192行	21	第178行	26	第163行	22	第149行	20	第137行	22	第125行	19	第113行
21	第265行	23	第252行	25	第236行	25	第222行	23	第207行	22	第193行	22	第179行	25	第164行	23	第150行	23	第138行	21	第126行	19	第114行
23	第266行	21	第253行	26	第237行	21	第223行	25	第208行	20	第194行	22	第180行	27	第165行	22	第151行	22	第139行	20	第127行	21	第115行
14	第267行	24	第254行	24	第238行	21	第224行	24	第209行	22	第195行	23	第181行	24	第166行	23	第152行	20	第140行	22	第128行	22	第116行
28	第268行	22	第255行	27	第239行	21	第225行	26	第210行	25	第196行	22	第182行	22	第167行	23	第153行	20	第141行	21	第129行	22	第117行
28	第269行	25	第256行	25	第240行	22	第226行	23	第211行	23	第197行	22	第183行	24	第168行	21	第154行	21	第142行	21	第130行	24	第118行
28	第270行	23	第257行	25	第241行	22	第227行	24	第212行	23	第198行	21	第184行	24	第169行	24	第155行	21	第143行	20	第131行	22	第119行
28	第271行	23	第258行	26	第242行	21	第228行	25	第213行	24	第199行	21	第185行	22	第170行	22	第156行	18	第144行	19	第132行	20	第120行
		21	第259行	24	第243行	23	第229行	24	第214行	24	第200行	21	第186行	23	第171行	23	第157行						
				22	第244行	21	第230行	24	第215行	21	第201行	19	第187行	22	第172行	21	第158行						
				24	第245行			21	第216行					20	第173行								
				22	第246行																		
282		301		390		308		360		312		301		349		318		253		250		249	

第34頁		第33頁		第32頁		第31頁		第30頁		第29頁		第28頁		第27頁		第26頁		第25頁		第24頁		第23頁	
19	第410行	18	第398行	19	第386行	26	第374行	22	第363行	23	第351行	21	第339行	25	第323行	21	第308行	21	第296行	19	第284行	28	第272行
19	第411行	19	第399行	19	第387行	19	第375行	24	第364行	22	第352行	24	第340行	25	第324行	22	第309行	21	第297行	20	第285行	25	第273行
20	第412行	18	第400行	20	第388行	20	第376行	22	第365行	22	第353行	23	第341行	25	第325行	21	第310行	19	第298行	19	第286行	24	第274行
21	第413行	20	第401行	19	第389行	20	第377行	20	第366行	21	第354行	21	第342行	25	第326行	22	第311行	20	第299行	19	第287行	25	第275行
22	第414行	21	第402行	20	第390行	22	第378行	18	第367行	20	第355行	22	第343行	25	第327行	22	第312行	19	第300行	20	第288行	24	第276行
20	第415行	19	第403行	18	第391行	19	第379行	18	第368行	22	第356行	21	第344行	25	第328行	24	第313行	20	第301行	21	第289行	21	第277行
20	第416行	19	第404行	19	第392行	21	第380行	18	第369行	22	第357行	20	第345行	23	第329行	23	第314行	22	第302行	20	第290行	21	第278行
22	第417行	19	第405行	19	第393行	21	第381行	18	第370行	22	第358行	22	第346行	24	第330行	26	第315行	22	第303行	20	第291行	23	第279行
21	第418行	19	第406行	21	第394行	22	第382行	20	第371行	22	第359行	21	第347行	27	第331行	23	第316行	21	第304行	22	第292行	23	第280行
20	第419行	20	第407行	18	第395行	21	第383行	20	第372行	23	第360行	23	第348行	25	第332行	23	第317行	21	第305行	21	第293行	22	第281行
18	第420行	19	第408行	20	第396行	22	第384行	19	第373行	22	第361行	22	第349行	25	第333行	20	第318行	20	第306行	21	第294行	21	第282行
18	第421行	19	第409行	21	第397行	20	第385行			21	第362行	20	第350行	28	第334行	25	第319行	21	第307行	19	第295行	21	第283行
														25	第335行	25	第320行						
														24	第336行	25	第321行						
														23	第337行	25	第322行						
														24	第338行								
240		230		233		253		219		262		260		398		347		247		241		278	

頁														合計
第35頁	第422行 20	第423行 22	第424行 21	第425行 20	第426行 20	第427行 19	第428行 20	第429行 19	第430行 18	第431行 18	第432行 19	第433行 17		233
第36頁	第434行 21	第435行 21	第436行 22	第437行 23	第438行 21	第439行 21	第440行 20	第441行 22	第442行 22	第443行 20	第444行 19	第445行 21		253
第37頁	第446行 19	第447行 20	第448行 20	第449行 20	第450行 20	第451行 18	第452行 20	第453行 21	第454行 20	第455行 20	第456行 21	第457行 23		242
第38頁	第458行 20	第459行 20	第460行 20	第461行 20	第462行 20	第463行 20	第464行 20	第465行 23	第466行 21	第467行 21	第468行 19	第469行 21	第470行 20	265
第39頁	第471行 10	第472行 9	第473行 20	第474行 9	第475行 20	第476行 9	第477行 20	第478行 9	第479行 20	第480行 9	第481行 20	第482行 9	第483行 20	184
第40頁	第484行 20	第485行 14	第486行 20	第487行 4	第488行 20	第489行 20	第490行 20	第491行 20	第492行 21	第493行 21	第494行 21	第495行 21		222
第41頁	第496行 21	第497行 21	第498行 20	第499行 20	第500行 21	第501行 22	第502行 23	第503行 22	第504行 22	第505行 21	第506行 20	第507行 19		252
第42頁	第508行 21	第509行 22	第510行 11	第511行 20	第512行 20	第513行 20	第514行 20	第515行 24	第516行 13	第517行 28	第518行 28	第519行 28		255
第43頁	第520行 28	第521行 21	第522行 21	第523行 21	第524行 21	第525行 14	第526行 14	第527行 18	第528行 19	第529行 19				196
第44頁	第530行 18	第531行 17	第532行 18	第533行 17	第534行 17	第535行 17	第536行 19	第537行 16	第538行 17	第539行 16				172
第45頁	第540行 18	第541行 18	第542行 18	第543行 18	第544行 17	第545行 16	第546行 16	第547行 19	第548行 18	第549行 2	末經題 13			173

※英博本《六祖壇經》全文共五百四十九行，另含經題、末經題與附錄文字，全文合計共一萬一千五百四十字（11540）。

附錄四：旅博本六祖壇經原文圖版字數統計表

第1頁		第2頁		第3頁		第4頁		第5頁		第6頁		第7頁		第8頁		第9頁		第10頁	
經題	47	第6行	22	第21行	20	第35行	20	第50行	21	第64行	20	第78行	20	第92行	18	第108行	21	第122行	18
第1行	22	第7行	22	第22行	20	第36行	20	第51行	20	第65行	22	第79行	21	第93行	18	第109行	23	第123行	19
第2行	23	第8行	21	第23行	20	第37行	18	第52行	18	第66行	22	第80行	19	第94行	22	第110行	20	第124行	18
第3行	23	第9行	19	第24行	20	第38行	23	第53行	19	第67行	21	第81行	19	第95行	20	第111行	19	第125行	20
第4行	21	第10行	20	第25行	20	第39行	19	第54行	18	第68行	20	第82行	20	第96行	18	第112行	18	第126行	20
第5行	22	第11行	22	第26行	19	第40行	18	第55行	18	第69行	21	第83行	19	第97行	19	第113行	19	第127行	18
		第12行	19	第27行	19	第41行	19	第56行	18	第70行	20	第84行	19	第98行	18	第114行	17	第128行	19
		第13行	19	第28行	19	第42行	17	第57行	21	第71行	22	第85行	19	第99行	20	第115行	17	第129行	19
		第14行	21	第29行	18	第43行	20	第58行	19	第72行	19	第86行	19	第100行	18	第116行	17	第130行	17
		第15行	19	第30行	19	第44行	2	第59行	20	第73行	20	第87行	17	第101行	17	第117行	18	第131行	20
		第16行	26	第31行	20	第45行	20	第60行	19	第74行	3	第88行	19	第102行	19	第118行	17	第132行	18
		第17行	18	第32行	18	第46行	20	第61行	21	第75行	20	第89行	19	第103行	20	第119行	19	第133行	21
		第18行	20	第33行	18	第47行	18	第62行	20	第76行	20	第90行	17	第104行	18	第120行	17	第134行	21
		第19行	21	第34行	19	第48行	18	第63行	20	第77行	20	第91行	20	第105行	21	第121行	17	第135行	18
		第20行	20			第49行	19							第106行	18				
														第107行	19				
合計	158		309		269		271		272		270		267		303		259		266

第22頁		第21頁		第20頁		第19頁		第18頁		第17頁		第16頁		第15頁		第14頁		第13頁		第12頁		第11頁	
19	第294行	19	第280行	20	第265行	20	第251行	18	第237行	20	第222行	19	第207行	19	第193行	19	第179行	19	第165行	21	第150行	17	第136行
18	第295行	18	第281行	20	第266行	19	第252行	20	第238行	21	第223行	20	第208行	21	第194行	16	第180行	18	第166行	19	第151行	16	第137行
19	第296行	17	第282行	20	第267行	18	第253行	19	第239行	19	第224行	19	第209行	17	第195行	18	第181行	17	第167行	20	第152行	18	第138行
17	第297行	19	第283行	18	第268行	17	第254行	18	第240行	20	第225行	21	第210行	21	第196行	18	第182行	21	第168行	19	第153行	18	第139行
17	第298行	20	第284行	21	第269行	19	第255行	19	第241行	21	第226行	19	第211行	21	第197行	18	第183行	18	第169行	18	第154行	17	第140行
18	第299行	17	第285行	22	第270行	18	第256行	19	第242行	20	第227行	19	第212行	20	第198行	18	第184行	18	第170行	17	第155行	17	第141行
17	第300行	18	第286行	21	第271行	18	第257行	17	第243行	18	第228行	20	第213行	19	第199行	16	第185行	19	第171行	20	第156行	18	第142行
17	第301行	17	第287行	18	第272行	18	第258行	18	第244行	18	第229行	17	第214行	19	第200行	18	第186行	18	第172行	19	第157行	16	第143行
19	第302行	17	第288行	18	第273行	19	第259行	19	第245行	18	第230行	19	第215行	22	第201行	18	第187行	18	第173行	18	第158行	18	第144行
17	第303行	17	第289行	20	第274行	20	第260行	16	第246行	17	第231行	19	第216行	22	第202行	17	第188行	17	第174行	21	第159行	18	第145行
16	第304行	18	第290行	19	第275行	18	第261行	17	第247行	20	第232行	20	第217行	20	第203行	18	第189行	16	第175行	19	第160行	17	第146行
16	第305行	18	第291行	19	第276行	18	第262行	19	第248行	19	第233行	21	第218行	21	第204行	17	第190行	17	第176行	18	第161行	15	第147行
18	第306行	18	第292行	17	第277行	19	第263行	20	第249行	18	第234行	20	第219行	18	第205行	17	第191行	21	第177行	19	第162行	20	第148行
17	第307行	18	第293行	19	第278行	19	第264行	21	第250行	19	第235行	20	第220行	20	第206行	18	第192行	17	第178行	18	第163行	16	第149行
				18	第279行					18	第236行	22	第221行							19	第164行		
245		251		290		260		260		286		295		280		246		254		285		241	

第32頁		第31頁		第30頁		第29頁		第28頁		第27頁		第26頁		第25頁				第24頁		第23頁	
21	第447行	21	第433行	23	第417行	23	第401行	21	第386行	15	第371行	22	第355行	24	第354行	20	第338行	21	第323行	21	第308行
18	第448行	20	第434行	23	第418行	22	第402行	22	第387行	15	第372行	21	第356行			21	第339行	23	第324行	21	第309行
23	第449行	23	第435行	22	第419行	19	第403行	20	第388行	15	第373行	21	第357行			22	第340行	27	第325行	21	第310行
20	第450行	25	第436行	21	第420行	23	第404行	21	第389行	15	第374行	23	第358行			20	第341行	24	第326行	21	第311行
22	第451行	22	第437行	22	第421行	24	第405行	20	第390行	15	第375行	21	第359行			19	第342行	21	第327行	21	第312行
20	第452行	22	第438行	22	第422行	21	第406行	20	第391行	15	第376行	20	第360行			20	第343行	21	第328行	21	第313行
19	第453行	27	第439行	22	第423行	21	第407行	21	第392行	15	第377行	15	第361行			21	第344行	21	第329行	14	第314行
22	第454行	21	第440行	20	第424行	20	第408行	19	第393行	15	第378行	6	第362行			22	第345行	18	第330行	19	第315行
21	第455行	23	第441行	22	第425行	19	第409行	24	第394行	15	第379行	15	第363行			22	第346行	20	第331行	18	第316行
22	第456行	22	第442行	22	第426行	23	第410行	22	第395行	15	第380行	15	第364行			21	第347行	22	第332行	19	第317行
20	第457行	21	第443行	23	第427行	21	第411行	20	第396行	16	第381行	15	第365行			22	第348行	22	第333行	20	第318行
20	第458行	20	第444行	25	第428行	24	第412行	21	第397行	20	第382行	15	第366行			22	第349行	21	第334行	20	第319行
21	第459行	20	第445行	28	第429行	23	第413行	20	第398行	20	第383行	15	第367行			23	第350行	21	第335行	19	第320行
21	第460行	20	第446行	21	第430行	22	第414行	20	第399行	19	第384行	15	第368行			21	第351行	22	第336行	17	第321行
20	第461行			21	第431行	22	第415行	21	第400行	19	第385行	15	第369行			23	第352行	20	第337行	17	第322行
				22	第432行	21	第416行					15	第370行			22	第353行				
310		307		359		348		312		244		269		365				324		289	

第33頁		第34頁		第35頁		第36頁		第37頁		第38頁		第39頁		第40頁		第41頁		第42頁	
第462行	20	第478行	22	第492行	25	第506行	8	第520行	20	第535行	12	第549行	23	第563行	21	第577行	25	附錄	65
第463行	20	第479行	22	第493行	23	第507行	20	第521行	15	第536行	20	第550行	22	第564行	16	第578行	24		
第464行	19	第480行	21	第494行	22	第508行	20	第522行	9	第537行	3	第551行	24	第565行	28	第579行	23		
第465行	20	第481行	25	第495行	25	第509行	20	第523行	20	第538行	20	第552行	23	第566行	28	第580行	22		
第466行	20	第482行	21	第496行	26	第510行	20	第524行	9	第539行	24	第553行	23	第567行	28	第581行	19		
第467行	19	第483行	21	第497行	22	第511行	20	第525行	20	第540行	22	第554行	22	第568行	28	第582行	21		
第468行	19	第484行	22	第498行	22	第512行	20	第526行	9	第541行	21	第555行	22	第569行	28	第583行	23		
第469行	20	第485行	19	第499行	23	第513行	20	第527行	20	第542行	21	第556行	21	第570行	28	第584行	21		
第470行	22	第486行	22	第500行	23	第514行	20	第528行	9	第543行	22	第557行	24	第571行	28	第585行	23		
第471行	24	第487行	26	第501行	22	第515行	20	第529行	20	第544行	23	第558行	20	第572行	28	第586行	22		
第472行	21	第488行	24	第502行	21	第516行	22	第530行	9	第545行	23	第559行	20	第573行	23	第587行	20		
第473行	19	第489行	23	第503行	23	第517行	21	第531行	20	第546行	22	第560行	20	第574行	22	第588行	19		
第474行	20	第490行	25	第504行	20	第518行	18	第532行	9	第547行	21	第561行	20	第575行	25	第589行	22		
第475行	22	第491行	24	第505行	22	第519行	19	第533行	20	第548行	20	第562行	21	第576行	22	第590行	9		
第476行	20							第534行	21							末經題	12		
第477行	19																		
	324		317		319		268		230		274		305		353		305		65

※旅博本《六祖壇經》全文共五百九十行，另含經題、末經題與附錄文字，全文合計共一萬一千七百二十四字（11724）。

附錄五：敦煌三本六祖壇經俗寫字與通用字對照表

製作說明：

本表主要是整理敦博本、英博本與旅博本等三本《六祖壇經》中的各種俗寫字的原圖剪貼，與現代通用電腦新細明繁體字的正體字與簡體字等，作原圖與現代用字對照表的比較。在製作此表之前，詳細參閱潘師重規、楊曾文教授、鄧文寬、榮新江與方廣錩等諸位先生的相關著作。本表中的「俗寫字」，或稱「俗寫文字」，也就是學術界通用界定的「俗字」，俗字研究是敦煌學研究的基礎學科，也是校訂敦煌寫本的入門工夫。透過俗字的辨識及校正，可以讓敦煌寫本從「抄寫訛誤」與「鄙劣惡本」的錯謬印象，回復其真實質樸的原貌。

本表詳列一百四十六個字，涵蓋從經題到經末的附錄，有些字體或許只是書法不同的楷行變化或是書寫方式的轉變，筆者都盡量蒐羅其中，並且對照現代電腦的字體，做為校訂工作的基礎。若原圖中出現兩次以上的不同字體，則羅列其中較具有代表性的書寫方式，並且加註筆者在附錄一敦博本的「原文圖版編號」中，以阿拉伯數字顯示原文的行數，以供讀者按圖索驥，查對敦博本的原文，同時可對照英博本與旅博本的原圖，比較三者的不同。此外，對於某些需要說明的俗寫字體，或是具備其他書寫方式的情況，就在通用字的下方附帶說明。

本表的功能除了為校訂敦博本、英博本與旅博本等三本《六祖壇經》之外，也希望能作為佛學研究數位化的的一個開始。

敦煌三本六祖壇經俗寫字與通用字對照表

編號	敦博本	英博本	旅博本	當代正體字與簡體字		相關說明
001	（經題）（第445行）	（經題）	（經題）	頓	顿	
002	（經題）（第369行）	（經題）	（經題）	最	最	
003	（經題）（第369行）	（經題）	（經題）	乘	乘	
004	（經題）（第201行）	（經題）	（經題）	般	般	在敦博本中另有字。（第286行）
005	（經題）（第493行）	（經題）	（經題）	蜜	蜜	
006	（經題）（第408行）	（經題）	（經題）	經	经	
007	（經題）（第020行）	（經題）	（經題）	祖	祖	
008	（經題）（第308行）	（經題）	（經題）	能	能	
009	（經題）（第411行）	（經題）	（經題）	於	于	
010	（經題）（第489行）	（經題）	（經題）	韶	韶	

編號	敦博本	英博本	旅博本	當代正體字與簡體字		相關說明
011	（經題）（第315行）			壇	坛	
012	（經題）（第456行）			授	授	
013	（經題）（第455行）			弘	弘	
014	（第001行）			昇	升	
015	（第001行）（第025行）			座	座	
016	（第001行）（第020行）			說	说	
017	（第001行）（第049行）			無	无	亦作（第017行）
018	（第002行）（第446行）			尼	尼	
019	（第002行）（第368行）			萬	万	
020	（第002行）（第486行）			刺	刺	

編號	敦博本	英博本	旅博本	當代正體字與簡體字等相關說明		
021	（第002行）（第010行）			處	処	
022	（第002行）（第311行）			僚	僚	
023	（第003行）			儒	儒	
024	（第004行）（第410行）			流	流	
025	（第004行）（第017行）			與	与	敦博本尚有 的寫法。（第040行）
026	（第004行）（第489行）			承	承	
027	（第004行）（第314行）			旨	旨	
028	（第004行）（第024行）			遞	递	敦博本尚有 與 的寫法。（第407、410行）
029	（第007行）			幼	幼	
030	（第007行）			亡	亡	
031	（第007行）（第385行）			來	来	

編號	敦博本	英博本	旅博本	當代正體字與簡體字等相關說明		
032	 （第009行）（第479行） 	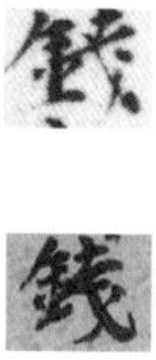		錢	钱	
033	 （第010行）（第224行） 	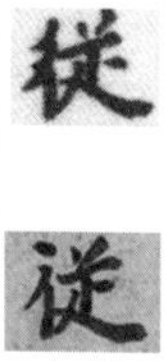	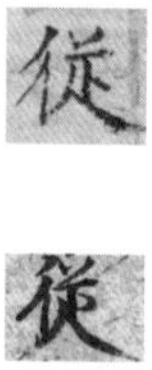	從	从	
034	 （第010行）（第053行） 	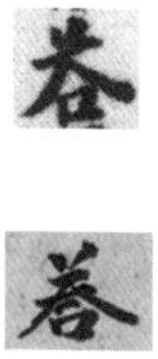		答	答	
035	 （第010行）（第013行） 			馮	冯	在此應作「憑」字解。
036	 （第011行）（第013行） 	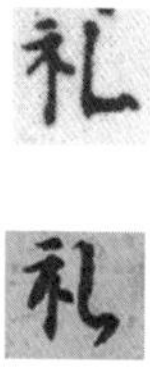		禮	礼	
037	 （第011行）（第043行） 	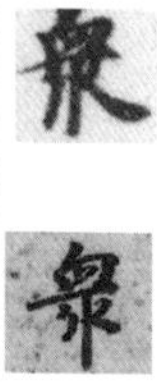	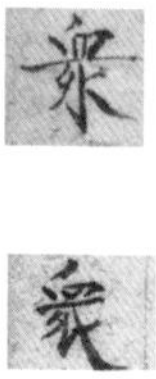	眾	众	
038	 （第012行）（第100行） 	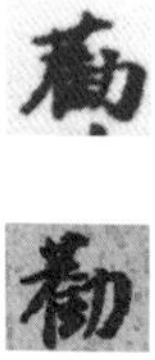	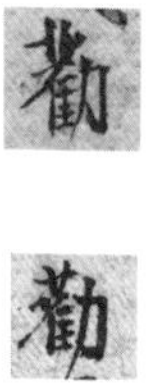	勸	劝	
039	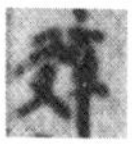 （第013行）（第073行） 		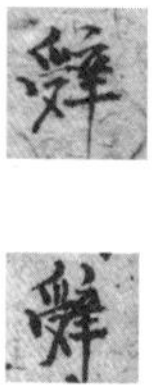	辭	辞	
040	 （第014行）（第210行） 	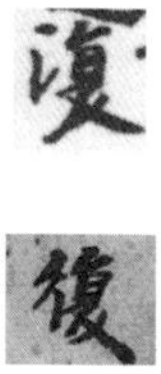		復	复	
041	 （第018行）（第334行） 		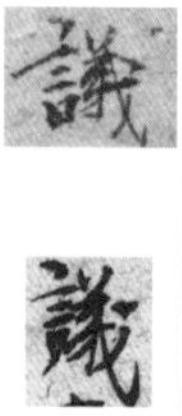	議	议	

編號	敦博本	英博本	旅博本	當代正體字與簡體字等相關說明
042	 （第018行）			旁 旁
043	 （第018行） （第071行）			發 发
044	 （第019行） （第404行）			著 着
045	 （第019行） （第056行）			踏 踏
046	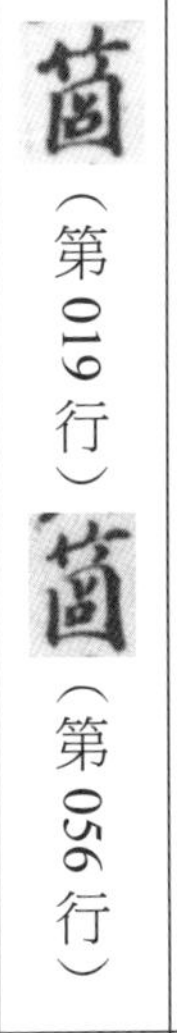 （第019行） （第056行）			個 个
047	 （第020行） （第039行）			喚 唤
048	 （第021行） （第367行）			等 等
049	 （第021行） （第260行）			養 养
050	 （第022行） （第476行）			總 总
051	 （第022行） （第038行）			歸 归
052	 （第022行） （第023行）			看 看

編號	敦博本	英博本	旅博本	當代正體字	簡體字	相關說明
053	（第022行）（第439行）			取	取	
054	（第023行）（第478行）			偈	偈	
055	（第024行）（第203行）			分	分	
056	（第024行）（第314行）			須	须	
057	（第025行）（第030行）			將	将	
058	（第027行）（第041行）			畫	画	
059	（第028行）（第033行）			壁	壁	原「糪」字為夾雜生米的飯之意，應為「壁」字。
060	（第029行）（第057行）			緣	缘	
061	（第030行）（第324行）			解	解	
062	（第030行）			淺	浅	

編號	敦博本	英博本	旅博本	當代正體字	簡體字	相關說明
063	（第031行）（第476行）			覓	觅	
064	（第031行）（第332行）			善	善	
065	（第031行）（第491行）			凡	凡	
066	（第031行）（第075行）			奪	夺	
067	（第031行）（第044行）			修	修	
068	（第035行）（第012行）			宿	宿	
069	（第035行）（第161行）			障	障	
070	（第037行）（第061行）			臺	台	
071	（第038行）（第090行）			臥	卧	
072	（第039行）			旦	旦	
073	（第039行）			盧	卢	

（表頭原文：當代正體字與簡體字等相關說明）

編號	敦博本	英博本	旅博本	當代正體字	簡體字	相關說明
074	（第039行）（第484行）			變	变	
075	（第041行）（第067行）			剛	刚	
076	（第041行）（第180行）			虛	虚	
077	（第041行）（第465行）			留	留	英博本亦有將「留」字另寫為「流」字。
078	（第042行）（第340行）			修	修	在敦博本另有的寫法。（第214行）
079	（第042行）（第048行）			墮	堕	
080	（第042行）（第086行）			惡	恶	
081	（第042行）（第321行）			利	利	凡「禾」字皆可書寫為字的寫法。
082	（第046行）（第459行）			願	愿	
083	（第051行）（第097行）			數	数	

編號	敦博本	英博本	旅博本	當代正體字	簡體字	相關說明
084	 （第051行）（第018行） 			邊	边	
085	 （第057行）（第232行） 			望	望	
086	 （第058行）（第349行） 			佛	佛	
087	 （第060行）（第424行） 		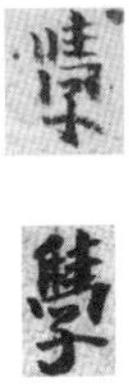	學	学	
088	 （第064行）（第325行） 		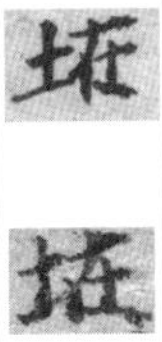	怪	怪	
089	 （第065行）			恐	恐	
090	 （第070行）（第142行） 		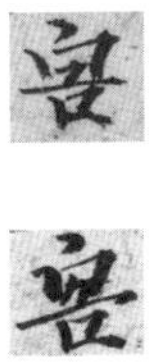	害	害	敦博本中亦有作寫法。（第288行）
091	 （第074行）			捉	捉	英博本並未用「捉」字，而是另用「頭」字。
092	 （第075行）（第414行） 		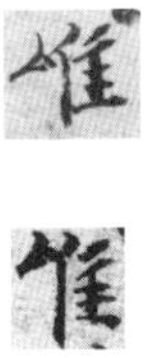	唯	唯	
093	 （第076行）			粗	粗	
094	 （第076行）			趁	趁	

編號	敦博本	英博本	旅博本	當代正體字與簡體字等相關說明		
095	（第077行）			肯	肯	
096	（第084行）（第086行）			定	定	
097	（第085行）（第400行）			體	体	
098	（第089行）（第246行）			斷	断	
099	（第091行）（第490行）			土	土	
100	（第091行）			諂	谄	
101	（第095行）			滯	滞	
102	（第096行）			宴	宴	
103	（第097行）（第219行）			置	置	
104	（第097行）（第203行）			功	功	

編號	敦博本	英博本	旅博本	當代正體字與簡體字等相關說明
105	 （第101行）（第458行） 	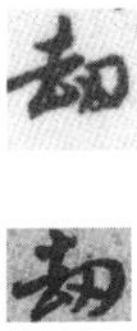		刼 劫
106	 （第115行）（第324行） 	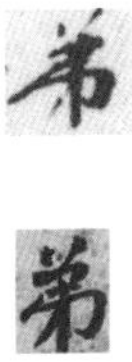		第 第 敦博本中亦有作弟字。（第084行）
107	 （第122行）（第218行） 			礙 碍
108	 （第137行）			參 参
109	 （第138行）（第235行） 			明 明
110	 （第141行）（第352行） 			寂 寂
111	 （第151行）（第398行） 			惱 恼
112	 （第165行）（第250行） 		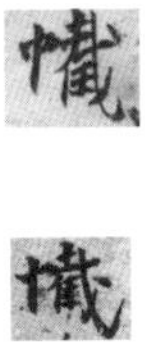	懺 忏
113	 （第168行）			稱 称
114	 （第181行）（第392行） 			含 含
115	 （第205行）（第207行） 		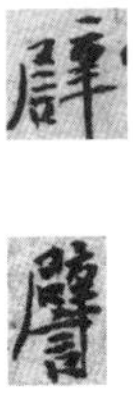	譬 譬

編號	敦博本	英博本	旅博本	當代正體字	簡體字	相關說明
116	（第205行）（第441行）			葉	叶	在敦博本中亦有將此字代用「業」字。
117	（第234行）（第277行）			剎	刹	
118	（第244行）			默	默	
119	（第245行）（第460行）			傳	传	
120	（第257行）			再	再	
121	（第268行）（第285行）			彌	弥	
122	（第268行）（第447行）			陀	陀	
123	（第269行）（第272行）			君	君	
124	（第269行）（第281行）			聽	听	
125	（第269行）（第168行）			尊	尊	

編號	敦博本	英博本	旅博本	當代正體字與簡體字等相關說明	
126	 （第269行）（第452行）			舍	舍
127	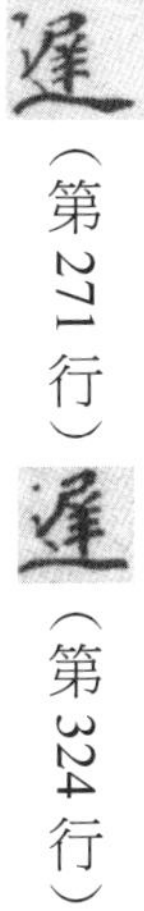 （第271行）（第324行）	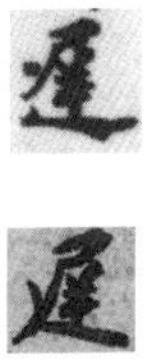		遲	迟
128	 （第273行）  			慾	慾
129	 （第284行）（第325行）	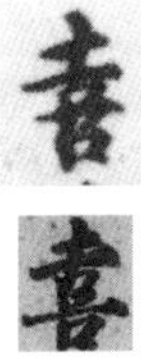	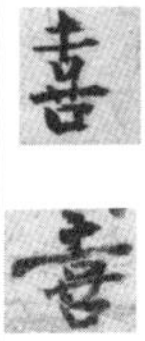	喜	喜
130	 （第285行）（第451行）			勒	勒
131	 （第286行）			鱉	鳖
132	 （第295行）（第275行）		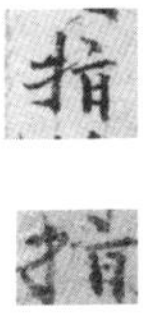	指	指
133	 （第304行）			碎	碎
134	 （第310行）（第319行）	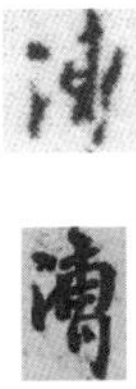		漕	漕
135	 （第314行）（第456行）	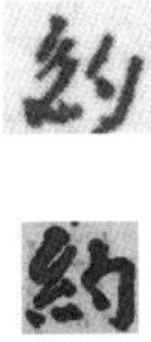	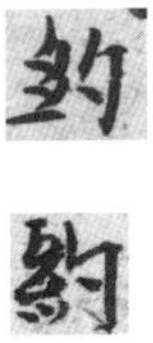	約	约
136	 （第314行）（第408行）			稟	禀

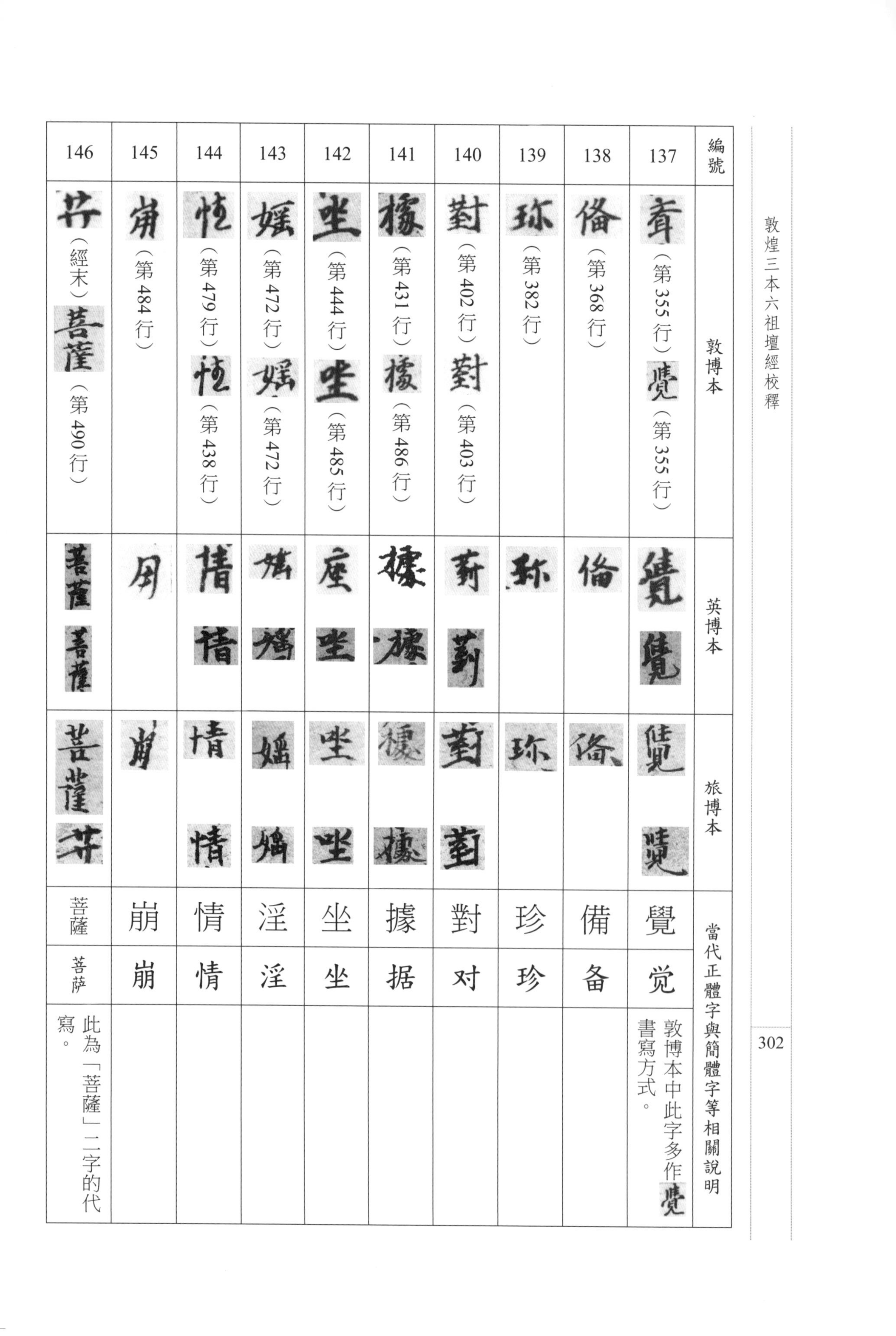

編號	敦博本	英博本	旅博本	當代正體字	簡體字	相關說明
137	（第355行）（第355行）			覺	觉	敦博本中此字多作書寫方式。
138	（第368行）			備	备	
139	（第382行）			珍	珍	
140	（第402行）（第403行）			對	对	
141	（第431行）（第486行）			據	据	
142	（第444行）（第485行）			坐	坐	
143	（第472行）（第472行）			淫	淫	
144	（第479行）（第438行）			情	情	
145	（第484行）			崩	崩	
146	（經末）（第490行）			菩薩	菩萨	此為「菩薩」二字的代寫。

附錄六：

敦煌三本六祖壇經代用字對照表

製作說明：

本表主要針對敦博本、英博本與旅博本等三本《六祖壇經》中的各種代用字，即有別於現代通用的其他任何字體，都列入此表中，詳細的歸類及整理。其中，包括敦煌寫本的俗字、古今字、通借（通假）字、異體字、同義字等。主要目的是為了釐訂敦煌三本《六祖壇經》中各種字體的使用情況，使其歸入於適合現代閱讀與流通的體系，讓今後敦煌寫本《六祖壇經》的閱讀者，不再因為文字紛雜錯繆而產生困擾。本表除了參考潘師重規的《敦煌壇經新書》、楊曾文教授的《新版敦煌新本六祖壇經》與鄧文寬、榮新江的《敦博本禪籍錄校》之外，也參考大量相關的校訂與註釋，包括鈴木大拙、郭朋、周紹良、方廣錩、印順法師等人研究的成果。由於資料過於繁雜，無法一一加註諸多學者的意見，許多文字的改用及替代，筆者依個人多年研究的淺見，字字推敲，斟酌審定而改成現代通用的字體，為了讓讀者知悉每一個代用字的使用情形，筆者從敦煌三本《六祖壇經》中爬梳出二百一十六個代用字，將其歸類並對照比較。因為代用情況相當龐雜，本表錯誤粗疏必定難免，希望這是具有原創精神的研究，也請海內外方家不吝指正。

此表除了編號及例句外，也註明原文的出處，列於例句更正的文句下方，尚有引證鈴木大拙五十七折出處的編號，例如符號㈩，即是代表出自於鈴木大拙五十七折中的第十折，以此方便讀者按圖索驥，察考原文。此外，本表尚註明出現某字代用的統計數字，也可以看出使用的頻率及相關情形。筆者希望透過本表的整理，裨益於敦煌寫本《六祖壇經》的相關研究，藉以彰顯其殊勝的價值。

敦煌三本六祖壇經代用字對照表

編號	代用字	敦博本出現的例句	使用次數	英博本與旅博本出現的例句	使用次數
001	波‖般	(1)波若‖般若。(經題)	1	(1)般若。(經題)〈英博本〉 (2)般若。(經題)〈旅博本〉	0
002	盤‖般		0	(1)即有數百盤‖即有數百般。(十四)〈英博本〉 (2)即有數百盤‖即有數百般。(十四)〈旅博本〉	2
003	波‖破		0	(1)波六欲諸天‖破六欲諸天。(三十五)〈英博本〉 (2)破六欲諸天。(三十五)〈旅博本〉	1
004	彼‖被	(1)住即彼縛‖住即被縛。(十四) (2)卻彼淨縛‖卻被淨縛。(十八)	3	(1)住即彼縛‖住即被縛。(十四)〈英博本〉 (2)住即彼縛‖住即被縛。(十四)〈旅博本〉	2
005	波‖彼		0		0
006	被‖彼		0	(1)汝從被來‖汝從彼來。(四十)〈英博本〉 (2)汝從彼來。(四十)〈旅博本〉	1
007	受‖授	(1)兼受無相‖兼授無相。(經題) (2)遞相傳受‖遞相傳授。(一)	7	(1)兼受無相‖兼授無相。(經題)〈英博本〉 (2)受無相三歸‖授無相三歸。(三)〈英博本〉	5
008	伐‖代		0	(1)流行後伐‖流行後代。(三)〈旅博本〉	1
009	揚‖陽	(1)范揚‖范陽。(二)	1		0

010	賣‖買	(1)賣柴‖買柴。(二)	1	(1)買柴。(二)〈英博本〉 (2)買柴。(二)〈旅博本〉	0
011	買‖賣		0	(1)買柴‖賣柴。(二)〈英博本〉	1
012	於‖依	(1)不於此是‖不依此見。(五三) (2)示旨於‖無住是旨依。(五七)	2	(1)有所於約‖有所依約。(一)〈英博本〉 (2)於此偈修行‖依此偈修行。(七)〈英博本〉	5
013	於‖衣	(1)傳授於法‖傳授衣法。(五)	1	(1)欲求於法‖欲求衣法。(六)〈英博本〉 (2)欲傳於法‖欲傳衣法。(八)〈英博本〉	5
014	衣‖依		0	(1)是名歸衣‖是名歸依。(二十)〈英博本〉 (2)即名歸衣‖即名歸依。(二十)〈英博本〉	20
015	衣‖於		0	(1)雨衣閻浮提‖雨於閻浮提。(二八)〈英博本〉 (2)若見衣真者‖若見於真者。(四八)〈英博本〉	2
016	提‖於	(1)雨提閻浮提‖雨於閻浮提。(二八)	1	(1)雨衣閻浮提。(二八)〈英博本〉 (2)雨於閻浮提。(二八)〈旅博本〉	0
017	姓‖性	(1)佛姓有何差別‖佛性有何差別。(三)	1	(1)佛姓即無南北‖佛性即無南北。(三)〈英博本〉 (2)汝等自姓迷‖汝等自性迷。(四)〈英博本〉	41
018	性‖聖		0	(1)先性所傳‖先聖所傳。(十二)〈英博本〉 (2)先聖所傳。(十二)〈旅博本〉	2
019	世‖性		0	(1)各白世中‖各自性中。(三三)〈英博本〉 (2)同見佛世‖同見佛性。(三七)〈英博本〉	2
020	聖‖性		0	(1)迷卻汝聖‖迷即卻汝性。(四二)〈英博本〉 (2)迷卻汝性。(四二)〈旅博本〉	1

編號	代用字	敦博本出現的例句	使用次數	英博本與旅博本出現的例句	使用次數
021	箇＝個	(1)八箇餘月＝八個餘月。(三)	1	(1)八個餘月。(三)〈英博本〉 (2)八個餘月。(三)〈旅博本〉	0
022	个＝個		0	(1)八个餘月＝八個餘月。(三)〈英博本〉 (2)八个餘月＝八個餘月。(三)〈旅博本〉	1
023	寮＝僚	(1)官寮＝官僚。(一) (2)與諸官僚道俗。(十二)	4	(1)官寮＝官僚。(一)〈英博本〉 (2)與諸官僚道俗。(十二)〈英博本〉	2
024	遼＝撩	(1)邪法遼亂＝邪法撩亂。(四九)	1	(1)邪法遼亂＝邪法撩亂。(四九)〈英博本〉 (2)邪法遼亂＝邪法撩亂。(四九)〈旅博本〉	1
025	特＝持		0	(1)但特金剛經＝但持金剛經。(二)〈英博本〉 (2)敬心受特＝敬心受持。(四八)〈英博本〉	2
026	時＝持		0	(1)住時修行＝住持修行。(三九)〈英博本〉 (2)住持修行。(三九)〈旅博本〉	1
027	時＝除		0	(1)願為時疑＝願為除疑。(四二)〈英博本〉 (2)願為除疑。(四二)〈旅博本〉	1
028	淨＝靜	(1)善知識淨聽＝善知識靜聽。(二) (2)坦然寂淨＝坦然寂靜。(五三)	4	(1)善知識淨聽＝善知識靜聽。(二)〈英博本〉 (2)但然寂淨＝坦然寂靜。(五三)〈英博本〉	4
029	淨＝諍	(1)此教本無淨＝此教本無諍。(四八)	1	(1)此教本無諍。(四八)〈英博本〉 (2)此教本無諍。(四八)〈旅博本〉	0
030	墓＝茂	(1)馮墓山＝馮茂山。(二)	2	(1)馮墓山＝馮茂山。(二)〈英博本〉 (2)馮墓山＝馮茂山。(二)〈旅博本〉	2

031	名‖明		0	(1)心名便悟‖心明便悟。(二)〈英博本〉 (2)智惠常名‖智慧常明。(二十)〈英博本〉	7
032	明‖名		0	(1)何明為相‖何名無相。(十七)〈英博本〉 (2)何名為相。(十七)〈旅博本〉	1
033	明‖迷		0	(1)明即漸勸‖迷即漸勸。(十六)〈英博本〉 (2)迷即漸勸。(十六)〈旅博本〉	1
034	名‖迷		0	(1)為名不見‖為迷不見。(二十)〈英博本〉 (2)吹卻名妄‖吹卻迷妄。(二十)〈英博本〉	11
035	名‖多		0	(1)自姓變化甚名‖自性變化甚多。(二十)〈英博本〉 (2)自性變化甚名‖自性變化甚多。(二十)〈旅博本〉	1
036	迷‖悉	(1)迷皆自到‖悉皆自倒。(二九) (2)遇人不可迷‖愚人不可悉。(三六)	3	(1)愚人不可迷‖愚人不可悉。(三六)〈英博本〉 (2)愚人不可迷‖愚人不可悉。(三六)〈旅博本〉	1
037	議‖語	(1)欲更共議‖欲更共語。(十三)	1	(1)欲更共議‖欲更共語。(十三)〈英博本〉 (2)欲更共議‖欲更共語。(十三)〈旅博本〉	1
038	議‖疑		0	(1)有議即聞‖有疑即問。(十四)〈英博本〉 (2)有疑即問。(十四)〈旅博本〉	1
039	億‖憶	(1)無億無著‖無憶無著。(十七)	1	(1)無億無著‖無憶無著。(十七)〈英博本〉 (2)無憶無著。(十七)〈旅博本〉	1
040	億‖意		0	(1)即識大億‖即識大意。(二十)〈英博本〉 (2)即識大意。(二十)〈旅博本〉	1
041	茲‖絲	(1)氣如懸茲‖氣如懸絲。(九)	1	(1)氣如懸絲。(九)〈英博本〉、〈旅博本〉	0

編號	代用字	敦博本出現的例句	使用次數	英博本與旅博本出現的例句	使用次數
042	悟＝五		0	(1)悟祖處分＝五祖處分。(十)〈英博本〉 (2)五祖處分。(十)〈旅博本〉	1
043	悟＝吾		0	(1)得悟法者＝得吾法者。(三十三)〈英博本〉 (2)悟我不斷＝吾我不斷。(三十四)〈英博本〉	5
044	吾＝悟	(1)吾大意即付衣法＝悟大意即付衣法。(八) (2)即吾大意＝即悟大意。(八)	5	(1)若吾大意者＝若悟大意者。(四)〈英博本〉 (2)若吾頓教門＝若悟頓教門。(五十三)〈英博本〉	3
045	五＝吾		0	(1)聽五與汝誦＝聽吾與汝誦。(四十八)〈英博本〉 (2)五今教汝＝吾今教汝。(五十三)〈英博本〉	7
046	伍＝悟		0	(1)言下便伍＝言下便悟。(九)〈英博本〉 (2)言下大伍＝言下大悟。(三十二)〈英博本〉	2
047	俉＝悟		0	(1)頓俉菩提＝頓悟菩提。(三十二)〈英博本〉 (2)頓俉菩提。(三十二)〈旅博本〉	1
048	少＝小	(1)少智惠識大意＝小智慧識大意。(七) (2)少根之人＝小根之人。(二十九)	5	(1)不行是少＝不行是小。(二十五)〈英博本〉 (2)少根之人＝小根之人。(二十九)〈英博本〉	8
049	小＝少	(1)老與小對＝老與少對。(四十六)	1	(1)老與少對。(四十六)〈英博本〉 (2)老與少對。(四十六)〈旅博本〉	0
050	知＝智	(1)般若之知＝般若之智。(四) (2)愚人知人＝愚人智人。(十二)	2	(1)有知惠者＝有智慧者。(四)〈英博本〉 (2)般若之知＝般若之智。(十二)〈英博本〉	7
051	知＝至		0	(1)夜知三更＝夜至三更。(九)〈英博本〉 (2)即知佛也＝即至佛地。(三十二)〈英博本〉	2

052	知＝之		0	(1)燈是光知體＝燈是光之體。(十五)〈英博本〉 (2)惡知與善＝惡之與善。(二五)〈英博本〉	2
053	之＝知		0	(1)故之大錯＝故知大錯。(十四)〈英博本〉 (2)雖即見聞覺之＝雖即見聞覺知。(十七)〈英博本〉	5
054	智＝知	(1)令智蜜意＝令知密意。(三七)	1	(1)善智識＝善知識。(三三)〈英博本〉 (2)善智識＝善知識。(三七)〈英博本〉	6
055	智＝之	(1)少根智人＝小根之人。(二八)	1	(1)少根智人＝小根之人。(二八)〈英博本〉 (2)少根智人＝小根之人。(二八)〈旅博本〉	3
056	志＝至	(1)合掌志心求＝合掌至心求(三三)	1	(1)合掌志心求＝合掌至心求。(三三)〈英博本〉 (2)合掌志心求＝合掌至心求。(三三)〈旅博本〉	1
057	至＝處		0	(1)如日至虛空＝如日處虛空。(三六)〈英博本〉 (2)如日處虛空。(三六)〈旅博本〉	1
058	諸＝智		0	(1)小根諸人＝小根智人。(四二)〈英博本〉 (2)少根智人。(四二)〈旅博本〉	1
059	諸＝之		0	(1)滅度諸日＝滅度之日。(五四)〈英博本〉 (2)滅度之日。(五四)〈旅博本〉	1
060	志＝智		0	(1)志通、志徹＝智通、志徹。(四五)〈英博本〉 (2)智通、志徹。(四五)〈旅博本〉	1
061	見＝現	(1)見今在彼＝現今在彼。(二) (2)即是菩提見＝即是菩提現。(三六)	3	(1)見今在彼＝現今在彼。(二)〈英博本〉 (2)即是菩提見＝即是菩提現。(三六)〈英博本〉	3
062	現＝見	(1)常現在己過＝常見在己過。(三六)	1	(1)常現在己過＝常見在己過。(三六)〈英博本〉 (2)常現在己過＝常見在己過。(三六)〈旅博本〉	1

編號	代用字	敦博本出現的例句	使用次數	英博本與旅博本出現的例句	使用次數
063	與＝汝		0	(1)吾向與說＝吾向汝說。(四)〈英博本〉 (2)與禪師教人＝汝禪師教人。(四十三)〈英博本〉	8
064	汝＝與		0	(1)汝悟無別＝與吾悟無別。(十)〈英博本〉 (2)聽汝善知識＝聽與善知識。(二十)〈英博本〉	5
065	汝＝如		0	(1)今記汝是＝今既如是。(十九)〈英博本〉 (2)今記如是。(十九)〈旅博本〉	1
066	汝＝以		0	(1)汝一大事＝以一大事。(四十三)〈英博本〉 (2)以一大事因緣。(四十三)〈旅博本〉	1
067	以＝汝		0	(1)以心悟自見＝汝心悟自見。(四十四)〈英博本〉 (2)汝心悟自見。(四十四)〈旅博本〉	1
068	如＝而	(1)謂言修福如是道＝謂言修福而是道。(三十三)	1	(1)謂言修福而是□(三十三)〈英博本〉 (2)謂言修福而是道。(三十三)〈旅博本〉	0
069	如＝喻	(1)譬如因緣＝譬喻因緣。(四十三)	1	(1)譬喻內緣。(四十三)〈英博本〉 (2)譬喻因緣。(四十三)〈旅博本〉	0
070	如＝汝		0	(1)吾與如一偈＝吾與汝一偈。(四十八)〈英博本〉 (2)吾與汝一偈。(四十八)〈旅博本〉	1
071	已＝與	(1)便已法達說法華經＝便與法達說法華經。(四十三)	1	(1)便汝法達說法華經(四十三)〈英博本〉 (2)便與法達說法華經。(四十三)〈旅博本〉	0
072	已＝以	(1)從上已來＝從上以來。(十七)	1	(1)從上已來＝從上以來。(十七)〈英博本〉 (2)從上已來＝從上以來。(十七)〈旅博本〉	1

073	074	075	076	077	078	079	080	081	082	083
餘‖除	遇‖愚	思‖愚	遇‖過	愚‖過	除‖餘	識‖息	是‖事	息‖識	事‖是	是‖時
	(1)遇人修福‖愚人修福。(二三) (2)遇人不可迷‖愚人不可悉。(二六)	(1)一念思即般若絕‖一念愚即般若絕。(二六)	(1)不見世間遇‖不見世間過。(二六)			(1)諸人識心‖諸人息心。(五)			(1)此事法達經‖此是法華經。(四二)	
0	2	2	1	0	0	1	0	0	1	0
(1)願自餘迷‖願自除迷。(十二)〈英博本〉 (2)願自除迷。(十二)〈旅博本〉	(1)迷即為遇‖迷即為愚。(十二)〈旅博本〉 (2)遇人不解‖愚人不解。(二三)〈英博本〉	(1)一念愚即般若絕。(二六)〈英博本〉 (2)一念愚即般若絕。(二六)〈旅博本〉		(1)不見世間愚‖不見世間過。(二六)〈英博本〉 (2)不見世間愚‖不見世間過。(二六)〈旅博本〉	(1)除者不得‖餘者不得。(四八)〈英博本〉 (2)餘者不得。(四八)〈旅博本〉	(1)諸人息心。(五)〈英博本〉 (2)諸人息心。(五)〈旅博本〉	(1)生死是大‖生死事大。(八)〈英博本〉 (2)莫知何是‖莫知何事。(二五)〈英博本〉	(1)莫不息法意‖莫不識法意。(十七)〈英博本〉 (2)莫不識法意。(十七)〈旅博本〉	(1)此是法達經。(四二)〈英博本〉 (2)此是法達經。(四二)〈旅博本〉	(1)即是豁然‖即時豁然。(十九)〈英博本〉 (2)即時豁然。(十九)〈旅博本〉
1	2	0	0	1	1	0	4	1	0	1

編號	代用字	敦博本出現的例句	使用次數	英博本與旅博本出現的例句	使用次數
084	門＝問	(1)於堂內門＝於堂內問。(七)	1	(1)於堂內門＝於堂內問。(七)〈英博本〉 (2)弔門錢帛＝弔問錢帛。(五三)〈英博本〉	2
085	問＝聞		0	(1)惠問已＝惠能聞已。(八)〈英博本〉 (2)六祖問已＝六祖聞已。(四二)〈英博本〉	3
086	聞＝問	(1)使君聞＝使君問。(三四)	1	(1)使君聞＝使君問。(三四)〈英博本〉 (2)法海聞言＝法海問言。(五二)〈英博本〉	3
087	門＝聞		0	(1)門此頌意＝聞此頌意。(五三)〈英博本〉 (2)門此頌意＝聞此頌意。(五三)〈旅博本〉	1
088	聞＝文		0	(1)經聞公明＝經文分明。(四二)〈英博本〉 (2)經文分明。(四二)〈旅博本〉	1
089	青＝清		0	(1)佛姓常青淨＝佛性常清淨。(八)〈英博本〉 (2)佛姓常清淨。(八)〈旅博本〉	1
090	清＝情		0	(1)傳教救名清＝傳教救迷情。(四九)〈英博本〉 (2)有清無親對＝有情無情對。(四六)〈英博本〉	1
091	清＝請	(1)清大師說＝請大師說。(四二)	1	(1)請大師說。(四二)〈英博本〉 (2)請大師說。(四二)〈旅博本〉	0
092	親＝情	(1)有情與無親對＝有情與無情對。(四六)	1	(1)有清無親對＝有情無情對。(四六)〈英博本〉	1
093	眾＝種		0	(1)無情無佛眾＝無情無佛種。(四八)〈英博本〉 (2)無情無佛種。(四八)〈旅博本〉	1

094	弟=第	(1)弟一勿迷=第一勿迷。(十三)	1	(1)弟一勿迷=第一勿迷。(十三)〈英博本〉 (2)弟一早來=第一早來。(四十)〈英博本〉	46
095	定=空	(1)莫定心禪=若空心坐禪。(二四)	1	(1)莫定心座=若空心坐禪。(二四)〈英博本〉 (2)莫定心坐=若空心坐禪。(二四)〈旅博本〉	1
096	定=弟		0	(1)南宗定子=南宗弟子。(二六)〈英博本〉 (2)南宗弟子。(二六)〈旅博本〉	1
097	諦=帝		0	(1)梁武諦=梁武帝。(二四)〈英博本〉 (2)梁武帝。(二四)〈旅博本〉	1
098	弟=定		0	(1)弟佛教是非=定佛教是非。(四九)〈英博本〉 (2)定佛教是非。(四九)〈旅博本〉	1
099	空=定	(1)亂與空對=亂與定對。(四六)	1	(1)亂與定對。(四六)〈英博本〉 (2)亂與定對。(四六)〈旅博本〉	0
100	讀=續		0	(1)念念相讀=念念相續。(十七)〈英博本〉 (2)念念相續。(十七)〈旅博本〉	1
101	請=讀	(1)請記=讀訖。(七)	1	(1)請記=讀訖。(七)〈英博本〉 (2)請記=讀訖。(七)〈旅博本〉	1
102	座=坐	(1)座禪元不著心=坐禪原不著心。(十六) (2)念不起為座=念不住為坐。(十九)	3	(1)行住座臥=行住坐臥。(十四)〈英博本〉 (2)座林中=坐林中。(十四)〈英博本〉	11
103	坐=座	(1)迎和尚神坐=迎和尚神座。(五四)	1	(1)迎和尚神座。(五四)〈英博本〉 (2)迎和尚神坐=迎和尚神座。(五四)〈旅博本〉	1
104	到=倒	(1)迷皆自到=悉皆自倒。(二九) (2)須彌自到=須彌自倒。(二五)	2	(1)悉皆自到=悉皆自倒。(二九)〈英博本〉 (2)悉皆自倒。(二九)〈旅博本〉	1

編號	代用字	敦博本出現的例句	使用次數	英博本與旅博本出現的例句	使用次數
105	今＝令	(1)今學道者頓悟＝令學道者頓悟。(三二) (2)今迷者盡＝令迷者盡悟。(四八)	2	(1)今學道者＝令學道者。(三二)〈英博本〉 (2)今後代人＝令後代人。(五三)〈英博本〉	2
106	也＝地		0	(1)即知佛也＝即至佛地。(三二)〈英博本〉 (2)即至佛他(三二)〈旅博本〉	1
107	尚＝向		0		0
108	懸＝縣	(1)堂楊懸玉泉寺＝當陽縣玉泉寺。(三九) (2)曲江懸人也＝曲江縣人也。(三七)	2	(1)黃梅懸＝黃梅縣。(二)〈英博本〉 (2)曲江懸人也＝曲江縣人也。(三七)〈英博本〉	2
109	傍＝旁	(1)左右在傍邊＝左右在旁邊。(三)	1	(1)左右在傍邊＝左右在旁邊。(三)〈英博本〉 (2)左右在傍邊＝左右在旁邊。(三)〈旅博本〉	1
110	求＝救	(1)何可求汝＝何可救汝。(四)	1	(1)何可救汝。(四)〈英博本〉 (2)何可救汝。(四)〈旅博本〉	0
111	白＝自		0	(1)即見白姓＝即見自性。(八)〈英博本〉 (2)識白本＝識自本心。(一六)〈英博本〉	4
112	去＝法	(1)自古傳去＝自古傳法。(九)	1	(1)自古傳法。(九)〈英博本〉 (2)自古傳法。(九)〈旅博本〉	0
113	真＝直	(1)真心是道場＝直心是道場。(一四) (2)平等真心＝平等直心。(二四)	8	(1)真心是淨土＝直心是淨土。(一四)〈英博本〉 (2)真心是淨土＝直心是淨土。(一四)〈旅博本〉	8
114	諂＝諂	(1)莫行心諂曲＝莫心行諂曲。(一四)	1	(1)莫心行諂典＝莫心行諂曲。(一四)〈英博本〉 (2)莫心行諂典＝莫心行諂曲。(一四)〈旅博本〉	1

115	典‖曲		0	(1)莫心行諂典‖莫心行諂曲。(十四)〈英博本〉 (2)直與典對‖直與曲對。(四六)〈英博本〉	2
116	去‖起		0	(1)念上便去耶見‖念上便起邪見。(十七)〈英博本〉 (2)莫去誰妄‖莫起雜妄。(十七)〈英博本〉	2
117	章‖障		0	(1)章自本姓‖障自本性。(十六)〈英博本〉 (2)章自本姓‖障自本性。(十六)〈旅博本〉	1
118	原‖源	(1)本原自性‖本源自性。(十九)	1	(1)本願白姓。(十九)〈英博本〉 (2)本源自性。(十九)〈旅博本〉	0
119	卷‖捲	(1)吹散卷盡‖吹散捲盡。(二十)	1	(1)吹散卷盡‖吹散捲盡。(二十)〈英博本〉 (2)吹散卷盡‖吹散捲盡。(二十)〈旅博本〉	1
120	六‖大	(1)六乘真懺悔‖大乘真懺悔。(廿三)	1	(1)大乘真懺海。(廿三)〈英博本〉 (2)大乘真懺悔。(廿三)〈旅博本〉	0
121	像‖象	(1)萬像參羅‖萬象森羅。(二十)	1	(1)萬像參羅‖萬象森羅。(二十)〈英博本〉 (2)萬像參羅‖萬象森羅。(二十)〈旅博本〉	1
122	當‖尚	(1)當有少疑‖尚有少疑。(廿四)	1	(1)當有少疑‖尚有少疑。(廿四)〈英博本〉 (2)見惠能和當‖見惠能和尚。(四十)〈英博本〉	2
123	曾‖增	(1)不曾不減‖不增不減。(廿六)	1	(1)不增不減。(廿六)〈英博本〉 (2)不增不減。(廿六)〈旅博本〉	0
124	不‖否	(1)法可不‖法可否。(廿四)	1	(1)法可不‖法可否。(廿四)〈英博本〉 (2)法可不‖法可否。(廿四)〈旅博本〉	1
125	自‖白		0	(1)自言‖白言。(四十)〈英博本〉 (2)自言‖白言。(四二)〈英博本〉	3

編號	代用字	敦博本出現的例句	使用次數	英博本與旅博本出現的例句	使用次數
126	辟‖譬	(1)辟如其雨水‖譬如其雨水。(二六)	1	(1)譬如其雨水。(二六)〈英博本〉 (2)譬如其雨水。(二六)〈旅博本〉	0
127	癡‖疑	(1)經上有癡‖經上有疑。(四二) (2)經上無癡‖經上無疑。(四二)	2	(1)經上無癡‖經上無疑。(四二)〈英博本〉 (2)經上有疑。(四二)〈旅博本〉	1
128	化‖花	(1)法雨即化生‖法雨即花生。(四九)	1	(1)地上種化生‖地上種花生。(四九)〈英博本〉 (2)地上種花生。(四九)〈旅博本〉	1
129	花‖化		0	(1)奄然遷花‖奄然遷化。(五三)〈英博本〉 (2)常在花身‖常在化身。(五三)〈英博本〉	4
130	竹‖竺		0	(1)南天竹‖南天竺。(五二)〈英博本〉 (2)南天竺。(五二)〈旅博本〉	1
131	僧‖曾		0	(1)實未僧轉‖實未曾轉。(四二)〈英博本〉 (2)實未曾轉。(四二)〈旅博本〉	1
132	重‖種		0	(1)人自雨重‖人自兩種。(三五)〈英博本〉 (2)人自雨種。(三五)〈旅博本〉	1
133	郍‖那	(1)富郍奢第十七‖富那奢第十七。(五二)	11	(1)富郍奢‖富那奢。(五二)〈英博本〉 (2)富郍奢‖富那奢。(五二)〈旅博本〉	11
134	相‖想		0	(1)相蔭‖想蔭。(四五)〈英博本〉 (2)想蔭。(四五)〈旅博本〉	1
135	未‖味		0	(1)香未獨法‖香味觸法。(四五)〈英博本〉 (2)香味觸法。(四五)〈旅博本〉	1

編號	代用字	例句	次數	例句	次數
136	油‖由		0	(1)油自性‖由自性。(四五)〈英博本〉 (2)由自性。(四五)〈旅博本〉	2
137	竟‖境	(1)外竟無情‖外境無情。(四六)	1	(1)外境無情。(四六)〈英博本〉 (2)外境無情。(四六)〈旅博本〉	0
138	因‖恩	(1)國因寺造塔‖國恩寺造塔。(四八)	1	(1)國恩寺造塔。(四八)〈英博本〉 (2)國恩寺造塔。(四八)〈旅博本〉	0
139	差‖嗟	(1)差嘆善哉‖嗟嘆善哉。(三七)	1	(1)嗟嘆善哉。(三七)〈英博本〉 (2)嗟嘆善哉。(三七)〈旅博本〉	0
140	旨‖指	(1)直旨見路‖直指見路。(四十)	1	(1)直旨路‖直指見路。(四十)〈英博本〉 (2)直旨見路‖直指見路。(四十)〈旅博本〉	1
141	指‖旨		0	(1)若論宗指‖若論宗旨。(三六)〈英博本〉 (2)若論宗旨。(三六)〈旅博本〉	1
142	惟‖維	(1)神秀思惟‖神秀思維。(六)	1	(1)神秀思惟‖神秀思維。(六)〈英博本〉 (2)神秀思惟‖神秀思維。(六)〈旅博本〉	1
143	記‖訖	(1)請記‖讀訖。(七)	1	(1)請記‖讀訖。(七)〈英博本〉 (2)請記‖讀訖。(七)〈旅博本〉	1
144	鏡‖境		0	(1)不染萬鏡‖不染萬境。(十七)〈英博本〉 (2)於自念上雜鏡‖於自念上離境。(十七)〈英博本〉	7
145	耶‖邪		0	(1)汝心自耶‖汝心自邪。(四二)〈英博本〉 (2)心耶法華轉‖心邪法華轉。(四二)〈英博本〉	3
146	解‖觸	(1)只緣境解，解即亂‖只緣境觸，觸即亂。(十九)	2	(1)只緣境觸，觸即亂。(十九)〈英博本〉 (2)只緣境觸，觸即亂。(十九)〈旅博本〉	0

編號	代用字	敦博本出現的例句	使用次數	英博本與旅博本出現的例句	使用次數
147	既‖記		0	(1)無既空‖無記空。(二四)〈英博本〉	1
148	即‖既	(1)今即發四弘誓願‖今既發四弘誓願。(二一)	1	(1)今既發四弘誓願。(二一)〈英博本〉 (2)今既發四弘誓願。(二一)〈旅博本〉	0
149	記‖既	(1)今記如是‖今既如是。(二九)	1	(1)今記汝是‖今既如是。(二九)〈英博本〉 (2)今記如是‖今既如是。(二九)〈旅博本〉	1
150	堂‖當	(1)堂楊懸‖當陽縣。(三九)	1	(1)堂陽縣‖當陽縣。(三九)〈英博本〉 (2)堂陽縣‖當陽縣。(三九)〈旅博本〉	1
151	符‖府		0	(1)南荊符‖江陵府。(三九)〈英博本〉 (2)南荊府。(三九)〈旅博本〉	1
152	燈‖證		0	(1)慈悲燈名‖慈悲證明。(三一)〈英博本〉 (2)慈悲證明。(三一)〈旅博本〉	1
153	比‖北	(1)比秀‖北秀。(三九)	1	(1)比秀‖北秀。(三九)〈英博本〉 (2)比秀‖北秀。(三九)〈旅博本〉	2
154	性‖姓		0	(1)性名‖姓名。(三八)〈英博本〉 (2)姓名。(三八)〈旅博本〉	1
155	城‖誠		0	(1)志城聞法‖志誠聞法。(四十)〈英博本〉 (2)志城曰‖志誠曰。(四一)〈英博本〉	5
156	散‖教		0	(1)願當散示‖願當教示。(四十)〈英博本〉 (2)願當散示‖願當教示。(四十)〈旅博本〉	1

157	放‖於	(1)雨放大海‖雨於大海。(二八)	1	(1)雨放大海‖雨於大海。(二八)〈英博本〉 (2)雨放大海‖雨於大海。(二八)〈旅博本〉	1
158	縛‖傳		0	(1)然須縛受‖然須傳授。(三一)〈英博本〉 (2)然須傳受。(三一)〈旅博本〉	1
159	當‖常	(1)當離法照相‖常離法相。(四一) (2)當誦妙法蓮華經‖常誦妙法蓮華經。(四二)	2	(1)當離法相‖常離法相。(四一)〈英博本〉 (2)當離法相‖常離法相。(四一)〈旅博本〉	1
160	訟‖頌		0	(1)無相訟‖無相頌。(三一)〈英博本〉 (2)無相訟‖無相頌。(三一)〈旅博本〉	1
161	联‖朕	(1)联一生已來‖朕一生以來。(三四)	1	(1)朕一生未來。(三四)〈英博本〉 (2)朕一生已來。(三四)〈旅博本〉	0
162	佛‖佛		0	(1)佛土淨‖佛土淨。(三五)〈英博本〉 (2)佛土淨。(三五)〈旅博本〉	0
163	禪‖彈	(1)到如禪指‖到如彈指。(三五)	1	(1)到如禪指‖到如彈指。(三五)〈英博本〉 (2)到如禪指‖到如彈指。(三五)〈旅博本〉	1
164	遍‖遞	(1)遍相付囑‖遞相付囑。(二八)	1	(1)遍相付囑‖遞相付囑。(二八)〈英博本〉 (2)遍相付囑‖遞相付囑。(二八)〈旅博本〉	1
165	道‖遂	(1)道告門人‖遂告門人。(五三)	1	(1)遂告門人。(五三)〈英博本〉 (2)遂告門人。(五三)〈旅博本〉	0
166	轉‖傳		0	(1)衣不合轉‖衣不合傳。(四九)〈英博本〉 (2)衣不合轉‖衣不合傳。(四九)〈旅博本〉	1
167	坦‖但	(1)坦依法修行‖但依法修行。(五三)	1	(1)但衣法修行。(五三)〈英博本〉 (2)但依法修行。(五三)〈旅博本〉	0

編號	代用字	敦博本出現的例句	使用次數	英博本與旅博本出現的例句	使用次數
168	舍＝含	(1)心地舍情種＝心地含情種。(四九)	1	(1)心地含情種。(四九)〈英博本〉 (2)心地含情種。(四九)〈旅博本〉	0
169	漈＝際		0	(1)道漈無常＝道際無常。(五五)〈英博本〉 (2)道漈無常＝道際無常。(五五)〈旅博本〉	2
170	因＝田	(1)末因地第十＝末田地第十。(五二)	1	(1)未因地弟十＝末田地第十。(五二)〈英博本〉 (2)未因地弟十＝末田地第十。(五二)〈旅博本〉	1
171	椈＝鞠		0	(1)優婆椈多＝優婆鞠多。(五二)〈英博本〉 (2)優婆掬多。(五二)〈旅博本〉	1
172	密＝蜜	(1)佛陀密多＝佛陀蜜多。(五二)	1	(1)佛陀蜜多。(五二)〈英博本〉 (2)佛陀蜜多。(五二)〈旅博本〉	0
173	蜜＝密	(1)令智蜜意＝令知密意。(五七)	1	(1)令智蜜意＝令知密意。(五七)〈英博本〉 (2)令知蜜意(五七)〈旅博本〉	1
174	摩＝魔		0	(1)摩在舍＝魔在舍。(五三)〈英博本〉 (2)魔在舍。(五三)〈旅博本〉	4
175	林＝材	(1)林量不得＝材（裁）量不得。(五七)	1	(1)林量不得＝材（裁）量不得。(五七)〈英博本〉 (2)林量不得＝材（裁）量不得。(五七)〈旅博本〉	1
176	公＝分		0	(1)經聞公明＝經文分明。(四三)〈英博本〉 (2)經文分明。(四三)〈旅博本〉	1
177	敬＝教		0	(1)望為敬示＝望為教示。(四三)〈英博本〉 (2)望為敬示＝望為教示。(四三)〈旅博本〉	1

178	獨‖觸		0	(1)獨法‖觸法。(四五)〈英博本〉 (2)觸法。(四五)〈旅博本〉	1
179	檀‖壇		0	(1)不禀授檀經‖不禀受壇經。(四七)〈英博本〉 (2)不禀受壇經。(四七)〈旅博本〉	1
180	矩‖短	(1)長與矩對‖長與短對。(四八)	1	(1)長與短對。(四八)〈英博本〉 (2)長與短對。(四八)〈旅博本〉	0
181	迎‖遞		0	(1)迎相教授‖遞相教授。(四七)〈英博本〉	4
182	大‖陀		0	(1)阿彌大佛‖阿彌陀佛。(三五)〈英博本〉 (2)阿彌陀佛。(三五)〈旅博本〉	1
183	起‖去	(1)難起在後弘化‖難去在後弘化。(十)	1	(1)難去在後弘化。(十)〈英博本〉 (2)難起在後弘化‖難去在後弘化。(十)〈旅博本〉	1
184	後‖發		0		0
185	省‖有	(1)七十省六‖七十有六。(五三)	1	(1)七十有六。(五三)〈英博本〉 (2)七十有六。(五三)〈旅博本〉	0
186	度‖發	(1)度誓修行‖發誓修行。(五七)	1	(1)度誓修行‖發誓修行。(五七)〈英博本〉 (2)度誓修行‖發誓修行。(五七)〈旅博本〉	1
187	保‖報	(1)今保世間學道者‖今報世間學道者。(五三)	1	(1)今保世間‖今報世間。(五三)〈英博本〉 (2)今保世間‖今報世間。(五三)〈旅博本〉	1
188	違‖建	(1)違立不得‖建立不得。(五七)	1	(1)違立不德‖建立不得。(五七)〈英博本〉 (2)違立不得‖建立不得。(五七)〈旅博本〉	1

編號	代用字	敦博本出現的例句	使用次數	英博本與旅博本出現的例句	使用次數
189	葉＝業	(1)宿葉有緣＝宿業有緣。(二) (2)宿葉障重＝宿業障重。(六)	4	(1)宿葉有緣＝宿業有緣。(二)〈英博本〉 (2)宿葉障重＝宿業障重。(六)〈英博本〉	4
190	諸＝知		0	(1)今諸蜜意＝今知密意。(二七)〈英博本〉 (2)今知蜜意。(二七)〈旅博本〉	1
191	著＝差	(1)遂著惠能＝遂差惠能。(三)	1	(1)遂差惠能。(三)〈英博本〉 (2)遂差惠能。(三)〈旅博本〉	0
192	看＝著	(1)於外看境＝於外著境。(二十)	1	(1)於外看敬＝於外著境。(二十)〈英博本〉 (2)於外看境＝於外著境。(二十)〈旅博本〉	1
193	提＝題		0	(1)壁上提著＝壁上題著。(八)〈英博本〉 (2)壁上題著。(八)〈旅博本〉	1
194	修＝終	(1)修不得法＝終不得法。(六) (2)修不免諍＝終不免諍。(三八)	2	(1)修不兌諍＝終不免諍。(三八)〈英博本〉 (2)修不兌諍＝終不免諍。(三八)〈旅博本〉	2
195	啟＝契	(1)即啟本心＝即契本心。(四十) (2)便啟本心＝便契本心。(四十)	2	(1)即契本心。(四十)〈英博本〉 (2)即契本心。(四十)〈旅博本〉	0
196	疾＝悉		0	(1)邪正疾不用＝邪正悉不用。(三六)〈英博本〉 (2)邪正悉不用。(三六)〈旅博本〉	1
197	竟＝覺	(1)入竟知見＝入覺知見。(四二)	1	(1)入覺知見。(四二)〈英博本〉 (2)入覺知見。(四二)〈旅博本〉	0
198	德＝得		0	(1)德生彼否＝得生彼否。(三五)〈英博本〉 (2)聽德意旨＝聽得意旨。(四十)〈英博本〉	5

199	200	201	202	203	204	205	206	207	208	209
達‖華	元‖無	元‖原	求‖久	幸‖行	犯‖把	聽‖體	嘿‖默	有‖憂	由‖猶	說‖訖
(1)法達經一乘法‖法華經一乘法。(四二)		(1)元是龍王‖原是龍王。(二六)· (2)元來在‖原來在。(三三)			(1)犯打神會‖把打神會。(四四)	(1)自聽與受無相戒‖自體與受無相戒。(二十)	(1)嘿然而付衣法‖默然而付衣法。(三三)	(1)更有阿誰‖更憂阿誰。(四八)	(1)由如虛空‖猶如虛空。(二五)	(1)發四弘誓願說‖發四弘誓願訖。(三三)
1	0	9	0	0	1	1	1	1	2	1
(1)法達經一乘法‖法華經一乘法。(四二)〈英博本〉 (2)法達經一乘法‖法華經一乘法。(四二)〈旅博本〉	(1)元不悟者‖無不悟者。(四二)〈英博本〉 (2)元不悟者‖無不悟者。(四二)〈旅博本〉	(1)元是龍王‖原是龍王。(二六)〈英博本〉 (2)元不著心‖原不著心。(十六)〈旅博本〉	(1)不求住世‖不久住世。(四九)〈英博本〉 (2)不久住世。(四九)〈旅博本〉	(1)萬幸俱備‖萬行俱備。(四三)〈英博本〉 (2)萬行俱備。(四三)〈旅博本〉	(1)把打神會。(四四)〈英博本〉 (2)把打神會。(四四)〈旅博本〉	(1)性聽無生無滅‖性體無生無滅。(四八)〈英博本〉 (2)性聽無生無滅‖性體無生無滅。(四八)〈旅博本〉	(1)嘿然而付於法‖默然而付衣法。(三三)〈英博本〉 (2)嘿然而付於法‖默然而付衣法。(三三)〈旅博本〉	(1)更有阿誰‖更憂阿誰。(四八)〈英博本〉 (2)更有阿誰‖更憂阿誰。(四八)〈旅博本〉	(1)由如虛空‖猶如虛空。(二五)〈英博本〉 (2)由如虛空‖猶如虛空。(二五)〈旅博本〉	(1)發四弘誓願訖。(三三)〈英博本〉 (2)發四弘誓願訖。(三三)〈旅博本〉
1	1	8	1	1	0	1	1	1	2	2

編號	代用字	敦博本出現的例句	使用次數	英博本與旅博本出現的例句	使用次數
210	但‖達	(1)如何得但‖如何得達。(二五)	1	(1)如何得達。(二五)〈英博本〉 (2)如何得達。(二五)〈旅博本〉	0
211	何‖前	(1)從何西行‖從前惡行。(三) (2)除卻從何‖除卻從前。(三)	2	(1)除卻從前。(三)〈英博本〉 (2)除卻從前。(三)〈旅博本〉	0
212	雨‖兩		0	(1)人自雨種‖人自兩種。(二五)〈英博本〉 (2)人自雨種‖人自兩種。(二五)〈旅博本〉	1
213	來‖未		0	(1)來悟自性‖未悟自性。(二九)〈英博本〉 (2)未悟自性。(二九)〈旅博本〉	1
214	深‖心		0	(1)悟解深開‖悟解心開。(三十)〈英博本〉 (2)悟解心開。(三十)〈旅博本〉	1
215	願‖源		0	(1)本願自姓‖本源自性。(三十)〈英博本〉 (2)本源自性。(三十)〈旅博本〉	2
216	順‖須		0	(1)道順通流‖道須通流。(十四)〈英博本〉 (2)道須通流。(十四)〈旅博本〉	1

南宗頓教最上大乘摩訶般若波羅蜜經六祖惠能大師於韶州大梵寺施法壇經一卷

兼授無相戒　弘法弟子法海集記

黃連忠校訂

【第一折】

惠能大師於大梵寺講堂中，昇高座，說摩訶般若波羅蜜法，授無相戒。其時座下僧尼、道俗一萬餘人，韶州刺史韋據及諸官僚三十餘人，儒士三十餘人，同請大師說摩訶般若波羅蜜法。刺史遂令門人僧法海集記，流行後代，與學道者承此宗旨，遞相傳授，有所依約，以為稟承，說此《壇經》。

【第二折】

能大師言：「善知識！淨心念摩訶般若波羅蜜法。」

大師不語，自淨心神，良久乃言：「善知識靜聽：惠能慈父，本官范陽，左降遷流嶺南，作新州百姓。惠能幼小，父亦早亡。老母孤遺，移來南海。艱辛貧乏，於市賣柴。忽有一客買柴，遂領惠能至於官店，客將柴去。惠能得錢，卻向門前，忽見一客讀《金剛經》。惠能一聞，心明便悟。乃問客曰：『從何處來，持此經典？』客答曰：『我於蘄州黃梅縣東馮茂山，禮拜五祖弘忍和尚，現今在彼，門人有千餘眾。我於彼聽見大師勸道俗，但持《金剛經》一卷，即得見性，直了成佛。』惠能聞說，宿業有緣，便即辭親，往黃梅馮茂山禮拜五祖弘忍和尚。」

【第三折】

弘忍和尚問惠能曰：「汝何方人？來此山禮拜吾，汝今向吾邊，復求何物？」

惠能答曰：「弟子是嶺南人，新州百姓，今故遠來禮拜和尚，不求餘物，唯求作佛。」

大師遂責惠能曰：「汝是嶺南人，又是獦獠，若為堪作佛？」

惠能答曰：「人即有南北，佛性即無南北；獦獠身與和尚不同，佛性有何差別？」

大師欲更共語，見左右在旁邊，大師便不言，遂發遣惠能令隨眾作務。時有一行者，遂差惠能於碓坊踏碓八個餘月。

【第四折】

五祖忽於一日喚門人盡來，門人集訖。五祖曰：「吾向汝說，世人生死事大。汝等門人，終日供養，只求福田，不求出離生死苦海。汝等自性迷，福門何可救汝？汝等且歸房自看，有智慧者，自取本性般若之智，各作一偈呈吾。吾看汝偈，若悟大意者，付汝衣法，稟為六代。火急作！」

【第五折】

門人得處分，卻來各至自房，遞相謂言：「我等不須澄心用意作偈，將呈和尚。神秀上座是教授師，秀上座得法後，自可依止，偈不用作！」諸人息心，盡不敢呈偈。

時大師堂前有三間房廊，於此廊下供養，欲畫楞伽變，並畫五祖大師傳授衣法流行後代為記。畫人盧珍看壁了，明日下手。

【第六折】

上座神秀思惟，諸人不呈心偈，緣我為教授師，我若不呈心偈，五祖如何得見我心中見解深淺？我將心偈上五祖呈意，求法即善，覓祖不善，卻同凡心奪其聖位。若不呈心偈，終不得法。良久思惟，甚難甚難！夜至三更，不令人見，遂向南廊下中間壁上題作呈心偈，欲求衣法。若五祖見偈，言此偈語，若訪覓我，我見和尚，即云是秀作。五祖見偈言不堪，自是我迷，宿業障重，不合得法，聖意難測，我心自息。秀上座三更於南廊下中間壁上秉燭題作偈，人盡不知。偈曰：

身是菩提樹，心如明鏡臺。時時勤拂拭，莫使有塵埃。

【第七折】

神秀上座題此偈畢，卻歸房臥，並無人見。

五祖平旦，遂喚盧供奉來南廊下，畫楞伽變。五祖忽見此偈，讀訖，乃謂供奉曰：「弘忍與供奉錢三十千，深勞遠來，不畫變相也。金剛經云：『凡所有相，皆是虛妄。』不如留此偈，令迷人誦。依此修行，不墮三惡；依法修行，有大利益。」

大師遂喚門人盡來，焚香偈前，眾人見已，皆生敬心。弘忍曰：「汝等盡誦此偈者，方得見性，依此修行，即不墮落。」門人盡誦，皆生敬心，喚言善哉！

五祖遂喚秀上座於堂內，問：「是汝作偈否？若是汝作，應得我法。」

秀上座言：「罪過！實是神秀作。不敢求祖，願和尚慈悲，看弟子有小智慧識大意否？」

五祖曰：「汝作此偈，見解只到門前，尚未得入。凡夫依此偈修行，即不墮落；作此見解，若覓無上菩提，即不可得。要入得門，見自本性。汝且去，一兩日思惟，更作一偈來呈吾，若入得門，見自本性，當付汝衣法。」秀上座去數日，作偈不得。

【第八折】

有一童子，於碓坊邊過，唱誦此偈。惠能一聞，知未見性，即識大意。能問童子：「適來誦者，是何言偈？」

童子答能曰：「你不知大師言生死事大，欲傳衣法，令門人等各作一偈來呈吾看，悟大意，即付衣法，稟為六代祖。有一上座名神秀，忽於南廊下書無相偈一首，五祖令諸門人盡誦，悟此偈者，即見自性；依此修行，即得出離。」

惠能答曰：「我此踏碓八個餘月，未至堂前，望上人引惠能至南廊下，見此偈禮拜，亦願誦取，結來生緣，願生佛地。」

童子引能至南廊下，能即禮拜此偈。為不識字，請一人讀。惠能聞已，即識大意。惠能亦作一偈，又請得一解書人，於西間壁上題著，呈自本心，不識本心，學法無益，識心見性，即悟大意。惠能偈曰：

菩提本無樹，明鏡亦無臺。佛性常清淨，何處有塵埃？

又偈曰：

身是菩提樹，心為明鏡臺。明鏡本清淨，何處染塵埃？

院內徒眾，見能作此偈，盡怪，惠能卻入碓坊。

五祖忽來廊下，見惠能偈，即知識大意。恐眾人知，五祖乃謂眾人曰：「此亦未得了。」

【第九折】

五祖夜至三更，喚惠能堂內，說《金剛經》。惠能一聞，言下便悟。其夜受法，人盡不知，便傳頓教法及衣，以為六代祖。衣將為信稟，代代相傳；法以心傳心，當令自悟。五祖言：「惠能！自古傳法，氣如懸絲！若住此間，有人害汝，汝即須速去。」

【第十折】

能得衣法，三更發去。五祖自送能至九江驛，登時便別，五祖處分：「汝去，努力將法向南，三年勿弘此法，難去在後弘化，善誘迷人，若得心開，與吾悟無別。」辭違已了，便發向南。

【第十一折】

兩月中間，至大庾嶺，不知向後有數百人來，欲擬捉惠能，奪衣法，來至半路，盡總卻迴。唯有一僧，姓陳名惠順，先是三品將軍，性行粗惡，直至嶺上，來趁把著，惠能即還法衣，又不肯取。惠順曰：「我故遠來求法，不要其衣。」能於嶺上，便傳法惠順，惠順得聞，言下心開，能使惠順即卻向北化人。

【第十二折】

惠能來於此地，與諸官僚道俗，亦有累劫之因。教是先聖所傳，不是惠能自知。願聞先聖教者，各須淨心，聞了願自除迷，如先代悟。（下是法）

惠能大師喚言：「善知識！菩提般若之智，世人本自有之，即緣心迷，不能自悟，須求大善知識示道見性。善知識！愚人智人，佛性本亦無差別，只緣迷悟，迷即為愚，悟即成智。」

【第十三折】

善知識！我此法門，以定慧為本。第一勿迷，言慧定別，定慧體一不二。即定是慧體，即慧是定用。即慧之時定在慧，即定之時慧在定。善知識！此義即是定慧等。學道之人作意，莫言先定發慧，先慧發定，定慧各別。作此見者，法有二相，口說善，心不善，慧定不等；心口俱善，內外一種，定慧即等。自悟修行，不在口諍。若諍先後，即是迷人。不斷勝負，卻生法我，不離四相。

【第十四折】

一行三昧者，於一切時中，行、住、坐、臥，常行直心是。《淨名經》云：「直心是道場，直心是淨土。」莫心行諂曲，口說法直，口說一行三昧，不行直心，非佛弟子。但行直心，於一切法上，無有執著，名一行三昧。迷人著法相，執一行三昧，直言坐不動，除妄不起心，即是一行三昧。若如是，此法同無情，卻是障道因緣。道須通流，何以卻滯？心不住法，道即通流，住即被縛。若坐不動是，維摩詰不合呵舍利弗宴坐林中。善知識！又見有人教人坐，看心看淨，不動不起，從此置功。迷人不悟，便執成顛，即有數百般如此教道者，故知大錯。

【第十五折】

善知識！定慧猶如何等？如燈光，有燈即有光，無燈即無光。燈是光之體，光是燈之用。

名即有二，體無兩般。此定慧法，亦復如是。

【第十六折】

善知識！法無頓漸，人有利鈍。迷即漸勸，悟人頓修。識自本心，是見本性，悟即原無差別，不悟即長劫輪迴。

【第十七折】

善知識！我此法門，從上以來，頓漸皆立無念為宗，無相為體，無住為本。何名無相？無相者，於相而離相；無念者，於念而不念；無住者，為人本性，念念不住，前念、今念、後念，念念相續，無有斷絕。若一念斷絕，法身即離色身。念念時中，於一切法上無住。一念若住，念念即住，名繫縛。於一切法上，念念不住，即無縛也，是以無住為本。

善知識！外離一切相，是無相。但能離相，性體清淨，是以無相為體，於一切境上不染，名為無念。於自念上離境，不於法上生念。莫百物不思，念盡除卻，一念斷即無，別處受生。學道者用心，莫不識法意。自錯尚可，更勸他人迷，不見自迷，又謗經法，是以立無念為宗。

即緣迷人於境上有念，念上便起邪見，一切塵勞妄念從此而生。然此教門立無念為宗，世人離境，不起於念，若無有念，無念亦不立。無者無何事？念者念何物？無者，離二相諸塵勞；念者，念真如本性。真如是念之體，念是真如之用。自性起念，雖即見聞覺知，不染萬境，而常自在。《維摩經》云：「外能善分別諸法相，內於第一義而不動。」

【第十八折】

善知識！此法門中，坐禪原不著心，亦不著淨，亦不言不動。若言看心，心原是妄，妄如幻故，無所看也。若言看淨，人性本淨，為妄念故，蓋覆真如。離妄念，本性淨。不見自性本淨，起心看淨，卻生淨妄，妄無處所。故知看者，看卻是妄也。淨無形相，卻立淨相，言是功夫，作此見者，障自本性，卻被淨縛。若修不動者，不見一切人過患，即是自性不動。迷人自身不動，開口即說人是非，與道違背。看心看淨，卻是障道因緣。

【第十九折】

今既如是，此法門中，何名坐禪？此法門中，一切無礙，外於一切境界上念不住為坐，見本性不亂為禪。何名為禪定？外離相曰禪，內不亂曰定。外若離相，內性不亂。本性自淨曰定，只緣境觸，觸即亂，離相不亂即定。外離相即禪，內不亂即定，外禪內定，故名禪定。《維摩經》云：「即時豁然，還得本心。」《梵網菩薩戒經》云：「本源自性清淨。」善知識！見自性自淨，自修自作自性法身，自行佛行，自作自成佛道。

【第二十折】

善知識！總須自體與受無相戒。一時，逐惠能口道，令善知識見自三身佛：

於自色身，歸依清淨法身佛；

於自色身，歸依千百億化身佛；

於自色身，歸依當身圓滿報身佛。（以上三唱）

色身是舍宅，不可言歸，向者三身佛在自法性，世人盡有，為迷不見，外覓三身如來，不見自色身中三身佛。善知識！聽與善知識說，令善知識於自色身見自法性有三身佛，此三身佛從自性上生。

何名清淨法身佛？善知識！世人性本自淨，萬法在自性。思量一切惡事，即行於惡行；思量一切善事，便修於善行。知如是一切法盡在自性，自性常清淨，日月常明。只為雲覆蓋，上明下暗，不能了見日月星辰，忽遇慧風吹散捲盡雲霧，萬象森羅，一時皆現。世人性淨，猶如清天。慧如日，智如月，智慧常明。於外著境，妄念浮雲蓋覆，自性不能明故。遇善知識，開真正法，吹卻迷妄，內外明澈，於自性中，萬法皆現。一切法在自性，名為清淨法身。自歸依者，除不善心及不善行，是名歸依。

何名為千百億化身佛？不思量，性即空寂；思量，即是自化。思量惡法，化為地獄；思量善法，化為天堂。思量毒害，化為畜生；思量慈悲，化為菩薩。思量智慧，化為上界；思量愚癡，化為下方。自性變化甚多，迷人自不知見。一念善，智慧即生，此名自性化身佛。

何名為圓滿報身佛？一燈能除千年暗，一智能滅萬年愚。莫思向前，常思於後，常後念善，名為報身。一念惡，報卻千年善心；一念善，報卻千年惡滅。無常以來，後念善，名為報身。

從法身思量，即是化身；念念善，即是報身。自悟自修，即名歸依也。皮肉是色身，色身是舍宅，不在歸依也。但悟三身，即識大意。

【第二十一折】

今既自歸依三身佛已，與善知識發四弘大願。善知識！一時逐惠能道：

眾生無邊誓願度，

煩惱無邊誓願斷，

法門無邊誓願學，

無上佛道誓願成。（三唱）

善知識！眾生無邊誓願度，不是惠能度，善知識心中眾生，各於自身自性自度。何名自性自度？自色身中，邪見煩惱，愚癡迷妄，自有本覺性。只本覺性，將正見度。既悟正見般若之智，除卻愚癡迷妄。眾生各各自度，邪來正度，迷來悟度，愚來智度，惡來善度，煩惱來菩提度，如是度者，是名真度。煩惱無邊誓願斷，自心除虛妄。法門無邊誓願學，學無上正法。無上佛道誓願成，常下心行，恭敬一切，遠離迷執，覺智生般若，除卻迷妄，即自悟佛道成，行誓願力。

【第二十二折】

今既發四弘誓願訖，與善知識授無相懺悔，滅三世罪障。大師言：善知識！

前念後念及今念，念念不被愚迷染。

從前惡行一時除，自性若除即是懺。

前念後念及今念，念念不被愚癡染。

除卻從前矯誑心，永斷名為自性懺。

前念後念及今念，念念不被疽疾染。

除卻從前嫉妒心，自性若除即是懺。（以上三唱）

善知識！何名懺悔？懺者終身不作，悔者知於前非。惡業恆不離心，諸佛前口說無益，我此法門中，永斷不作，名為懺悔。

【第二十三折】

今既懺悔已，與善知識授無相三歸依戒。大師言：「善知識！歸依覺，兩足尊；歸依正，離欲尊；歸依淨，眾中尊。從今以後，稱佛為師，更不歸依邪迷外道，願自三寶慈悲證明。善知識！惠能勸善知識歸依三寶。佛者，覺也；法者，正也；僧者，淨也。自心歸依覺，邪迷不生，少欲知足，離財離色，名兩足尊。自心歸依正，念念無邪故，即無愛著，以無愛著，名離欲尊。自心歸依淨，一切塵勞妄念，雖在自性，自性不染著，名眾中尊。凡夫不解，從日至日，受三歸依戒。若言歸佛，佛在何處？若不見佛，即無所歸；既無所歸，言卻是妄。善知識！各自觀察，莫錯用意，經中只言自歸依佛，不言歸依他佛。自性不歸，無所依處。」

【第二十四折】

今既自歸依三寶，總各各至心，與善知識說摩訶般若波羅蜜法。善知識雖念不解，惠能與說，各各聽。

摩訶般若波羅蜜者，西國梵語，唐言大智慧到彼岸。此法須行，不在口念。口念不行，如幻如化。修行者，法身與佛等也。何名摩訶？摩訶者是大。心量廣大，猶如虛空。若空心坐禪，即落無記空。虛空能含日月星辰大地山河，一切草木，惡人善人，惡法善法，天堂地獄，盡在空中，世人性空，亦復如是。

【第二十五折】

性含萬法是大，萬法盡是自性。見一切人及非人，惡之與善，惡法善法，盡皆不捨，不可染著，猶如虛空，名之為大，此是摩訶行。迷人口念，智者心行。又有迷人，空心不思，名之為大，此亦不是。心量廣大，不行是小。莫口空說，不修此行，非我弟子。

【第二十六折】

何名般若？般若是智慧。一切時中，念念不愚，常行智慧，即名般若行。一念愚即般若絕，一念智即般若生。世人心中常愚，自言我修般若。般若無形相，智慧性即是。何名波羅蜜？此是西國梵音，唐言彼岸到。解義離生滅，著境生滅起。如水有波浪，即是於此岸；離境無生滅，如水永長流，故即名到彼岸，故名波羅蜜。迷人口念，智者心行。當念時有妄，有妄即非真有；念念若行，是名真有。悟此法者，悟般若法，修般若行。不修即凡，一念修行，法身等佛。

善知識！即煩惱是菩提。前念迷即凡，後念悟即佛。善知識！摩訶般若波羅蜜，最尊、最上、第一，無住、無去、無來。三世諸佛從中出，將大智慧到彼岸，打破五陰煩惱塵勞，最尊、最上、第一。讚最上乘法，修行定成佛。無去、無住、無來往，是定慧等，不染一切法，三世諸佛從中變三毒為戒定慧。

【第二十七折】

善知識！我此法門，從一般若生八萬四千智慧。何以故？為世人有八萬四千塵勞，若無塵勞，般若常在，不離自性。悟此法者，即是無念、無憶、無著。莫起雜妄，即自是真如性。用智慧觀照，於一切法不取不捨，即見性成佛道。

【第二十八折】

善知識！若欲入甚深法界，入般若三昧者，直須修般若波羅蜜行，但持《金剛般若波羅蜜經》一卷，即得見性，入般若三昧。當知此人功德無量，經中分明讚嘆，不能具說。此是最上乘法，為大智上根人說。小根之人若聞法，心不生信。何以故？譬如大龍，若下大雨，雨於閻浮提，城邑聚落，悉皆漂流，如漂草葉；若下大雨，雨於大海，不增不減。若大乘者，聞說《金剛經》，心開悟解。故知本性自有般若之智，自用智慧觀照，不假文字。譬如其雨水，不從天有，原是龍王於江海中，將身引此水，令一切眾生，一切草木，一切有情無情，悉皆蒙潤。諸水眾流，卻入大海，海納眾水，合為一體。眾生本性般若之智，亦復如是。

【第二十九折】

小根之人，聞說此頓教，猶如大地草木根性自小者，若被大雨一沃，悉皆自倒，不能增長。小根之人，亦復如是。有般若之智，與大智之人亦無差別。因何聞法即不悟？緣邪見障重，煩惱根深，猶如大雲，蓋覆於日，不得風吹，日無能現。般若之智，亦無大小，為一切眾生，自有迷心，外修覓佛，未悟自性，即是小根人。聞其頓教，不信外修，但於自心，令自本性常起正見，一切邪見煩惱，塵勞眾生，當時盡悟，猶如大海，納於眾流，小水大水，合為一體，即是見性。內外不住，來去自由，能除執心，通達無礙，心修此行，即與《般若波羅蜜經》本無差別。

【第三十折】

一切經書及文字，小大二乘，十二部經，皆因人置，因智慧性故，故然能建立。我若無世人，一切萬法本亦不有。故知萬法本從人興，一切經書因人說有。緣在人中有愚有智，愚為小人，智為大人。迷人問於智者，智人與愚人說法，令使愚者悟解心開。迷人若悟解心開，與大智人無別。故知不悟，即佛是眾生；一念若悟，即眾生是佛。故知一切萬法，盡在自身心中，何不從於自心頓見真如本性？《梵網菩薩戒經》云：「本源自性清淨。」識心見性，自成佛道。《維摩經》云：「即時豁然，還得本心。」

【第三十一折】

善知識！我於忍和尚處，一聞言下大悟，頓見真如本性。是故以頓悟教法流行後代，令學道者頓悟菩提，各自觀心，令自本性頓悟。若不能自悟者，須覓大善知識示道見性。

何名大善知識？解最上乘法，直示正路，是大善知識，是大因緣。所為示道，令得見性。一切善法，皆因大善知識能發起故。三世諸佛十二部經，在人性中本自具有。不能自悟，須得善知識示道見性。若自悟者，不假外求善知識。若取外求善知識望得解脫，無有是處。識自心內善知識，即得解脫。若自心邪迷，妄念顛倒，外善知識即有教授，救不可得。汝若不得自悟，當起般若觀照，剎那間妄念俱滅，即是自真正善知識，一悟即至佛地。自性心地，以智慧觀照，內外明徹，識自本心。若識本心，即是解脫。既得解脫，即是般若三昧。悟般若三昧，即是無念。

何名無念？無念法者，見一切法，不著一切法；遍一切處，不著一切處。常淨自性，使六賊從六門走出，於六塵中不離不染，來去自由，即是般若三昧，自在解脫，名無念行。莫百物不思，當令念絕，即是法縛，即名邊見。悟無念法者，萬法盡通；悟無念法者，見諸佛境界；悟無念頓法者，至佛位地。

【第三十二折】

善知識！後代得吾法者，常見吾法身不離汝左右。善知識！將此頓教法門，同見同行，發願受持，如是佛教，終身受持而不退者，欲入聖位，然須傳授，從上以來，默然而付衣法，發大誓願，不退菩提，即須分付。若不同見解，無有志願，在在處處，勿妄宣傳，損彼前人，究竟無益。若愚人不解，謗此法門，百劫千生，斷佛種性。

【第三十三折】

大師言：「善知識！聽吾說〈無相頌〉，令汝迷者罪滅，亦名〈滅罪頌〉。頌曰：

愚人修福不修道，謂言修福而是道。
布施供養福無邊，心中三業原來在。
若將修福欲滅罪，後世得福罪原在。
若解向心除罪緣，各自性中真懺悔。
若悟大乘真懺悔，除邪行正即無罪。
學道之人能自觀，即與悟人同一例。

惠能今傳此頓教，願學之人同一體。
若欲當來覓法身，三毒惡緣心裏洗。
努力修道莫悠悠，忽然虛度一世休。
若遇大乘頓教法，虔誠合掌至心求。

大師說法了，韋使君、官僚、僧眾、道俗，讚言無盡，昔所未聞。

【第三十四折】

使君禮拜，白言：「和尚說法，實不思議。弟子尚有少疑，欲問和尚。望意和尚大慈大悲，為弟子說。」

大師言：「有疑即問，何須再三？」

使君問：「法可否？如是西國第一師達摩祖師宗旨？」

大師言：「是！」

使君問：「弟子見說達摩大師化梁武帝。帝問達摩：『朕一生以來，造寺、布施、供養，有功德否？』達摩答言：『並無功德。』武帝惆悵，遂遣達摩出境。未審此言，請和尚說。」

六祖言：「實無功德，使君勿疑達摩大師言。武帝著邪道，不識正法。」

使君問：「何以無功德？」

和尚言：「造寺、布施、供養，只是修福。不可將福以為功德，功德在法身，非在於福田。自法性有功德，平直是佛性，外行恭敬，若輕一切人，吾我不斷，即自無功德。自性無功德，法身無功德。念念行平等直心，德即不輕。常行於敬，自修身即功，自修心即德。功德自心作，福與功德別。武帝不識正理，非祖大師有過。」

【第三十五折】

使君禮拜，又問：「弟子見僧俗常念阿彌陀佛，願往生西方。請和尚說，得生彼否？望為破疑。」

大師言：「使君聽，惠能與說。世尊在舍衛城，說西方引化，經文分明，去此不遠，只為下根。說近說遠，只緣上智。人自兩種，法無兩般。迷悟有殊，見有遲疾。迷人念佛生彼，悟者自淨其心。所以佛言：『隨其心淨，則佛土淨。』使君！東方但淨心無罪，西方心不淨有愆。迷人願生東方、西方，悟者所在處並皆一種。心地但無不淨，西方去此不遠；心起不淨之心，念佛往生難到。除十惡即行十萬；無八邪即過八千。但行直心，到如彈指。使君！但行十善，何須更願往生？不斷十惡之心，何佛即來迎請？若悟無生頓法，見西方只在剎那；不悟頓教大乘，念佛往生路遠，如何得達？」

六祖言：「惠能與使君移西方剎那間，目前便見，使君願見否？」

使君禮拜：「若此得見，何須往生？願和尚慈悲，為現西方，大善！」

大師言：「一時見西方！無疑即散！」

大眾愕然，莫知何事。

大師曰：「大眾！大眾！作意聽！世人自色身是城，眼、耳、鼻、舌、身即是城門。外有五門，內有意門。心即是地，性即是王。性在王在，性去王無。性在身心存，性去身心壞。佛是自性作，莫向身外求。自性迷，佛即是眾生；自性悟，眾生即是佛。慈悲即是觀音，喜捨名為勢至，能淨是釋迦，平直即是彌勒，人我即是須彌，邪心即是海水，煩惱即是波浪，毒心即是惡龍，塵勞即是魚鱉，虛妄即是鬼神，三毒即是地獄，愚癡即是畜生，十善即是天堂。無人我，須彌自倒；除邪心，海水竭；煩惱無，波浪滅；毒害除，魚龍絕。自心地上覺性如來，放大智慧光明，照耀六門清淨，照破六欲諸天，下照三毒若除，地獄一時消滅，內外明澈，不異西方。不作此修，如何到彼？」

座下聞說，讚聲徹天，應是迷人，了然便見。使君禮拜，讚言：「善哉！善哉！普願法界眾生，聞者一時悟解。」

【第三十六折】

大師言：「善知識！若欲修行，在家亦得，不由在寺。在寺不修，如西方心惡之人；在家若修行，如東方人修善。但願自家修清淨，即是西方。」

使君問：「和尚！在家如何修？願為指授。」

大師言：「善知識！惠能與道俗作〈無相頌〉，汝等盡誦取，依此修行，常與惠能說一處無別。」頌曰：

說通及心通，如日處虛空。惟傳頓教法，出世破邪宗。
教即無頓漸，迷悟有遲疾。若學頓法門，愚人不可悉。
說即雖萬般，合理還歸一。煩惱暗宅中，常須生慧日。
邪來因煩惱，正來煩惱除。邪正悉不用，清淨至無餘。
菩提本清淨，起心即是妄。淨性於妄中，但正除三障。
世間若修道，一切盡不妨。常見在己過，與道即相當。
色類自有道，離道別覓道。覓道不見道，到頭還自懊。
若欲覓真道，行正即是道。自若無正心，暗行不見道。
若真修道人，不見世間過。若見世間非，自非卻是左。
他非我不罪，我非自有罪。但自去非心，打破煩惱碎。
若欲化愚人，事須有方便。勿令彼有疑，即是菩提現。

法原在世間，於世出世間。勿離世間上，外求出世間。
邪見在世間，正見出世間。邪正悉打卻，菩提性宛然。
此但是頓教，亦名為大乘。迷來經累劫，悟即剎那間。

【第三十七折】

大師言：「善知識！汝等盡誦取此偈，依偈修行，去惠能千里，常在能邊；依此不修，對面千里。各各自修，法不相待。眾人且散，惠能歸漕溪山，眾生若有大疑，來彼山間，為汝破疑，同見佛性。」

合座官僚道俗，禮拜和尚，無不嗟嘆：「善哉大悟，昔所未聞，嶺南有福，生佛在此，誰能得知？」一時盡散。

【第三十八折】

大師往漕溪山，韶、廣二州行化四十餘年。若論門人，僧之與俗，約有三五千人，說不可盡。若論宗旨，傳授《壇經》，以此為約。若不得《壇經》，即無稟受。須知法處、年、月、日、姓名，遞相付囑。無《壇經》稟承，非南宗弟子也。未得稟承者，雖說頓教法，未知根本，終不免諍。但得法者，只勸修行，諍是勝負之心，與佛道違背。

【第三十九折】

世人盡傳南宗能、北宗秀，未知根本事由，且秀禪師於南都荊州江陵府當陽縣玉泉寺住持修行，惠能大師於韶州城東三十五里漕溪山住持修行。法即一宗，人有南北，因此便立南北。何以漸頓？法即一種，見有遲疾，見遲即漸，見疾即頓，法無頓漸，人有利鈍，故名漸頓。

【第四十折】

神秀師常見人說，惠能法疾，直指見路。秀師遂喚門人僧志誠曰：「汝聰明多智，汝與吾至漕溪山到惠能所，禮拜但聽，莫言吾使汝來。所聽得意旨，記取，卻來與吾說，看惠能見解與吾誰疾遲。汝第一早來，勿令吾怪。」

志誠奉使，歡喜遂行，半月中間，即至漕溪山，見惠能和尚，禮拜即聽，不言來處。志誠聞法，言下便悟，即契本心。起立即禮拜，白言：「和尚！弟子從玉泉寺來，秀師處不得啟悟，聞和尚說，便契本心。和尚慈悲，願當教示。」

惠能大師曰：「汝從彼來，應是細作？」

志誠曰：「不是！」

六祖曰：「何以不是？」

志誠曰：「未說時即是，說了即不是。」

六祖言：「煩惱即是菩提，亦復如是！」

【第四十一折】

大師謂志誠曰：「吾聞汝禪師教人，唯傳戒定慧，汝和尚教人戒定慧如何？當為吾說！」

志誠曰：「秀和尚言戒定慧：諸惡不作名為戒，諸善奉行名為慧，自淨其意名為定，此即名為戒定慧。彼作如是說，不知和尚所見如何？」

惠能和尚答曰：「此說不可思議，惠能所見又別。」

志誠問：「何以別？」

惠能答曰：「見有遲疾。」

志誠請和尚說所見戒定慧。

大師言：「汝聽吾說，看吾所見處：心地無非是自性戒，心地無亂是自性定，心地無癡是自性慧。」

大師言：「汝師戒定慧勸小根智人；吾戒定慧勸上智人。得悟自性，亦不立戒定慧。」

志誠言：「請大師說，不立如何？」

大師言：「自性無非、無亂、無癡，念念般若觀照，常離法相，有何可立？自性頓修，無有漸次，所以不立。」

志誠禮拜，便不離漕溪山，即為門人，不離大師左右。

【第四十二折】

又有一僧名法達，常誦《妙法蓮華經》七年，心迷不知正法之處。來至漕溪山禮拜，問

大師言：「弟子常誦《妙法蓮華經》七年，心迷不知正法之處，經上有疑，大師智慧廣大，願為除疑！」

大師言：「法達！法即甚達，汝心不達！經上無疑，汝心自邪，而求正法，吾心正定，即是持經。吾一生以來，不識文字，汝將《法華經》來，對吾讀一遍，吾聞即知。」

法達取經到，對大師讀一遍，六祖聞已，即識佛意，便與法達說《法華經》。六祖言：「法達！《法華經》無多語，七卷盡是譬喻因緣。如來廣說三乘，只為世人根鈍。經文分明，無有餘乘，唯有一佛乘。」

大師言：「法達！汝聽一佛乘，莫求二佛乘，迷即卻汝性。經中何處是一佛乘？吾與汝說，經云：『諸佛世尊唯以一大事因緣故，出現於世。』（以上十六字是正法）此法如何解？此法如何修？汝聽吾說，人心不思，本源空寂，離卻邪見，即一大事因緣。內外不迷，即離兩邊。外迷著相，內迷著空，於相離相，於空離空，即是不迷。若悟此法，一念心開，出現於世。心開何物？開佛知見。『佛』猶如『覺』也，分為四門：開覺知見，示覺知見，悟覺知見，入覺知見，此名開、示、悟、入。從一處入，即覺知見，見自本性，即得出世。」

大師言：「法達！吾常願一切世人，心地常自開佛知見，莫開眾生知見。世人心邪，愚迷造惡，自開眾生知見；世人心正，起智慧觀照，自開佛知見。莫開眾生知見，開佛知見即出世。」

大師言：「法達！此是《法華經》一乘法。向下分三，為迷人故。汝但依一佛乘。」

大師言：「法達！心行轉《法華》，不行《法華》轉；心正轉《法華》，心邪《法華》轉。開佛知見轉《法華》，開眾生知見被《法華》轉。」

大師言：「努力依法修行，即是轉經。」

法達一聞，言下大悟，涕淚悲泣，白言：「和尚！實未曾轉《法華》，七年被《法華》轉；以後轉《法華》，念念修行佛行。」

大師言：「即佛行是佛。」

其時聽人，無不悟者。

【第四十三折】

時有一僧名智常，來漕溪山，禮拜和尚，問四乘法義。智常問和尚曰：「佛說三乘，又言最上乘，弟子不解，望為教示。」

惠能大師曰：「汝自身心見，莫著外法相，原無四乘法。人心量四等，法有四乘。見聞讀誦是小乘，悟法解義是中乘，依法修行是大乘。萬法盡通，萬行俱備，一切不離，但離法相，作無所得，是最上乘，最上乘是最上行義，不在口諍，汝須自修，莫問吾也。」

【第四十四折】

又有一僧名神會，襄陽人也。至漕溪山禮拜，問言：「和尚坐禪，見亦不見？」

大師起，把打神會三下，卻問神會：「吾打汝，痛不痛？」

神會答言：「亦痛亦不痛。」

六祖言曰：「吾亦見亦不見。」

神會又問：「大師何以亦見亦不見？」

大師言：「吾亦見，常見自過患，故云亦見。亦不見者，不見他人過罪，所以亦見亦不見也。汝亦痛亦不痛如何？」

神會答曰：「若不痛，即同無情木石；若痛，即同凡夫，即起於恨。」

大師言：「神會！向前！見不見是兩邊，痛不痛是生滅。汝自性且不見，敢來弄人？」

神會禮拜，再禮拜，更不言。

大師言：「汝心迷不見，問善知識覓路；汝心悟自見，依法修行。汝自迷不見自心，卻來問惠能見否？吾不自知，代汝迷不得；汝若自見，代得吾迷。何不自修，問吾見否？」

神會作禮，便為門人，不離漕溪山中，常在左右。

【第四十五折】

大師遂喚門人法海、志誠、法達、智常、智通、志徹、志道、法珍、法如、神會。大師言：「汝等十弟子近前，汝等不同餘人，吾滅度後，汝等各為一方師。吾教汝等說法，不失本宗。舉三科法門，動用三十六對，出沒即離兩邊，說一切法，莫離於性相。若有人問法，出語盡雙，皆取法對，來去相因，究竟二法盡除，更無去處。三科法門者，蔭、界、入。蔭，是五蔭；界，是十八界；入，是十二入。何名五蔭？色蔭、受蔭、想蔭、行蔭、識蔭是。何名十八界？六塵、六門、六識。何名十二入？外六塵，中六門。何名六塵？色、聲、香、味、觸、法是。何名六門？眼、耳、鼻、舌、身、意是。法性起六識：眼識、耳識、鼻識、舌識、身識、意識，六門、六塵。自性含萬法，名為含藏識。思量即轉識，生六識，出六門、六塵，是三六十八。由自性邪，起十八邪；若自性正，起十八正。惡用即眾生，善用即佛。用由何等？由自性。」

【第四十六折】

對。外境無情對有五：天與地對，日與月對，暗與明對，陰與陽對，水與火對。語言法相對，有十二對：有為無為對，有色無色對，有相無相對，有漏無漏對，色與空對，動與靜對，清與濁對，凡與聖對，僧與俗對，老與少對，長與短對，高與下對。自性起用對，有十九對：邪與正對，癡與慧對，愚與智對，亂與定對，戒與非對，直與曲對，實與虛對，嶮與平對，煩惱與菩提對，慈與害對，喜與嗔對，捨與慳對，進與退對，生與滅對，常與無常對，法身與色身對，化身與報身對，體與用對，性與相對。語言與法相對有十二對，外境無情對有五對，自性起用對有十九對，都合成三十六對也。

此三十六對法，解用通一切經，出入即離兩邊。如何自性起用三十六對共人言語？出外，於相離相；入內，於空離空。著空，則惟長無明；著相，則惟長邪見。秉法直言，不用文字。既云不用文字？人不合言語，言語即是文字。自性上說空，正語言本性不空。迷自惑，語言除故。暗不自暗，以明故暗；暗不自暗，以明變暗。以暗現明，來去相因，三十六對，亦復如是。

【第四十七折】

大師言：「十弟子！以後傳法，遞相教授一卷《壇經》，不失本宗。不稟受《壇經》，非我宗旨。如今得了，遞代流行。得遇《壇經》者，如見吾親授。十僧得教授已，寫為《壇經》，遞代流行，得者必當見性。」

【第四十八折】

大師先天二年八月三日滅度。七月八日，喚門人告別。大師先天元年於新州國恩寺造塔，至先天二年七月告別。大師言：「汝眾近前，吾至八月，欲離世間，汝等有疑早問，為汝破疑，當令迷者盡悟，使汝安樂。吾若去後，無人教汝。」

法海等眾僧聞已，涕淚悲泣。唯有神會不動，亦不悲泣。六祖言：「神會小僧，卻得善不善等，毀譽不動。餘者不得，數年山中，更修何道？汝今悲泣，更憂阿誰？憂吾不知去處在？若不知去處，終不別汝。汝等悲泣，即不知吾去處；若知去處，即不悲泣。性體無生無滅，無去無來。」

「汝等盡坐，吾與汝一偈：〈真假動靜偈〉，汝等盡誦取，見此偈意，與吾意同。依此修行，不失宗旨。」

僧眾禮拜，請大師留偈，敬心受持。偈曰：

一切無有真，不以見於真。若見於真者，是見盡非真。

若能自有真，離假即心真。自心不離假，無真何處真？
有情即解動，無情即無動。若修不動行，同無情不動。
若見真不動，動上有不動。不動是不動，無情無佛種。
能善分別相，第一義不動。若悟作此見，則是真如用。
報諸學道者，努力須用意。莫於大乘門，卻執生死智。
前頭人相應，即共論佛義。若實不相應，合掌禮勸善。
此教本無諍，若諍失道意。執迷諍法門，自性入生死。

【第四十九折】

眾僧既聞，識大師意，更不敢諍，依法修行。一時禮拜，即知大師不久住世。上座法海向前言：「大師！大師去後，衣法當付何人？」

大師言：「法即付了，汝不須問。吾滅後二十餘年，邪法撩亂，惑我宗旨。有人出來，不惜身命，定佛教是非，豎立宗旨，即是吾正法。衣不合傳，汝不信，吾與誦先代〈五祖傳

衣付法頌〉。若據第一祖達摩頌意，即不合傳衣。聽吾與汝誦。」頌曰：

第一祖達摩和尚頌曰：

吾本來東土，傳教救迷情。一花開五葉，結果自然成。

第二祖惠可和尚頌曰：

本來緣有地，從地種花生。當本元無地，花從何處生？

第三祖僧璨和尚頌曰：

花種須因地，地上種花生。花種無生性，於地亦無生。

第四祖道信和尚頌曰：

花種有生性，因地種花生。先緣不和合，一切盡無生。

第五祖弘忍和尚頌曰：

有情來下種，無情花即生。無情又無種，心地亦無生。

第六祖惠能和尚頌曰：

心地含情種，法雨即花生。自悟花情種，菩提果自成。

【第五十折】

能大師言：「汝等聽吾作二頌，取達摩和尚頌意。汝迷人依此頌修行，必當見性。」

第一頌曰：

心地邪花放，五葉逐根隨。共造無明業，見被業風吹。

第二頌曰：

心地正花放，五葉逐根隨。共修般若慧，當來佛菩提。

六祖說偈已了，放眾僧散。門人出外思惟，即知大師不久住世。

【第五十一折】

六祖後至八月三日食後，大師言：「汝等著位坐，吾今共汝等別！」

法海問言：「此頓教法傳授，從上以來至今幾代？」

六祖言：「初，傳授七佛，釋迦牟尼佛第七，大迦葉第八，阿難第九，末田地第十，商

那和修第十一，優婆鞠多第十二，提多迦第十三，佛陀難提第十四，佛陀蜜多第十五，脇比丘第十六，富那奢第十七，馬鳴第十八，毗羅長者第十九，龍樹第二十，迦那提婆第二十一，羅睺羅第二十二，僧迦那提第二十三，僧迦耶舍第二十四，鳩摩羅馱第二十五，闍耶多第二十六，婆修盤多第二十七，摩拏羅第二十八，鶴勒那第二十九，師子比丘第三十，舍那婆斯第三十一，優婆堀第三十二，僧迦羅第三十三，須婆蜜多第三十四，南天竺國王子第三子菩提達摩第三十五，唐國僧惠可第三十六，僧璨第三十七，道信第三十八，弘忍第三十九，惠能自身當今受法第四十。」

大師言：「今日以後，遞相傳授，須有依約，莫失宗旨。」

【第五十二折】

法海又白：「大師今去，留付何法，令後代人如何見佛？」

六祖言：「汝聽！後代迷人，但識眾生，即能見佛；若不識眾生，覓佛萬劫不可得見也。吾今教汝識眾生見佛，更留〈見真佛解脫頌〉，迷即不見佛，悟者即見。」

法海願聞，代代流傳，世世不絕。

六祖言：「汝聽！吾與汝說。後代世人，若欲覓佛，但識眾生，即能識佛，即緣佛心有眾生，離眾生無佛心。」

迷即佛眾生，悟即眾生佛。
愚癡佛眾生，智慧眾生佛。
心嶮佛眾生，平等眾生佛。
一生心若嶮，佛在眾生中。
一念悟若平，即眾生自佛。
我心自有佛，自佛是真佛。
自若無佛心，向何處求佛？

【第五十三折】

大師言：「汝等門人好住！吾留一頌，名〈自性見真佛解脫頌〉。後代迷人，聞此頌意，

即見自心自性真佛。與汝此頌，吾共汝別。」頌曰：

真如淨性是真佛，邪見三毒是真魔。邪見之人魔在舍，正見之人佛在堂。
性中邪見三毒生，即是魔王來住舍。正見忽除三毒心，魔變成佛真無假。
化身報身及法身，三身原本是一身。若向性中覓自見，即是成佛菩提因。
本從化身生淨性，淨性常在化身中。性使化身行正道，當來圓滿真無窮。
淫性本是淨性因，除淫即無淨性身。性中但自離五欲，見性剎那即是真。
今生若悟頓教門，悟即眼前見世尊。若欲修行求覓佛，不知何處欲覓真？
若能心中自有真，有真即是成佛因。自不求真外覓佛，去覓總是大癡人。
頓教法者是西流，救度世人須自修。今報世間學道者，不依此見大悠悠。

大師說偈已了，遂告門人曰：「汝等好住，今共汝別，吾去以後，莫作世情悲泣，而受人弔問錢帛，著孝衣，即非聖法，非我弟子。如吾在日一種，一時端坐，但無動無靜，無生無滅，無去無來，無是無非，無住，坦然寂靜，即是大道。吾去以後，但依法修行，共吾在日

一種；吾若在世，汝違教法，吾住無益。」

大師云此語已，夜至三更，奄然遷化。大師春秋七十有六。

【第五十四折】

大師滅度之日，寺內異香氛氳，經數日不散。山崩地動，林木變白，日月無光，風雲失色。八月三日滅度，至十一月迎和尚神座於漕溪山，葬在龍龕之內，白光出現，直上衝天，三日始散。韶州刺史韋據立碑，至今供養。

【第五十五折】

此《壇經》，法海上座集。上座無常，付同學道際。道際無常，付門人悟真。悟真在嶺南漕溪山法興寺，現今傳授此法。

【第五十六折】

如付此法，須得上根智，深信佛法，立於大悲，持此經，以為稟承，於今不絕。

【第五十七折】

和尚本是韶州曲江縣人也。

如來入涅槃，法教流東土。共傳無住心，即我心無住。

此真菩薩說，真實亦譬喻。唯教大智人，無住是旨依。

凡發誓修行，遭難不退，遇苦能忍，福德深厚，方授此法。如根性不堪，裁量不得，雖求此法，建立不得者，不得妄付《壇經》。告諸同道者，令知密意。

南宗頓教最上大乘壇經一卷

敦煌三本六祖壇經校釋

作　　者　黃連忠
責任編輯　郭明儀
特約校稿　郭明儀

發 行 人　林慶彰
總 經 理　梁錦興
總 編 輯　張晏瑞
編 輯 所　萬卷樓圖書股份有限公司
臺北市羅斯福路二段 41 號 6 樓之 3
電話　(02)23216565
傳真　(02)23218698

發行　萬卷樓圖書股份有限公司
臺北市羅斯福路二段 41 號 6 樓之 3
電話　(02)23216565
傳真　(02)23218698
電郵　SERVICE@WANJUAN.COM.TW
香港經銷　香港聯合書刊物流有限公司
電話　(852)21502100
傳真　(852)23560735

ISBN　978-986-478-535-3(精裝)
2021 年 9 月初版
定價：新臺幣 860 **元**

國家圖書館出版品預行編目資料

敦煌三本六祖壇經校釋/黃連忠編撰. -- 初版. -- 臺北市：
萬卷樓圖書股份有限公司, 2021.09
面；公分
ISBN 978-986-478-535-3(精裝)

1.六祖壇經 2.研究考訂

226.62　　110015602